대니얼 카너먼 DANIEL KAHNEMAN

노벨경제학상을 수상한 천재 심리학자. 고전경제학의 프레임을 완전히 뒤엎은 '행동경제학'의 창시자. 심리학과 경제학의 경계를 허물고 인간의 비합리성과 그에 따른 의사결정에 관한 연구를 통해 경제주체□□ □□□ □견한 독보적 지성인. 현재 프린스□□ □□□□ □□□□□ □예교수.

□□□□□ □□□□ □전공한 뒤 캘리포니아대 □□□□ □□□□□ □□□□ □□위를 받았다. 미시건대 □□□□ □□□□□ □□□□ □□연구소 과학자, 인지연구센터 연□ □□□□ □□□□며, 하버드대학에서 심리학을 강의했다. 비즈□□□와 사회공헌 분야 컨설팅 회사인 '더 그레이티스트 굿The Greatest Good'의 설립자이기도 하다. '불확실한 상황에서 행하는 인간의 판단과 선택'을 설명한 혁신적 연구 성과인 '전망 이론prospect theory'으로 2002년 노벨경제학상을 수상했다. 심리학자인 그가 노벨경제학상을 수상할 수 있었던 것은 심리학과 경제학을 완벽히 융합했기 때문이다. 카너먼과 동료 트버스키가 전망 이론을 발표한 1979년은 '행동경제학의 원년'으로 불린다.

2007년 평생을 심리학에 바쳐 이룩한 탁월한 기여를 인정받아 미국심리학협회가 수여하는 공로상을 받았다. 2011년 〈포린 폴리시〉 선정 '세계 일류 사상가', 〈블룸버그〉 선정 '세계 금융 분야에서 가장 영향력 있는 50인'에 이름을 올렸다. 2013년에는 오바마 대통령에게서 대통령 자유훈장을 받았다. 그밖에도 미국심리과학협회의 탁월한 과학적 기여상(1982), 실험심리학자학회의 워런 상(1995), 일반심리학에 대한 기여가 인정되어 힐가드 상(1995)을 수상했다.

주요 저서로 행동경제학의 바이블로 자리매김한 베스트셀러 《생각에 관한 생각》이 있으며, 다수의 논문을 통해 인간과 사회 이해의 새로운 길을 열었다.

노이즈

: 생각의 잡음

노이즈
NOISE
: 생각의 잡음

판단을
조종하는
생각의 함정

대니얼 카너먼

올리비에 시보니 · 캐스 선스타인

장진영 옮김

김영사

노가, 오리 그리고 길리에게

대니얼 카너먼

———

판탱과 렐리아에게

올리비에 시보니

———

서맨사에게

캐스 선스타인

NOISE

머리말

두 가지 오류

친구들끼리 네 팀을 이뤄 사격장에 갔다고 가정해보자. 각 팀은 다섯 명으로 구성되어 있고, 이들은 같은 소총으로 각자 한 발씩 표적을 겨냥하여 사격을 했다. 그림1이 그 결과다.

모두가 표적을 정확하게 맞히는 걸 이상적인 상황이라고 봤을 때, A팀의 결과는 이에 거의 근접했다. 총알이 표적을 중심으로 오밀조밀하게 모여, 실로 완벽에 가까운 패턴을 만들어냈다.

B팀은 **편향된** 결과를 냈다. 총알이 체계적으로 표적을 벗어나 있기 때문이다. 그림에서 편향의 일관성을 관찰할 수 있는데, 이를 근거로 하나의 예측이 가능하다. 한 명이 한 발을 더 쏜다면, 그 총알이 앞의 다섯 발과 같은 위치에 박힐 가능성이 높다. 편향의 일관성은 B팀이 소총을 쏠 때 사격 조준기가 휘었을 것이란 설명도 가능케 한다.

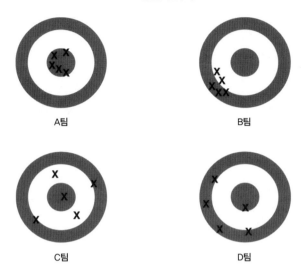

그림1 | 네 팀의 과녁

A팀

B팀

C팀

D팀

C팀의 결과에는 **잡음**이 존재한다. 총알들이 과녁에 넓게 분산되어 있다. 그런데 뚜렷한 편향은 관찰되지 않는다. 총알들이 표적의 정중앙을 중심으로 너무 여기저기 흩어져 있기 때문이다. 만일 팀에서 누군가가 한 발을 더 쏜다면, 그 총알이 과녁의 어디를 뚫을지 예측할 수 없을 것이다. 게다가 C팀에서 왜 이런 결과가 나왔는지를 설명해줄 흥미로운 가설조차 떠오르지 않는다. 그들의 사격 실력이 형편없다는 것만은 분명하다. 하지만 왜 이렇게 많은 잡음이 나타나는지는 여전히 알 수 없다.

D팀은 편향되고 잡음이 있는 결과를 냈다. 총알들은 B팀처럼 체계적으로 표적에서 벗어났고, C팀처럼 넓게 분산됐다.

물론 이 책의 주제는 사격이 아니다. 우리가 다루고자 하는 주제는 인적 오류다. 사격장 사례에서 체계적 이탈systematic deviation로 나타나는 '편향bias'과 임의적 분산random scatter으로 나타나는 '잡음noise'이 그런 오류를 빚어내는 각기 다른 요소다. 그리고 방금 살펴본 사격장 사례가 편향과 잡음의 차이를 보여준다.[1]

사격장 사례는 인적 판단human judgment에서, 특히 조직을 대신해 사람들이 내리는 다양한 결정에서 무엇이 잘못될 수 있는지를 비유적으로 보여준다. 이때 그림1에서 확인한 편향과 잡음이라는 두 가지 유형의 오류가 나타날 수 있다. 어떤 판단은 편향된다. 다시 말해 문제의 핵심에서 체계적으로 벗어난 판단이 내려지는 것이다. 또 어떤 판단은 잡음을 갖고 있다. 일치된 의견을 내놓으리라 예상했던 사람들이 결국에는 문제의 핵심을 놓고 서로 다른 판단을 내리는 것이다. 안타깝게도 많은 조직이 이런 편향과 잡음에 시달린다.

그림2에서 편향과 잡음의 중요한 차이가 나타난다. 그림2는 네

그림2 | 과녁의 뒷면

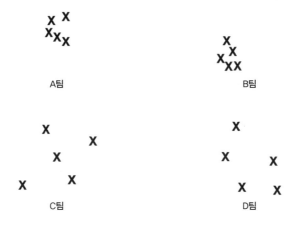

팀이 총을 쐈던 과녁의 뒷면이다. 이 뒷면을 봐선 그들이 과녁의 어디를 맞히려고 했는지 도저히 알 수 없다.

과녁의 뒷면을 보고 A팀과 B팀 중 어느 팀이 표적의 정중앙에 근접하게 총을 쐈는지는 판단할 수 없다. 하지만 얼핏 봐도 C팀과 D팀에는 잡음이 존재하는 반면, A팀과 B팀에는 잡음이 존재하지 않음을 알 수 있다. 그림1에서처럼 그림2에서도 총알이 얼마나 분산됐는지를 알 수 있다. 이것이 잡음의 일반적인 속성이다. 목표나 편향에 대해 아무것도 몰라도 우리는 잡음을 인지하고 측정할 수 있다.

방금 말한 잡음의 일반적인 속성은 이 책이 추구하는 바에서 매우 중요하다. 왜냐하면 우리가 내리는 많은 결론은 정답이 무엇인지 알 수 없는 판단을 근거로 하기 때문이다. 예를 들어 의사들이 똑같은 환자를 두고 서로 다른 진단을 내리는 경우가 있다. 이때 우리는 무엇 때문에 환자가 아픈지를 모르고서도, 의사들이 서로 다른 진단을 내린 이유를 연구할 수 있다. 영화 제작책임자들은 영화의 시장 규모를 예측한다. 이때 우리는 그 영화가 얼마를 벌어들일지 또는 그 영화가 과연 제작되기나 할지 모르는 채로도 그들이 서로 다른 예측치를 제시한 배경을 검토할 수 있다. 같은 사례를 두고 다양한 판단이 내려질 수 있다. 판단의 다양성을 누가 측정하는 게 옳은지는 아무도 모른다. 하지만 사격장 사례에서처럼, 과녁의 뒷면을 보면 누구나 잡음의 존재를 확인할 수 있다.

판단 시 일어나는 오류를 이해하려면 편향과 잡음 모두를 이해해야 한다. 곧 알게 되겠지만, 때론 잡음이 더 심각한 문제가 된다. 하지만 전 세계적으로 봤을 때 인적 오류에 대한 대중 논의나 여러 조직의 내부 논의에서 잡음이 핵심적으로 다뤄지는 경우는 극히 드물다. 편향이 쇼의 주인공이라면, 잡음은 통상 관객 눈에 잘 띄지 않는 단역 배우다. 편향은 수천 편의 과학 기고문과 수십 권의 대중 서적에서 핵심 주제로 다뤄지지만 이들 문헌에서 잡음은 거의 언급되지 않는다. 이 책은 편향과 잡음 사이에 존재하는 이러한 불균형을 바로잡고자 한다.

실제 사람들이 하는 결정들에서는 말도 안 될 정도로 높은 수준의 잡음이 자주 관찰된다. 무엇보다 정확한 판단을 내리는 것이 중요한 상황에서도 걱정스러울 만큼 잡음이 나타나는 경우도 있다. 그런 몇몇 사례를 살펴보면 다음과 같다.

- **의학적 판단에서 잡음이 관측된다.** 의사들은 같은 환자를 두고 피부암, 유방암, 심장병, 결핵, 폐렴, 우울증, 복합 질환 등으로 서로 다른 진단을 내린다. 잡음은 확실히 주관적 판단이 중요한 정신의학에서 특히 높게 나타난다. 하지만 엑스레이 판독처럼 잡음이 있으리라고 예상할 수 없는 분야에서도 상당한 잡음이 발생한다.
- **양육권 결정에서 잡음이 관측된다.** 아동보호기관의 사건 담당자는 아동이 학대 위험에 노출됐는지를 평가해야 한다. 만약 아동이 학대 위험에 노출되어 있다고 본다면, 그 아동을 위탁 가정에 보낼지 말지 판단해야 한다. 이런 제도 자체에도 잡음이 존재한다. 다른 담당자보다 아이를 위탁 가정에 보낼 가능성이 더 높은 담당자가 있기 때문이다. 문제는 몇 년이 흐른 뒤, 엄

격한 잣대를 들이대는 담당자를 만나 위탁 가정에 맡겨진 불우한 아동들이 그렇지 않은 아동들에 비해 불행한 삶을 살게 될 가능성이 높다는 것이다. 위탁 가정에 맡겨진 아동들은 청소년 비행률, 청소년 출산율이 더 높게 나타났고, 소득수준이 더 낮았다.[2]

- **예측에서 잡음이 관측된다.** 예측가들은 신상품의 예상 매출, 실업률의 예상 상승치, 부실기업의 파산 확률 등 거의 모든 것에 대해 천차만별의 예측치를 내놓는다. 그들은 서로 견해가 다를 뿐 아니라, 자기 자신의 견해도 하나로 모이지 않는다. 예를 들어보자. 똑같은 소프트웨어 개발자에게 똑같은 작업을 완수하는 데 시간이 얼마나 걸릴 것으로 예상하는지 각기 다른 두 날에 물었다. 그들이 예상한 소요 시간은 평균 70퍼센트 차이가 났다.[3]

- **망명 허용 결정에서 잡음이 관측된다.** 망명 신청자에 대한 미국 입국 허용은 추첨과 같다. 어느 사례연구에 따르면, 어떤 판사는 신청자의 5퍼센트에게 미국 망명을 허가했고, 다른 판사는 무려 88퍼센트에게 미국 망명을 허가했다. 해당 사례연구는 '난민 룰렛Refugee Roulette'이란 제목으로 진행됐다.[4] 이 제목에 모든 핵심이 담겨 있다. (앞으로 이 책에는 많은 룰렛 게임이 등장할 것이다.)

- **인사 결정에서 잡음이 관측된다.** 면접관들은 같은 지원자를 대단히 다르게 평가한다. 같은 직원의 인사고과도 천차만별이다. 평가 대상이 되는 업무 수행 능력보다 누가 그를 평가하느냐에 따

라 인사고과가 갈린다.

- **보석 결정에서 잡음이 관측된다.** 형사 피의자에게 보석을 허용할
  지 혹은 미결 구류를 내릴지는 일부분 그 사건을 맡은 판사의
  성향에 달려 있다. 어떤 판사들은 다른 판사들보다 처벌에 관해
  훨씬 더 관대하다. 그리고 어느 피고가 도주나 재범 가능성이
  가장 높은지에 대해서도 판사들의 판단은 크게 갈린다.

- **과학수사에서 잡음이 관측된다.** 사람들은 지문 감식이란 절대 틀
  리는 법이 없다고 여기게끔 교육받았다. 하지만 때때로 지문 감
  식관들은 범행 현장에서 발견된 지문과 용의자의 지문이 일치
  하는지를 두고 서로 다른 판단을 내리기도 한다. 전문가들끼리
  서로 견해가 다른 경우도 있고, 동일한 전문가에게 다른 상황에
  서 같은 지문을 보여줬을 때 이전과는 다른 판단이 나오기도 한
  다. DNA 분석 같은 다른 과학수사 기법에서도 이와 유사한 변
  산성variability이 관측됐다.

- **특허권 부여에서 잡음이 관측된다.** 특허출원에 관한 유명 연구를
  진행한 연구원들은 특허권과 관련한 잡음에 대하여 이렇게 강
  조했다. "특허권을 부여할 것이냐 출원을 거절할 것이냐는 어느
  특허 심사자가 신청서를 검토하느냐에 상당한 영향을 받는다."[5]
  이러한 변산성은 공정성이라는 관점에서 분명 해결해야 할 골
  칫거리다.

이상 언급한 모든 상황은 거대한 빙산의 일각에 불과하다. 어떤
인적 판단을 살펴보더라도 잡음이 발견될 것이다. 우리가 내리는

판단의 질을 높이려면 편향뿐만 아니라 잡음도 극복해야 한다.

이 책은 여섯 개의 부로 구성된다. 1부에서는 잡음과 편향의 차이를 탐구하고, 공공 조직과 민간 조직 양쪽에서 잡음이 관측되는지를 알아볼 것이다(충격적이게도 때때로 사실로 나타났다). 우리는 이 문제를 제대로 이해하기 위해 공공 조직과 민간 조직이 내리는 판단들부터 살펴볼 것이다. 공공 조직과 관련된 사례로는 형량 선고가 있고, 민간 조직과 관련된 사례로는 보험심사가 있다. 얼핏 보면 두 영역이 전혀 다른 듯하지만, 잡음이라는 측면에서는 많은 공통점이 있다. 이 논지를 확고히 하고자 우리는 '잡음 감사'를 도입했다. 잡음 감사는 어떤 조직 내에서 같은 사건을 다루는 전문가들의 판단이 서로 얼마나 다른지를 평가하기 위해 설계된 시스템이다.

2부에서는 인적 판단의 본질을 살펴보고 정확도와 오류를 평가하는 방법을 탐구할 것이다. 인적 판단의 오류에서 잡음과 편향은 놀라울 정도로 동등한 역할을 한다. 상황 잡음은 동일한 개인이나 단체가 동일한 사건을 두고 다른 상황에서 내린 판단들에 나타나는 변산성이다. 그룹 토의에서 발생하는 상황 잡음 상당수가 '누가 먼저 발언했느냐'처럼 언뜻 무관해 보이는 요인들 때문에 발생한다.

3부에서는 그동안 방대하게 연구된 한 가지 판단 유형을 면밀히 살펴볼 것이다. 그것은 바로 예측적 판단이다. 우리는 예측과 관련하여, 인간에 비해 규칙과 공식, 알고리즘이 갖는 주요 강점을 탐구할 것이다. 통념과 달리 그것들의 주요 강점은 우월한 통찰력이 아니라 무잡음에 있다. 여기서는 예측적 판단의 질이 갖는 궁극적인 한계(미래에 대한 객관적인 무지)를 논하고, 그것이 잡음과 어떻게 결탁하여 예측의 질을 제한하는지도 살펴볼 것이다. 이쯤 되면 한 가지 궁금증이 생길 것이다. '이렇게 도처에 잡음이 있다면, 왜 지금까지 그 존재를 알지 못했을까?' 3부에서 이 궁금증을 자세히 탐구해보자.

4부에서는 인간 심리로 눈을 돌려 잡음을 유발하는 핵심 원인을 살펴볼 것이다. 성격과 인지 방식 등 다양한 요인 때문에 사람들 간에는 차이가 발생한다. 여러 요소를 고려하고 검토하는 과정에서 나타나는 특유성 때문에, 또 사람들이 같은 척도를 다르게 사용하기 때문에 그런 판단의 차이가 생겨나는 것이다. 여기서 우리는 사람들이 왜 잡음을 의식하지 못하는지, 그리고 스스로 예측하지 못했을 사건과 판단에 대해서도 왜 좀처럼 놀라지 않는지 살펴볼 것이다.

5부에서는 판단을 개선하고 오류를 예방하는 방법을 살펴볼 것이다. (잡음 축소의 실제 사례에 주로 관심 있는 독자는 예측의 한계와 판단 심리를 다루는 3부와 4부를 건너뛰고 5부를 바로 읽어도 좋겠다.) 우리는 의료계·비즈니스계·교육계·정부 등 다양한 영역에서 행해지는 잡음 해소 노력을 살펴보고, 이어 이른바 '결정 위생'이라 통칭하는 잡음 축소 기법들을 소개할 것이다. 어떤 영역에서는 잡음이 상당히 많이 발생한다. 이런 영역에서 사람들은 잡음을 줄이고자 지속적으로 노력했고 유익하게도 다양한 성과를 거뒀다. 여기서는 이와 관련한 사례연구 다섯 가지를 소개할 것이다. 이 사례연구들은 신뢰할 수 없는 의학 진단, 근무평정, 과학수사, 인재 채용과 전반적인 예측 활동에 관한 것이다. 끝으로 우리는 '매개 평가 프로토콜'을 살펴볼 것이다. 매개 평가 프로토콜은 결정 위생을 실행하는 주요 방안이며, 잡음을 줄이고 판단의 신뢰도를 높이는 데 목적이 있다. 그래서 잡음을 줄이기 위해 다양한 분야에서 활용될 수 있다.

잡음의 적정 수준은 어느 정도일까? 6부에서는 이 질문에 대한 답을 구해볼 것이다. 언뜻 생각하기와는 다르게, 잡음의 적정 수준은 0이 아니다. 어떤 영역에서는 잡음을 완전히 없애는 것이 사실상 불가능하며, 잡음을 제거하는 데 막대한 비용이 드는 영역도 있다. 예를 들어 잡음을 제거하려는 노력은 사람들의 사기를 저하시킬 수 있다. 또한 그런 노력이 있다 보면 사람들은 자신이 기계의 한낱 톱니에 지나지 않는 하찮은 존재로 취급받는다고 느끼게 될 수 있다. 알고리즘은 잡음을 제거하는 도구가 될 수 있다. 하지만 알고리즘으로 잡음을 제거하려는 시도는 상당한 저항에 부딪힌다. 물론 잡음의 현재 수준은 용납될 수 없다. 그러므로 우리는, 잡음 감사를 실시하고 그 어느 때보다 진지하게 잡음을 줄이기 위해 더 노력할 것을 민간 조직과 공공 조직에 촉구하는 바다. 그렇게만 한다면 여러 조직에 만연한 불공평이 해소되고, 나아가 잡음 때문에 발생하는 각종 비용이 줄어들 것이다.

우리는 이런 열망을 가슴에 품은 채 간략한 말로 각 장을 마무리했다. 일종의 제안인 셈이다. 여러분은 제안을 있는 그대로 활용할 수도 있고, 건강, 안전, 교육, 금융, 고용, 오락 등 다양한 분야에서 잡음이 야기한 문제에 맞게 조정하여 활용할 수도 있다. 잡음 문제를 이해하고 해소하려는 노력은 현재 진행형이자 집단의 참여를 요한다. 잡음 문제를 풀어나갈 기회는 우리 모두에게 있다. 여러분이 이 기회를 놓치지 않고 잡길 바라며 이 책을 썼다.

잡음을 찾아서

NOISE

동일한 범죄로 기소된 비슷한 사람들에게 완전히 다른 형량이 선고되는 일은 절대로 용납할 수 없다. 같은 죄를 지었는데 누구는 징역 5년을, 누구는 집행유예를 선고받는 것은 인정할 수 없는 일이다. 하지만 많은 곳에서 이런 일이 벌어지고 있다. 분명히 짚고 넘어가자면, 형사사법제도에는 편향이 만연하다. 하지만 1장에서는 잡음을 집중적으로 살펴볼 것이다. 특히 어느 유명 판사가 형사사법제도의 잡음을 발견하고, 그것이 심각한 문제임을 인식하여 총대 멘 채 사법제도에서 잡음을 없애려 했을 때 과연 어떤 일이 일어났는지를 다룰 것이다(그의 노력은 역부족이었다). 우리는 미국을 중심으로 이야기하겠지만, 유사한 일이 다른 여러 나라에서 일어날 수 있다고 (또한 일어날 것이라고) 확신한다. 아마도 잡음 문제가 미국보다 더 심각한 나라들도 있을 것이다. 우리는 양형의 예를 살펴보면서, 잡음이 심각한 불공평을 야기할 수 있음을 보이려 한다.

양형에서는 특히나 높은 수준의 잡음이 발견된다. 하지만 민간 조직도 우려스러울 정도로 높은 수준의 잡음을 안고 있으며, 그 때문에 많은 것을 잃을 수 있다. 이와 관련하여 2장에서는 대형 보험 회사로 눈을 돌린다. 보험심사역은 잠재 고객에게 적정한 보험료를 산정하고, 손해사정사는 보험청구건을 평가하여 적정한 배상액을 산정한다. 보험심사역과 손해사정사의 업무는 단순하고 기계적인 것처럼 보인다. 그래서 서로 다른 보험심사역이 같은 위험에 대해 비슷한 수준의 보험료를 산정하고, 서로 다른 손해사정사가 같은 보험청구건에 대해 얼추 비슷한 배상액을 산출하리라고 생각할 수 있다. 과연 이것은 정확한 예측일까? 우리는 이를 확인하기 위해 신중하게 설계된 실험, 즉 잡음 감사를 실시했으며, 그 결과는 실로 놀라웠다. 하지만 그보다 중요한 점은 보험회사 경영진이 실험 결과에 아연실색하고 경악했다는 것이다. 잡음은 그 회사에 막대한 경제적 손실을 입히고 있었다. 우리는 이 사례를 통해 잡음이 큰 경제적 손실을 낳을 수 있음을 보여주려 한다.

보험심사역과 손해사정사를 대상으로 진행한 잡음 감사에는 수많은 사람의 수많은 판단이 활용됐다. 하지만 중요한 판단은 대체로 반복되기보다 **단 한 번**으로 끝난다. 예를 들면 '다시 오지 않을 이 사업 기회를 어떻게 할까?' '신상품을 출시할까, 말까?' '팬데믹에 어떻게 대처할까?' '기준에 맞지 않는 그 사람을 채용할까, 말까?' 같은 것 말이다. 이렇게 특별한 상황에서 내려지는 단 한 번의 판단에도 잡음이 존재할까? 물론 모두가 잡음이 없다고 믿고 싶을 것이다. 잡음은 그 누구도 원하지 않는 변산성이다. 게다가 어떻게 단 한 번으로 끝나는 결정에 변산성이 발생할 수 있을까? 3장에서 이 의문에 대한 답을 찾아보자. 우리가 내리는 판단, 심지어 유일무이해 보이는 상황에서 내리는 판단도 무수한 가능성들 가운데 하나다. 그래서 유일무이한 상황에서 내린 판단에도 많은 잡음이 나타날 수 있다.

3장을 관통하는 주제를 한 문장으로 요약하면 이렇다. **판단이 있는 곳에 잡음이 있고, 그 잡음은 우리가 생각하는 것보다 더 많다.** 이 문장은 이 책의 핵심이기도 하다. 그렇다면 도대체 얼마나 많은 잡음이 우리의 판단에 존재하는지 지금부터 살펴보도록 하자.

1장

잡음과
형사사법제도

여기 죄를 지어 유죄판결을 받은 사람이 있다. 그는 상점에서 물건을 훔쳤거나 마약을 소지했거나 누군가를 폭행했거나 무장 강도 짓을 벌였다. 이제 그에게 어떤 형벌이 선고될까?

그 형벌은 어떤 판사가 해당 사건을 맡았는지, 바깥 날씨가 더운지 추운지, 지역 스포츠 팀이 전날 경기에서 이겼는지 졌는지에 좌우되어선 안 된다. 동일 범죄로 기소된 비슷한 세 사람에게 완전히 다른 형벌이 선고되는 게 가능한 일일까? 예를 들어 갑에게는 집행유예가, 을에게는 징역 2년이, 병에게는 징역 10년이 선고됐다면, 이는 실로 얼토당토않은 일이다. 하지만 이렇게 어이없는 일이 여러 나라에서 일어날 수 있다. 먼 옛날뿐만 아니라 오늘날에도 말이다.

전 세계적으로 판사들은 적절한 형벌을 결정하는 데 오랫동안 상당한 재량을 행사해왔다. 많은 나라의 전문가들이 판사의 선고 재량을 칭송했으며, 그걸 공정하고 인도적이라 여겼다. 전문가들은 형사처벌이 피고가 저지른 범죄만이 아니라 피고의 성격과 개인 사정을 포함한 여러 요소를 참작하여 내려져야 한다고 주장했다. 그래서 개인 맞춤형 선고가 대세였다. 판사들이 법규에 속박된다면, 범죄자들은 비인간적인 대우를 받게 될 것이며, 각자 나름의 사정이 있는 고유한 개인으로 간주되지 않을 것이다. 많은 이에겐 '적법절차'라는 아이디어 자체가 제한 없는 사법 재량을 요구하는 것으로 여겨졌다.

하지만 1970년대 사법 재량에 대한 전 세계적 열의가 한 가지 단순한 이유로 사그라들기 시작했다. 그건 바로 놀랍도록 명백한 잡음의 증거였다. 1973년 유명한 마빈 프랑켈Marvin Frankel 판사는 이 잡음 문제를 수면 위로 올렸다. 판사가 되기 전에 그는 언론의 자유를 옹호하는 사람이었고, 인권변호사협회Lawyers Committee for Human Rights(지금은 휴먼 라이츠 퍼스트Human Rights First) 설립을 도운 열렬한 인권 변호사였다.

프랑켈은 맹렬했고, 형사사법제도에 존재하는 잡음에 격노했다. 자신이 그렇게 된 동기를 그는 다음과 같이 설명했다.

연방은행을 상대로 강도 짓을 벌여 기소된 피고는 최대 징역 25년을 선고받을 수 있었다. 이것은 최소 0년에서 최대 25년까지 징역형을 선고받을 수 있다는 뜻이었다. 나는 곧 피고에게 내려질 징역형이 해당 사건이나 개별 피고인보다 그 사건을 맡은 판사의 관점·선

1부 잡음을 찾아서

호·편견 등 개인적 판단에 더 많이 좌우된다는 사실을 깨달았다. 그래서 같은 사건의 같은 피고인데도 어느 판사가 판결을 내렸느냐에 따라서 그 피고가 받게 되는 선고는 천차만별일 수 있었다.[1]

프랑켈은 자신의 주장을 뒷받침할 그 어떤 통계적 분석도 내놓지 않았다. 그러나 그는 비슷한 상황에 놓인 사람들에게 부당하게도 다른 선고가 내려졌던 일련의 설득력 있는 일화들을 제시했다. 범죄 전력이 없는 두 사내가 각각 58달러 40센트와 35달러 20센트 상당의 위조수표를 현금화한 혐의로 기소됐다. 첫 번째 사내는 징역 15년을 선고받았고, 두 번째 사내는 징역 30일을 선고받았다. 또 서로 비슷한 횡령 사건에 대해 한 사람은 징역 20년을 선고받았지만, 다른 한 사람에게는 징역 117일이 선고됐다. 프랑켈은 이런 종류의 숱한 일화를 지적하며, 연방 판사들이 거머쥔 "거의 통제되지 않는 압도적인 권력"[2]이 결국 "날마다 자행되는 독단적 잔학행위들"[3]로 이어진다고 개탄했다. 그는 이것을 "인치人治가 아닌 법치法治"[4]에서는 결코 용납될 수 없는 일이라고 여겼다.

프랑켈은 독단적 잔학행위들을 언급하며 의회에 이런 "차별"을 종식시킬 것을 요구했다. 여기서 그가 말한 차별이란 양형 시 납득할 수 없는 변산성이 나타나는 잡음을 의미했다. 하지만 그는 인종적 차이와 사회경제적 차이로 드러나는 편향도 염려했다. 양형에서 잡음과 편향을 방지하고자 그는 "그 판결이 특정 공무원이나 판사 등 어느 개인 특유의 법령을 넘어서는 것임을 보장해주는 충분한 객관성을 바탕으로, 공식화와 적용이 가능한 적절한 테스트를 거쳐 정당화"[5]될 수 없다면, 양형에서 그러한 차이가 허용돼선 안 된다고 강력히 권고했다. ('개인 특유의 법령'이라는 말이 다소 난해한데, 여기서는 개인 칙령을 말하고 있다.) 프랑켈은 "가급적 수치로 매긴 등급이나 기타 객관적인 등급을 넣어 요인들의 자세한 개요 혹은 체크리스트"[6]를 작성해서 판결상의 잡음을 줄여야 한다고 주장했다.

프랑켈은 1970년대 초반에 글을 쓰며 이른바 '기계에 의한 인간의 퇴출'까진 옹호하지 않았으나, 놀랍게도 이에 거의 맞먹는 주장을 했다. 그는 "법치주의에는 판사들뿐 아니라 모두를 법적으로 구속하는, 일률적으로 적용할 수 있는 많은 비인격적인 법이 필요하다"고 믿었다. 그는 "판결을 내릴 때 정돈된 사고를 하기 위해 컴퓨터를 보조 기구로"[7] 사용할 것을 명확히 주장했으며, 양형위원회를 창설할 것도 제안했다.[8]

프랑켈의 저서는 미국에서만이 아니라 전 세계적으로 형법 역사를 통틀어 가장 영향력 있는 책 가운데 하나가 됐다. 그의 저서는 다소 격식이 없다는 평가를 받았다. 엄청나게 충격적이었지만 인상주의적인 책이었다. 곧이어 여러 사람이 잡음의 실상을 파악하기 위해 형사처벌에 나타나는 잡음의 수준을 분석하기 시작했다.

1974년 프랑켈이 직접 이끈 대규모 초기 연구가 진행됐다. 다양한 지역구의 판사 50명에게 동일한 내용의 선고 전前 보고서를 제공하고, 보고서에 요약된 가상의 사건들 속 피고들에 대한 선고를 내리게 한 것이다. 이 연구를 통해 양형에서 "합의의 부재란 일반적인 일"[9]이라는 것과 형량의 차이가 "경악스럽다"[10]는 것이 확인됐다. 판사가 누구냐에 따라 마약상은 징역 1년에서 10년을 선고받았다.[11] 은행 강도는 징역 5년에서 18년을 선고받았다.[12] 그리고 횡령 사건에서는 무려 징역 20년에 벌금 6만 5,000달러부터, 벌금 없이 겨우 징역 3년까지 선고됐다.[13] 무엇보다 놀랍게도 판사들은 20개 사건 중 16개 사건에서, 피고에게 징역형을 선고하는 것이 적절한 가를 두고 만장일치에 이르지 못했다.

연이어 많은 연구가 진행됐는데, 모든 연구에서 충격적인 잡음 수준이 확인됐다. 1977년 윌리엄 오스틴William Austin과 토머스 윌리엄스Thomas Williams는 판사 47명을 대상으로 연구를 진행했다. 두 사람은 판사들에게 경범죄와 연관된 다섯 개의 동일한 사건을 보여주고 판결을 내리도록 했다. 모든 사건에는 판사들이 실제로 형을 선고할 때 사용하는 정보들, 가령 혐의, 증언, (만약 있다면) 전과, 사회적 배경, 피고의 성격을 보여주는 증거 등이 간략하게 정리되어 있었다. 결과적으로 연구에 참여한 판사들의 양형에는 '상당한 차이'가 발견됐다. 예를 들면 절도 관련 사건의 경우 징역 5년부터 징역 30일(100달러의 벌금과 함께)까지 다양한 형량이 제시됐다. 마리화나 소지로 기소된 피고에게는 징역을 내린 판사들도 있었고, 집행유예를 선고한 판사들도 있었다.[14]

이보다 훨씬 큰 규모의 연구가 1981년 진행됐다. 이 연구에는 연방 판사 208명이 참여했고, 그들에겐 동일한 16개의 가상 사건이 주어졌다. 이 연구 결과는 실로 놀라웠다.

16개의 가상 사건 가운데 겨우 세 사건에서만 만장일치로 징역이 선고됐다. 심지어 판사들 대부분이 징역형이 적절하다고 동의했던 사건에서는 수감 기간에서 상당한 차이가 관찰됐다. 사기 사건에 선고된 평균 징역 기간은 8.5년이었고, 최대 무기징역이 선고됐다. 반면 다른 사건에서 평균 징역 기간은 1.1년이었지만, 최장기 징역 기간은 15년이었다.[15]

이 연구는 매우 흥미로운 사실을 드러내지만, 엄격하게 통제된 실험으로 진행된 만큼 형사사법제도에 실제로 존재하는 잡음의 수준을 분명 축소해서 보여주고 있다. 실제 사건에서는 이 통제된 실험에 참여한 판사들에게 제공됐던 정보보다 훨씬 더 많은 정보가 제공된다. 그렇게 추가적으로 주어지는 정보에는 물론 유의미한 정보도 있다. 하지만 무작위로 제공되는 사소한 정보, 곧 사건과 무관한 정보 때문에 완전히 다른 판결이 내려질 수도 있다. 이를 뒷받침하는 증거가 충분히 존재한다. 예를 들어 판사들은 휴식 직전보다 오전이나 식사 후에 가석방을 승인할 가능성이 높았다.[16] 배가 고프면 판사들은 더 엄하게 판결한다.

수천 건의 소년법원 판결을 조사했더니, 지역 축구팀이 주말 경기에서 패배하고 나면 돌아오는 월요일 판사들이 더 가혹한 판결을 내린다는 것이 확인됐다(그리고 월요일보다는 정도가 덜하지만 남은 한 주 내내 엄한 판결을 내렸다).[17] 흑인 피고들에게도 불균형하게 가혹한 판결이 내려진다. 지난 30년에 걸친 사법적 결정 150만 건을 대상으로 한 또 다른 연구 역시 앞서 진행된 연구와 유사한 결과를 보여줬다. 판사들은 지역 축구팀이 경기에서 승리한 다음 날보다 패배한 다음 날 더 가혹한 판결을 내린다는 것이었다.[18]

12년 동안 프랑스 판사들이 내린 600만 건의 판결을 조사한 연구 결과, 피고들은 자기 생일에 더 관대한 판결을 선고받았다.[19] (피고의 생일에 관대한 판결이 선고된다면, 판사들은 본인들 생일에도 다른 때보다 더 관대한 판결을 내릴지 모른다. 하지만 이 가설이 사실인지는 입증되지 않았다.) 실외 온도처럼 무관한 요인도 판사들에게 영향을 줄 수 있다. 지난 4년에 걸친 20만 7,000건의 이민법원 판결들을 검토한 결과, 일교차가 판단에 상당한 영향을 미치는 것으로 확인됐다.[20] 더운 날에는 망명신청이 받아들여질 가능성이 낮다. 본국에서 정치적 박해에 시달려 어느 국가에 망명신청을 한 사람이라면, 시원한 날에 심리가 진행되길 기원해야 할 것이다.

양형 가이드라인, 의무냐 권고냐

1970년대 마빈 프랑켈의 주장과 이를 뒷받침하는 경험적 증거가 존 F. 케네디 대통령의 동생인 에드워드 M. 케네디Edward M. Kennedy의 관심을 끌었다. 가장 영향력 있는 상원의원 중 한 명이었던 그는 양형에 잡음이 존재한다는 사실에 충격을 받고 경악했다. 그리하여 일찍이 1975년 양형개혁법을 발의했지만, 큰 진척이 없었다. 그래도 그는 끈질겼다. 그는 형사사법제도에 잡음이 존재한다는 증거를 제시하며, 해마다 법률 제정을 계속해서 밀어붙였다. 1984년 마침내 케네디는 승리했다. 형량 선고에 정당화 되지 않는 변산성이 존재한다는 주장을 인정한 의회가 1984년에 양형개혁법Sentencing

Reform Act을 제정한 것이다.

양형개혁법은 "법이 양형과 형 집행의 책임이 있는 판사들과 가석방 위원회에 부여하는 제한받지 않는 재량"[21]을 줄여서 형사사법 제도에서 잡음을 감소시키고자 고안되었다. 특히 상하원 의원들은 뉴욕에서 실제로 동일한 사건에 대해 징역 3년부터 징역 20년까지 편차가 큰 형량이 선고된 경우를 사례로 들며 "가당치도 않게 큰"[22] 양형 불균형을 비난했다. 프랑켈 판사가 제안했던 대로, 양형개혁법 제정은 미국양형위원회US Sentencing Commission 출범으로 이어졌다. 위원회의 책무는 명확했다. 바로 양형 가이드라인을 수립하여 양형의 한계를 설정하고 모든 연방 판사가 가이드라인을 따르도록 하는 것이었다.

이듬해 미국양형위원회는 수만 건의 실제 사건을 분석하여 유사한 범죄에 대한 평균 형량을 산출했고, 이를 바탕으로 양형 가이드라인을 수립했다. 스티븐 브라이어Stephen Breyer 대법관이 이 과정에 깊이 관여했다. 하지만 그는 좁힐 수 없는 의견 차이가 위원회에 존재했음을 언급하며 과거의 관행을 활용하는 방안을 옹호했다. "왜 위원회 위원들은 모여 앉아서 이를 합리적으로 개선하지 못했을까? 왜 그냥 해왔던 대로 하지 않았을까? 대답은 간단하다. 그럴 수가 없었다. 우리의 생각과는 반대되는 너무나도 훌륭한 의견들이 도처에 존재했다. (…) 양형에서 가중치를 기준으로 모든 범죄를 순서대로 열거해보라. (…) 그러고 나서 동료들이 작성한 결과를 취합해 모두 일치하는지 확인해보라. 장담컨대, 절대 일치하지 않을 것이다."[23]

양형 가이드라인에 따르면 판사들은 양형에서 두 가지 요소, 즉 '범죄'와 '피고의 범죄 이력'을 고려해야 한다. 범죄의 심각성에 따라 43개의 '위법 단계' 중 적정한 단계가 그 범죄에 부여된다. 그리고 피고의 범죄 이력은 주로 피고의 전과 수와 심각성을 나타낸다. 이렇게 범죄와 범죄 이력이 합쳐지면, 양형 가이드라인이 상대적으로 좁은 범위의 양형을 제시한다. 최고 형량은 최저 형량보다 최대 6개월 또는 25퍼센트를 초과해선 안 된다. 판사들은 형량 가중이나 경감 사유를 제시함으로써 양형 범위에서 완전히 벗어난 형량을 선고할 수도 있으나, 그러려면 상고법원의 승인을 받아야 한다.[24]

양형 가이드라인은 강제 규정이지만, 융통성이 전혀 없진 않았다. 프랑켈 판사가 원했던 만큼 규정이 엄격하진 않았던 것이다. 양형 가이드라인은 판사들에게 상당한 운신의 폭을 제공했다. 상당 기간 동안 양형 지침에 따라 내려진 형량을 두고 다양한 연구가 진행된 가운데, 그 결과는 거의 비슷했다. 양형 가이드라인이 잡음을 줄이는 데 효과가 있다는 것이다. 더 엄밀히 말하자면 양형 가이드라인은 "어느 판사가 그 사건을 맡아 형을 선고하느냐에 따라 나타나는 양형의 분산을 줄였다."[25]

가장 정교하게 설계된 연구는 미국양형위원회가 자체적으로 진행한 것이었다. 미국양형위원회는 은행 강도, 코카인 유통, 헤로인 유통, 은행 횡령에 대해 1985년(양형 가이드라인이 발효되기 전) 선고된 형량과 1989년 1월 19일부터 1990년 9월 30일까지 선고된 형량을 비교했다. 그리고 양형 가이드라인에 따라 양형에 유의미한 요인들과 범죄자들을 짝지었다. 모든 범죄에서 양형개혁법이 시행

된 이후 시기에 선고된 형량의 차이가 훨씬 작았다.[26]

다른 연구에 따르면, 1986~1987년 선고된 형량에서는 17퍼센트 또는 4.9개월의 차이가 존재했다. 하지만 이 수치는 1988~1993년 11퍼센트 또는 3.9개월로 하락했다.[27] 다른 기간을 기준으로 독자적으로 진행된 어느 연구에서도 판사들 사이의 양형 차이가 줄어든 것이 확인됐다. 해당 연구에서는 처리하는 사건 양이 비슷한 판사들이 선고한 평균 형량의 차이를 살폈다.[28]

이러한 연구 결과가 있는데도 양형 가이드라인은 거센 비난에 부딪혔다. 여러 판사를 비롯한 몇몇은 양형 가이드라인에 따른 선고 중에도 너무 가혹한 선고가 제법 있다고 생각했다. 잡음이 아닌 편향을 중심에 놓고 볼 때 이것은 일리 있는 주장이었다. 이 책의 목적과 관련해서 보자면, 수많은 판사가 훨씬 더 흥미로운 반대 의견을 제시했다. 그들은 판사들이 사건과 관련된 자세한 사항들을 충분히 검토하는 데 양형 가이드라인이 방해가 되기 때문에, 이것이 뼛속 깊이 불공평하다고 주장했다. 잡음을 줄인 대가로 판사들은 용납할 수 없을 만큼 기계적으로 사고하고 선고를 내렸다. 예일 로스쿨 교수 케이트 스티스Kate Stith와 연방 판사 호세 카브라네스Jose Cabranes는 "양형 가이드라인은 맹목성이 아닌 통찰력과 공정성을 위해 필요하다"면서, "개별 사건의 복잡한 사항들을 고려한 판결에서만 통찰력과 공정성이 존재할 수 있다"라고 썼다.[29]

이 반대 의견은 양형 가이드라인에 대한 격렬한 도전들로 이어졌다. 개중에는 법에 근거한 것도 있었고, 정책에 근거한 것도 있었다. 여러 이유로 이런 도전들은 양형 가이드라인을 폐지하는 데까지 이르지는 못했다. 하지만 2005년 대법원은 마침내 양형 가이드라인의 폐기를 결정했으며, 이로써 양형 가이드라인은 한낱 권고에 불과한 것이 되고 말았다.[30] 대법원의 결정 이후 연방 판사 대부분은 훨씬 더 만족스러워했다. 무려 75퍼센트가 권고로서의 양형 가이드라인을 선호했으며, 겨우 3퍼센트만이 의무로서의 양형 가이드라인이 더 낫다고 생각했다.[31]

양형 가이드라인이 의무에서 권고로 바뀌며 어떤 일이 있어났을까? 하버드 로스쿨 교수 크리스털 양Crystal Yang은 이 질문에 답을 구하기 위해 실험이나 설문조사를 동원하지 않고 거의 40만 명에 달하는 형사 피고에게 실제로 선고된 형량을 알아봤다. 그녀는 다양한 측정 방식을 통해 판사들 사이에서 관측된 양형 차이가 2005년 이후 상당히 증가했음을 확인했다. 양형 가이드라인이 의무였을 당시, 상대적으로 엄격하다고 평가받는 판사는 보통의 판사보다 2.8개월 긴 형량을 피고들에게 선고했다. 반면 양형 가이드라인이 한낱 권고가 됐을 때 양형 차이는 두 배 증가했다. 40년 전 프랑켈 판사가 했던 말과 비슷하게 크리스털 양도 이렇게 썼다. "이 결과로 양형의 공정성에 대한 우려가 커졌다. 유사한 범죄로 기소된 유사한 범죄자들이 담당 판사가 누구냐에 따라 상당히 다른 대우를 받기 때문이다."[32]

의무적인 양형 가이드라인은 잡음뿐만 아니라 편향도 줄인다. 그러나 양형 가이드라인이 권고가 된 이후 판사들이 개인적 가치를 기준으로 형을 선고할 가능성은 더 높아졌다. 대법원의 결정 이후 같은 범죄로 기소된 흑인 피고와 백인 피고에게 선고되는 형량의 차이가 엄청나게 커졌다. 또 이와 동시에, 여성 판사가 남성 판사보다 강화된 재량을 발휘하여 더 관대한 판결을 내릴 가능성도 높아졌다. 민주당 대통령들이 임명한 판사들의 경우도 마찬가지였다.

2002년 프랭켈 판사가 세상을 떠나고 3년 뒤 양형 가이드라인이 의무에서 권고가 되면서, 그가 악몽처럼 여겼던 상황이 재연됐다. 바로 '질서 없는 법'이 귀환한 것이다.

◆ ◆ ◆

양형 기준을 수립하기 위한 프랭켈 판사의 투쟁을 통해 이 책에서 다루고자 하는 요점 몇 가지를 엿볼 수 있다. 첫째, 세상은 복잡하고 불확실한 곳이기 때문에 판단을 내리는 것은 어렵다. 이런 복잡성은 형사사법제도에 명확히 존재하고, 전문적인 판단이 요구되는 모든 상황에도 존재한다. 넓게 볼 때 복잡성이 존재하는 상황에는 의사, 간호사, 변호사, 엔지니어, 교사, 건축가, 할리우드 영화 제작 책임자, 인사위원회 위원, 출판사, 모든 회사 경영진 그리고 스포츠 팀 매니저가 내리는 판단이 포함된다. 그러므로 판단이 내려지는 곳 어디에서든 의견 차이는 피할 수 없다.

둘째, 의견 차이의 정도는 우리가 예상한 것보다 크다. 사법 재량의 원칙에 이의를 제기하는 이는 거의 없지만, 거의 모두가 사법 재량으로 야기되는 양형 차이를 인정하지 않는다. 이상적인 상황이라면 똑같아야 하는 판단에 뜻하지 않게 끼어드는 변산성 곧 **제도 잡음**system noise은 만연한 불평등, 높은 경제적 비용과 다양한 오류를 초래할 수 있다.

셋째, 잡음은 줄어들 수 있다. 프랑켈 판사가 지지했고 미국양형위원회가 실행했던 규칙과 가이드라인은 잡음을 성공적으로 줄일 수 있는 접근법이다. 판단 유형이 다를 경우에는 다른 접근법을 적용하는 것이 더 효과적일 것이다. 잡음을 줄이기 위해 도입된 방법 중 어떤 것들은 편향도 함께 줄일 수 있다.

넷째, 잡음 축소 노력은 곧잘 반대에 부딪히고 심각한 어려움과 마주한다. 이런 이슈도 해결돼야 한다. 그렇지 않으면 잡음에 맞선 투쟁은 실패할 것이다.

양형 잡음에 대하여

"실험을 통해, 동일한 사건을 두고 판사들이 제안한 형량에는 큰 차이가 있음이 확인됐다. 이런 변산성은 공정할 수가 없다. 피고의 형량이 어느 판사가 사건을 맡느냐에 따라 결정돼선 안 된다."

"양형은 심리 중 판사의 기분이나 실외 온도에 따라 결정돼선 안 된다."

"양형 가이드라인은 양형 잡음을 해소하는 하나의 방법이다. 하지만 많은 사람이 양형 가이드라인을 반기지 않는다. 양형 가이드라인이 공정성과 정확성을 보장하는 데 필수적일 수 있는 사법 재량을 제한하기 때문이다. 어쨌든 각각의 사건은 고유한 것이지 않은가?"

2장

제도 잡음

우리가 잡음이라는 문제를 처음 맞닥뜨리고 흥미를 느끼게 된 과정은 형사사법제도를 경험했을 때만큼 극적이진 않았다. 그건 우연한 만남이었고, 그 자리에는 우리 중 두 사람이 관련된 컨설팅 회사에 업무를 의뢰했던 보험회사가 있었다.

보험은 많은 사람이 관심을 가질 만한 주제는 아니지만, 보험회사 같은 영리 조직에도 상당한 규모의 잡음 문제가 존재한다. 잡음이 있는 영리 조직은 잡음 있는 의사결정 때문에 상당한 재정적 손실을 볼 가능성이 있다. 이 문제가 왜 거의 눈에 띄지 않는지, 또 이와 관련해 어떤 해결 방법이 있을지를 설명하는 데 우리가 경험한 보험회사 사례가 도움이 될 것이다.

그 보험회사 경영진은, 회사를 대표해 중요한 재무적 결정을 하는 직원들의 판단에서 일관성을 늘리고 잡음을 줄이고자 노력할 경우 잠재가치가 얼마나 될지 저울질하고 있었다. 모두가 의사결정의 일관성을 높이는 것이 바람직하다는 데 동의했다. 또 판단이란 비공식적이고 어떤 면에선 주관적인 결정이므로, 모든 판단이 완전히 일관될 수 없다는 데에도 모두가 동의했다. 말하자면 어느 정도의 잡음은 불가피하다는 것이다.

그러나 잡음의 중요도에 대해서는 의견이 갈렸다. 보험회사 경영진은 잡음이 과연 회사가 심각하게 고민하고 해결해야 할 문제인지 의문을 가졌다. 그리하여 그들은 간단한 실험을 통해 이 의문을 해소하기로 했다. 우리는 이 실험을 **잡음 감사**noise audit라 부를 것이다. 실험 결과는 놀라웠다. 그리고 그것은 잡음 문제를 확실히 보여주는 완벽한 사례였다.

잡음을 낳는 제비뽑기

전문가는 크든 작든 자신이 속한 조직에 구속력을 갖는 권한을 지닌다. 예를 들어 보험회사는 보험심사역을 고용하여, 그에게 재무적 리스크에 대한 보험료(가령 은행이 사기나 불량거래로 인해 입을 수 있는 손실을 보장해주는 보험의 적정한 보험료)를 산정할 권한을 부여한다. 또한 손해사정사를 고용하여, 미래 보험청구 비용을 예측하고 보험청구가 발생하면 청구인과의 협상을 통해서 적정한 배상액을 산정할 권한을 부여한다.

보험회사에는 자격을 갖춘 보험심사역이 여럿 포진해 있다. 보험료를 산정해야 하는 업무가 생기면, 그때그때 여유 있는 보험심사역 아무에게나 해당 업무가 할당된다. 사실상 보험료를 산정할 보험심사역이 무작위로 선택되는 것이다.

보험료를 정확하게 산정하는 것은 보험회사 입장에서 대단히 중요한 일이다. 고객이 견적서를 받아들이기만 한다면 보험료가 높게 산정된 견적서가 보험회사에 이롭다. 하지만 보험료가 너무 높게 산정되면 경쟁사에 보험계약을 빼앗길 위험이 있다. 물론 보험료가 낮게 산정된 견적서가 고객에게 받아들여질 가능성이 높지만, 보험료가 낮으면 보험회사로서는 계약이 체결되더라도 불리하다. 어느 경우든 너무 높지도 낮지도 않은 적정 보험료는 존재하며, 다수의 보험심사역이 산출한 보험료의 평균치가 적정 보험료에 가까울 가능성이 높다. 적정 보험료보다 높거나 낮은 보험료는 보험회사에 비용을 초래한다. 이렇게 잡음 있는 판단이 회사에 경제적 손해를 입힌다.

손해사정사도 보험회사의 재무 상태에 영향을 미친다. 산업재해로 오른손을 영구적으로 잃어버린 노동자(청구인)가 보험금을 청구했다고 생각해보자. 앞서 어떤 보험심사역이 보험료를 산정했던 것처럼, 마침 여유가 있는 손해사정사가 해당 청구건을 처리하게 됐다. 손해사정사는 보험청구건과 관련된 자료를 수집하고 추정 손해액을 바탕으로 보험금을 산정하여 회사에 제시했다. 그리고 보험약관에 보장된 혜택을 청구인이 모두 누리는 동시에 회사가 과도한 보험금을 배상하지 않도록 청구인의 법률 대리인과 협상을 벌였다.

여기서 손해사정사가 초기에 산정한 보험금이 중요하다. 손해사정사는 초기 견적을 기준으로 향후 청구인과 협상을 벌여 최종 보험금에 합의한다. 초기에 산정한 보험금이 손해사정사의 암묵적인 목표가 되는 것이다. 보험회사로서는 보험청구의 예상 비용을 따로 마련해둬야 할 법적 의무가 있다(다시 말해 보험회사는 보험금을 지급할 수 있는 충분한 현금을 보유하고 있어야 한다). 이것이 지급준비금이다. 앞선 사례와 마찬가지로, 보험회사의 관점에서 바라본 적정 보험금이 존재한다. 물론 청구인의 이익을 대변하는 변호사가 있기 때문에 합의가 보장되진 않는다. 변호사는 보험회사에서 제시하는 보험금이 너무 적으면 법정까지 갈 것이다. 반면에 지급준비금이 지나치게 많으면, 손해사정사가 청구인의 아주 사소한 요구까지 들어줄 수도 있다. 이처럼 손해사정사의 판단은 보험회사에 중요하고, 보험금 청구인에겐 훨씬 더 중요하다.

어떤 보험심사역, 어떤 손해사정사가 해당 업무를 맡느냐는 건 일종의 **제비뽑기**다(여기서 우리는 확률의 역할을 강조하고자 제비뽑기라는 단어를 사용했다). 보통은 직원 한 명이 하나의 업무를 맡아서 처리한다. 그러므로 그 누구도 다른 직원이 그 업무를 맡았을 때 어떤 일이 일어날지 알 수 없다.

제비뽑기 같은 추첨 방식은 제도적으로 활용되기도 한다. 이때 추첨은 공정해야 한다. 대학 강의처럼 '좋은 것' 혹은 병역처럼 '나쁜 것'을 할당할 때 추첨은 용인된다. 추첨은 어떤 목적을 달성하는 데 도움이 된다. 하지만 지금까지 이야기한 전문적인 판단과 관련된 추첨은 그 어느 쪽도 아니며, 불확실성만 낳을 뿐이다. 보험심사역 개인은 잡음 없이 판단을 내리고 최적의 보험료를 산정한다. 하지만 확률의 개입으로 보험심사역이 누구냐에 따라서 고객이 받게 될 견적서가 달라지는 보험회사를 상상해보라. 이런 경우에 추첨 방식을 정당화할 이유나 근거는 존재하지 않는다. 전문적인 판단을 내릴 사람이 임의적으로 선택되고, 누가 판단을 내리느냐에 따라서 결과가 달라지는 제도라면 말이다.

제도 잡음을 노출시키는 잡음 감사

누가 형량을 선고하고 누가 팀을 대표해 사격을 하느냐에 따라 결과는 달라진다. 이렇듯 추첨은 변산성을 낳는다. 하지만 이 변산성은 눈에 보이지 않는다. 이때 잡음 감사(가령 연방 판사들의 양형에서 잡음 여부를 확인하는 것)가 잡음을 노출하는 한 가지 방법이 될 수 있다. 이런 잡음 감사에서는 여러 사람에게 같은 사례를 평가하여 판단을 내리도록 하고, 그들의 판단에 변산성이 존재하는지 확인한다.

보험심사역과 손해사정사의 판단은 잡음 감사에 특히나 유용하다. 그들은 서면으로 제공된 정보를 근거로 보험료와 보험금을 산정한다. 보험회사 경영진은 잡음 감사를 위해 다섯 가지 사례를 마련했다. 보험심사역 그룹과 손해사정사 그룹은 다섯 가지 사례 중에서 두세 가지를 검토하여 각각 보험료와 보험금을 산정했다. 그들은 이 실험의 목적이 자신들의 판단에 나타나는 변산성을 조사

하기 위함인지 몰랐다.[1]

실험 결과를 확인하기 전에, 다음 질문에 스스로 답해보길 바란다. 여기 잘 돌아가는 보험회사가 있다. 이 보험회사에서 일하는 보험심사역이나 손해사정사 중에서 무작위로 두 명을 선택한다고 가정해보자. 선택된 두 명은 같은 사례를 검토하고 각자 보험료나 보험금을 산정한다. 이때 그들 각자가 산정한 보험료나 보험금의 차이는 얼마나 될까? 구체적으로 말하면 그 차이가 그들이 산정한 보험료나 보험금 평균치에서 차지하는 비중은 얼마나 될까?

우리는 보험회사 경영진에게 이 질문을 한 다음, 이후 몇 년간 그 회사에 소속된 보험심사역과 손해사정사로부터 다수의 견적서를 입수했다. 경영진에게선 놀랍게도 하나의 응답이 두드러졌다. 이들 대부분이 '10퍼센트' 혹은 그 이하라고 답한 것이다. 여러 산업군을 대상으로 828명의 CEO와 임원에게 같은 질문(조직 내 구성원들의 전문적인 판단에서 변산성이 얼마나 관찰될 것 같은가)을 했을 때에도 '10퍼센트'가 중간값이자 가장 많이 나온 답변이었다(두 번째로 많이 나온 수치는 '15퍼센트'였다). 10퍼센트 차이라는 건, 가령 두 명의 보험심사역 중 한 명은 보험료를 9,500달러로, 나머지 한 명은 1만 500달러로 산정했을 경우에 해당한다. 무시할 만한 차이는 아니지만, 보험회사가 충분히 감당할 수 있는 수준의 차이긴 하다.

그러나 잡음 감사에서 이보다 훨씬 더 큰 차이가 확인됐다. 우리가 측정한 바에 따르면 보험료 산정에서 나타난 차이의 중간값은 55퍼센트로, 보험회사 경영진을 비롯해 대부분의 사람들이 예상한 수치보다 다섯 배 높은 수치였다. 이것은 한 명이 보험료를

9,500달러로 산정했을 때, 다른 한 명은 보험료를 1만 500달러가 아닌 1만 6,700달러로 산정한다는 의미다. 보험금을 산정한 경우에 차이의 중간값은 43퍼센트였다. 우리가 강조하는바 이 결과는 중간값이다. 실험에 사용된 사례의 절반에서 두 판단에 나타난 차이는 훨씬 더 컸다는 얘기다.

잡음 감사 결과를 보고받은 경영진은 잡음 자체가 심각한 문제이고 막대한 비용을 초래할 수 있음을 이내 깨달았다. 한 임원은 보험료를 너무 높게 산정하여 놓친 보험계약과 보험료를 너무 낮게 산정하여 손해가 발생한 보험계약을 모두 고려할 때 보험계약 심사의 연간 잡음 비용이 수억 달러에 이른다고 추정했다.

그 누구도 얼마나 많은 오류가 (또는 얼마나 많은 편향이) 존재했는지 정확하게 말할 수 없다. 왜냐하면 보험계약의 적정 가치를 확실히 아는 이가 없기 때문이다. 그러나 표적의 위치를 모르더라도 과녁의 뒷면을 보고 분산도를 파악할 수 있으며 변산성이 문제임을 이해할 수 있다. 누가 보험료를 산정하느냐에 따라 보험료가 천차만별일 수 있다는 사실이 데이터를 통해 확인됐다. 자신들의 동의 없이 이런 제비뽑기를 통해 보험료가 산정된다는 사실을 알고 기뻐할 고객은 없을 것이다. 일반적으로 말해서 조직을 상대하는 사람은 그 조직이 일관된 판단을 내리는 확실한 제도를 갖고 있으리라 기대하지, 제도 잡음을 기대하진 않는다.

원하지 않은 변산성 vs 바람직한 다양성

제도 잡음은 그 누구도 **원하지 않는다.** 원하는 사람이 아무도 없다는 게 제도 잡음의 주요 특징이다. 하지만 판단에 나타나는 변산성이 항상 반갑지 않은 건 아니다.

기호나 취향의 문제에 대해 생각해보자. 열 명의 영화평론가가 똑같은 영화를 본다면, 열 명의 와인 감별사가 똑같은 와인의 등급을 매긴다면, 또 열 명의 사람이 똑같은 소설을 읽는다면, 여기서 그 누구도 그들이 같은 의견을 내놓으리라고 기대하지 않는다. 취향의 다양성은 환영받고 전적으로 기대된다. 모든 사람의 호불호가 완전히 똑같은 세상에서 살고 싶어 하는 이는 없을 것이다. (음, 거의 없을 것이다.) 하지만 개인의 취향이 전문적인 판단으로 오인될 경우, 취향의 다양성은 오류를 야기할 수 있다. 영화제작자가 개인적으로 대본이 좋아서 가령 다이얼 전화기의 흥망성쇠에 관한 색다른 프로젝트를 추진하기로 결정했다고 치자. 이때 그 제작자를 제외하고 아무도 그 대본을 좋아하지 않는다면, 그 대본으로 영화를 제작하는 것은 중대한 실수일지도 모른다.

판단의 변산성이 기대되고 환영받는 경우도 있다. 최고의 판단을 내리는 사람에게 보상이 주어지는 경쟁적인 상황이라면 그렇다. 여러 기업(또는 한 기업의 여러 팀)이 같은 고객 문제를 혁신적으로 해결할 방안을 찾고자 경쟁할 때, 사람들은 그 기업들이 하나의 방법에만 집중하길 바라지 않는다. 많은 연구진이 백신 개발 등 과학적인 문제를 해결하고자 노력할 때에도 마찬가지다. 사람들은 그들이 다른 관점에서 문제를 바라보고 검토하길 몹시 바란다. 때론 예측 가들도 서로 경쟁하는 운동선수처럼 행동한다. 그 누구도 예측하지 못한 경기 침체를 정확하게 예측한 경제학자는 분명 명성을 얻을 것이요, 합의에서 절대 벗어나지 않는 경제학자는 무명으로 남을 것이다. 다시 말하지만 이런 환경에서 아이디어와 판단에 나타나는 변산성은 환영받는다. 의견 차이야말로 문제를 해결하는 첫 단계가 되기 때문이다. 다음 단계에서는 이 판단의 결과들이 서로 경쟁할 것이고, 최고의 결과가 승리하게 될 것이다. 자연에서 그렇듯 시장에서도 선택은 변산성 없이 효과적일 수 없다.

취향 및 경쟁은 판단과 관련해 흥미로운 문제를 제기한다. 하지만 여기선 변산성이 달갑지 않게 여겨지는 판단에만 집중할 것이다. 제도 잡음은 제도의 문제다. 여기서 제도란 시장이 아닌 조직이다. 트레이더들이 어떤 주식의 가치를 다르게 평가하면, 그들 중 일부는 돈을 벌고 나머지는 손해를 본다. 판단의 차이가 시장을 형성한다. 무작위로 선택된 트레이더가 회사를 대표해서 어떤 주식의 가치를 평가했고 동료들은 해당 주식을 그 트레이더와는 아주 다르게 평가했다면, 회사는 제도 잡음에 직면한 것이고 이건 문제가 된다.

우리는 자산관리회사의 상급 관리자들에게 연구 결과를 브리핑하면서, 이 회사에도 잡음 문제가 존재함을 확인했다. 그리하여 어떤 잡음이 왜 존재하고 조직에 어떤 영향을 주는지 확인하기 위해 자체 잡음 감사를 실시할 것을 제안했다. 상급 관리자들은 경험 있는 투자자 42명에게 어느 주식의 적정 가치를 평가할 것을 지시했

1부 잡음을 찾아서

다(주식의 적정 가치는 투자자들이 매도나 매수 어느 쪽에도 기울지 않는 가격이다). 투자자들은 요약 손익계산서, 대차대조표, 지난 3년간 현금흐름표, 향후 2년간 전망치 등이 포함된 한 장의 기업 소개를 보면서 주식을 분석했다. 그들의 판단에 나타난 잡음의 중간값(앞서 살펴본 보험회사와 동일한 방법으로 측정)은 41퍼센트였다. 한 회사에서 일하는 투자자들이 동일한 가치평가 방법을 이용하여 이렇게나 다른 판단을 내린다는 것은 좋은 소식일 리 없다.

자산관리회사, 형사사법제도, 앞서 살펴본 보험회사처럼 똑같이 자격을 갖춘 인재들 중 무작위로 누군가를 선택하고 그에게 전문적인 판단을 맡기는 조직이라면 어디서든 잡음이 문제가 된다. 제도 잡음은 많은 조직을 괴롭힌다. 병원에서 환자를 진료할 의사, 법정에서 사건을 심리할 판사, 특허를 심사할 특허 심사자, 고객의 불만 사항을 처리할 고객 서비스 담당자 등은 무작위로 결정된다. 이렇게 무작위로 선택된 판단자의 판단에 나타나는 원치 않은 변산성은 금전적 손실을 초래하고 불공정을 만연하게 하는 등 심각한 문제를 일으킬 수 있다.

판단에서 원치 않은 변산성은 많은 오해를 받는다. 우선 사람들은 판단의 변산성이 별로 중요하지 않다고 오해한다. 각종 오류가 무작위로 발생하면서 서로를 상쇄시킨다고 여기기 때문이다. 확실히 같은 사례를 판단할 때 나타나는 긍정적인 오류와 부정적인 오류는 상쇄되곤 하며, 앞으로 우리는 이것이 잡음을 줄이는 데 어떻게 활용되는지 자세히 살펴볼 것이다. 하지만 잡음 있는 제도는 같은 사례를 두고 여러 판단을 내리는 것이 아니라, 여러 사례를 두고 잡음 있는 판단을 내린다. 너무 비싼 보험 상품과 너무 싼 보험 상품이 있다면, 평균치를 생각했을 때 보험료에 문제가 없어 보일 수 있다. 하지만 보험회사는 손실이 큰 오류 두 가지를 저지른 셈이다. 징역 5년을 선고받아야 하는 두 흉악범이 각각 징역 3년과 징역 7년을 선고받았다면 정의가 구현되지 않은 것이다. 이처럼 잡음 있는 제도에서 오류는 상쇄되지 않고 가중될 뿐이다.

의견 일치라는 환상

수십 년 전으로 거슬러 올라가 보자. 이미 전문적인 판단에서 상당한 잡음이 존재한다는 문헌은 많다. 우리는 이 문헌의 존재를 알고 있었기에 보험회사의 잡음 감사 결과가 그다지 놀랍지 않았다. 우리가 놀랐던 부분은 감사 결과를 보고받은 경영진의 반응이었다. 회사 내 그 누구도 우리가 관찰했던 만큼의 잡음을 예상하지 못한 것이다. 잡음 감사의 타당성에 의문을 제기한 사람도 없었고, 관측된 잡음 수준이 그런대로 괜찮다고 말한 사람도 없었다. 하지만 잡음 문제, 그리고 그에 따른 막대한 손실은 보험회사로서는 새로운 문제인 듯했다. 잡음은 물이 새는 지하실 같았다. 그럭저럭 괜찮아서 내버려뒀던 것이 아니라, 눈치채지 못했기 때문에 지하실에서 계속 물이 샜던 것이다.

어떻게 이럴 수 있을까? 같은 사무실에서 같은 일을 하는 사람들이 자기가 동료들과 다른 판단을 내리고 있다는 사실을 모른 채

계속 다른 판단을 내릴 수 있을까? 어떻게 경영진은 회사의 실적과 명성에 중대한 위협이 되는 제도 잡음을 눈치채지 못했을까? 우리는 조직이 제도 잡음의 존재를 잘 눈치채지 못한다는 것, 그리고 잡음에 대한 흔한 부주의가 잡음의 만연만큼이나 흥미롭다는 것을 알게 됐다. 잡음 감사는 전문적인 판단을 내리는 사람들과 그들을 고용한 조직이 **의견 일치라는 환상**에 빠져 있음을 보여줬다. 사실상 그들이 매일같이 하는 전문적인 판단에 의견 불일치가 존재하는데도 말이다.

지금부터 의견 일치라는 환상이 어떻게 생기는지 살펴보자. 여기 보험회사에서 평범한 하루를 보내는 보험심사역이 있다. 그는 보험심사역으로 5년 동안 일하면서 동료들에게서 좋은 평가를 받았고, 그 역시 함께 일하는 동료들을 좋게 평가했다. 그는 자기가 유능한 보험심사역이라고 생각한다. 그러던 어느 날 그는 어떤 금융회사의 복잡한 리스크를 철저하게 분석한 뒤에 보험료를 20만 달러로 산정하는 것이 적정하겠다고 판단했다. 문제는 복잡하지만 매주 처리하는 문제들과 별반 다를 것이 없었다.

그는 동료들도 자신과 같은 사례를 검토했다는 사실을 알게 됐다. 같은 사례를 검토한 동료의 절반이 해당 금융회사의 보험료를 25만 5,000달러 이상 내지는 14만 5,000달러 이하로 산정했다. 그는 이 결과를 도저히 믿을 수 없었을 것이다. 실제로도 우리가 잡음 감사를 진행했던 보험회사의 보험심사역은 잡음 감사의 타당성은 인정했지만, 그들이 잡음 감사 결과를 진심으로 받아들이진 않았을 것이라고 우리는 생각한다.

대부분의 사람들은 대체로 아무 의심 없이 세상은 눈에 보이는 게 전부라고 믿으며 산다. 그리고 이 믿음은 '다른 사람들도 나와 비슷하게 세상을 본다'는 믿음으로 이어진다. **소박한 실재론**naive realism[2]이라고도 하는 이런 믿음은 타인과 공유하는 현실감각에서 매우 중요하다. 사람들은 이런 믿음에 거의 의구심을 품지 않는다. 사람들에겐 어느 때건 자기를 둘러싼 세상에 대한 단 하나의 해석만이 존재한다. 그리고 보통 그것을 대체할 그럴듯한 해석을 내놓는 데 조금도 노력을 기울이지 않는다. 하나의 해석이면 충분하고, 실제로 사람들은 그렇게 세상을 경험한다. 세상을 다르게 바라보는 방법을 고민하면서 인생을 살아가진 않는 것이다.

전문적인 판단 사례에서, 남들도 나처럼 세상을 바라본다는 소박한 실재론은 날마다 다양한 방식으로 강화된다. 우선 사람들은 동료들과 공통 언어를 공유하고, 의사결정에서 중요한 요소들을 평가하는 규칙도 공유한다. 그리고 이런 규칙을 어긴 판단에 대해서는 말도 안 되는 것으로 치부함으로써 남들과 공감하며 안심한다. 또 사람들은 동료들과 의견이 일치하지 않을 때 그것이 동료들의 판단의 실수 때문이라 생각한다. 자신이 동의한 규칙이 모호하다는 점을 알게 될 기회가 거의 없다. 그 모호한 규칙은 일부 가능성을 제거하기도 하고 특정 사건에 대해서 모두가 보인 긍정적인 반응을 구체적으로 설명해내지도 못한다. 그래서 사람들은 실제로 동료들이 자신과 다르게 세상을 본다는 사실을 모른 채 그들과 편안하게 살아갈 수 있는 것이다.

우리가 인터뷰한 어느 보험심사역은 부서 내 전문가로 성장하면서 경험한 일을 이야기했다. "신입이었을 때는 제가 맡은 사건의 75퍼센트를 직속상관과 의논했죠. (…) 몇 년 뒤에는 그럴 필요가 없었어요. 이제 저는 전문가란 평가를 받아요. (…) 시간이 지나면서 제 판단에 점점 더 자신감이 생겼죠." 여느 사람들처럼 그 보험심사역도 많은 업무를 경험하며 자신의 판단에 자신감을 갖기 시작했다.

이 과정의 심리는 충분히 이해된다. 대체로 사람들은 과거에 비슷한 사례를 검토하고 내렸던 판단과 비슷한 판단을 거듭하면서 주어진 과제를 점점 능숙하고 쉽게 처리할 수 있게 된다. 자신감은 이런 주관적인 경험을 통해 길러진다. 시간이 흐르면서 이 보험심사역 또한 과거의 자신과 합의에 이르는 법을 배웠고, 자기 판단에 대한 자신감이 높아졌다. 초기 수습 기간을 거친 뒤 이 보험심사역은 남들과 합의하는 법을 배운다든지, 남들과 얼마나 의견이 일치하는지 확인하지 않았던 것 같고, 심지어 동료들과 동떨어진 판단을 내리지 않으려고 애쓰지도 않았던 것 같다.

보험회사가 빠져 있던 의견 일치라는 환상은 잡음 감사만으로 와장창 깨졌다. 어떻게 보험회사 임원들이 잡음 문제를 모르고 있었던 걸까? 여러 가지 답변이 가능하겠지만, 많은 경우 그저 '의견 불일치가 불편하기 때문'이었다는 게 한 가지 중요한 답변이 될 것이다. 대부분의 조직이 반대와 갈등보다 합의와 조화를 선호한다. 그래서 실제로 불일치 상황에 노출되거나 이를 해결하는 것을 최소화하는 절차를 조직 내에 가지고 있다.

미네소타대학교 심리학 교수이자 수행능력 예측 분야의 저명한 학자인 네이선 컨슬Nathan Kuncel이 이 문제를 여실히 드러내는 이야기 하나를 들려줬다. 컨슬이 어느 학교 입학처와 함께 학생 선발 절차를 점검했을 때의 일이다. 첫 번째 입학사정관이 지원서를 읽고 등급을 매겨 다음 입학사정관에게 넘겼다. 이를 넘겨받은 두 번째 입학사정관도 지원서를 검토하고 등급을 매겼다. 컨슬은 첫 번째 입학사정관이 매긴 등급을 가리고 두 번째 입학사정관에게 지원서를 전달하는 것이 어떻겠느냐고 제안했다(그가 이런 제안을 한 이유는 이 책을 읽으면서 분명해질 것이다). 그의 제안에 입학처는 이렇게 답했다. "우리도 한때는 그렇게 했어요. 하지만 등급이 천차만별이라 지금의 제도로 바꿨죠." 옳은 결정을 내리는 것보다 갈등을 피하는 것이 더 중요하다고 여기는 조직은 이 학교만이 아니다.

이번에는 많은 기업이 활용하는 또 다른 메커니즘, 바로 '유감스러운 판단의 사후 분석'을 살펴보자. 사후 분석은 학습법으로도 유용하다. 전문적인 기준에서 크게 벗어난 판단이라는 의미에서 '실수'가 정말 발생했다면, 그 실수가 왜 발생했는지에 대해 토의하는 것은 그리 어려운 일이 아닐 것이다. 전문가들은 그 판단이 합의에서 완전히 벗어났다고 쉽게 결론 내릴 것이다(그리고 그런 판단은 보기 드문 사례이기에 예외로 치부하고 넘어갈지도 모른다). 나쁜 판단은 좋은 판단보다 훨씬 더 쉽게 눈에 들어온다. 그러나 터무니없는 실수를 비난하고 나쁜 판단을 내린 동료를 소외시키면, 전문가들은 일반적으로 용인되는 판단을 내리는 그 과정에서 서로의 의견이 얼마나 달랐는지를 인지하지 못할 수 있다. 반대로 나쁜 판단에 대해 쉽게 합의에 이르면, 의견 일치라는 환상은 더욱 공고해질 것이다.

이렇게 되면 제도 잡음이 도처에 존재한다는 사실을 알고 그로부터 진정한 교훈을 얻을 수 없다.

이제 우리처럼 여러분도 제도 잡음이 심각한 문제라는 것을 인정하길 바란다. 제도 잡음이 존재한다는 건 놀라운 일이 아니다. 잡음은 판단에 내재한 비공식적 속성에서 비롯한다. 그러나 이 책을 통해 확인하겠지만, 어떤 조직의 진지한 눈으로 관찰되는 잡음의 양은 항상 충격으로 다가온다. 결론은 간단하다. 판단이 있는 곳이라면 어디든 잡음이 있고, 그 잡음은 생각보다 많다는 것이다.

제도 잡음에 대하여 _____

"보험회사는 보험심사역이나 손해사정사 등 전문가가 내리는 전문적인 판단의 질에 의존한다. 보험사는 매 건마다 어느 한 전문가에게 일을 맡기지만, 다른 전문가도 비슷한 판단을 내릴 것이라는 잘못된 생각을 지닌 채 굴러간다."

"제도 잡음은 보험회사가 생각했던 것 또는 조직이 감당할 수 있는 수준의 다섯 배였다. 잡음 감사가 없었다면 보험회사는 잡음을 결코 깨닫지 못했을 것이다. 잡음 감사가 의견 일치라는 환상을 완전히 깨뜨렸다."

"제도 잡음은 심각한 문제다. 제도 잡음이 회사에 수억 달러의 손해를 입힌다."

"판단이 있는 곳이라면 어디든 잡음이 있다. 그것도 우리가 생각하는 것보다 더 많은 잡음이 있다."

3장

일회적인 결정

지금까지 살펴본 사례연구는 사람들이 반복적으로 하게 되는 판단과 관련이 있었다. 절도로 기소된 피고에게 어떤 형을 선고하는 것이 적절할까? 특정 리스크에 대한 적정 보험료는 얼마일까? 물론 각각의 사례는 어떤 면에서 유일무이하다. 하지만 이런 판단은 **반복적인 결정**이다. 환자를 진단하는 의사, 가석방 심사를 하는 판사, 입학원서를 검토하는 입학사정관, 세금신고서를 작성하는 회계사는 모두 반복적인 결정을 내린다.

반복적인 결정에 나타나는 잡음은 2장에서 소개한 잡음 감사를 통해 드러난다. 상호 대체 가능한 전문가들이 비슷한 사례를 검토하고 판단을 내릴 때 나타나는 원치 않은 변산성을 정의하고 측정하기란 쉽다. 그러나 잡음 개념을 **일회적인 결정**에 해당하는 판단에 적용하는 일은 훨씬 더 어렵거나 불가능해 보일 정도다.

2014년 세계적으로 들이닥친 위기를 생각해보자. 서아프리카에서 무수한 사람들이 에볼라바이러스로 사망했다. 세계는 서로 연결되어 있기 때문에, 에볼라바이러스가 전 세계로 빠르게 확산될 것이며 특히 유럽과 북미가 가장 큰 피해를 입을 것이라는 전망이 나왔다. 미국에서는 감염 지역으로부터의 입국을 금지하고 공격적인 조치로 국경을 봉쇄하라는 요구가 지속적으로 쏟아졌다. 정치적 압박이 거센 가운데 저명하고 유능한 사람들이 이런 조치를 지지했다.

버락 오바마 대통령은 임기 중 가장 어려운 결정을 내려야 했다. 이전까지 한 번도 내린 적 없고 앞으로 다시는 내리지 않을 결정이었다. 오바마 대통령은 그 어떤 국경도 봉쇄하지 않기로 하는 대신, 3,000명의 인원(의료진과 군인)을 서아프리카로 보냈다. 그는 종래 잘 협력하지 않던 국가들과 국제 연합체를 형성하고, 각국의 자원과 전문성을 동원하여 문제의 핵심을 공략해나갔다.

일회성과 반복성

오바마 대통령의 에볼라 대응처럼 단 한 번만 내려지는 결정은 일회적이다. 같은 사람이나 집단이 반복적으로 내리는 결정이 아니라는 점에서, 미리 준비된 대응 방안이 부족하다는 점에서, 또 그 나름의 고유한 특징이 있다는 점에서 그렇다. 에볼라바이러스에 대응할 당시 오바마 대통령 측은 참고할 만한 선례가 없었다. 군사령관이 판세를 뒤엎을 일생일대의 선택을 내리는 것처럼, 중요한 정치적 결정은 일회적인 결정의 좋은 사례가 되곤 한다. 군사령관의 가장 운명적인 선택처럼 말이다.

사적 영역에서 개인이 직업을 선택하거나 집을 구매하거나 청혼할 때 내리는 결정도 이 같은 특징을 띤다. 설령 첫 번째 직장, 첫 번째 집, 첫 번째 결혼이 아니더라도, 또 무수히 많은 사람들이 앞서 이런 결정을 내렸더라도 그 결정은 본인에게 다시는 없을 유일한 것으로 다가온다. 비즈니스 영역에서는 회사 임원들이 단 한 번도 해본 적 없는 결정(가령 잠재적으로 시장 판도를 바꿀 혁신을 내놓을지 말지, 팬데믹이 창궐하는 시기에 얼마 동안 회사를 폐쇄할지, 해외에 사무실을 열지 말지, 기업을 규제하는 정부에 굴복할지 말지 등)을 하기 위해 자주 소집된다.

어쩌면 일회적인 결정과 반복적인 결정 사이에는 범주적 차이가 아닌, 둘을 이어주는 연속성이 존재할 것이다. 보험심사역이 보통 처리하던 업무와는 완전히 다른 업무를 맡을지도 모르고, 역으로 생애 네 번째 집을 구입하는 사람이 집 구매 결정을 반복적인 결정으로 여길지도 모른다. 하지만 극단적인 사례들을 살펴보면, 일회적인 결정과 반복적인 결정의 차이는 분명 유의미하다. 전쟁에 나가는 것과 연간 예산을 검토하는 것은 별개의 일이다.

일회적인 결정에 나타나는 잡음

예부터 일회적인 결정은 상호 대체 가능한 직원들이 일상적으로

1부 잡음을 찾아서

하는 반복적인 판단과는 완전히 별개의 판단으로 취급받아왔다. 반복적인 결정이 사회과학자들의 영역이었다면, 중대한 이해관계와 얽힌 일회적인 결정은 역사학자들과 경영 대가들의 영역이었다. 그래서 일회적인 결정과 반복적인 결정에 대한 접근 방식도 꽤 달랐다. 반복적인 결정에 관한 분석은 통계학적이다. 사회과학자들은 다수의 유사한 결정을 평가해서 패턴을 찾아내고, 규칙성을 발견하고, 정확도를 측정한다. 반대로 일회적인 결정에 관한 논의는 다소 우발적인 관점을 취한다. 여기서는 결정이 내려진 이후에 분석이 진행되고, 일의 원인을 파악하는 데 집중한다. 경영 성공 및 실패에 관한 사례연구와 마찬가지로, 역사적인 분석도 근본적으로 유일무이한 판단이 어떻게 내려졌는지를 이해하는 데 목적을 둔다.

일회적인 결정의 이런 속성은 잡음 연구와 관련해 중요한 의문을 제기한다. 우리는 잡음을 '같은 문제를 검토하고 내린 판단에 나타나는 바람직하지 않은 변산성'으로 정의했다. 그런데 일회적인 문제는 결코 반복되지 않으므로, 이런 정의로는 일회적인 결정에 나타나는 잡음을 설명할 수 없다. 어쨌거나 역사는 한 방향으로 흐를 뿐 역행하지 않는다. 2014년 의료진과 군인을 서아프리카로 파견한 오바마 대통령의 결정을, 다른 미국 대통령들이 각자 임기 동안 특정 문제에 대해 내린 결정과 비교할 수 없다(어림잡아볼 수는 있을지 모른다). 특정인과 결혼하기로 한 누군가의 결정을 특정인과 결혼하기로 한 다른 이의 결정과 비교할 수 있을지 모른다. 하지만 이런 비교는 동일한 보험 청구건을 두고 서로 다른 보험금을 산정한 보험심사역들의 판단을 비교하는 것과는 다르다. 부부와 연인은 서로에게 유일무이한 존재다. 일회적인 결정에서 잡음의 존재를 확인할 수 있는 직접적인 방법은 없다.

하지만 일회적인 결정은 반복적인 결정에서 잡음을 일으키는 요인으로부터 자유롭지 않다. 사격장에서 C팀(잡음 있는 팀) 사격수들은 소총의 사격 조준기를 다른 방향으로 조정할 수도 있고, 총알을 발사하는 순간 손을 떨 수도 있다. 그 팀의 첫 번째 사격수만 봐서는, 그 팀에 얼마나 많은 잡음이 존재하는지 알 수 없을 것이다. 하지만 잡음의 근원은 여전히 그 팀에 존재할 것이다. 이처럼 일회적인 결정을 내릴 때는 다른 사람이라면 어떤 결정을 내렸을지 생각해봐야 한다. 똑같은 능력에, 똑같은 목표와 가치관을 지니고 있더라도 같은 사실을 기초로 다른 결론을 내릴 수 있다. 그리고 주어진 상황이나 의사결정 과정에서 그다지 중요하게 고려되지 않은 요소라 할지라도, 그런 요소가 조금이라도 변하면 의사결정자는 이전과는 다른 결정을 내릴 수 있다.

달리 말해 우리는 일회적인 결정에 나타나는 잡음을 측정할 수 없다. 그러나 사후 가정적counterfactual(실제 나타난 결과와는 다른 결과를 가정해보는 것)으로 생각한다면, 일회적인 결정에도 잡음은 분명 존재한다. 사격수의 떨리는 손은 단 한 발의 총알이 **다른 어딘가를 관통할 수 있었음**을 시사한다. 이처럼 의사결정자와 의사결정 과정에 존재하는 잡음은 일회적인 결정도 **달라질 수 있었음**을 함의한다.

일회적인 결정에 영향을 주는 모든 요인을 생각해보자. 에볼라 바이러스의 위협을 분석하고 대응 방안을 마련했던 전문가들이 다른 배경과 인생 경험을 가진 다른 사람들이었다면, 오바마 대통령에게 제안한 대응 방안이 같았을까? 똑같은 사실이 살짝 다르게 제시되었다면, 과연 대화가 같은 방향으로 전개됐을까? 핵심 인물들의 기분이 달랐다거나 회의가 눈보라 치는 동안 진행됐다면, 최종 결정은 같았을까? 이런 관점에서 보면 일회적인 결정도 그렇게 견고한 것 같진 않다. 우리가 인지하지조차 못한 많은 요인 때문에 일회적인 결정이 달라질 수도 있다.

한 번 더 사후 가정적으로 사고해보자. 나라와 지역마다 코로나 사태에 대응하는 방식이 어떻게 다른지를 생각해보는 것이다. 코로나바이러스가 전 세계를 거의 일제히 비슷하게 강타했음에도 대응 방식에는 상당한 차이가 있었다. 이러한 변산성이 여러 나라의 의사결정에 잡음이 존재함을 보여주는 명확한 증거다. 만약 팬데믹이 어느 한 나라에만 발생했다면 어땠을까? 이 경우에는 그 어떤 변산성도 관측되지 않을 것이다. 하지만 변산성이 눈에 보이지 않는다고 해서 그 결정에 잡음이 덜하다는 의미는 아니다.

일회적인 결정의 잡음 통제

이러한 이론적인 논의는 중요하다. 일회적인 결정이 반복적인 결정만큼이나 잡음에 노출돼 있다면, 반복적인 결정에서 잡음을 줄이는 전략이 일회적인 결정의 질도 개선할 수 있어야 한다.

이것은 생각보다 더 반직관적인 처방이다. 유일무이한 결정을 내릴 때 사람들은 본능적으로 그 결정을 특별하고 유일무이하다고 간주할 것이다. 혹자는 심지어 확률적 사고의 규칙이 불확실한 상황에서 내려진 일회적인 결정과는 전적으로 무관하며, 그러한 결정에서 잡음을 확인하고 줄이려면 완전히 다른 접근법이 필요하다고 주장한다.

하지만 이 장에서 우리가 관찰한 사실은 정반대 이야기를 한다. 잡음 축소라는 관점에서 보자면 **일회적인 결정은 오직 단 한 번만 내려지는 반복적인 결정**이라고 생각해야 한다. 결정을 단 한 번 하든 100번 하든 간에, 목표는 편향과 잡음을 줄이면서 결정을 내리는 것이어야 한다. 그리고 반복적인 결정을 내릴 때와 마찬가지로 유일무이한 결정을 내릴 때에도 오류를 줄이는 연습이 잡음을 줄이는 데 효과적일 것이다.

일회적인 결정에 대하여

"이 이례적인 기회에 대한 접근 방식이 사람들을 잡음에 노출시킨다."

"기억하라. 일회적인 결정은 오직 단 한 번의 반복적인 결정이다."

"지금의 여러분을 있게 한 개인적인 경험들이 일회적인 결정과 반드시 유관하진 않다."

잡음과
인간의 마음

NOISE

NOISE

과학에서 무언가를 측정한다는 것은 정해진 기준에 따라 주어진 사물이나 사례를 평가하고 가치를 부여하는 행위다. 이는 일상에서도 마찬가지다. 우리는 줄자로 카펫 길이가 몇 인치인지를 재고, 온도계를 보면서 화씨나 섭씨로 온도를 측정한다.

판단을 내리는 행위도 일종의 측정이다. 판사는 어떤 척도를 기준으로 죄의 경중을 따져 형벌을 내린다. 보험심사역이 특정 리스크에 대한 보험 상품의 보험료를 산정할 때나 의사가 진단을 내릴 때도 마찬가지다. (판단의 척도가 굳이 숫자일 필요는 없다. '의심할 여지 없이 유죄' '진행 흑색종' 그리고 '수술 권장'도 판단이다.)

판단은 **인간의 마음을 도구로 사용하는 측정**이다. 측정이란 개념에는 정확성이 내포되어 있다. 다시 말해 측정의 목표는 진실에 접근하고 오류를 최소화하는 것이다. 판단의 목표는 누군가에게 감동을 주는 것도, 입장을 표명하는 것도, 누군가를 설득하는 것도 아니다. 이 책에서 말하는 판단 개념은 심리학 전문서적에서 차용한 개념이며, 일상에서 사용하는 판단이란 단어보다 훨씬 좁은 의미임을 염두에 두자. **판단**judgment은 **사고**thinking와 다르고, **정확한 판단을 내리는 것은 좋은 판단을 내리는 것과 같지 않다.**

이 책에서 말하는 판단은 단어나 구문으로 요약할 수 있는 하나의 결론이다. 첩보기관 관계자가 주어진 기밀 정보를 분석하여 체제가 불안정하다는 긴 보고서를 썼다고 치자. 여기서 '체제가 불안정하다'라는 보고서의 결론만이 판단이다. **측정**measurement과 마찬가지로 **판단**은 판단을 내리는 정신적인 활동과 그 활동의 산물을 모두 의미한다. 지금부터 우리는 무언가를 평가하여 판단을 내리는 사람을 **판단자**라 부를 것이다.

측정의 목표는 정확도다. 하지만 과학적 측정에서도 이 목표를 완벽하게 달성하기란 불가능하다. 그러니 판단에선 어떻겠나. 판단에는 항상 어느 정도 오류가 존재할 수밖에 없다. 그 오류 가운데 어떤 것은 편향이요, 어떤 것은 잡음이다.

잡음과 편향이 오류에 어떻게 기여하는지를 몸소 체험해보도록 하자. 1분도 안 걸릴 테니 한번 따라 해보길 바란다. 스마트폰에 스톱워치가 있다면, 분명 랩lap 기능이 있을 것이다. 이 기능으로 스톱워치를 멈추거나 심지어 화면을 보지 않고 연속적으로 시간 간격을 측정할 수 있다. 목표는 스마트폰을 보지 않고 10초마다 다섯 번 연속 랩을 설정하는 것이다. 게임을 본격적으로 시작하기에 앞서 10초가 어느 정도인지 서너 번 확인해보면 좋겠다. 자, 시작하자.

이제 스마트폰에 기록된 랩타임을 확인하자. (스마트폰 자체는 잡음으로부터 자유롭진 않아도 잡음이 거의 존재하지 않는다.) 모든 랩타임이 정확하게 10초는 아님을, 상당한 시간 차이가 있음을 확인하게 될 것이다. 분명히 정확하게 똑같은 타이밍에 랩을 설정하려고 시도했겠지만, 그렇게 할 수 없었을 것이다. 인위적으로 통제할 수 없었던 변산성 그게 바로 잡음의 증거다.

이 결과는 별로 놀랍지 않다. 심리학과 물리학에서 보면 잡음은 보편적이기 때문이다. 변산성은 모든 생물 개체에서 나타나는 생물학적 특징이라고 할 수 있다. 한 꼬투리에서 나온 완두콩 두 알도 완전히 똑같을 순 없다. 그리고 한 사람에게서도 변산성이 존재한다. 우리의 심장은 정확하게 규칙적으로 뛰진 않는다. 우리는 하나의 동작을 완전히 똑같이 반복할 수도 없다. 청력검사를 받을 때 어떤 소리는 너무 작아서 전혀 안 들리고 어떤 소리는 너무 커서 매번 들릴 것이다. 하지만 어떤 때는 들리다가 어떤 때는 들리지 않는 소리도 있을 수 있다.

이제 스마트폰에 찍힌 다섯 개의 랩타임을 보자. 어떤 패턴이 눈에 들어오는가? 예를 들어 랩 다섯 개 모두가 10초보다 짧은가? 이것이 체내 시계가 실제 시간보다 빨리 돌아간다는 뜻일까? 이 단순한 게임에서 편향은 랩타임의 평균과 10초의 차이다(랩의 평균 랩타임은 10초보다 짧을 수도 길 수도 있다). 잡음은 이런 변산성을 구성하는 데, 우리가 앞서 살펴본 '과녁에 분산된 총알 자국'과 비슷하다. 통계학에서 변산성을 측정하는 가장 일반적인 방법[1]은 **표준편차**다. 앞으로 우리는 표준편차를 이용하여, 판단에 나타나는 잡음을 측정할 것이다.

대부분의 판단, 구체적으로 말하자면 **예측적**predictive 판단이 앞서 시도한 랩 게임과 비슷하다고 볼 수 있다. 우리는 무언가를 예측할 때 참값에 근접한 예측치를 내놓으려고 애쓴다. 경제 분석가는 내년도 실제 GDP 성장률에 가까운 전망치를 제시하는 것을 목표로 하며, 의사는 정확한 진단을 내리는 것을 목표로 삼는다. (엄밀히 말해 이 책에서 사용하는 **예측**prediction이란 단어는 미래를 예측하는 것을 의미하지 않는다. 이 책에서 말하는 예측이란 '기존 질환을 진단하는 일'에 가깝다.)

우리는 판단과 측정의 유사점을 적극적으로 이용해 잡음과 편향을 설명할 것이다. 이렇게 하면 오류에서 잡음의 역할을 이해하는 데 도움이 된다. 예측적 판단을 내리는 사람들은 과녁을 향해 방아쇠를 당기는 사격수나 분자의 진짜 무게를 측정하려는 물리학자와 같다. 그들의 판단에서 잡음은 오류를 의미한다. 판단의 목표가 참값을 찾는 것이라면, 같은 대상에 대한 서로 다른 두 판단이 모두 옳을 수는 없다. 둘 중 어느 하나는 무조건 틀린 것이다. 같은 측정기라도 오류가 많이 나는 측정기가 있다. 사람도 마찬가지다. 다른 사람들보다 유난히 오류가 많은 판단을 내리는 사람들이 있다. 아마도 미숙하거나 훈련을 충분히 받지 못했기 때문일 것이다. 측정기처럼 판단자도 완벽할 수 없기에 그들이 내리는 판단 역시 완벽하지 않다. 그러므로 우리는 그들이 어떤 오류를 만들어내는지 이해하고 측정해야 한다.

물론 전문적인 판단은 스마트워치로 시간 간격을 측정하는 것보다 훨씬 더 복잡하다. 4장에서는 전문적인 판단의 유형을 규정하고, 그것들의 목표를 살펴볼 것이다. 5장에서는 오류를 측정하는 방법과 제도 잡음이 오류에 미치는 영향을 정량화하는 방법을 살펴볼 것이다. 6장에서는 제도 잡음을 더 자세히 들여다보고, 그것이 어떤 요소로 구성됐는지 알아볼 것이다. 제도 잡음의 구성 요소는 곧 또 다른 유형의 잡음이다. 7장에서는 이런 구성 요소 가운데 하나인 상황 잡음을 살펴볼 것이다. 마지막으로 8장에서는 판단에 나타나는 잡음을 집단이 어떻게 증폭시키는지 살펴볼 것이다.

2부에서 우리는 간단한 결론을 도출할 수 있다. 바로 측정기처럼 인간의 마음은 불완전하다는 것, 즉 인간의 마음은 편향되고 잡음이 존재한다는 것이다. 그렇다면 잡음은 왜, 또 얼마나 존재하는 걸까? 지금부터 함께 알아보도록 하자.

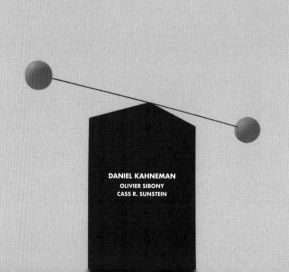
DANIEL KAHNEMAN
OLIVIER SIBONY
CASS R. SUNSTEIN

4장

판단의 문제

이 책은 전문적인 판단에서 나타나는 잡음을 탐구한다. 전문적인 판단을 내리는 것이 업인 사람은 항상 최대한 옳은 판단을 내리려 노력할 것이다. 하지만 아이러니하게도 판단이란 개념 자체가 어떤 판단이 옳고 그른지를 확신할 수 없다는 의미를 내포한다.

먼저 '판단의 문제'라거나 '개인적인 판단에 따른 결정'이라는 표현에 대해 고민해보자. 우리는 내일 해가 뜬다거나 염화나트륨의 화학기호는 NaCl이라는 전제를 판단의 문제라고 생각하지 않는다. 왜냐하면 합리적인 사람들은 이 전제에 완벽하게 동의할 것이기 때문이다. 판단의 문제에 대한 답에는 어느 정도 불확실성이 존재하며, 합리적이고 유능한 사람들은 그 답에 동의하지 않을 수도 있다. 판단의 문제는 이런 가능성을 허용한다.

하지만 의견 불일치가 과연 어느 정도까지 받아들여질 수 있을까. 거기에는 분명 한계가 있다. 실로 **판단**이란 단어는 의견이 반드시 일치해야 한다는 믿음이 있는 곳에서 자주 사용된다. 판단의 문제는 해소되지 않는 차이가 온전히 용인되는 의견 또는 취향의 문제와는 다르다. 잡음 감사 결과에 충격받았던 보험회사 임원들도 보험심사역들이 비틀스와 롤링스톤을 두고 어느 밴드가 더 훌륭한지 왈가왈부하거나, 연어와 참치를 두고 어느 생선이 더 좋은지 의견이 갈리는 데에는 괘념치 않을 것이다.

전문적인 판단을 비롯한 판단의 문제는 사실 또는 연산의 문제와 취향 또는 의견의 문제 사이 그 어딘가에 존재한다. 판단의 문제는 **제한된 의견 불일치에 대한 기대**로 정의된다.

어떤 판단에서는 정확히 어느 정도의 의견 불일치가 허용될까? 이에 대한 답변은 해당 문제의 난이도에 따라 달라질 텐데, 여기서도 그 답변 자체가 하나의 판단이 된다. 판단이 터무니없을 때는 의견이 일치하기가 특히 쉽다. 특별할 것 없는 사기 사건에 대해 서로 다른 형을 선고한 판사들도 벌금 1달러와 종신형은 둘 다 부당하다는 데 동의할 것이다. 와인 감별사들은 어느 와인이 입상해야 하는지를 두고서는 완전히 다른 판단을 내릴 수 있지만,[1] 불량품에 대해서는 만장일치로 모욕감을 드러내고 불합격 처리할 것이다.

판단의 경험: 사례

판단의 경험을 논의하기에 앞서, 먼저 여러분이 내려야 할 판단이 하나 있다. 이 과제를 끝까지 수행한다면 이 장에서 더 많은 것을 알고 배우게 될 것이다.

당신은 그럭저럭 성공한 지역 금융회사의 CEO 후보를 평가하는 평가위원회 위원이다. 참고로 업계 경쟁이 갈수록 치열해지고 있다. 당신은 다음 후보가 2년 동안 CEO로서 직무를 성공적으로 완수할 가능성을 평가해달라는 요청을 받았다. 간단하게 '성공' 여부는 CEO가 2년 임기가 끝날 때까지 직을 유지하느냐 유지하지 못하느냐로 판단한다. 가능성은 0퍼센트(불가능)에서 100퍼센트(확신)로 나타내어야 한다.

"마이클 감바르디는 37세다. 그는 12년 전에 하버드 비즈니스 스쿨을 졸업한 뒤 다양한 직을 맡았다. 초기에는 창업을 했고 두 스타트업에 투자했다. 그러나 그가 투자했던 스타트업들은 자금을 충분히 조달하지 못하고 실패했다. 이후 그는 대형 보험회사에 들어가 유럽 지부의 최고운영책임자로 초고속 승진했다. 최고운영책임자로서 그는 보험청구건들을 적시에 해결하는 제도를 만들고 관리했다. 동료들과 부하직원들은 그를 유능하지만 군림하려 하는 거친 사람으로 평가했다. 그의 임기 동안 상당히 많은 임원이 이직했다. 동료들과 부하직원들은 그를 진실되고 실패에 대해 기꺼이 책임지는 태도를 지녔다고도 평가했다. 지난 2년 동안, 그는 처음엔 파산 위기였던 중형 금융회사 CEO로 일했다. 그는 회사를 안정화했다. 이 회사에서 그는 함께 일하기 까다롭고 힘든 사람이지만 성공적인 CEO라는 평가를 받았다. 그는 이직에 관심이 있었다. 몇 년 전 그의 면접을 봤던 인사 전문가들은 창의성과 열정에 우수한 점수를 줬으나, 그를 거만하고 때론 압제적인 사람으로 평가했다."

마이클 감바르디가 그럭저럭 성공적이지만 갈수록 치열한 경쟁에 시달리고 있는 지역 금융회사의 CEO 후보라는 사실을 기억하라. 그가 CEO로 고용된다면, 2년이 지나도 CEO로서 이 회사에 남아 있을 확률은 얼마나 될까? 이 책을 더 읽기 전에 0퍼센트에서 100퍼센트를 기준으로 구체적인 확률을 점쳐보라. 필요하다면 그의 이력과 그에 대한 평가를 다시 읽어봐도 좋다.

이 과제에 진지하게 임한다면, 마이클 감바르디가 2년 뒤에도 CEO로서 그 금융회사에 남아 있을 확률을 예측하는 일이 쉽지 않음을 알게 될 것이다. 위 설명은 단지 정보 덩어리일 뿐이고, 그마저도 대부분 일관성이 없어 보인다. 그래서 여러분은 힘겹게 마이클 감바르디를 일관성 있는 인물로 그려내야 했을 것이다. 이 작업은 그에 대한 판단을 내리는 데 필요했다. 이 작업을 하면서 여러분은 중요하다고 생각되는 몇몇 세부 정보에 집중했고, 중요치 않아 보이는 나머지 정보는 무시했을 것이다. 어떻게 그 확률이 나왔는지 설명하라는 요청을 받으면, 여러분은 가장 중요한 사실 몇 가지를 언급할 것이다. 하지만 그것들은 이 과제에 대한 최종 판단을 온전히 설명하기엔 충분치 않을 것이다.

이러한 판단을 내리기까지의 사고 과정에서 '판단'이라 불리는 정신 활동의 특징적인 요소들 몇 가지가 나타난다.

- (판단을 내리는 데 필요한 정보의 극히 일부에 지나지 않는) 마이클 감바르디에 대한 설명에서 제공된 모든 단서 가운데 자신이 어떤 단서를 취하고 어떤 단서를 무시했는지도 모른 채, 주어진 정보를 다르게 평가했다. '감바르디'가 이탈리아식 성임을 알아차렸는가? 그가 다녔던 학교를 기억하는가? 이 과제에는 너무나 많은 정보가 제공된다. 그래서 마이클 감바르디에 대한 세부 정보를 기억하는 것은 쉽지 않다. 그나마 기억해낸 정보는 다른 이들이 기억해낸 정보와 다를 가능성이 높다. 이렇게 선택적인 집중과 기억 때문에 사람들에게서 변산성이 나타난다.

- 기억해낸 단서를 비공식적으로 종합해서 마이클 감바르디가 전반적으로 어떤 사람인지 정리했다. 여기서 **비공식적**이라는 것이 핵심이다. 주어진 질문에 어떻게 답을 할지 미리 계획을 세우지 않았다는 뜻이다. 스스로 뭘 하고 있는지 완전히 인지하진 못한 채 마음대로 마이클 감바르디의 강점과 약점, 그리고 그가 직면한 도전 과제를 일관되게 정리하기 시작했다. 이렇게 형식에 구애받지 않은 덕분에, 마이클 감바르디란 사람에 대해 빨리 판단을 내릴 수 있었다. 하지만 이것도 변산성을 유발했다. 표를 만드는 식으로 평가 형식부터 잡았다면 같은 결과를 기대할 수 있지만, 어느 정도의 잡음은 형식에 구애받지 않은 작업에선 불가피하다.

- 마지막으로 이렇게 정리한 내용에 기초해 성공 척도를 기준으로 확률을 계산했다. 누군가에게서 받은 인상만으로 그 사람이 성공할 확률을 예측한다는 건 그야말로 놀라운 시도다. 14장에

서 이 부분을 다시 살펴볼 것이다. 다시 말하지만, 그 누구도 자신이 왜 그런 판단을 내렸는지 확실하게는 모른다. 왜 그가 성공할 확률이 61퍼센트나 69퍼센트가 아닌 65퍼센트라고 생각했는지 모른다. 어느 순간 그 숫자가 머릿속에 떠올랐을 수도 있다. 불현듯 머릿속에 떠오른 수치가 적절한지 나름대로 확인했을 것이고, 적절하지 않다고 생각되면 다시 다른 수치를 생각했을 것이다. 이런 과정의 일부 역시 사람들 사이에 나타나는 변산성의 원천이 된다.

복잡한 판단 과정이 있는 이런 세 단계에는 어느 정도 변산성이 수반된다. 그러니 감바르디 문제에 대한 답변에서 많은 잡음이 확인되더라도 놀랄 것이 없다. 친구 몇 명에게 질문을 읽어주고 그들의 생각을 묻는다면, 감바르디의 성공 확률에 대한 평가가 널리 분산되어 있음을 확인하게 될 것이다. 115명의 MBA 학생에게 이 질문을 했을 때, 감바르디의 성공 확률에 대한 그들의 판단은 10퍼센트에서 95퍼센트까지 분포했다. 이는 상당한 수준의 잡음을 보여준다.

그건 그렇고, 스톱워치 게임과 감바르디 문제에서 두 가지 잡음 유형을 확인할 수 있다. 스톱워치로 연달아 시도했을 때 확인된 판단의 변산성은 단일 판단자(자신) 안에 존재하는 잡음이다. 반면 감바르디 문제에서 확인된 판단의 변산성은 서로 다른 판단자들 사이에 존재하는 잡음이다. 측정이라는 측면에서 첫 번째 문제는 **사람 내** 신뢰도를 보여주고, 두 번째 문제는 **사람 간** 신뢰도를 보여준다.

판단의 목표: 내재적 신호

감바르디의 성공 확률은 앞서 정의한 예측적 판단에 해당한다. 하지만 이것은 방콕의 내일 낮 최고기온, 오늘 밤 축구 경기 결과, 내년 대선 결과 등 예측적이라 불리는 다른 판단과는 중요한 차이를 보인다. 이런 문제에 대해 친구들과 의견이 갈리면, 어느 시점에서 누구의 판단이 옳았는지 확인할 수 있다. 하지만 감바르디 문제의 경우에는 시간이 지나도 누가 옳은 판단을 내렸는지 확인할 길이 없다. 그 이유는 간단하다. 마이클 감바르디가 실존 인물이 아니기 때문이다.

심지어 실존 인물의 성공 확률을 예측했고 실제 결과를 안다고 하더라도, (0퍼센트나 100퍼센트 외에) 단 하나의 확률적인 판단은 긍정될 수도 부정될 수도 없다. 결과는 사전事前 확률이 무엇이었는지 밝혀주지 않는다. 어떤 일이 일어날 확률이 90퍼센트라고 생각했는데 그 일이 실제로 일어나지 않았다고 해서, 그 확률적인 판단이 나빴다고 할 순 없다. 어쨌든 발생 확률이 10퍼센트인 사건은 결국 그 시점의 10퍼센트에서 발생하게 된다. 감바르디 문제는 **입증할 수 없는** 예측적 판단의 사례다. 감바르디가 허구의 인물이고 질문의 답이 확률론적이기 때문이다.

많은 전문적인 판단이 검증 불가능하다. 터무니없는 오류가 없다면, 보험심사역은 어떤 특정 보험 상품의 보험료가 지나치게 높게 산정됐는지 아니면 낮게 산정됐는지 알 수 없을 것이다. 또 조건부이기 때문에 검증 불가능할지 모를 예측들도 있다. '전쟁에 나서

면 처참히 짓밟힐 거야'는 중요한 예측이지만, (바라건대) 검증되지 않을 가능성이 높다. 아울러 21세기 말까지의 평균 온도를 예측하는 것처럼 장기적인 예측도 확인하기가 쉽지 않다.

감바르디의 성공 확률이 검증 불가능하다는 점 때문에 여러분은 그것을 다른 방법으로 예측하려고 했나? 여러분은 감바르디가 실존 인물인지 아니면 허구 인물인지 고민했나? 여러분은 텍스트의 마지막 부분에 그의 실제 성공 확률이 나올 것이라고 생각했나? 감바르디가 실존 인물이라 하더라도 그의 성공 확률을 확인할 수 없을 것이라고 생각하진 않았나? 아마도 여러분은 감바르디의 성공 확률을 예측할 때 이런 질문에 대해 고민하진 않았을 것이다. 왜냐하면 이 질문들은 그의 성공 확률을 예측하는 것과 아무런 관련이 없어 보이기 때문이다.

검증 가능성이 판단 과정을 바꾸진 않는다. 얼마간 우리는 결과가 곧 밝혀질 사례를 더 열심히 검토하여 판단을 내릴지도 모른다. 자신의 답이 옳았는지 틀렸는지 드러난다는 공포가 우리의 마음을 장악하기 때문이다. 반대로 ('감바르디가 다리가 셋이라면 더 좋은 CEO가 됐을까?'처럼) 너무 가설적이고 터무니없는 문제에 대해선 진지하게 고민하려 들지 않을 것이다. 하지만 전반적으로 우리는 실제 문제를 해결하는 것과 거의 같은 방법으로 그럴듯한 가상의 문제를 해결한다. 이러한 유사성은 가상의 문제가 많이 사용되는 심리 연구에서 중요하다.

감바르디 문제에서는 결과를 확인할 수가 없다. 그래서 여러분은 자신의 판단에서 오류를 최소화하려고 노력하지 않았다. 그리고

　　　　　　　　　　　　　　2부 잡음과 인간의 마음

이 질문에 결과라는 것이 존재하는지 스스로 되묻지도 않았을 것이다. 그럼에도 불구하고 옳은 판단을 내리려고 노력했다. 그리고 적당한 확률이라고 충분히 자신할 수 있는 숫자를 찾으려고 노력했다. 물론 우리는 4와 6을 곱하면 24가 나온다고 자신 있게 말할 것이다. 하지만 감바르디 문제에 대해서는 완벽하게 확신에 차서 확률을 예측하지 못했을 것이다. 그건 우리가 어느 정도의 불확실성을 인지하고 있었기 때문이다(그리고 뒤에서 살펴보겠지만, 아마도 여기에는 생각했던 것보다 더 많은 불확실성이 존재했을 것이다). 어느 시점에서 더 이상 진전이 없다는 사실을 깨닫고 적당해 보이는 숫자를 감바르디 문제의 답으로 삼자고 결정했을 것이다.

도대체 무엇 때문에 그 판단이 옳다거나 적어도 답으로 삼기에 충분하다고 생각했을까? 이것은 외부 정보와 전혀 무관한, **판단 완료에 대한 내재적 신호** 때문이다. 감바르디의 성공 확률로 예측한 숫자가 주어진 증거에 아무 문제 없이 들어맞는 것 같았다면, 누구나 그 확률이 정답이라고 생각했을 것이다. 0퍼센트나 100퍼센트는 적절한 확률이 아닌 것 같다. 엉성하고 애매하지만 두 숫자를 반박하는 증거가 존재하기 때문이다. 그래서 최종 답으로 제출한 숫자는 스스로 적절하다고 판단한 숫자였다. 결국 감바르디 문제를 해결하는 과정에서 중요한 것은 주어진 정보를 바탕으로 일관성 있는 판단을 내리는 것이다.

뭔가 일관된다는 느낌을 판단 경험의 일부로 삼는 것은 내재적 신호의 중요한 특징이다. 이러한 느낌은 실제 결과로부터 영향을 받지 않는다. 내재적 신호는 검증할 수 있는 실제 판단만큼이나 검증할 수 없는 판단에서도 나타난다. 그래서 우리는 마이클 감바르디라는 허구 인물의 성공 확률을 예측하는 것이 현실 세계에 대해 판단을 내리는 것과 다를 바 없다고 느끼게 된다.

판단 결과와 판단 과정

검증 가능성 때문에 판단 과정이 바뀌진 않는다. 하지만 사후에 사실이 드러난 뒤에는 판단에 대한 평가가 바뀔 수 있다.

객관적인 관찰자는 오류 여부를 확인하는 간단한 방법으로 검증 가능한 판단을 평가할 수 있다. 판단과 결과의 차이를 살펴보기만 하면 되는 것이다. 기상 예보관이 오늘 낮 최고기온이 화씨 70도라고 말했지만, 실제 낮 최고기온은 화씨 65도였다. 그렇다면 기상 예보관은 화씨 5도만큼 오류를 범했다. 분명 이런 접근 방식은 사실을 알 수 없는 감바르디의 성공 확률처럼 검증 불가능한 판단에는 효과적이지 않다. 그러면 무엇이 좋은 판단을 구성할까?

또 다른 방법으로 판단을 평가할 수 있다. 이 방법은 검증 가능한 판단과 검증 불가능한 판단 모두에 적용할 수 있으며, 판단 **과정**을 평가하는 것으로 이뤄진다. 우리가 좋거나 나쁜 판단에 대해 말할 때, 우리는 그 결과(가령 감바르디의 성공 확률)나 과정(감바르디의 성공 확률을 예측하기 위해서 했던 생각과 행동)에 대해 말하고 있는 것인지도 모른다.

판단 과정을 평가하려면, 많은 사례에 그 판단 과정을 적용하여 그것이 어떻게 작동하는지 살펴보면 된다. 예를 들어 지역 선거에서 여러 후보의 당선 가능성을 예측하라는 임무를 부여받은 정치 분석가가 있다고 치자. 그는 후보 100명 가운데 70퍼센트가 당선 가능성이 있다고 예측했다. 만약 실제로 70명이 당선된다면, 우리는 확률을 활용하는 그 예측가의 솜씨가 능숙하다고 여길 수 있다. 단일한 확률적 판단은 옳거나 틀린 것으로 단언될 수 없지만 판단은 여러 사례를 모아 검증 가능하다. 이와 유사하게 특정 그룹에 유리하거나 불리한 편향은 상당한 양의 사례를 통계학적으로 분석하고 평가함으로써 확인 가능하다.

이쯤에서 과연 판단 과정이 논리적 원칙이나 확률 이론을 따르고 있느냐 하는 또 다른 질문이 제기될 수 있다. 판단의 인지적 편향에 관한 많은 연구가 이런 맥락에서 이뤄져왔다.

판단의 결과보다 과정에 집중하면 가상의 문제나 장기 예측에 대한 판단처럼 검증 불가능한 판단의 질을 평가할 수 있다. 모두가 아는 결과와 비교할 수는 없을지 모르지만, 그러한 판단이 부정확하게 내려진 것인지 아닌지는 알 수 있을 터다. 판단을 평가하는 대신 판단을 **개선하려고 할 때**에도 판단 과정에 주목해야 한다. 편향과 잡음을 줄이고자 이 책에서 제안한 모든 전략은 유사한 사례에 대한 판단에서 오류를 최소화하는 판단 과정을 채택하는 데 목표를 둔다.

지금까지 판단을 평가하는 두 가지 방법을 대조적으로 살펴봤다. 이는 판단을 실제 **결과**에 비교하는 것과 판단을 내리게 된 **과정**의 질을 평가하는 것이었다. 검증 가능한 판단일 경우 이 두 방법을 사용하면 같은 사례에서도 다른 결론에 도달할지 모른다. 노련하고 꼼꼼한 경제 분석가가 가용한 모든 수단과 방법을 동원하여 분기별 인플레이션을 예측할 때, 그 예측은 빗나가는 경우가 많다. 오히려 가끔이지만 침팬지가 다트를 던져서 단일 분기의 인플레이션을 정확하게 예측하기도 한다.

의사결정 과정을 연구하는 학자들은 이런 상황을 해결할 명쾌한 조언을 제시한다. '단일 사례에 대한 판단의 결과가 아닌, 그러한 판단을 내린 과정에 집중하라.' 하지만 이것은 현실에서 판단을 평가할 때 표준적으로 사용되는 방법은 아니다. 전문가들은 보통 자신들의 판단이 검증 가능한 결과에 얼마나 근접한가를 기준으로 평가를 받는다. 만약 판단에서 무엇을 목표로 하느냐는 질문을 받는다면, 그들은 결과에 근접한 값을 예측하는 것이라고 답할 것이다.

요컨대 사람들은 검증 가능한 판단에서 실제 결과에 근접한 값을 예측하려고 애쓴다. 검증 가능성에 상관없이 그들이 실제로 추구하는 목표는, 주어진 사례와 그것에 대한 판단이 일관성 있다는 느낌을 주는 '판단 완료에 대한 내재적 신호'다. 하지만 규범적으로 말하자면, 사람들이 판단을 내릴 때 반드시 목표로 삼아야 하는 것은 여러 유사한 사례에 대하여 최선의 판단을 내리게 해줄 판단 과정이다.

평가적 판단

지금까지 이 장에서는 예측적 판단을 집중적으로 살펴봤다. 앞으로 논의할 대부분의 판단이 예측적 판단에 해당한다. 하지만 프랑켈 판사와 연방 판사들의 판결 잡음을 살펴봤던 1장에서는 다른 유형의 판단을 다뤘다. 중범죄자에게 형을 선고하는 것은 예측이 아니다. 그것은 범죄의 심각성에 맞는 형을 찾아내는 **평가적 판단** evaluative judgment이다. 와인 박람회의 와인 감정사들과 음식 평론가들은 평가적 판단을 내린다. 논문을 평가하는 교수, 빙상 경기의 심판 그리고 연구 프로젝트를 심사하는 심사위원 모두 평가적 판단을 한다.

많은 선택과 트레이드오프trade-off가 수반되는 결정에서는 다른 종류의 평가적 판단이 내려진다. 인사 담당자들을 생각해보자. 전략적인 선택을 해야 하는 경영진이나 아프리카에서 유행하는 팬데믹에 대한 대응 방식을 선택하는 대통령은 또 어떤가. 확실하게 말하면, 첫 임기에 후보자가 어떻게 성과를 낼 것인가, 주식시장이 주어진 전략적 행보에 어떻게 반응할 것인가, 팬데믹을 억제하지 않으면 그것이 얼마나 빨리 확산될 것인가 같은 문제는 정보가 제공되는 예측적 판단에 기초하여 모든 결정이 내려진다. 하지만 최종 결정에는 다양한 선택지들의 장단점 사이에서 트레이드오프가 발생한다. 그리고 이런 트레이드오프는 평가적 판단으로 이루어진다.[2]

예측적 판단처럼 평가적 판단에도 제한된 의견 불일치에 대한 기대가 수반된다. "이것이 내가 제일 좋아하는 처벌이고 동료들이 다르게 생각하든 말든 신경 쓰지 않아"라고 말할 정도로 자신의 판결에 대해서 확신에 차 있는 연방 판사는 없다. 그리고 여러 전략적 선택지 가운데 어느 하나를 선택하는 의사결정자들은 똑같은 정보를 갖고 같은 목표를 공유하는 동료들과 관찰자들이 자신의 판단에 동의할 것이라고 기대한다. 아니면 최소한 크게 반대하진 않을 것이라고 기대한다. 평가적 판단은 일부분 그런 판단을 내리는 사람들의 가치와 선호의 영향을 크게 받는다. 하지만 그것들은 그저 취향이나 선택의 문제가 아니다.

이런 이유로 예측적 판단과 평가적 판단의 경계는 모호하고, 판단자들은 그 경계를 인지하지 못할 때가 많다. 형을 선고하는 판사나 논문을 평가하는 교수는 자기 업무에 대해 심각하게 고민하고 '옳은' 답을 찾으려 애쓴다. 그들은 스스로 내린 판단과 그 판단에 대한 변호에 자신감을 갖고 있다. 전문가들도 자신의 판단이 예측적일 때("신상품이 얼마나 팔릴 것인가?") 그리고 평가적일 때("올해 나의 부사수가 일을 얼마나 잘했지?"), 스스로를 변호하기 위해서 판사들과 거의 마찬가지로 느끼고 행동하고 말한다.

잡음이 뭐가 문제인가?

예측적 판단에서 잡음이 관찰된다는 건 무언가 잘못됐다는 의미다. 두 명의 의사가 다른 진단을 내리거나 두 명의 예측가가 다음 분기 매출에 대해 합의하지 않는다면, 적어도 그들 중 한 명은 분명 틀린

2부 잡음과 인간의 마음

판단을 하고 있는 것이다. 그들 중에 한 명이 상대적으로 미숙해서 틀린 판단을 내릴 가능성이 높아 그런 오류가 생겼을 수 있다. 또는 다른 어딘가에서 잡음이 발생해 오류가 생겼을 수도 있다. 원인이 무엇이건 간에 정확한 판단을 내리는 데 실패하면 그 진단과 예측에 의존하는 모두에게 심각한 결과를 초래할 수 있다.

평가적 판단에 나타나는 잡음은 또 다른 이유에서 문제가 된다. 판사들이 거의 무작위로 배당된 사건에 대해 의견을 교환할 수 있고 천차만별의 판결이 내려진다면, 사법제도의 공정성과 일관성에 대한 기대는 훼손될 것이다. 같은 피고에게 선고된 형량에 큰 차이가 있다면, 프랑켈 판사가 비난했던 '독단적인 잔학행위들'의 영역에 있는 것이다. 심지어 피고의 개인적인 상황을 모두 고려해 형을 선고해야 한다고 생각하는 판사들도 무작위로 선정된 판사에 따라서 다른 판결이 내려지는 상황은 문제가 있다고 한결같이 생각할 것이다. 같은 논문이 교수에 따라서 완전히 다른 점수를 받거나, 같은 식당에 다른 안전 등급이 부여되거나, 같은 빙상 선수가 심판에 따라 완전히 다른 점수를 받을 때에도 (덜 극적일 순 있지만) 마찬가지다. 그리고 같은 조건의 다른 사람은 아무 혜택도 받지 못하는데 우울증을 앓고 있는 한 개인이 사회보장제도의 혜택을 받을 때에도 예외는 아니다.

심지어 불공정이 유일한 걱정거리일 때에도, 제도 잡음은 다른 문제를 낳는다. 평가적 판단의 영향을 받는 사람들은 판단이 대변하는 가치들이 그 판단을 내린 개인이 아닌 그 제도의 가치라고 생각한다. 결함이 있는 노트북에 대해서 불만 신고를 한 어떤 고객은 완전히 환불을 받고 다른 고객은 그저 사과만 받는다면 뭔가 단단히 잘못됐음에 틀림없다. 또는 5년 동안 근무한 직원이 자진 요청하여 승진을 했는데, 그 직원과 업무 성과가 동일한 다른 직원의 요청은 정중하게 거절당했다면 여기서도 뭔가 단단히 잘못된 것이다. 제도 잡음은 비일관성이다. 비일관성은 제도의 신뢰성을 훼손한다.

바람직하지 않지만 측정할 수 있는 잡음

같은 문제에 대해서 내려진 판단이 많으면 잡음을 측정할 수 있다. 참값은 알 필요가 없다. 이 책 도입부의 사격장 사례에서 확인했듯, 과녁 뒷면을 보면 표적이 어디에 있었는지는 알 수 없지만 총알이 얼마나 분산되어 있는지는 알 수 있다. 모든 사격수가 과녁에서 같은 표적을 겨냥했음을 아는 순간, 잡음은 측정 가능해진다. 이것이 잡음 감사의 역할이다. 모든 예측가에게 다음 분기 매출액을 예측하라고 요청한다면, 그들의 예측에서 확인되는 분산이 바로 잡음이다.

편향과 잡음의 차이는 판단을 개선하는 데 매우 중요하다. 옳음을 검증할 수 없을 때 판단을 개선할 수 있다는 주장은 역설적으로 느껴질지도 모른다. 하지만 잡음 측정부터 한다면 가능하다. 판단의 목표가 단지 정확도냐 가치의 더 복잡한 트레이드오프냐에 상관없이, 잡음은 바람직하지 않은 것이며 측정 가능할 때가 많다. 그리고 5장에서 다루겠지만, 일단 잡음이 측정되면 잡음을 줄이는 것은 가능하다.

전문적인 판단에 대하여 ─────────────

"이것은 판단의 문제다. 사람들이 완벽하게 동의할 것이라 기대할 수 없다."

"그렇다, 이것은 판단의 문제다. 하지만 어떤 판단은 잘못된 채로 세상에 존재한다."

"여러분이 어느 후보를 선택하는 것은 단지 취향의 표현일 뿐이다. 그것은 진지한 판단이 아니다."

"어떤 결정을 하려면 예측적 판단과 평가적 판단이 모두 필요하다."

5장

오류 측정

분명 일관된 편향은 많은 비용을 초래하는 오류를 낳을 수 있다. 체중계가 체중을 실제보다 일관되게 높게 측정한다거나, 열정적인 관리자가 프로젝트를 마치는 데 걸리는 기간을 매번 실제 소요 기간의 절반으로 예상한다거나, 소심한 경영진이 연간 매출에 대해 해마다 지나칠 정도로 비관적인 예측을 한다면 심각한 오류가 많이 발생할 것이다.

잡음도 편향처럼 값비싼 오류를 야기할 수 있음이 확인됐다. 관리자가 프로젝트 기간을 실제보다 절반가량으로 예측하는 일이 잦고 가끔 실제보다 두 배 길게 프로젝트 기간을 예측한다고 치자. 이 경우에 그 관리자가 '평균적으로' 옳은 판단을 내린다고 말하는 것은 쓸데없는 소리다. 그의 판단 때문에 다른 오류들이 계속 가중될 것이다. 오류들은 상쇄되지 않는다.

여기서 중요한 질문은 편향과 잡음이 어떻게 그리고 얼마나 오류에 기여하느냐다. 이 장은 이 질문에 답하는 데 그 목적이 있다. 이 장에서 전달하려는 메시지는 간단명료하다. 모든 종류의 전문적인 판단에서 정확도가 목표가 될 때마다, **편향과 잡음은 전반적인 오류를 계산하는 데서 같은 역할을 한다.** 어떤 경우 더 큰 기여자는 편향이 될 것이고, 다른 경우에는 잡음이 될 것이다(그리고 이런 경우들은 우리가 예상했던 것보다 더 흔하다). 하지만 모든 경우에서 잡음 축소는 편향 축소만큼이나 전반적인 오류에 영향을 준다. 이런 이유로 잡음 측정 및 축소는 편향 측정 및 축소와 똑같이 중요하다.

이 결론은 특정한 오류 측정법에 근거한다. 그것은 오랜 역사를 지니며 과학과 통계학에서 일반적으로 사용된다. 이 장에서는 그 측정법의 역사를 간략하게 살펴보고 기저에 있는 논리를 대략적으로 다룰 것이다.

굿셀은 잡음을 줄여야만 할까?

여기 굿셀이라는 대형 유통회사가 있다. 굿셀은 많은 매출 예측가를 고용했다. 다양한 지역에서 굿셀의 시장 점유율을 예측하는 것이 그들의 주요 업무다. 굿셀의 예측 부서장 에이미 심킨은 아마도 잡음에 관한 책을 읽은 뒤에 잡음 감사를 시행했던 것 같다. 모든 매출 예측가가 같은 지역의 시장 점유율을 예측해서 그녀에게 보고했다.

그림3은 (믿기 어려울 정도로 고르게 분산된) 잡음 감사 결과를 보여

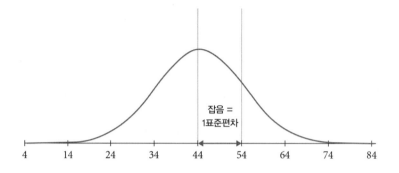

그림3 | 한 지역에서 굿셀의 시장 점유율 추정값 분포곡선

잡음 =
1표준편차

4   14   24   34   44   54   64   74   84

준다. 에이미 심킨은 매출 예측가들이 제출한 추정값들이 종 모양으로 곡선을 그리면서 분포한다는 것을 확인했다. 이 종 모양의 곡선은 정규분포 또는 가우스 분포로 알려져 있다. 곡선의 꼭대기가 가장 많이 나온 추정값으로, 이는 44퍼센트다. 에이미 심킨은 회사의 시장 점유율을 예측하는 시스템에 상당한 잡음이 존재한다는 사실도 확인했다. 모두 정확하다면 동일해야 할 추정값들이 분산되어 있었고 그 범위는 상당했다.

굿셀의 예측 시스템에서 잡음의 양은 수치로 나타낼 수 있다. 스마트폰의 스톱워치로 랩타임을 측정했던 것처럼, 추정값들의 **표준편차**를 계산할 수 있다. 표준편차는 값들이 평균을 중심으로 얼마나 퍼져 있는지를 나타낸다. 이 사례에서 표준편차는 10퍼센트포인트다. 모든 정규분포에서 추정값의 3분의 2는 평균을 중심에 두고 좌우로 각각 하나의 표준편차 안에 존재한다. 이 사례에서는 시장 점유율 34퍼센트와 54퍼센트 사이가 그에 해당한다. 이제 에이미 심킨은 시장 점유율의 예측에서 제도 잡음의 양을 예측할 수 있

2부 잡음과 인간의 마음

다. (잡음 감사가 더욱 정확하려면, 여러 가지 사례에 대한 추정값들이 필요할 것이다. 하지만 이 책의 목적에는 하나로도 충분하다.)

2장의 진짜 보험회사 임원들 사례처럼, 에이미 심킨은 잡음 감사 결과에 충격을 받고 뭔가 조치를 취하고 싶었다. 매출 예측에서 용납할 수 없을 정도로 많은 잡음이 존재한다는 것은 매출 예측가들이 정해진 절차를 제대로 숙지하지 않고 매출 추정값을 계산했다는 뜻이다. 에이미 심킨은 더 균일하고 통제된 추정값을 도출할 수 있도록 상부에 잡음 컨설턴트를 고용할 것을 요청했다. 안타깝게도 상부는 그 요청을 들어주지 않았다. 이게 합리적인 반응일 것이다. 그녀의 상사는 추정값이 옳은지 그른지 모르는 상황에서 어떻게 오류를 줄일 수 있느냐고 물었다. 또한 예측에 (가령 큰 편향과 같은) 큰 평균 오류가 있다면 그것을 해소하는 게 우선이라고 말했다. 상사는 추정값을 개선하기 위해 조치를 취하기에 앞서 그 추정값들이 옳은지부터 확인해야 한다고 결론 내렸다.

최초의 잡음 감사를 실시하고 1년이 지나 실제 시장 점유율이 나왔다. 타깃 지역에서 굿셀의 시장 점유율은 34퍼센트로 확인됐다. 이제 각 매출 예측가의 오류도 확인할 수 있었다. 그것은 단순히 예측과 결과의 차이였다. 시장 점유율을 34퍼센트로 예측한 경우의 오류는 0이고, 44퍼센트로 예측한 경우의 오류는 10퍼센트다. 그리고 24퍼센트로 예측한 경우의 오류는 −10퍼센트다.

그림4는 오류의 분포를 보여준다. 이는 그림3의 추정값 분포와 같고, 참값(34퍼센트)을 각 추정값에서 뺀 것이다. 분포의 모양은 변하지 않았고, 표준편차(잡음의 척도)는 여전히 10퍼센트다.

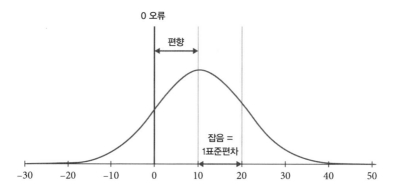

그림4 | 한 지역에서 굿셀 예측의 오류 분포도

0 오류

편향

잡음 =
1표준편차

-30 -20 -10 0 10 20 30 40 50

　　그림3과 그림4의 차이는 그림1과 그림2에서 본 과녁 앞뒷면의
차이와 비슷하다(이 책 도입부 참고). 사격에서 잡음을 관측하기 위해
서 굳이 표적의 위치를 알아야 하는 것은 아니다. 이와 마찬가지로,
참값을 안다고 해서 예측 결과에 잡음이 있다는 이미 알고 있는 사
실이 달라지진 않는다.

　　에이미 심킨과 그녀의 상사는 일찍이 몰랐던 무언가를 이제 알
게 됐다. 이제 그들은 예측에 나타난 편향의 양을 알고 있다. 편향
은 간단하게 말하면 오류의 평균이다. 이 사례에서 편향도 잡음과
마찬가지로 10퍼센트다. 그러므로 편향과 잡음은 데이터에서 정확
하게 같은 수치로 나타날 수 있다. (명확히 말하면 일반적으로 잡음과 편
향이 동일하지는 않다. 그러나 잡음과 편향이 동일한 경우에 잡음과 편향의 역
할을 이해하는 것이 더 쉽다.) 굿셀의 사례에서 대부분의 매출 예측가
들이 낙관적인 오류를 범했다는 사실이 확인됐다. 다시 말해 그들
은 굿셀의 시장 점유율을 지나치게 높게 예측했던 것이다. 대부분
이 오류 0 수직선을 기준으로 오른쪽으로 치우치는 추정값을 도출

했다. (실제로 표준편차를 이용하면 예측의 84퍼센트가 낙관적인 오류의 결과임이 확인된다.)

에이미 심킨의 상사는 이 조사 결과에 대한 만족감을 전혀 감추려 하지 않은 채 그대로 드러냈다. 그가 옳았다. 예측에 엄청난 편향이 존재했다! 그리고 정말로 편향 축소가 좋은 판단일 수도 있었다. 하지만 에이미 심킨은 1년 전에도 그리고 지금도 잡음 축소가 좋은 생각인지 여전히 궁금했다. 그렇다면 과연 잡음 축소의 가치와 편향 축소의 가치를 어떻게 비교할 수 있을까?

평균제곱

에이미 심킨의 궁금증을 해소하려면, 오류를 평가하고 점수를 매길 규칙이 필요하다. 다시 말해서, 각각의 오류에 가중치를 부여해 전체 오류의 단일 지표를 만들어내야 하는 것이다. 다행스럽게도 이러한 도구가 존재한다. 그건 바로 1795년 카를 프리드리히 가우스Carl Friedrich Gauss가 발명한 **최소 제곱법**method of least squares[1]이다. (가우스는 청소년기부터 수학적으로 많은 위대한 발견을 했다.)

가우스는 각각의 오류가 전체 오류에 얼마나 기여하는지 측정하는 방법을 제안했다. **평균제곱 오류**MSE, Mean Squared Error는 개별 오류들의 제곱값의 평균이다.

이 책에서 가우스의 전체 오류 측정법을 자세히 다루기에는 그 방법이 너무나 복잡하고 난해하다. 그래서 설명을 하더라도 그것을

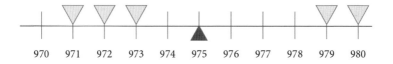

그림5 | 같은 선에 대한 다섯 개 추정치

명확하게 이해하기는 힘들 것이다. 판단의 잡음을 평가하고 분석할 때 그의 평균제곱 오류가 사용되는 것일까? 평균제곱 오류는 임의적이고 심지어 기이한 공식처럼 생각되지만, 분명히 대부분의 사람들이 가지고 있는 직관적인 사고에 기초를 두고 발전했다. 그러면 그 직관적인 사고가 무엇인지 지금부터 살펴보도록 하자.

평균제곱 오류를 사용하는 이유를 알기 위해 먼저 살펴봐야 할 문제가 있다. 이 문제는 굿셀의 경우와 완전히 다른 것 같지만 실제로는 같은 문제다. 여기에 자가 있다. 이 자로 1밀리미터 단위까지 한 선의 길이를 잰다고 해보자. 그림5에서 뒤집어진 삼각형이 가리키는 숫자가 다섯 개의 측정값이다.

보다시피 다섯 개 측정값은 971밀리미터와 980밀리미터 사이에 위치한다. 그 선의 실제 길이와 가장 근접한 측정값은 무엇인가? 후보는 두 개다. 그중 하나는 중간값이다. 여기서 중간값은 실제 길이보다 짧은 선 두 개와 실제 길이보다 긴 선 두 개 사이에 위치한다. 다른 하나는 산술 평균이다. 이 경우에는 975밀리미터이고 위로 향하는 화살표가 있는 지점이다. 직관적으로 이 산술 평균값이 참값에 가장 근접하다는 생각이 들 것이다. 그리고 그 직관이 맞는다. 산술 평균값은 더 많은 정보를 포함한다. 산술 평균값은 추정값들의 크기에 영향을 받지만, 중간값은 오직 그것들의 순서의 영

2부 잡음과 인간의 마음

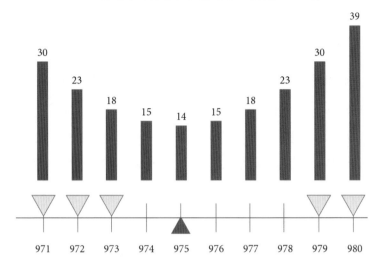

그림6 | 참값일 수 있는 정수 값 열 개에 대한 평균제곱 오류

향만을 받는다.

여러분이 직관적으로 알고 있는 예측의 문제와 이 장의 최대 관심사인 전체 오류 측정의 문제는 종이 한 장 차이다. 사실상 이 둘은 동전의 양면과 같다. 최선의 예측은 측정치들의 전체 오류를 최소화하는 것이기 때문이다. 이에 따라서 산술 평균값이 최선의 추정값이란 직관이 옳다면 전체 오류를 측정하기 위해 사용하는 공식은 오류 최소화의 가치로서 산술 평균값을 도출하는 것이다.

평균제곱 오류는 이런 특성을 가지고, 전체 오류를 정의하는 유일한 방법이다. 그림6에서 우리는 그 선의 실제 길이일 수 있는 정수 값 열 개에 대한 측정치 다섯 개에서 평균제곱 오류를 계산했다. 예를 들어 참값이 971밀리미터라면, 다섯 개 추정값의 오류는 각각 0, 1, 2, 8, 9가 된다. 이 오류들의 제곱의 합은 150이고 평균값은

30이다. 이것은 일부 추정값은 참값에서 멀리 떨어져 있음을 보여주는 큰 숫자다. 보다시피 평균값 975밀리미터에 가까워질수록 평균제곱 오류는 감소하고, 멀어질수록 증가한다. 그러므로 평균값은 전체 오류를 최소화하는 값이기에 최선의 추정값이 된다.

추정값이 평균값에서 벗어날수록 전체 오류가 빠르게 증가한다는 사실도 확인된다. 추정값이 겨우 3밀리미터 증가하면, 예를 들어 976밀리미터에서 979밀리미터로 증가하면 평균제곱 오류는 두 배가 된다. 이것이 평균제곱 오류의 핵심적인 특징이다. 제곱은 작은 오류보다 큰 오류에 훨씬 더 큰 가중치를 준다.

이제 전체 오류를 측정하는 가우스의 공식이 평균제곱 오류라고 불리는 이유가 이해될 것이다. 그리고 추정값에 대한 그의 접근법이 최소 제곱법으로 불리는 까닭도 이해될 것이다. 오류의 제곱이 이 방법의 핵심이고, 다른 어떤 공식도 평균값이 최선의 추정값이라는 여러분의 직관을 더 잘 설명할 수 없다.

다른 수학자들은 가우스의 방법의 장점들을 빠르게 인정했다. 가우스는 많은 업적을 세웠지만, 평균제곱 오류는 (그리고 다른 혁신적인 수학공식들은) 유럽 천문학자들이 풀지 못한 난제를 해결하는 데 사용됐다. 그것은 바로 세레스의 재발견이었다. 세레스는 1801년 아주 잠깐 관측되고 태양광선 속으로 빠르게 사라진 소행성이다. 천문학자들은 세레스의 궤도를 예측하려고 시도했지만, 망원경의 측정 오류를 설명하는 방법이 틀렸다. 그리고 세레스는 그들의 예상한 위치 그 어디에도 다시 나타나지 않았다. 가우스는 자신의 최소 제곱법을 이용해서 다시 계산했다. 그가 지적한 지점으로 망원경을 조정하자, 세레스가 다시 모습을 드러냈다!

과학자들은 다양한 분야에서 최소 제곱법을 빠르게 채택했다. 200년 뒤에 최소 제곱법은 정확도를 추구하는 영역에서 오류를 평가하는 표준 방식으로 여전히 사용되었다. 오류의 제곱값으로 해당 오류에 가중치를 주는 방법은 통계학의 핵심이다. 다양한 과학 영역에서 평균제곱 오류가 널리 그리고 지배적으로 사용된다. 편향과 잡음을 관찰하는 데 평균제곱 오류는 놀라운 영향력을 발휘한다. 이를 곧 확인하게 될 것이다.

오류 방정식

오류에서 편향과 잡음의 역할은 **오류 방정식**으로 쉽게 요약된다. 첫 번째 방정식에서, 단일 측정에서 오류를 이제 익숙한 두 가지 요소로 분해한다. 평균 오류인 편향과 나머지 '잡음 있는 오류'다. 잡음 있는 오류는 오류가 편향보다 크면 양수이고, 작으면 음수이다. 잡음 있는 오류의 평균은 0이다. 첫 번째 오류 방정식에서 새로운 것은 없다.

단일 측정 시 오류 = 편향 + 잡음 있는 오류

두 번째 오류 방정식은 이제 막 소개했던 전체 오류의 척도인 평균제곱 오류의 분해다. 약간의 간단한 대수학으로 평균제곱 오류가 편향과 잡음의 제곱의 합과 같음을 보여줄 수 있다.[2] (잡음은 측정의 표준편차로, 이것은 잡음 있는 오류의 표준편차와 동일하다.) 그러므로 두 번째 오류 방정식은 다음과 같다.

전체 오류 (평균제곱 오류) = 편향^2 + 잡음^2

두 개의 제곱값의 합을 구하는 두 번째 오류 방정식은 고등학교 수학시간에 배우는 피타고라스의 정리를 떠오르게 한다. 기억할지 모르겠지만, 직각 삼각형에서 짧은 두 변의 제곱값의 합은 가장 긴 변의 제곱값과 같다. 다음은 오류 방정식의 간단한 도식이다. 여기서 평균제곱 오류, 편향^{2}과 잡음^{2}은 각각 직각 삼각형의 세 변에 붙어 있는 사각형 세 개의 넓이와 같다. 그림7은 평균제곱 오류(어두운 사각형의 넓이)가 다른 두 개의 사각형의 넓이의 합과 같음을 보여준다. 왼쪽 패널에서는 편향보다 잡음이 더 크고, 오른쪽 패널에서는 잡음보다 편향이 더 크다. 하지만 평균제곱 오류는 동일하다. 이 오류 방정식은 두 경우 모두 유효하다.

수학적 표현과 시각적 표현 모두가 보여주듯이, 편향과 잡음은 오류 방정식에서 같은 역할을 한다. 편향과 오류는 독립변수이고 전체 오류의 계산에서 동일하게 가중치가 부여된다. (참고로 후반부에서 잡음의 구성 요소들을 분석할 때 제곱값의 합에 대해서 이와 유사한 분해 방식이 활용될 것이다.)

이 오류 방정식은 에이미 심킨이 제기했던 실질적인 질문에 답할 수 있다. 에이미 심킨은 잡음이나 편향을 같은 양으로 줄이면 전

그림7 | 평균제곱 오류 분해

체 오류가 어떻게 변하는지 궁금하다. 그 답은 간단하다. 편향과 잡음은 오류 방정식에서 교환할 수 있고, 편향과 잡음 중 어느 것이 줄었느냐에 상관없이 전체 오류의 감소는 동일할 것이다. 편향과 잡음이 우연히 동일했던 그림4에서(둘 다 10퍼센트였다), 잡음과 편향의 전체 오류에 대한 기여는 동일하다.

오류 방정식은 에이미 심킨이 처음에 잡음을 줄이고픈 충동을 느낄 수밖에 없었던 명백한 근거를 제시한다. 잡음이 관측될 때마다, 그것을 줄이려고 시도해야 한다! 이 오류 방정식에 따르면 굿셀에서 예측 후 기다렸다가 편향을 측정하고 그다음에 무엇을 할지 결정해야 한다고 했던 에이미 심킨의 상사는 틀렸다. 전체 오류의 관점에서 잡음과 편향은 독립변수다. 편향의 양에 상관없이 잡음 축소의 혜택은 같다.

이런 개념은 굉장히 반직관적이지만 중대하다. 그림8은 편향과 잡음이 같은 양으로 줄어들 때 어떤 효과가 발생하는지 보여준다. 두 패널에서 어떤 일이 일어났는지를 이해하는 데 도움을 주기 위해서 (그림4의) 오류의 원래 분포는 점선으로 표시됐다.

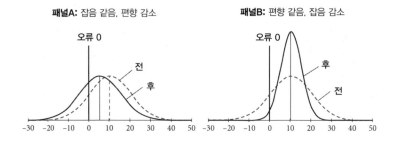

그림8 | 편향이 절반으로 줄었을 때 오류의 분포 vs 잡음이 절반으로 줄었을 때 오류의 분포

패널A: 잡음 같음, 편향 감소　　　　**패널B:** 편향 같음, 잡음 감소

패널A에서 에이미 심킨의 상사는 자신의 방식으로 처리한 것으로 추정된다. 그는 편향이 무엇인지 발견했고, 그러고 나서 어떻게든 편향을 절반으로 줄였다(지나치게 낙관적인 매출 예측가들에게 피드백을 했는지도 모른다). 잡음에 대해서는 그 어떤 조치도 취하지 않았다. 개선은 뚜렷하다. 추정값의 전체 분포가 참값에 더 가깝게 이동했다.

패널B는 에이미 심킨이 상사를 설득해서 잡음 감사 컨설팅을 받았다면 어떤 일이 벌어졌을지를 보여준다. 편향은 변함없지만, 잡음이 절반으로 줄었다. 역설적으로 잡음 감소가 상황을 악화시킨 것 같다. 추정값들이 어느 영역에 더 집중됐지만(잡음이 줄어듦), 더 정밀하진 않다(편향이 줄어들지 않음). 추정값의 84퍼센트가 참값을 중심으로 어느 한쪽에 집중적으로 분포했지만, 거의 모든(98퍼센트) 추정값이 이제 참값을 넘어섰다. 잡음 감소 때문에 추정값들이 참값에서 더 확실히 벗어난 듯이 보인다. 이것은 에이미 심킨이 바랐던 개선 효과가 아니다!

하지만 겉보기와 달리 전체 오류는 패널A만큼 패널B에서도 줄어들었다. 패널B에서 오류가 심해진 것처럼 보이는 까닭은 편향에

　　　　　　　　　　　　　　　　2부 잡음과 인간의 마음

대한 잘못된 직관 때문이다. 편향의 상대적인 지표는 양의 오류와 음의 오류의 불균형이 아니다. 그것은 종 모양 곡선의 꼭대기와 참값 사이의 거리인 평균 오류다. 패널B에서 이 평균 오류는 처음 상황으로부터 변한 것이 없다. 여전히 높고 10퍼센트다. 악화되지 않았다. 정확히는 편향의 존재가 이제 더 눈에 두드러진다. 왜냐하면 편향이 전체 오류에서 더 큰 비중을 차지하기 때문이다(50퍼센트라기보다 80퍼센트다). 하지만 이것은 잡음이 줄어들었기 때문이다. 역으로 패널A에서 편향은 줄어들었지만, 잡음은 그대로다. 결과적으로 평균제곱 오류는 두 패널에서 같다. 같은 양만큼 줄어든 잡음이나 편향은 평균제곱 오류에 같은 영향을 준다.

이 사례가 보여주듯이 평균제곱 오류는 예측적 판단의 점수 매기기에 관한 흔한 직감과 충돌한다. 평균제곱 오류를 최소화하기 위해서 큰 오류를 피하는 데 집중해야 한다. 예를 들어 길이를 잴 때 오류를 11센티미터에서 10센티미터로 줄이는 효과는 1센티미터 오류에서 정확한 수치로 이동하는 효과의 21배다. 하지만 안타깝게도 이와 관련하여 사람들의 직감은 거의 직감답게 작동하지 않는다.[3] 사람들은 정확한 수치를 맞히려 애쓰고 작은 오류에도 굉장히 민감하게 반응한다. 하지만 두 가지 큰 오류의 차이에 대해서는 거의 신경 쓰지 않는다. 예측적 판단의 목표가 정확한 판단을 내리는 것이라고 진심으로 믿는다 할지라도, 결과에 대한 정서적 작용은 과학이 정의하는 정확도와는 맞지 않는다.

물론 여기서 최선의 해결책은 편향과 잡음을 모두 줄이는 것이다. 편향과 잡음은 독립변수이기 때문에, 에이미 심킨과 그녀의 상관 중 어느 한 명의 판단을 선택할 이유가 없다. 이런 점에서 만약 굿셀이 잡음을 줄이기로 결정한다면 잡음이 편향을 더 부각시켜 놓칠 수 없게 만든다는 사실이 오히려 축복일지도 모른다. 잡음 축소는 편향 축소를 회사의 다음 안건으로 만들 것이다.

편향이 잡음보다 훨씬 크면 잡음 축소는 우선순위에서 밀릴 수밖에 없다. 인정한다. 하지만 굿셀 사례는 강조할 가치가 있는 다른 하나의 교훈을 제공한다. 이렇게 단순화된 모델에서 우리는 잡음과 편향의 수준이 동일하다고 가정했다. 오류 방정식을 고려해 볼 때, 전체 오류에 대한 잡음과 편향의 기여도 동일하다. 편향은 전체 오류의 50퍼센트를 차지하고, 잡음도 마찬가지다. 하지만 지적했듯이 매출 예측가들의 84퍼센트가 같은 방향으로 실수를 저질렀다. 이로써 잡음만큼 편향도 굿셀의 예측 제도에 영향을 미치게 됐다. (무려 일곱 명 중 여섯 명이 같은 방향으로 실수를 했다!) 그러므로 편향보다 잡음이 더 많이 관측되는 상황과 마주하더라도 결코 놀라선 안 된다.

지금까지 단일 사건에 오류 방정식을 적용한 사례를 살펴봤다. 다시 말해 어느 한 지역에서 굿셀의 시장 점유율을 예측해봤다. 물론 한 번에 다양한 사건을 대상으로 잡음 감사를 실시하는 것은 언제나 바람직하지만, 뭔가 크게 바뀌는 것은 없다. 오류 방정식은 개별 사건에도 적용된다. 주어진 사건을 기준으로 평균제곱 오류 평균값, 편향 제곱값 그리고 잡음 제곱값을 이용해서 전체 방정식을 구할 수 있다. 에이미 심킨이 여러 지역을 대상으로 같은 혹은 다른 전문가들에게서 시장 점유율 추정값을 여럿 받았다면 더 좋았을 것이다. 그 결과들의 평균을 냈다면, 그녀는 굿셀의 예측 시스템에

2부 잡음과 인간의 마음

서 편향과 잡음의 존재를 더욱 명확하게 파악할 수 있었을 것이다.

잡음의 비용

오류 방정식은 이 책의 지적 기반이다. 그것은 예측적 판단에서 제
도 잡음을 줄이는 데 논리적 근거를 제시한다. 이런 목표는 원론적
으로 통계적 편향을 줄이는 것만큼이나 중요하다. (참고로 통계적 편
향은 사회적 차별과 동의어가 아니다. 그것은 일련의 판단들의 평균 오류일 뿐
이다.)

　오류 방정식과 그 결과는 전체 오류의 척도로 평균제곱 오류를
사용하느냐에 달려 있다. 이것은 최대한 정확하고(최소 편향) 최대한
정밀하게(최소 잡음) 참값에 접근하는 것이 목표인 예측과 추정과
같은 순수한 예측적 판단에는 적당하다.

　하지만 오류 방정식은 평가적 판단에 적용되지 않는다. 왜냐하
면 오류란 개념이 평가적 판단에 적용되기 훨씬 더 어렵기 때문이
다. 오류는 참값의 존재에 달려 있다. 게다가 오류가 구체화되더라
도 오류로 인해 발생하는 비용은 거의 대칭적이지 않을 것이고 제
곱값에 정확하게 비례하지도 않을 것이다.

　예를 들어 엘리베이터를 만드는 회사 입장에서, 엘리베이터의
최대 하중을 추산할 때 발생하는 오류의 결과는 틀림없이 비대칭
적일 것이다. 최대 하중을 너무 낮게 추산하면 비용이 발생하고, 반
대로 너무 높게 추산하면 끔찍한 사고로 이어질 수 있다. 오류의 제

곱은 마찬가지로 기차를 타려면 집에서 언제 출발해야 하는지에 대한 결정과 무관하다. 기차 시간에 1분 늦게 도착하든 5분 늦게 도착하든 결과는 같다. 2장에 등장한 보험회사가 보험료나 보험금을 산정할 때, 높게 잡든 낮게 잡든 회사에는 비용이 발생한다. 하지만 두 경우에 동일한 비용이 발생한다고 가정할 이유는 어디에도 없다.

이런 사례들은 결정에서 예측적 판단과 평가적 판단의 역할을 구체적으로 정의할 필요성이 있음을 보여준다. 좋은 결정과 관련해 널리 회자되는 격언에 따르면, 좋은 결정을 내리고자 할 때 개인의 가치와 사실을 뒤섞어선 안 된다. 좋은 결정은 희망과 두려움, 또는 선호와 가치의 영향을 전혀 받지 않는 객관적이고 정확한 예측적 판단에 기초해야 한다. 엘리베이터 회사는 우선 다른 엔지니어링 해법을 활용해서 엘리베이터의 최대 기술적 하중을 중립적으로 계산할 것이다. 예측적 판단을 통해서 최대 하중을 설정하기 위해 받아들일 수 있는 안전 여유를 결정하는 두 번째 단계에서 안전이 가장 중요한 요인이 된다. (분명 이 선택은 안전 여유의 장단점 등을 검토하는 사실적 판단에 상당히 좌우될 것이다.) 이와 비슷하게 기차를 놓치지 않으려면 언제 집을 나서야 할지 결정할 때, 첫 단계로는 이동 예상 시간을 객관적으로 판단해야 한다. 기차를 놓쳤을 때의 비용과 기차역에 일찍 도착해서 기차를 기다려야 할 때의 비용은 어느 리스크를 기꺼이 감수할 것인가 하는 선택에서 유의미해진다.

이 같은 논리가 훨씬 더 중대한 결정에도 적용된다. 군사령관은 공격을 할지 말지를 결정할 때 여러 가지 요인들을 따져봐야 한다.

하지만 군사령관이 기대는 대부분의 기밀정보는 예측적 판단의 문제다. 팬데믹 같은 보건 위험에 대응하는 정부는 다양한 대응책의 장단점을 따져봐야 한다. 하지만 (아무것도 하지 않는 결정을 포함해서) 각 선택지의 예상 결과에 대한 정확한 예측이 없다면 평가는 불가능하다.

모든 사례에서 최종 결정은 평가적 판단을 요구한다. 의사결정자들은 최적의 선택을 위해서 다양한 선택지들을 검토하고 그것들의 가치를 활용해야 한다. 하지만 결정은 기저에 깔린 예측에 좌우된다. 그래서 이러한 예측은 반드시 가치중립적이어야 한다. 결정의 목표는 정확도다. 다시 말해서 가능한 한 표적에 가깝게 총알을 쏴야 한다. 그리고 평균제곱 오류는 오류의 적절한 척도다. 편향이 대단히 증가하지 않는 이상 잡음을 줄이는 절차가 예측적 판단을 개선할 것이다.

오류 방정식에 대하여 _____

"이상하게 편향과 잡음이 같은 양만큼 줄어들면 정확도가 똑같이 개선된다."

"편향에 대해서 무엇을 알고 있느냐와 상관없이 예측적 판단에서 잡음을 줄이는 것이 항상 좋다."

"판단들이 참값의 위아래로 84와 16 사이에 분포하면, 큰 편향이 존재한다. 편향과 잡음이 동일할 때 이런 형상이 나타난다."

"예측적 판단은 모든 결정에 개입한다. 그리고 정확도는 예측적 판단의 유일한 목표다. 그러므로 개인의 가치와 사실을 분리하라."

6장

잡음 분석

5장에서 단일 사례에 대한 측정이나 판단의 변산성을 살펴봤다. 단일 사례에 집중할 때 판단의 모든 변산성은 오류이고, 그 오류는 편향과 잡음으로 구성된다. 물론 이 책이 다루는 법원과 보험회사 등 판단 시스템은 서로 다른 사례들을 처리하고 구분하도록 설계됐다. 자신들이 맡은 모든 사례에 대해 같은 판단을 내린다면 연방 판사와 보험심사역은 쓸모가 없을 것이다. 다른 사례에 대한 여러 판단에서 나타나는 변산성의 대부분은 의도적이다.

하지만 같은 사례에 대한 여러 판단에 나타나는 변산성은 여전히 바람직하지 않다. 그것은 제도 잡음이다. 같은 사람들이 여러 사례들에 대해서 판단을 내리는 제도에 대한 잡음 감사를 통해 제도 잡음에 관한 더욱 자세한 분석이 가능할 것이다.

형량 선고의 잡음 감사

지금부터 다수의 사례를 통해 잡음을 분석해보자. 앞서 살펴본 연방 판사들의 형량 선고와 관련해서는 잡음 감사가 매우 꼼꼼하게 진행됐다. 이 잡음 감사의 결과가 1장에서 설명했던 양형 개혁을 위한 운동의 일환으로 1981년 출판됐다.[1] 형량 선고를 집중적으로 살폈지만, 일반적인 결과가 나왔다. 그리고 그 결과는 다른 전문적인 판단과도 관련이 있다. 잡음 감사의 목표는 프랑켈 판사 등이 모은 생생하지만 입증되지 않은 증거를 넘어서서 더 조직적으로 '양형 차이의 범위를 결정하는 것'이었다.

연구원들은 유죄판결을 받은 피고들이 형량이 선고되기를 기다리는 16개의 가상 사건을 설계했다. 가상 사건들은 절도 사건이거나 사기 사건이 연루됐고, 피고가 주범이거나 공범이었고, 전과가 있거나 없었으며, (절도 사건의 경우) 무기가 사용됐거나 사용되지 않았거나 등 여섯 가지 측면에서 달랐다.

연구원들은 정성껏 준비한 질문지를 갖고 208명의 현역 연방 판사를 인터뷰했다. 90분 동안 판사들은 16개의 가상 사건을 모두 검토했고 형량을 선고했다.[2]

과연 이번 연구에서는 무엇을 배울 수 있을까? 다음의 도식이 이해에 도움이 될 것이다. 16열, 208행짜리 표를 그린다. 첫 번째 열부터 범죄를 기준으로 차례대로 A부터 P라고 쓰고, 첫 번째 행부터 연구에 참여한 연방 판사를 기준으로 1부터 208까지 쓴다. A1부터 P208까지 각각의 칸은 특정 판사가 특정 사건에 대하여 선

그림9 | 형량표

	사건A	사건B	사건 C		사건O	사건 P	판사의 평균 형량
판사 1	0.5	1.5	--		13.5	12.0	6.6
판사 2	2.0	--	5.5		17.5	20.0	8.4
판사 3	1.5	1.8	4.0		15.0	14.0	5.0
판사 207	1.0	0.5	3.0		16.0	10.0	7.3
판사 208	0.5	0.3	4.0		25.5	20.0	8.7
사건의 평균 형량	1.0	1.1	3.7		12.2	15.3	7.0

사건별 형량 차이: 3.4년

판사별 형량 차이: 2.4년

고한 형량을 의미한다. 그림9가 이렇게 작성된 3,328개의 칸으로 구성된 표다. 잡음을 연구하기 위해서 우리는 16개의 열에 집중할 것이다. 각각의 열은 개별적인 잡음 감사를 뜻한다.

평균 형량

특정 사건에 대한 형량의 '참값'을 객관적으로 판단할 수 있는 방법은 없다. 지금부터 우리는 각각의 사건에 대해 선고된 208개 형량의 평균치(평균 형량)를 해당 사건에 대한 '공정한' 형량이라고 가정할 것이다. 1부에서 강조했듯이, 미국양형위원회는 과거 사건들에서 선고된 형량의 평균값을 양형 가이드라인을 세울 때 근거로 활용했고, 위와 같이 가정했다. 즉, 각각의 사건에 대한 평균적인 판단은 편향이 0이라고 가정한다.

분명 현실에서 이 가정은 완전히 틀렸다. 일부 사례의 평균적인 판단은 예를 들어 인종차별 때문에 다른 사례, 즉 매우 유사한 사례의 평균 형량과 비교하여 편향됐을 가능성이 높다. 여러 사례들에 걸쳐 나타나는 편향들은 오류와 불공정의 주요 원인이다. 일부에선 양의 편향이, 다른 일부에선 음의 편향이 나타난다. 혼란스럽게도 이러한 변화량이 흔히 '편향'이라 불리는 것이다.[3] 이 장, 그리고 이 책에서는 오류의 분명한 원인인 잡음을 집중적으로 분석할 것이다. 프랑켈 판사는 잡음의 부당성을 강조했지만, (인종차별 등) 편향에도 관심을 가졌다. 마찬가지로 우리가 잡음에 주목한다고 해서, 이것이 공유된 편향을 측정하고 해소하는 노력의 중요성을 폄하하는 행위로 간주되어선 안 된다.

편의상 각각의 사건에 대한 평균 형량이 표의 마지막 줄에 나온다. 사건은 심각성이 낮은 것부터 높은 것으로 나열됐다. 사건A의 평균 형량은 1년, 사건P의 평균 형량은 15.3년이다. 16개 사건 모두의 평균 형량은 7년이다.[4]

이제 모든 판사가 흠잡을 데 없는 정의 측정기나 다름없고 형량 선고에 잡음이 없는 완벽한 세상을 상상해보자. 그런 세상에서 그림9는 어떤 모습일까? 틀림없이 사건A의 모든 칸에 적힌 값들이 동일할 것이다. 왜냐하면 모든 판사가 사건A에 연루된 피고에게 정확하게 동일하게 징역 1년을 선고할 것이기 때문이다. 다른 사건들도 마찬가지일 것이다. 물론 각 열의 숫자들은 여전히 다를 것이다. 왜냐하면 사건이 다르기 때문이다. 하지만 각각의 열에는 바로 위아래 행에 적힌 숫자가 그대로 적힐 것이다. 사건의 차이가 표에서 변산성을 일으키는 유일한 원인이다.

하지만 안타깝게도 연방사법제도는 완벽하지 않다. 판사들은 똑같지 않고, 같은 열의 값에서 나타나는 변산성은 크다. 이것은 각각의 사건에 대한 판단에 잡음이 존재한다는 의미다. 형량 선고에 너무나 많은 잡음이 존재하고, 이 연구의 목적은 그 잡음을 분석하는 것이다.

추첨을 통한 형량 선고

이번에는 완벽한 세상이 존재한다고 가정하고 시작하자. 이 완벽한 세상에서는 모든 판사가 모든 사건에 대해 똑같은 형량을 선고한다. 이 완벽한 세상에서 각각의 열은 208개의 같은 숫자들의 연속이다. 이제 열의 숫자 몇 개를 변경해서 잡음을 추가해보자. 평균 형량에 형량을 더하거나 빼자. 이렇게 만들어진 변화가 전부 같진 않을 것이다. 그래서 그것들은 열에서 변산성을 만들어낸다. 이 변산성이 바로 잡음이다.

이 연구의 가장 중요한 결과는 **각각의 사건에 대한 형량을 선고할 때** 상당히 많은 잡음이 관찰된다는 것이다. 각각의 사건에서 관측된 잡음의 지표는 그 사건에 선고된 형량의 표준편차다. 평균 사건의 경우에 평균 형량은 7년이었고, 이 평균치를 기준으로 표준편차는 3.4년이었다.[5]

표준편차가 이제 익숙해졌겠지만, 구체적인 정의가 꽤나 도움이 될 것이다. 무작위로 두 명의 판사를 선택하고 어느 사건에 그들이 선고한 형량의 차이를 계산했다고 가정하자. 이제 모든 판사와 사건에 대해서 이 작업을 반복하고, 그 결과의 평균을 계산하자. **평균 절대차**mean absolute difference는 연방 법정에서 피고가 마주한 추첨과 같다는 느낌을 줄 것이다. 형량들이 정규분포를 그린다고 가정하고 평균 절대차는 표준편차의 1.128배다. 이것은 무작위로 선택한 두 명의 판사들이 선고한 형량의 평균 편차가 3.8년이 될 것이란 의미다. 3장에서는 보험회사의 전문적인 보험 심사가 필요한 고객이 마주한 추첨을 다뤘다. 조금도 과장하지 않고 형사 피고의 추첨이 그보다 더 중대한 결과를 초래한다.

평균 형량이 7년일 때, 판사들의 평균 절대차 3.8년은 충격적이고 우리의 관점에서 용납할 수 없는 결과다. 하지만 실제 법 집행 과정에는 이보다 훨씬 더 많은 잡음이 분명히 존재한다. 이렇게 주장하는 데는 충분한 이유가 있다. 첫째, 잡음 감사에 참여한 판사들은 연속적으로 제시되고 비교가 대단히 쉬운 인위적인 사례들을 다뤘다. 하지만 현실은 판사들이 일관성을 유지하며 판결을 내리는 데 거의 협조하지 않는다. 둘째, 법정에서 판사들은 연구에서보다 훨씬 더 많은 정보를 확보한다. 설령 결정적이지 않더라도, 새로운 정보로 인해서 판사들이 같은 사건에 대해서 다른 판결을 내릴 가능성이 높아진다. 이런 이유로 우리는 형사 피고들이 실제 법정에서 마주한 잡음의 양은 이 연구에서보다 훨씬 더 클 것으로 의심할 수 있다.

일부 판사들은 가혹하다: 수준 잡음

잡음 분석의 다음 단계에서 연구원들은 잡음을 별개 요소로 분해 했다. 여기서 마빈 프랑켈 판사가 그랬듯이, 머릿속에 무언가 스칠 것이다. 그것은 아마도 잡음의 첫 번째 해석일 것이다. 잡음은 가혹 한 형량을 선고하는 판사들의 개인적인 성향 차이 때문에 발생한 다. 모든 피고 측 변호인에 따르면, 일부 판사들은 가혹하게 처벌해 서 '교수형을 좋아하는 판사', 일부 판사들은 상대적으로 관대해서 '동정심이 뚝뚝 떨어지는 판사'라고 불린다고 한다. 이러한 편차가 **수준 오류**level errors다. (다시 말하건대, 이 책에서 오류란 평균에서 벗어난 편차를 말한다. 그래서 보통의 판사가 틀렸다면, 실제로 오류가 정의를 실현할 지도 모른다.)

수준 오류의 변산성은 모든 판단 과제에서 발견될 수 있다. 일부 상사들이 다른 상사들보다 더 관대하게 근무평정을 하는 경우, 일 부 전문가들이 다른 전문가들보다 더 낙관적으로 시장 점유율을 예측하는 경우, 또는 일부 정형외과 전문의들이 다른 정형외과 전 문의들보다 더 공격적으로 척추 수술을 제안하는 경우 등 많은 경 우에 수준 오류의 변산성이 관측될 수 있다.

그림9에서 각각의 행은 한 명의 판사가 선고한 형량을 보여준 다. 표의 가장 오른쪽 열에 각각의 판사가 선고한 형량의 평균치가 나온다. 형량의 평균치는 해당 판사의 가혹함 수준의 척도다. 판사 들에게서 큰 편차가 나타났다. 가장 오른쪽 열의 입력값에서 표준 편차는 2.4년이었다. 변산성은 정의와 아무런 관계가 없다. 그 대신

2부 잡음과 인간의 마음

에 판사들의 형량 평균치 차이는 배경, 인생 경험, 정치적 성향, 편견 등 그들의 개인적인 특성들에 나타나는 차이를 반영한다. 연구원들은 판결에 대한 판사들의 일반적인 태도를 분석했다. 가령 그들은 판사들의 판결 목표가 박탈(사회에서 범죄자를 분리)인지 갱생인지 또는 억제인지를 살펴봤다. 판결의 목표가 갱생이라고 생각하는 판사들은, 억제나 박탈을 판결의 목표라고 생각하는 판사들보다 더 짧은 형기와 더 긴 보호관찰 기간을 선고했다. 이와는 별개로 미국 남부의 판사들이 다른 지역의 판사들보다 훨씬 더 긴 형을 선고했다. 이는 그리 놀랍지 않은 발견이다. 보수적인 이데올로기가 양형의 가혹도에도 영향을 미쳤던 것이다.

일반적으로 판사들의 형량 평균치는 개인적인 특성처럼 작용한다고 결론내릴 수 있다. 이 연구를 통해서 매우 가혹함부터 매우 관대함까지 양형의 가혹도를 기준으로 판사들을 나열할 수 있다. 이는 성격 테스트로 그들이 어느 정도 외향적인지 또는 얼마나 우호적인지를 측정하는 것과 같다. 다른 개인 특성들처럼 형량의 가혹도가 유전적 요인, 인생 경험 그리고 기타 개인의 성격적 특성들과 상관관계가 있을 것이라고 예측할 수 있다. 하지만 이것들은 사건이나 피고와는 아무런 관계가 없다. 여기서 우리는 판사들의 평균적인 판단의 변산성을 **수준 잡음**level noise이라고 칭한다. 이것은 수준 오류의 변산성과 동일하다.

판사들은 다르다: 패턴 잡음

그림9의 검은색 화살표가 보여주듯이, 수준 잡음은 2.4년이고 제도 잡음은 3.4년이다. 이러한 차이는 판사들의 평균 가혹도의 차이보다 더 많은 무언가가 제도 잡음에 존재함을 넌지시 보여준다. 이 새로운 잡음을 **패턴 잡음**pattern noise이라 부르자.

패턴 잡음을 이해하려면 그림9를 다시 살펴봐야 한다. 표에서 무작위로 하나의 셀을 선택하라. 가령 C3칸을 선택했다고 치자. 사건C의 평균 형량은 해당 열의 마지막 칸에 나온다. 보다시피 3.7년이다. 이제 가장 오른쪽 열에서 모든 사건에 대해서 판사 3호가 선고한 형량들의 평균치를 확인해보자. 그것은 5년으로 전체 평균보다 2년 짧다. 판사들의 가혹도 차이가 3열에서 관측된 잡음의 유일한 원천이라면, C3칸의 값은 '3.7년 − 2년 = 1.7년'이라고 예측할 수 있다. 하지만 C3칸의 실제 값은 4년이다. 이것은 판사3이 그 사건에 대해서 특히나 가혹하게 형을 선고했다는 의미다.

이 간단하고 가산적인 논리[6]를 그대로 따르면, 표의 모든 열에 대한 모든 형량을 예측할 수 있다. 하지만 실제로 대부분의 칸에서 간단한 편차가 관측됐다. 행을 전반적으로 훑어보면, 판사들이 모든 사건에 대하여 똑같은 태도를 취하지 않았음을 확인할 수 있다. 그들은 어떤 사건에서는 개인 평균보다 더 가혹한 형을 선고했고, 어떤 사건에서는 더 관대하게 선고했다. 이러한 잔여 편차가 **패턴 오류**pattern errors다. 표의 각각의 칸에서 패턴 오류를 적어보면, 각 판사(행)의 패턴 오류 합계가 0이 되고, 각 사건(열)의 패턴 오류 합계가 0이 된다는 사실을 확인할 수 있다. 하지만 패턴 오류는 잡음에 대한 기여도에서 상쇄되지 않는다. 왜냐하면 모든 칸의 값이 잡음 산출을 위해서 제곱되기 때문이다.

기존의 간단하고 중독성 있는 판결 모델이 유지되지 않는다는 사실을 확인할 더 쉬운 방법이 있다. 표를 보면 각 열의 마지막 값인 평균 형량이 왼쪽에서 오른쪽으로 가면서 서서히 증가한다는 사실을 확인할 수 있다. 하지만 각 행에서는 이와 같은 현상이 관측되지 않는다. 예를 들어 판사 208호은 사건P의 피고보다 사건O의 피고에게 훨씬 더 높은 형을 선고했다. 판사 개인이 자신들이 적절하다고 생각하는 형기를 기준으로 사건들을 나열한다면, 결코 같은 결과가 나오지 않을 것이다.

지금 막 확인한 변산성도 **패턴 잡음**이다. 왜냐하면 이 변산성은 특정 사건들에 대한 판사들의 태도에서 복잡한 패턴을 보여주기 때문이다. 예를 들어 어떤 판사는 일반적으로 가혹하게 형을 선고하지만 지능범에게 상대적으로 관대할 수도 있다. 또는 가벼운 처벌을 내리는 경향이 있는 판사가 재범자에게는 더 가혹한 형을 선고할 수도 있다. 또 다른 판사는 평균적인 수준으로 형을 선고하지만 범죄자가 그저 공범이면 동정심을 갖고 피해자가 노인이면 엄격하게 처벌할 수도 있다. (이 책에서는 편의상 **패턴 잡음**이란 용어를 사용한다. 패턴 잡음의 적절한 통계 용어는 **판사 × 사건 상호작용** judge × case interaction이다. 새 용어를 만들어 통계 전문가들에게 부담을 안겨준 것에 대해 사과한다.)

형사사법적 관점에서 사건에 대한 해당 판사만의 고유한 반응 중에는 선고에 대한 그 판사의 개인적인 철학을 보여주는 것들도 있다. 기타 반응은 판사 본인은 거의 인식하지 못하는 요인의 결과 인지도 모른다. 가령 피고가 그가 특히나 혐오하는 범죄자를 떠올리게 한다거나 자신의 딸과 닮았다거나 하는 것들 말이다. 원천이 무엇이든 이러한 패턴 잡음은 그저 우연의 결과가 아니다. 그래서 우리는 그 판사가 같은 사건을 다시 맡는다면 그 패턴 잡음이 다시 발생할 것이라고 예상할 것이다. 하지만 패턴 잡음은 실제로 예측하기 어렵기 때문에, 이미 예측하기 어려운 추첨과 같은 판결에 불확실성을 가중시킨다. 연구원들이 지적했듯이, "범죄/범죄자 특성들에 대해 판사들 사이에 나타나는 패턴화된 차이들은 판결 차이의 또 하나의 형태다."[7]

여기서 제도 잡음을 수준 잡음과 패턴 잡음으로 분해하는 과정은 앞 장의 오류 방정식과 같은 논리에 따라 진행된다는 사실을 눈치챈 이들도 있을 것이다. 앞 장에서 우리는 오류를 편향과 잡음으로 분해하여 오류 방정식을 수립했다. 이번에는 다음과 같은 방정식이 수립될 수 있다.

$$\text{제도 잡음}^2 = \text{수준 잡음}^2 + \text{패턴 잡음}^2$$

이 방정식은 원조 오류 방정식처럼 시각적으로 표현될 수 있다 (그림10). 이와 관련하여 이등변 삼각형을 그릴 수 있다. 왜냐하면 판결에 관한 연구에서 패턴 잡음과 수준 잡음은 제도 잡음에 거의 동일하게 기여하기 때문이다.[8]

패턴 잡음은 만연하다. 환자의 입원 여부를 결정하는 의사, 인재

그림10 | 제도 잡음 분해

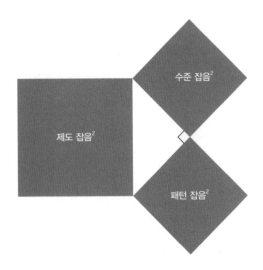

를 채용하는 회사, 어떤 사건에 대한 소송 제기 여부를 결정하는 변호사, 텔레비전 쇼 제작 여부를 결정하는 할리우드 제작책임자를 생각해보라. 판사에 따라서 사건의 순위가 달라지듯이 모든 경우에 패턴 잡음이 존재할 것이다.

잡음의 구성 요소

앞서 패턴 잡음을 다루면서 무작위 오류의 기여도라는 상당히 복잡한 개념을 슬쩍 다뤘다.

스톱워치로 진행했던 간단한 실험을 다시 떠올려보자. 우리는 반복적으로 10초마다 랩 설정을 시도했다. 그 결과 랩타임은 다 달랐다. 여기서 사람 내 변산성이 확인됐다. 마찬가지로 판사들에게 16개 사건을 그대로 다시 보여주고 형을 선고해보라고 요청한다면, 그들은 이전에 내린 형량과 미묘하게 다른 형을 선고할 가능성이 높다. 심지어 같은 주에서 각기 다른 두 날을 골라 해당 실험을 진행하더라도 그들은 서로 다른 판결을 내릴 것이다. 뭔가 좋은 일이 딸에게 생겨서, 좋아하는 팀이 어제 경기에서 승리해서, 또는 그냥 날이 좋아서 판사가 기분이 좋다면, 판사는 다른 날보다 더 관대한 형을 선고할지도 모른다. 이 사람 내 변산성은 이제 막 다뤘던 안정된 사람 간 차이와 개념적으로 동떨어져 있다. 하지만 변산성의 원천을 구분하는 것은 어렵다. 이러한 변산성의 영향은 일시적이다. 그러므로 이것을 **상황 잡음**occasion noise이라 칭하자.

이 연구는 상황 잡음을 사실상 무시했고, 잡음 감사에서 관측된 각 판사들의 고유한 판결 패턴이 안정된 태도를 보여준다고 해석했다. 이러한 가정은 확실히 낙관적이지만, 상황 잡음이 이 연구에서 큰 역할을 하지 않았다고 믿을 만한 이유가 있다. 연구에 참여했던 경험이 많은 판사들은 자신만의 확고한 주관을 갖고 범죄와 범죄자의 다양한 특징들이 지니는 중요성을 검토했을 것이다. 다음 장에서 더 자세하게 상황 잡음을 다루면서 패턴 잡음의 안정된 요소와 상황 잡음이 어떻게 다른지를 살펴볼 것이다.

요약하면 지금까지 여러 유형의 잡음을 살펴봤다. **제도 잡음**은 다수의 개인이 같은 사례에 대해 내린 판단들에서 관측되는 바람직하지 않은 변산성이다. 같은 개인들이 여러 사례를 평가할 때 구별되는 제도 잡음의 주요 구성 요소 두 개도 살펴봤다.

- **수준 잡음**은 각 판사의 형량 평균치에서 관측되는 변산성이다.
- **패턴 잡음**은 특정 사건에 대한 판사의 반응에서 관측되는 변산성이다.

제시된 연구에서 수준 잡음과 패턴 잡음의 양은 대략적으로 동일했다. 하지만 패턴 잡음이라고 확인했던 구성 요소에는 분명히, 무작위 오류로 해석할 수 있는, 일부 **상황 잡음**이 포함되어 있었다.

지금까지 형사사법제도에서 진행된 잡음 감사의 사례를 살펴봤다. 하지만 이 같은 잡음 분석이 재계, 의학계, 정부 등의 모든 잡음 감사에도 적용될 수 있다. 수준 잡음과 (상황 잡음을 포함하는) 패턴 잡음은 모두 제도 잡음에 기여한다. 그리고 이 책을 읽으면서 여러분은 이런 상황을 거듭 마주하게 될 것이다.

잡음 분석에 대하여 _____

"수준 잡음은 판사들이 다른 가혹도를 보여줄 때 나타난다. 패턴 잡음은 그들이 어느 피고가 더 가혹하거나 더 관대한 형을 선고받을 자격이 있는지에 대하여 서로 의견이 일치하지 않을 때 나타난다. 패턴 잡음에는 상황 잡음이 일부 확인된다. 상황 잡음은 판사들이 자기 자신과 의견 일치에 이르지 못할 때 나타난다."

"완벽한 세상에서 피고들은 정의와 마주하지만, 우리가 사는 이 세상에서는 잡음 있는 제도와 마주한다."

7장

상황 잡음

농구선수가 자유투를 준비하고 있다. 자유투 라인에 섰고 숨을 고른 뒤 공을 던졌다. 그는 이 동작을 수도 없이 연습했다. 과연 공은 골대에 들어갔을까?

결과는 우리도 모르고, 슛을 쏜 선수 자신도 모른다. 전미농구협회의 농구선수들은 일반적으로 자유투를 네 번 던지면 세 번 정도 성공한다. 다른 선수들보다 자유투 성공률이 높은 선수도 분명 있다. 하지만 자유투를 던질 때마다 성공하는 선수는 없다. 역대 최고 자유투 성공률은 약 90퍼센트다.[1] (이 책을 쓸 무렵 스테픈 커리, 스티브 내시, 마크 프라이스가 자유투 성공률 90퍼센트에 달하는 선수들이었다.) 역대 최저 성공률은 약 50퍼센트다. (위대한 선수 샤킬 오닐의 자유투 성공률은 약 53퍼센트였다.)[2] 골대는 항상 10피트 높이, 15피트 거리에 있고, 공은 항상 22온스다. 하지만 득점을 위해 해당 연속 동작을 정확하게 똑같이 반복하는 것은 쉽지 않은 일이다. 여기서 선수들 사이에서, 아니 각자 자기 자신 내에서 변산성이 예측된다. 자유투는 일종의 추첨이다. 자유투를 던지는 선수가 스테픈 커리라면 샤킬 오닐이 던질 때보다 성공할 확률이 훨씬 높다. 하지만 누가 던지느냐에 따라 성공률이 달라지니 자유투도 추첨과 같다.

이러한 변산성은 어디서 오는 것일까? 무수히 많은 요인이 자유투 라인에 선 선수에게 영향을 미칠 수 있을 것이다. 오랜 경기로 인한 피로감, 격차가 많이 나지 않는 점수가 주는 심리적 압박감, 홈 경기장의 응원, 또는 상대팀 팬들의 야유 등 여러 요인이 선수에게 영향을 준다. 스테픈 커리나 스티브 내시 같은 선수가 자유투를 놓친다면, 앞서 언급한 요인들 중 어느 하나가 영향을 미쳤을 것이라고 예상할 수 있다. 하지만 실제로는 이런 요인들이 선수에게 어떤 영향을 미쳤는지 알 수 없다. 자유투를 쏜 선수에게서 관측되는 변산성은 잡음의 한 형태다.

두 번째 추첨

자유투나 여타 신체 활동에 변산성이 관측된다는 것은 그리 놀랄 일이 아니다. 우리는 신체의 변산성에 익숙하다. 심박수, 혈압, 반사신경, 목소리의 톤, 손의 떨림 등 다양한 신체적 변산성이 언제든지 나타날 수 있다. 같은 동작을 하려고 아무리 애를 쓰더라도, 동작은 매번 아주 미세하게 다를 수밖에 없다.

하지만 마음의 변산성을 관측하기란 상대적으로 쉽지 않다. 물론 마음을 바꾼 경험은 누구나 있다. 새로운 정보가 주어지지 않았는데도 마음을 바꾼 적이 있을 것이다. 지난밤 배꼽 빠지도록 웃으면서 봤던 영화가 다음 날 아침에는 기억에 남지 않는 그저 그런 영화처럼 다가오기도 한다. 어제 신랄하게 평가했던 누군가가 지금은 우리의 관용을 받을 자격이 있는 듯이 보이기도 한다. 우리가 싫어했거나 이해하지 못했던 주장이 갑자기 이해가 되고 이젠 정말 중요하게 느껴질 수도 있다. 하지만 사례들이 보여주듯 이런 변화는 중요하지 않은 매우 주관적인 문제로 치부된다.

현실에선 의견은 뚜렷한 이유 없이 바뀔 수 있다. 이것은 전문가들이 심사숙고해서 내리는 판단들도 마찬가지다. 예를 들어 내과 의사들에게 같은 사례에 대해서 두 차례에 걸쳐 진단을 내릴 것을 요청하면, 그들은 매순간 상당히 다른 진단을 내릴 것이다(22장 참고). 미국의 주요 와인 대회에서 같은 와인을 두 번 시음한 와인 감별사들은 18퍼센트의 와인에 대해서만 똑같은 점수를 줬다(똑같은 점수를 받은 와인들은 대체로 최악의 와인들이었다).[3] 지문 감식관들은 단지 몇 주 간격으로 같은 지문을 두 번 분석해서 서로 다른 결론에 이르기도 한다(20장 참고). 숙련된 소프트웨어 컨설턴트들에게 두 차례에 걸쳐 같은 작업의 완료 시간을 물어보면, 그들은 완전히 다른 예상을 내놓기도 한다.[4] 농구선수들은 한 치의 오차도 없는 똑같은 동작으로 자유투를 던지지 않는다. 우리도 마찬가지다. 두 차례에 걸쳐 똑같은 사례들과 마주할 때, 우리가 항상 똑같은 판단을 내리는 것은 아니다.

지금까지 보험심사역, 판사 또는 의사를 일종의 제비뽑기를 통해 뽑는 과정을 살펴봤다. 이러한 과정이 첫 번째 추첨이고 제도 잡음을 야기한다. 상황 잡음은 두 번째 추첨의 산물이다. 두 번째 추첨에서는 전문가가 판단을 내리는 순간, 그 순간의 기분, 생생하게 기억하는 정보 그리고 그 순간의 수많은 특징들이 결정된다. 그래서 두 번째 추첨은 첫 번째 추첨보다 훨씬 더 추상적이다. 지금까지 첫 번째 추첨을 통해서는 다른 보험심사역을 뽑을 수 있었다. 하지만 선택된 보험심사역의 실제 판단에 대한 대안은 추상적인 사후 가정적 서술이다. 누군가 실제로 내린 판단은 무수한 가능성들 중에서 선택된 단 하나의 가능성이다. 상황 잡음은 이러한 눈에 보이지 않는 가능성의 변산성이라고 할 수 있다.

상황 잡음의 측정

상황 잡음을 측정하는 일은 쉽지 않다. 그래서 일단 상황 잡음이 관측되면, 그 존재만으로도 우리는 놀란다. 사람들이 심사숙고해서 전문적인 판단을 내릴 때, 그들은 그 판단과 자신들의 관점을 정당화하는 이유들을 연결한다. 왜 그런 판단을 내렸는지 그 이유를 설명하라는 압박을 받으면, 사람들은 스스로 설득력 있다고 여기는 말들로 자신의 판단을 옹호하기 시작한다. 그리고 재차 같은 문제를 보여주고 검토할 것을 요청하면, 사람들은 노력을 최소화하고 일관성을 유지하기 위해서 앞선 판단과 같은 판단을 내리게 된다.

교직의 사례를 살펴보자. 어느 교사가 한 학생의 논문에 최고 점수를 줬다. 그로부터 일주일 뒤 그 교사는 자신이 앞서 준 점수를 확인하고 다시 그 학생의 논문을 읽고 점수를 매겼다. 이 경우 해당 교사가 처음과 완전히 다른 점수를 줄 가능성은 없다.

이런 이유 때문에 기억에 생생하게 남아 있는 사례에 대한 판단을 내릴 때, 그 판단에서 나타나는 상황 잡음을 측정하기란 쉽지 않다. 예를 들어 보험심사역이나 판사에게 이미 검토하고 판단을 내렸던 사례를 다시 보여준다면, 그들은 아마도 그 사례를 알아보고 앞서 내린 판단을 그대로 반복할 것이다. 전문가들이 같은 기간에 같은 판단을 두 번 내린 경우를 분석한 많은 연구들을 대상으로 전문적인 판단의 변산성에 대한 검토 연구가 진행됐다(이러한 검토 연구는 엄밀히 말해 **검사-재검사 신뢰도** 또는 줄여서 **신뢰도**로 알려져 있다). 그 연구들의 결과는 거의 유사했다. 하지만 이것은 놀라운 사실이 아니다.[5]

연구진은 전문가들이 눈치채지 못하는 어떤 장치를 해서, 그들이 같은 사례를 두 번 검토하고 있다는 걸 알아차리지 못하게 했다. 와인 감별사들은 블라인드 테스트에 참여했다. 지문 감식관들은 이미 봤던 지문들을 재검토했고, 소프트웨어 컨설턴트들은 이미 처리했던 작업들을 다시 의뢰받았다. 하지만 연구진은 실험 참가자들이 눈치채지 못하도록 다음의 장치를 해두었다. 몇 주나 몇 달 뒤에 '이건 지난번에 처리했던 사례'라는 사실을 알려주지 않고, 그들에게 같은 사례를 다시 검토하고 판단을 내리도록 했다.

간접적으로 상황 잡음의 존재를 확인할 수도 있다. 빅데이터와

계량 경제 방법을 이용하는 것이다. 방대한 과거 데이터의 표본으로 과거의 결정이 그 결정을 내리는 시간대나 당시의 실외 온도 등 분석 사례와는 무관한 요인들로부터 영향을 받았는지 확인할 수 있다. 분석 사례와 직접적인 관련이 없는 요인들이 판단에 미치는 영향은 통계학적으로 중요하다. 이것은 상황 잡음의 증거다. 현실적으로 말해서 상황 잡음을 발생시키는 모든 원천을 찾아낼 수는 없다. 하지만 지금까지 확인한 상황 잡음의 원천만 놓고 봐도, 상황 잡음이 다양한 요인들로부터 발생한다는 사실을 확인할 수 있다. 그래서 상황 잡음을 통제하려면, 그것을 만들어내는 기제를 이해해야 한다.

군중의 지혜

과연 전 세계 공항의 몇 퍼센트가 미국에 있을까? 가만 생각해봤더니, 머릿속에 숫자 하나가 떠올랐다. 하지만 그 숫자는 나이나 전화번호를 기억해내는 것과 같은 방식으로 머릿속에 떠오르진 않았을 것이다. 방금 머릿속에 떠오른 그 숫자가 추정값이다. 하지만 그 숫자를 무작위로 선택했던 것은 아니다. 만약 1퍼센트나 99퍼센트라고 답했다면, 이것은 누가 봐도 틀린 답이다. 하지만 이 숫자는 우리가 배제하지 않았던 여러 가능한 숫자 가운데 하나였다. 다른 누군가가 그 숫자에 1퍼센트포인트를 더하거나 뺀 숫자를 답으로 내놨다고 해서, 그의 답이 우리의 답보다 훨씬 덜 타당하다고 말할 수

없을 것이다. (여기서 정답은 32퍼센트다.)[6]

에드워드 불Edward Vul과 해럴드 패슬러Harold Pashler는 사람들에게 두 번 이 질문을 했다(그리고 다른 비슷한 질문도 두 번에 걸쳐서 물었다).[7] 그들은 사람들에게 같은 질문을 한 번 더 받게 될 거라고 미리 알려주지 않았다. 에드워드 불과 해럴드 패슬러는 두 개의 답의 평균이 훨씬 더 정확할 것이란 가설을 세웠다. 데이터가 그들의 가설이 옳았음을 증명했다. 일반적으로 첫 번째 추정값이 두 번째 추정값보다 참값에 더 근접했다.[8] 하지만 최선의 추정값은 두 추정값의 평균값이었다.

불과 패슬러는 이른바 **군중의 지혜 효과**wisdom-of-crowds effect에서 영감을 얻었다. '군중의 지혜'란 서로 다른 사람들의 독립적인 판단이 정확도를 개선시킨다는 법칙이다. 1907년 다윈의 사촌인 박학다식한 프랜시스 골턴Francis Galton은 마을 축제에서 787명의 마을 사람에게 상품인 황소의 무게를 예측해보라고 했다. 그 누구도 황소의 무게를 정확하게 예측하지 못했다. 황소는 1,198파운드였다. 하지만 마을 사람들의 추정값을 종합하여 낸 평균값은 1,200파운드였고, 실제 무게와의 차이는 겨우 2파운드였다. 중간값(1,207파운드)도 실제 무게에 매우 근접했다. 마을 사람들은, 그들의 개별 추정값이 상당한 잡음을 갖지만 편향되지 않았다는 점에서 '지혜로운 군중'이었다. 골턴은 이 결과에 스스로 놀랐다. 그는 보통 사람들의 판단을 거의 존중하지 않았다. 하지만 그는 이 실험 결과가 "예상했던 것보다 민주적인 판단의 신뢰성에 더 큰 명예를 안겨줬다"고 말했다.

이와 유사한 결과가 수백 가지 상황에서도 목격됐다. 물론 문제가 너무 어려워 오직 전문가들만 정답에 근접하게 예측할 수 있다면, 군중이 그 문제에 대해 매우 정확한 판단을 내리진 못할 것이다. 하지만 예를 들어 사람들이 투명한 항아리에 담긴 젤리빈의 수를 예측해보라는 질문을 받는다면, 일주일 동안 도시의 기온을 예측해보란 질문을 받는다면, 또 어느 주에 속한 두 도시의 거리를 예측해보란 질문을 받는다면, 많은 사람이 예측한 값의 평균이 참값에 근접할 가능성이 높다. 왜 그럴까? 이유는 단순한 통계에 있다. 여러 독립적인 판단의 평균은 새로운 판단이 된다(측정도 마찬가지다). 이 새로운 판단은 개별적인 판단보다 덜 편향되진 않더라도 잡음이 덜하다.[9]

불과 패슬러는 똑같은 효과가 상황 잡음에도 적용되는지 알고 싶었다. 다른 사람들의 예측을 종합할 때처럼 같은 사람의 예측 두 가지를 종합하면 진실에 더 가까워질 수 있을까? 이 질문에 대한 답은 '그렇다'이다. 불과 패슬러는 여기에 '**내부 군중**crowd within 효과'라는 이름을 붙였다.

누군가가 두 번에 걸쳐 내린 예측의 평균이 독립적인 의견을 구하는 것만큼 판단을 개선하진 않는다. 불과 패슬러는 "스스로에게 같은 질문을 두 번 했을 때는 다른 누군가에게서 두 번째 의견을 구할 때의 10분의 1 정도의 판단 개선 효과를 얻는다"고 말했다.[10] 개선 효과가 그렇게 크지는 않다. 하지만 시간 간격을 두고 두 번째 예측을 하면, 개선 효과는 훨씬 더 커진다. 불과 패슬러는 3주가 흐른 뒤 실험 참가자들에게 같은 질문을 다시 던졌다. 그러자 판단 개선 효과가 다른 누군가의 두 번째 의견이 주는 개선 효과의 3분의 1로 상승했다. 추가적인 정보나 외부의 도움이 필요하지 않은 기법임을 감안하면, 이것은 나쁘지 않은 결과다. 그리고 이 결과는 뭔가를 결정해야 하는 사람들에게 해주는 오랜 조언에 근거를 제공한다. '하룻밤 자고 나서 아침에 다시 생각해봐.'

불이나 패슬러와는 관련이 없지만 그들이 연구를 진행했던 바로 그 시기에 두 명의 독일 연구원, 스테판 헤르초크Stefan Herzog와 랄프 헤르트비히Ralph Hertwig가 다른 접근법을 보여줬다.[11] 이들은 실험 참가자들에게 같은 질문을 두 번하는 대신, 그들에게 첫 번째 답과 되도록 다른 답을 생각해서 제시하라고 요청했다. 이를 위해 실험 참가자들은 처음에 고려하지 않았던 정보를 적극적으로 검토해야 했다. 헤르초크와 헤르트비히가 실험 참가자들에게 내린 지시사항은 다음과 같다.

첫째, 여러분의 첫 번째 추정값이 정답에서 완전히 벗어났다고 가정하라. 둘째, 정답에서 완전히 벗어난 예측을 했던 이유를 생각해보라. 어느 가정과 검토가 틀렸던 것일까? 셋째, 이 새로운 고려 사항이 시사하는 바는 무엇인가? 첫 번째 추정값이 너무 높거나 너무 낮았나? 넷째, 이렇게 얻은 새로운 관점을 바탕으로 첫 번째 추정값의 대안이 되는 두 번째 추정값을 생각해보라.

불과 패슬러처럼, 헤르초크와 헤르트비히는 두 추정값의 평균을 냈다. 그들은 이것을 **변증법적 부트스트래핑**dialectical bootstrapping이라고 불렀다. 변증법적 부트스트래핑은 첫 번째 추정값을 생각한 뒤에 곧바로 두 번째 추정값을 생각해냈던 경우보다 예측의 정확도를 더 많이 개선했다. 실험 참가자들은 두 사람의 요청에 응답하기 위해 새로운 관점에서 문제를 바라봐야만 했다. 그래서 본래 자신과는 다른 또 다른 자신을 불러내야 했다. 더 멀리 떨어진 '내부 군중'의 '구성원' 두 명이 되어야 했다. 그리하여 그들의 추정값의 평균을 냈더니, 참값에 더 가까운 값이 나왔다. 연이은 '변증법적' 추정값 두 개로 다른 사람의 의견을 구할 때 얻을 수 있는 개선 효과의 절반에 이르는 효과를 얻어냈다.

헤르초크와 헤르트비히가 요약했듯이, 정확도를 높이기 위해 의사결정자들은 어느 하나의 절차를 선택하기만 하면 된다. 다른 누군가에게서 두 번째 의견을 얻을 수 있다면 그렇게 하라. 군중의 지혜가 판단을 개선할 가능성이 높다. 그럴 수 없다면, '내부의 군중'을 만들어 같은 문제에 대해서 한 번 더 판단해보길 바란다. 얼마의 시간이 지나 첫 번째 의견과 어느 정도 거리를 확보한 뒤에 다시 문제를 살펴보든지, 아니면 다른 관점에서 같은 문제에 접근하기 위해 첫 번째 의견에 적극적으로 이의를 제기해보라. 마지막으로 군중의 유형에 상관없이 추정값 중에서 어느 하나에 가중치를 줄 매우 강력한 이유가 없다면, 그것들의 평균을 내는 것이 참값에 가장 근접한 추정값을 얻을 수 있는 가장 좋은 방법이 될 것이다.

실질적인 조언을 넘어 이러한 연구를 통해 판단에 관한 매우 중요한 통찰을 더 분명히 확인할 수 있다. 불과 패슬러가 말했듯, "누군가의 추정값은 그 사람이 갖고 있던 모든 지식에 근거하여 결정적으로 선택된 값이라기보다 내부 확률 분포의 샘플이다."[12] 이러한 결론은 미국 공항에 대한 질문에 답할 때 우리가 했던 경험을 상기시킨다. 첫 번째 답은 우리의 모든 지식을 담아내거나 그중에서 최고의 지식을 포착하지 못했다. 그것은 우리 마음속에 떠오른 많은 답변들 가운데 하나에 불과했다. 같은 사람이 같은 문제에 대해 내린 판단에서 관측된 변산성은 전문적인 문제에서 우연히 관측되는 변산성과는 다르다. 결론적으로 상황 잡음은 모든 판단에 항상 영향을 준다.

상황 잡음의 원천

지금쯤이면 모두가 적어도 상황 잡음의 원천 하나는 눈치챘을 것이다. 그건 바로 판단을 내리는 순간 판단자의 기분이다. 모두가 판단이 개인의 기분에 얼마나 잘 좌우되는지 알고 있다. 그리고 기분에 따라 판단이 바뀌는 경험을 했을 것이다. 다른 누군가의 판단도 그들의 기분에 따라 바뀔 수 있다는 사실도 안다.

기분이 판단에 어떤 영향을 미치는지에 대해서 방대한 심리학 연구가 진행됐다. 일시적으로 사람들을 행복하거나 슬프게 만들고, 이러한 기분 변화로 유발된 그들의 판단과 결정의 변산성을 측정하는 것은 몹시 쉬웠다. 연구진은 이를 위해서 다양한 기법을 활용했다. 예를 들어 실험 참가자들에게 때때로 행복한 기억이나 슬픈 기억을 떠올리며 짧은 글을 쓰도록 했다. 또는 웃긴 영화나 눈물 쏙

빼는 영화의 한 부분을 보여주기도 했다.

많은 심리학자가 수십 년 동안 기분 조작이 판단에 미치는 영향을 조사했다. 그중 오스트레일리아 심리학자 조지프 포가스Joseph Forgas가 가장 방대한 연구를 진행한 사람일 것이다. 그는 기분을 주제로 대략 100여 편의 과학적 논문을 발표했다.[13]

포가스가 진행한 연구 중에서 일부가 '기분이 좋은 사람들이 일반적으로 더 긍정적'이란 통념을 확인시켰다. 기분이 좋은 사람들은 슬픈 기억보다 행복한 기억을 더 잘 떠올리고, 다른 사람들에 더 우호적이며 더 관대하고 기꺼이 도움이 되려고 한다. 부정적인 기분은 정반대 효과가 있다. 포가스가 썼듯이, "같은 미소라도 기분이 좋으면 그 미소는 친절하게 보이고 기분이 나쁘면 어색하게 보인다. 날씨 이야기를 할 때에도 기분이 좋은 사람은 침착하게 대화에 참여하지만, 기분이 나쁘면 지루하다고 느낀다."[14]

다시 말해서 기분은 사람들의 생각에 영향을 주고, 그 영향은 측정 가능하다. 기분은 주변 환경에서 무엇을 인식하고, 기억에서 어떤 정보를 끄집어내고, 주어진 신호를 어떻게 이해할지에 영향을 준다. 하지만 기분은 더 놀라운 영향을 우리에게 미친다. 기분은 **사고방식**을 바꿀 수도 있다. 그 영향은 우리가 상상했던 것들이 아니다. 기분이 좋은 것은 축복이자 저주일 수 있고, 기분이 나쁜 것은 먹구름 사이로 쏟아지는 한 줄기 빛일 수 있다. 기분의 비용과 편익은 상황에 따라서 규정된다.

예를 들어 협상 테이블에서 좋은 기분은 도움이 된다. 기분이 좋은 사람들은 더 협조적이고 상대방으로부터 긍정적인 호응을 이끌어낸다. 그들은 기분이 나쁜 상태에서 협상을 진행할 때보다 좋은 결과를 이끌어내곤 한다. 물론 성공적인 협상도 사람들을 행복하게 해준다. 하지만 이런 실험에서 기분은 협상에서 일어나는 일에 의해 유발되지 않는다. 사람들이 협상에 들어가기 전의 기분이 협상 결과에 영향을 미친 것이다. 게다가 협상이 진행되는 동안 좋은 기분이 분노로 바뀌면서 사람들이 좋은 결과를 달성하기도 한다.[15] 이를 기억해뒀다가 협상 상대가 고집불통일 때 활용해보라!

반면에 기분이 좋으면 사람들은 반문 없이 첫인상을 사실로 받아들이곤 한다. 포가스는 참가자들에게 저자 사진이 첨부된 짧은 철학 논문을 읽게 했다.[16] 몇몇은 철학과 교수의 전형적인 모습인 안경을 쓴 중년 남성의 사진을 봤고, 몇몇은 젊은 여성의 사진을 봤다. 이 실험의 목적이 무엇인지 충분히 예상할 수 있으리라. 이것은 참가자들의 고정관념에 대한 취약성을 살펴보는 실험이었다. 과연 참가자들은 젊은 여성이 저자라고 생각했을 때보다 중년 남성이 저자라고 생각했을 때 논문에 더 좋은 점수를 줬을까? 그들은 실제로 중년 남성의 사진이 첨부된 논문을 더 우호적으로 평가했다. 하지만 참가자들의 기분이 좋을 때 격차는 더 컸다. 결론적으로 말하자면, 기분이 좋은 사람들이 편향의 영향을 받을 가능성이 더 크다.

기분에 따라 사람들이 얼마나 잘 속는지에 대한 연구도 진행됐다. 고든 페니쿡Gordon Pennycook 연구진은 의미 없지만 심오하게 들리는 문장에 대한 사람들의 반응을 여러 차례 연구했다.[17] 그들은 유명 인사들의 말에서 무작위로 선택한 명사와 동사를 조합해 문법적으로 옳은 문장을 만들어냈다. 예를 들어 '완전함이 무한한

2부 잡음과 인간의 마음

현상을 잠재운다' 또는 '숨겨진 의미가 독보적인 추상적인 미를 변형시킨다' 등의 문장을 만들어냈다. 이런 의미 없는 말에 동조하는 성향을 **개소리 수용성**bullshit receptivity이라 부른다. ('개소리'는 프린스턴대학교 철학 교수 해리 프랑크푸르트가 통찰이 돋보이는《개소리에 대하여》를 출판한 뒤 일종의 전문용어가 됐다. 그는 다른 유의 허언과 개소리를 구별해 냈다.)[18]

아니나 다를까, 어떤 사람들은 다른 사람들보다 개소리에 더 수용적이었다. 그들은 "진실되고 의미 있어 보이지만 실제로 멍청한 인상적인 주장"[19]에 깊은 감명을 받았다. 하지만 이렇게 잘 속는 성향은 그저 영원히 변하지 않는 기질이 작용한 결과가 아니다. 좋은 기분을 유발시키면, 사람들은 개소리를 더 잘 받아들이고 전반적으로 더 잘 속는다.[20] 다시 말해 기분이 좋으면, 사기를 감지하거나 허위 정보를 알아차리는 능력이 무뎌진다. 반대로 허위 정보에 노출된 목격자들은 기분이 나쁠 때 허위 정보를 더 잘 묵살하고 거짓 증언을 더 잘 피한다.[21]

심지어 도덕적 판단도 기분의 영향을 강하게 받는다. 한 연구에서 연구진은 실험 참가자들에게 인도교 문제[22]를 제시했다. 인도교 문제는 도덕철학의 고전적인 문제로, 제어가 안 되는 전차가 다섯 명의 사람을 향해 무서운 속도로 달려오고 있음을 가정한 사고 실험이다. 연구진은 실험 참가자들에게 자신들이 인도교에 서 있고, 그 아래로 전차가 미친 듯이 사람들을 향해 달려가고 있는 상황을 상상해보게끔 한다. 여기서 참가자들은 전차를 막기 위해서 인도교 위에 같이 서 있는 몸집 큰 남자를 밀어 다리 아래로 떨어뜨릴지 말지를 결정해야 한다. 남자를 다리 아래로 밀면 그 남자는 죽지만 다섯 명의 목숨을 구할 수 있다.

인도교 문제는 도덕적 추론의 갈등을 보여준다. 영국 철학자 제러미 벤담 하면 떠오르는 '공리주의'는 한 명을 희생시켜 다섯 명을 살리는 것이 더 낫다고 제안한다. 하지만 임마누엘 칸트 하면 떠오르는 '의무론적 윤리'는 설령 다수를 살릴 수 있더라도 누군가의 희생을 금한다. 인도교 문제에는 개인적인 감정이란 요소가 분명히 수반된다. 제어가 안 되는 전차가 달려오는 길 위로 누군가를 밀어서 떨어뜨리려면 사람들은 낯선 이에게 가하는 신체적 폭력에 대한 혐오감을 극복해야 한다. 다수를 살리기 위해 한 명을 희생시키겠다고 말하는 사람은 보통 소수에 불과하다(이 실험에서는 열 명 중 한 명 미만이 그렇게 하겠다고 답했다).

하지만 실험 참가자들이 5분 정도 짧은 영상을 보고 기분이 좋아졌을 때 이 문제에 대해서 의견을 재차 묻자, 이전보다 많은 사람들이 그 남자를 희생시키겠다고 말했다. 성서의 가르침인 '살인하지 말라'를 절대 원칙으로 삼을지, 아니면 기꺼이 한 명을 희생시켜 다섯 명을 구할지는 우리 마음속 깊은 곳의 가치에 따라 결정되어야 한다. 하지만 우리의 선택은 방금 본 동영상 클립에 좌우되는 듯하다.

'나'라는 사람이 늘 똑같은 건 아니다. 이 중요한 사실을 강조하기 위해 기분에 대한 연구들을 자세히 살펴봤다. 기분이 바뀌면, 뇌의 어느 부분에서도 변화가 나타난다(기분이 바뀐다는 것은 모두가 인지하지만, 뇌의 어떤 영역에서 변화가 나타나는지는 잘 인지하지 못한다). 복잡한 판단의 문제에 직면하면, 그 순간의 기분이 문제에 대한 접근법과 결론에 영향을 줄 수 있다. 설령 자신의 기분이 그런 영향을 미치지 않는다고 생각할 때 그리고 스스로의 답변을 자신 있게 정당화시킬 수 있을 때라도 말이다. 간략하게 말하면, 우리에게 잡음이 있다.

많은 부수적인 요인이 판단에서 상황 잡음을 유발한다. 이러한 외적 요인들이 상황 잡음을 유발하여 전문적인 판단에 영향을 주어선 안 된다. 상황 잡음을 유발하는 주요 용의자가 둘 있다. 바로 스트레스와 피로감이다. 예를 들어 1차 의료기관 방문 70만 건가량을 조사한 결과, 내과 의사들은 긴 하루가 끝나갈 무렵에 마약성 진통제인 오피오이드를 처방할 가능성이 상당히 높은 것으로 나타났다.[23] 오후 4시에 진료를 잡은 환자가 오전 9시에 진료를 받는 환자보다 더 큰 통증에 시달린다고 판단할 근거는 없다. 진료가 밀렸다는 사실이 의사의 처방에 영향을 미쳐선 안 된다. 하지만 실제로 비스테로이드성 소염진통제와 물리치료 등 다른 통증 치료의 처방에는 이와 유사한 패턴이 관측되지 않았다. 내과 의사들이 시간의 압박을 받을 경우, 심각한 부작용이 있는데도 즉효약을 선택하는 경향이 뚜렷하게 높게 나타났다. 다른 연구에 따르면 날이 저물어갈 때 내과 의사들은 항생제를 처방할 가능성이 높고,[24] 독감 예방주사를 처방할 가능성이 낮았다.[25]

심지어 날씨도 전문적인 판단에 상당한 영향을 준다. 주로 전문적인 판단은 냉난방 시설이 갖춰진 실내에서 일어난다. 그러므로 날씨의 영향은 기분에 따라 '조정'될 것이다(다시 말해서 날씨가 의사결정에 직접적으로 영향을 주진 않지만 의사결정자의 기분을 바꿀 수 있고, 이것이 의사결정자의 결정을 바꾸게 된다). 날씨가 나쁘면 기억이 개선된다는 주장이 있다.[26] 날이 더우면 더 높은 형량이 선고되고, 주식시장은 햇살이 좋은 날에 장이 좋다. 날씨의 영향이 덜 명백한 경우도 일부 있다. 우리 시몬슨Uri Simonsohn은 대학 입학 사정관들이 흐린 날에 지원자들의 학업 성적에 더 관심을 기울이고, 맑은 날에 비학업적 요인들에 더 민감하게 반응한다고 말했다. 그는 이런 연구 결과를 바탕으로 〈구름은 괴짜를 멋져 보이게 한다Clouds Make Nerds Look Good〉라는 인상 깊은 제목의 논문을 발표했다.[27]

사건이 검토되는 순서도 판단에서 무작위 변산성을 유발하는 요인이다. 사건을 검토할 때 앞선 검토 결과가 뒤에 이어지는 사건에 대한 검토 결과에 암묵적으로 영향을 줄 수 있다. 판사, 대출 담당자와 야구 심판 등 전문가들은 차례차례 사건을 검토하고 연속적으로 판단을 내린다. 그들은 이 과정에서 일종의 균형을 회복하려고 한다. 같은 방향으로 연이어 판단이 내려질 때, 정당한 이유보다 앞선 결과 때문에 반대 방향으로 판단을 내릴 가능성이 커진다. 그래서 전문적인 판단에서 오류가 (그리고 불공평이) 불가피하다. 예를 들어 앞선 두 개의 망명 신청이 승인됐을 때, 미국의 망명 판사들이 그다음 망명 신청을 승인할 가능성은 19퍼센트 낮았다. 앞선 두 건의 대출 신청이 거절된다면, 다음 사람의 대출 신청은 승인될지도 모른다. 하지만 앞선 두 건의 대출 신청이 승인되었다면, 그 사람의 대출 신청은 거절됐을 수 있다. 이런 행동에서 **도박사의 오류**가 관측된다. 도박사의 오류는 인지적 편향으로 연속적으로 같은 결과가 우연히 발생할 가능성을 과소평가하는 경향이다.[28]

2부 잡음과 인간의 마음

상황 잡음의 크기

전체 제도 잡음과 비교해서 상황 잡음의 크기는 어느 정도일까? 모든 상황에 적용되는 단 하나의 숫자는 없지만 일반적으로 통용되는 것은 있다. 상황 잡음의 크기에 대해 말하자면, 이 장에서 살펴본 상황 잡음은 판단의 수준과 패턴에서 개개인 간에 나타나는 안정적인 잡음, 즉 수준 잡음이나 패턴 잡음보다 적다.

앞서 보았듯이 가령 망명 판사가 앞선 심리에서 두 차례 연속 망명을 허가했다면, 다음 망명 신청자의 미국 망명이 승인될 가능성은 19퍼센트 하락한다. 이러한 변산성은 분명 문제가 있다. 하지만 이것은 판사들 사이에서 관측되는 변산성 앞에서는 무색해진다. 어느 마이애미 법원에서 자야 람지노갈레스Jaya Ramji-Nogales 연구진은 다른 판사들이 망명 신청자의 5퍼센트에게만 망명을 허용한 데 반해, 판사 한 명은 무려 88퍼센트에게 망명을 허용했다는 사실을 확인했다.[29] (이것은 잡음 감사의 결과가 아니라 실제 데이터다. 망명 신청자들은 달랐지만, 거의 무작위로 선정된 판사들이 그들의 망명 신청서를 검토했다. 저자들은 출신국가의 차이가 이런 차이를 유발하지 않음을 확인했다.) 이러한 차이를 고려하면 상황 잡음 때문에 망명 신청이 승인될 가능성이 19퍼센트 하락한다는 것이 그렇게 큰일처럼 다가오진 않는다.

마찬가지로 지문 감식관들과 내과 의사들은 때때로 자기 자신의 의견에 동조하지 않는다. 하지만 다른 사람들의 의견에 동조하지 않는 경우가 훨씬 더 많다. 지금까지 살펴본 모든 사례에서 전체 제도 잡음에서 상황 잡음이 차지하는 비중은 측정될 수 있다. 상황 잡음의 비중은 전체 제도 잡음에서 개인들 간에 나타나는 차이의 비중보다 작다.

달리 말하면, '나'라는 사람이 늘 똑같진 않으며, 생각보다 시간이 흐르면서 판단의 일관성이 떨어진다. 그래도 조금 안심될 만한 말을 하자면, 나는 오늘의 다른 누군가보다 어제의 나와 더 비슷한 사람이다.

상황 잡음과 내부 원인

기분, 피로감, 날씨, 시퀀스 효과sequence effect(정보 순서에 따라 결과가 달라지는 것) 등 많은 요인이 같은 사례에 대한 같은 사람의 판단에서 원하지 않는 차이를 유발할 수 있다. 판단에 영향을 주는 모든 외적 요인이 알려지고 통제되는 환경을 만들고 싶을지도 모른다. 최소한 이론상으로는 이런 환경이 상황 잡음을 줄일 수 있다. 하지만 심지어 모든 외적 요인이 통제되는 환경도 상황 잡음을 완전히 없애기에 충분하지 않을 것이다.

펜실베이니아대학교의 마이클 카하나Michael Kahana 연구진은 기억력을 연구한다. (이 책의 정의에 따르면 기억은 판단 과제가 아니라, 조건들이 엄격하게 통제되고 과제를 수행하는 과정에서 나타나는 차이가 쉽게 측정되는 인지적 과제다.) 연구진은 79명의 실험 참가자를 대상으로 기억력을 철저하게 분석하는 특별한 연구를 진행했다.[30] 참가자들은 각기 다른 날 진행된 23개의 세션에 끝까지 참여하여 실험을 완수했다. 각 세션 동안 참가자들은 24개의 단어가 적힌 목록 24개를 보고, 거기에 적혀 있던 모든 단어를 기억해내야 했다. 기억해낸 단어의 비율은 기억력이 얼마나 좋은지를 규정한다.

카하나 연구진은 실험 참가자들 사이에 나타나는 차이에는 관심이 없었다. 그보다는 각 참가자의 기억력에 나타나는 변산성의 예측 변수가 이들의 관심사였다. 실험 참가자들의 정신이 얼마나 맑은지가 결과에 영향을 미쳤을까? 전날 밤에 잠을 얼마나 잤는지가 결과에 영향을 주었을까? 실험이 진행된 시간이 변수였을까? 한 세션에서 다음 세션으로 넘어가면서 연습을 한 덕분에 결과가 향상된 것일까? 피곤하거나 지루했다면 각 세션에서 결과가 나빠졌을까? 어떤 단어 목록이 다른 목록보다 외우기 더 쉬웠다는 것일까?

이 모든 질문에 대한 답은 '그렇다'였다. 하지만 그 영향이 그렇게 크진 않았다. 모든 예측 변수가 포함된 모델은 특정한 실험 참가자의 수행 결과에서 나타난 차이의 11퍼센트만을 설명했다. 연구진은 이렇게 말했다. "예측 변수들의 영향을 제거한 뒤에도 남아 있는 변산성의 수준에 한 대 얻어맞은 기분이었다." 심지어 이렇게 엄격하게 통제된 환경에서도 무엇이 상황 잡음을 유발했는지를 정확하게 알 수 없었다.

연구진이 조사했던 모든 변수 중에서 특정 목록에 대한 실험 참가자의 수행 결과의 가장 강력한 예측 변수는 외적 요인이 아니었다. 어느 실험 참가자의 한 목록에 대한 수행 결과는 그가 앞선 과제를 얼마나 잘 수행했는지를 기준으로 가장 정확하게 예측됐다. 앞선 과제에서 좋은 결과를 냈으면, 다음 과제에서도 좋은 결과를 낼 가능성이 상대적으로 높았다. 반대로 앞선 과제의 결과가 그저 그랬다면 다음 과제에서도 그저 그런 결과가 나왔다. 목록에 따라서 수행 결과가 무작위로 나타나진 않았다. 각 세션에서 뚜렷한 외부 요인 없이 결과는 들쑥날쑥했다.

카하나 연구진의 말을 빌리면, 기억력은 대개 "기억 기능을 관장하는 내인성 신경 과정의 효율성"에 의해 결정된다. 다시 말해서 뇌 기능의 능률도에서 순간순간 변산성이 나타나는 이유가 날씨나 집중을 방해하는 요인처럼 오직 외적 요인만 있는 것은 아니다. 이것은 우리의 뇌가 기능하는 방식의 특성이기도 하다.

뇌 기능의 내재적 변산성도 판단의 질에 영향을 줄 가능성이 농후하다. 이를 통제하고 싶겠지만, 그건 불가능하다. 이러한 뇌 기능의 변산성은 상황 잡음이 완전히 제거될 수 있다고 생각하는 모든 사람을 멈칫하게 한다. 이제 자유투 라인에 선 농구선수의 사례가 처음에 생각했던 것만큼 단순하게 다가오진 않을 것이다. 선수의 근육이 같은 동작을 정확하게 수행하진 않는 것처럼 우리의 신경도 정확하게 같은 방식으로 작동하진 않는다. 우리의 마음이 잡음 측정기라면, 우리는 결코 완벽하게 잡음을 측정해낼 수 없을 것이다.

하지만 우리는 통제될 수 있는 이런 과도한 영향력을 통제하려고 노력할 수 있다. 8장에서 보겠지만, 판단이 집단적으로 내려질 때 이런 노력은 특히 중요하다.

　　　　　　　　　　　　　　　　2부 잡음과 인간의 마음

상황 잡음에 대하여 _____

"판단은 자유투와 같다. 정확하게 같은 동작을 반복하려고 아무리 노력해도, 결코 같은 동작이 나올 수 없다."

"판단은 그 순간의 기분, 앞서 검토했던 사건 그리고 심지어 날씨의 영향을 받는다. '나'라는 사람이 늘 똑같은 건 아니다."

"지금의 내가 지난주의 나와 같은 사람이 아니더라도, 나는 오늘의 다른 누군가보다 지난주의 나와 더 가깝다. 그러므로 상황 잡음이 제도 잡음의 가장 큰 원천은 아니다."

8장

집단은
잡음을 어떻게
증폭시키나

개별 판단에서 잡음은 더없이 나쁘다. 하지만 집단적 의사결정은 잡음을 좀 더 복잡하게 만든다. 집단은 무관한 요인들의 일부를 받아들이고 그에 따라 어떤 방향으로든 판단을 내릴 수 있다. 누가 먼저 말했나, 누가 마지막으로 말했나, 누가 자신 있게 말했나, 누가 검은 옷을 입고 있나, 누가 누구의 옆에 앉았나, 누가 바로 그 순간 미소 짓거나 찡그리거나 제스처를 취했나 등등 이 모든 요인이 판단에 영향을 준다. 매일같이 유사한 집단들이 서로 매우 다른 결정을 내린다. 채용, 승진, 휴무, 소통 전략, 환경 규제, 국가 안보, 대학 입학이나 신상품 출시 등을 둘러싸고 다양한 판단이 내려지는 것이다.

여기서 이 지점을 강조한다는 게 이상하게 들릴 수도 있지만, 7장에서 다수의 개인이 내린 판단을 종합하면 잡음이 줄어든다고 말했다. 하지만 집단 역학 때문에 집단이 잡음을 증폭시킬 수도 있다. '지혜로운 군중'의 판단을 종합하면 참값에 가까운 답을 얻을 수 있다. 하지만 폭군을 따르거나, 시장 거품을 팽창시키거나, 마법을 믿거나 공통의 환상에 빠져 사는 군중도 있다. 사소한 차이가 한 집단을 긍정적인 판단으로 이끌 수 있다. 그리고 사소한 차이는 본질적으로 똑같은 집단을 확실하게 부정적인 판단으로도 이끌 수 있다. 또한 이 장에서 중점적으로 살펴보겠지만 집단 구성원들의 역학 때문에 잡음 수준이 높게 나타날 수 있다. 여기서 문제는 유사한 집단들에 걸쳐 관측되는 잡음을 다루느냐 아니면 단일 집단에게서 관측되는 잡음을 다루느냐다. 어느 경우든지 중요한 사안에 대해 그 집단이 내린 단호한 판단은 무수한 가능성 가운데 그저 하나에 불과하다.

음악 다운로드로 본 잡음

예상 밖의 영역에서 집단이 잡음을 증폭시킨 증거를 찾아보자. 매슈 샐거닉Matthew Salganik 연구진은 음악 다운로드를 대상으로 대규모 연구를 진행했다.[1] 그들은 수천 명의 사람으로 구성된 대조군을 만들었다(대조군에 있는 사람들은 그럭저럭 유명한 어느 웹사이트 방문자들이었다). 대조군은 신인 밴드들의 72곡 가운데 한 곡 이상을 듣고 다운로드할 수 있었다. 〈오렌지 껍질에 갇혀서Trapped in an Orange Peel〉〈갉아 먹다Gnaw〉〈안대Eye Patch〉〈베이스볼 월록 v1 Baseball

Warlock v1〉〈핑크 공격Pink Aggression〉 등 곡 제목은 발랄했다. (〈최고의 실수Best Mistakes〉〈나는 오류다I am Error〉〈답 위의 믿음The Belief above the Answer〉〈인생의 미스터리Life's Mystery〉〈내게 행운을 빌어줘Wish Me Luck〉〈위험에서 벗어나Out of the Woods〉 등 제목이 우리의 관심사와 직접적으로 연관되는 듯한 곡도 있었다.)

대조군은 누가 어떤 곡에 대해 무슨 말을 했는지 또는 무엇을 했는지 전혀 알지 못했다. 그들은 어떤 곡이 좋았고 다운로드하고 싶은지를 독립적으로 판단했다. 한편 샐거닉 연구진은 여덟 개의 그룹을 만들어, 다른 웹사이트들을 방문하는 수천 명의 사람을 각 그룹에 무작위로 배치했다. 일종의 실험군이었다. 실험군의 경우 단 한 가지를 제외한 나머지 조건은 대조군과 똑같았다. 실험군에 속한 이들은 각각의 곡이 자기 집단 내에서 얼마나 다운로드됐는지 알 수 있었다. 예를 들어 〈최고의 실수〉가 어느 그룹에서 매우 인기 있었다면 그 그룹 구성원들은 그 사실을 확인할 수 있었다. 그룹 내에서 아무도 다운로드하지 않은 곡이 있다면 그 곡이 무엇인지도 확인할 수 있었다.

이 각양각색의 그룹들은 중요한 면에서 서로 다를 바가 없었다. 그래서 이 연구는 본질적으로 여덟 번 같은 실험을 반복하는 셈이었다. 결국에는 좋은 곡들이 항상 가장 높은 순위를 차지하고 나쁜 곡들이 가장 낮은 순위를 형성했으리라고 예측할 수 있다. 그렇다면 각양각색의 그룹들이 결국엔 똑같거나 적어도 엇비슷한 순위를 만들어냈을 것이고, 그룹에 걸친 잡음이란 존재하지 않을 터였다. 실제로 샐거닉 연구진이 확인하고 싶었던 것이 정확하게 바로 이

　　　　　　　　　　　　　2부　잡음과 인간의 마음

부분이었다. 그들은 잡음의 특정한 동인을 실험하고 있었다. 바로 **사회적 영향** 말이다.

결과적으로 그룹마다 인기곡 순위는 제각각이었다. 그룹을 가로지르는 상당한 잡음이 존재했던 것이다. 어느 그룹에서 〈최고의 실수〉는 대단히 인기 있었지만, 〈나는 오류다〉는 완전 실패했다. 다른 그룹에서는 〈나는 오류다〉가 상당히 사랑을 받았고 〈최고의 실수〉는 완전 실패작이었다. 어떤 곡이 초반에 인기를 얻어 덕을 봤다면, 그 곡은 정말로 높은 순위를 차지했을 것이다. 그런 덕을 보지 못했다면, 결과는 매우 달랐을 것이다.

확실히 (대조군이 선정했던 것과 마찬가지로) 최악의 곡들은 높은 순위에 오르지 못했고, 최고의 곡들이 가장 낮은 순위로 하락하는 일은 없었다. 하지만 그 밖에는 거의 모든 경우가 가능했다. 연구진이 강조했듯, "사회적 영향을 받는 환경에서 성공의 수준은 독립된 환경에서보다 더 예측하기 어려웠다." 간단히 말해 사회적 영향은 여러 집단들 간에 상당한 잡음을 낳는다. 생각해보면 개별 그룹에도 잡음이 존재했다는 것을 알 수 있는데, 어떤 곡에 대한 우호적이거나 비우호적인 평가는 그 곡이 일찍이 인기가 있었느냐 없었느냐에 따라 쉽게 달라질 수 있었다.

샐거닉 연구진이 나중에 설명했듯이, 인기는 자기강화를 하기 때문에 그룹의 결과는 꽤나 쉽게 조작될 수 있다.[2] 다소 교묘한 후속 실험에서 연구진은 대조군의 순위를 뒤집었다(다시 말해서 그들은 어느 곡이 얼마나 인기 있는지에 대해 거짓말을 했다). 이 말은 곧 사람들이 가장 인기 없는 곡을 가장 인기 있는 곡으로, 또 가장 인기 있는 곡을 가장 인기 없는 곡으로 여기게 됐다는 뜻이다. 그러고 나서 연구진은 그들의 반응을 살폈다. 비인기곡들 가운데 대부분이 꽤 많은 인기를 얻었고, 인기곡들 대부분이 큰 인기를 얻지 못했다. 아주 큰 규모의 그룹에서는 인기곡이나 비인기곡이나 별반 차이가 없었다. 어느 곡이 인기 있는지에 대해 연구진이 잘못된 정보를 제공했을 때에도 말이다. 한 가지 예외가 있다면 대조군에서 가장 인기 있었던 곡이 시간이 지나면서 인기를 얻어갔다는 것인데, 이는 곧 일부러 순위를 뒤집어놨을지언정 결국 최고의 곡은 낮은 순위에만 머무르진 않음을 의미한다. 하지만 대체로 뒤집힌 순위는 최종 순위를 결정하는 데 도움을 줬다.

그렇다면 이런 연구가 일반적으로 그룹 판단과 무슨 관계가 있을까? 열 명으로 구성된 작은 그룹이 새롭고 대담한 이니셔티브를 채택할지 말지를 결정 중이라고 가정하자. 만약 이니셔티브 지지자 한두 명이 먼저 발언한다면, 그들은 그룹의 결정을 자신들에게 유리한 방향으로 끌고 갈 수 있을 것이다. 새로운 이니셔티브에 대해 회의적인 사람이 먼저 발언을 할 때도 마찬가지다. 사람들이 다른 사람의 의견에 영향을 받는다면, 적어도 이런 일이 일어날 수 있다. 정말이다. 이런 이유로 비슷한 그룹에서 누가 먼저 발언했느냐, 음악 다운로드에 상응하는 행위를 했느냐에 따라 완전히 다른 판단이 내려질 수 있다. 〈최고의 실수〉와 〈나는 오류다〉의 인기는 모든 종류의 전문적인 판단과 밀접하게 닮아 있다. 그룹이 곡의 인기 순위와 유사한 어떤 이야기, 가령 그 대담한 이니셔티브의 열렬한 지지자의 옹호 발언을 듣지 않았다면, 새로운 이니셔티브는 성과를

2부 잡음과 인간의 마음

거두지 못했을 것이다. 단지 그 이니셔티브를 지지하는 사람들이 의견을 들려주지 않았다는 단순한 이유 때문에 이런 결과가 나올 수도 있는 것이다.

댓글 추천의 이면

이런 해석에 회의적인 사람들이라면 '음악 다운로드 사례는 특이한, 적어도 차별화되는 사례이므로 다른 집단의 판단을 설명해줄 수 없다'고 여길지 모른다. 하지만 다른 여러 분야에서도 이 같은 현상이 관측됐다.[3] 가령 영국 내 국민투표 안건의 인기를 생각해보자. 지지할지 말지를 결정할 때 사람들은 모든 점을 고려하여 그 안건이 좋은 아이디어인지를 판단해야 한다. 여기서 샐거닉 연구진이 관측했던 현상과 유사한 패턴이 발견된다. 초반의 인기는 자기강화적이다. 만약 어떤 안건이 첫날 지지를 거의 얻지 못했다면, 그 안건은 끝내 국민투표를 통과하지 못할 것이다. 음악에서처럼 정치에서도 많은 것이 사회적 영향에 좌우된다. 특히 남들이 그것을 지지하느냐 거부하느냐에 따라서 사람들의 판단이 달라진다.

음악 다운로드 실험을 기반으로 코넬대학교 사회학자인 마이클 메이시Michael Macy 연구진은 다른 사람들의 뚜렷한 관점이 민주당 지지자들 사이에서 어떤 정치적인 관점을 인기 있는 것으로 만들고 공화당 지지자들 사이에서는 인기 없는 것으로 만들 수 있는지, 또 그 반대의 경우도 가능한지 연구했다.[4] 누군가의 뚜렷한 관점은 정치적인 관점에 대한 지지 여부에 영향을 미쳤다. 만약 어느 온라인 그룹에 속한 민주당 지지자들이 특정 관점이 처음부터 지지자들 사이에서 인기를 얻고 있다는 사실을 확인하면, 그들 역시 그 관점을 지지할 것이다. 그리고 결국에는 관련 있는 그룹에 속한 대부분의 민주당 지지자들도 그 관점에 찬성하게 될 것이다. 하지만 다른 온라인 그룹의 민주당 지지자들이 똑같은 관점이 처음부터 공화당 지지자들 사이에서 인기를 얻고 있음을 확인했다면, 그들은 그 관점을 거부하고 결국엔 관련 있는 그룹에 속한 대부분의 민주당 지지자들도 그 관점을 거부할 것이다. 공화당 지지자들도 유사하게 행동했다. 요컨대 정치적인 관점은 초기 인기에 따라 궁극적인 운명이 결정된다는 점에서 음악 다운로드 실험에서의 음악과 같다. 연구진이 말했듯이, "앞서 움직이는 소수의 행동가들의 우연한 변산성"은 거대한 군중을 움직이는 데 중대한 영향을 미칠 수 있다. 그리고 공화당 지지자들과 민주당 지지자들 모두 사실상 서로와 전혀 상관없는 관점들을 포용하도록 만드는 데도 중대한 영향을 미칠 수 있다.

혹은 그룹 결정과 직접적으로 관련 있는 질문에 대해 생각해보자. 사람들은 웹사이트의 댓글을 어떻게 판단할까? 예루살렘 히브리대학교 교수인 레브 무치니크Lev Muchnik 연구진은 다양한 이야기가 게시되고 사람들이 자유롭게 댓글을 다는 어느 웹사이트를 대상으로 실험을 진행했다.[5] 이 웹사이트에서는 투표를 통해 게시글 순위가 결정됐다. 연구진은 기계적이고 인위적으로 특정 댓글에 추천 버튼을 눌렀는데, 이건 해당 댓글이 받은 첫 번째 추천이었다.

수백 명 또는 수천 명의 사람들이 웹사이트를 방문하여 게시글에 추천이나 비추천이 달리면, 첫 번째 추천은 중요하지 않을 거라고 생각할지도 모른다. 이것은 합리적이긴 해도 틀린 생각이다. 추천이 달리자(이것은 완전히 인위적으로 누른 것이었다), 다음 사람이 그 댓글에 추천을 누를 가능성이 35퍼센트 증가했다. 놀랍게도 이런 효과는 시간이 지나도 지속됐다. 5개월 뒤에 인위적으로 추천을 눌렀던 댓글의 순위가 평균 25퍼센트 상승했다. 여기서 댓글에 최초로 달린 추천의 효과가 잡음의 원인이다. 추천 버튼을 누른 이유가 무엇이든지 간에, 이것이 댓글의 전반적인 인기에 상당한 변화를 낳을 수 있다.

이 연구는 그룹의 의견이 어떻게 바뀌고 왜 잡음이 존재하는지에 대한 단서를 제공한다(다시 한 번 말하지만 비슷한 그룹들이 서로 매우 다른 판단을 내릴 수 있고, 단일 그룹이 수많은 가능성 가운데 그저 하나일 뿐인 판단을 내릴 수 있다). 구성원들은 동의, 중립 또는 반대를 보여주면서 기능적으로 첫 번째 추천(또는 비추천)에 상응하는 무언가를 한다. 어떤 그룹에서 한 명이 즉시 찬성을 나타내면, 나머지는 그처럼 찬성할 이유를 갖게 된다. 그룹이 어떤 제품, 사람, 운동 그리고 아이디어를 지지한다면, 이는 그 제품 등에 내재한 장점 때문이 아니라 '첫 번째 추천'과 기능적으로 같은 효과를 내는 무언가 때문이다. 물론 무치니크의 연구는 대규모 그룹을 대상으로 진행됐다. 하지만 소규모 그룹에서도 같은 현상이 나타날 수 있다. 실제로 작은 그룹에서는 그 효과가 더 극적이다. 왜냐하면 첫 번째 추천, 다시 말해서 어떤 계획이나 제품, 의견에 대한 우호적인 첫 번째 평가가 그들에게 큰 영향을 미치기 때문이다.

이와 관련된 지점이 있다. 앞서 우리는 군중의 지혜를 살펴봤다. 큰 그룹에 속한 사람들에게 질문을 할 경우, 그들의 답을 종합해서 평균을 내면 참값에 근접한 결과를 얻게 될 것이다. 판단을 종합하는 것은 잡음과 오류를 줄이는 훌륭한 방법이 될 수 있다. 하지만 사람들이 다른 사람의 판단을 듣는다면 무슨 일이 일어날까? 다른 사람의 판단을 듣는 것이 판단을 개선하는 데 도움이 될 것이라고 생각할 수도 있다. 결국에 사람들은 서로서로 배우고, 그 배움을 통해 무엇이 옳은지 파악할 수 있다. 서로 알고 있는 것과 생각하는 것을 공유하는 유연한 환경에서 그룹은 더 좋은 판단을 내릴 수 있다. 하지만 군중의 지혜에는 독립성이라는 전제 조건이 붙는다. 만약 사람들이 스스로 판단을 내리지 않고 남들의 생각에 의존한다면, 군중은 그렇게 지혜롭지 않을지도 모른다.

이 연구는 이러한 문제를 정확하게 노출시켰다.[6] 어느 도시의 범죄율, 특정 기간에 걸친 인구 증가율, 국경의 길이 등 간단한 예측 과제에서 군중은 독자적으로 자기 견해를 밝히는 동안엔 정말로 현명했다. 하지만 다른 이들의 추정값, 가령 열두 명의 평균값을 알게 된 경우 군중은 더 나쁜 결과를 도출했다. 연구진의 말을 빌리자면 사회적 영향은 "집단적 오류를 줄이지 않고 그룹 다양성"을 줄이기 때문에 문제가 된다. 아이러니한 점은, 여러 독자적인 의견이 적절히 종합되면 놀라울 정도로 정확한 값이 되는 반면에, 약간의 사회적 영향은 군중의 지혜를 약화시키는 일종의 선동 효과를 낳을 수 있다는 것이다.

폭포 효과

우리가 다루고 있는 몇몇 연구에는 **정보의 폭포**informational cascades 가 존재한다. 다시 말해 정보가 폭포처럼 쏟아져 내린다는 것이다. 이런 정보의 폭포는 만연하다. 그것들은 정재계 등 많은 영역에서 유사한 그룹들이 여러 갈래로 나뉘어 판단을 내리는 이유, 작은 변화가 엄청나게 다른 결과를 낳고 잡음마저 유발하는 이유를 설명하는 데 도움이 된다. 우리는 실제로 일어난 사건을 역사로 간주한다. 많은 그룹과 그룹 결정에 관해선 무수하게 많은 가능성들이 존재하고 그중에서 오직 한 가지만이 실현될 뿐이다.

정보의 폭포가 어떻게 작동하는지 알아보자. 여기 커다란 회의실에 열 명의 사람이 있다. 그들은 중요한 자리에 누구를 앉힐지 논의하고 있다. 유력한 후보자는 세 명이다. 그들을 토머스, 샘, 줄리라고 하자. 열 명의 사람이 연달아 차례대로 자기 생각을 밝힌다. 회의실에 있는 모든 사람이 다른 이들의 판단을 경청한다. 아서가 제일 먼저 발언한다. 그는 토머스가 적임자라고 말한다. 바버라는 이제 아서의 판단을 알고 있다. 바버라 자신도 토머스가 적임자라고 생각한다면 아서와 의견을 같이할 것이다. 하지만 바버라는 누가 적임자인지 결정을 내리지 못했다고 가정해보자. 이때 바버라가 아서를 신뢰한다면, 단순하게 아서의 의견에 동의하고 토머스가 적임자라고 말할 것이다. 바버라는 아서를 충분히 신뢰하기 때문에 그의 판단 역시 지지한다.

이제 세 번째로 찰스의 의견을 들어보자. 아서와 바버라 모두 토머스를 채용하고 싶다고 말했다. 하지만 찰스는 자신만의 생각이 있다. 찰스는 제한적인 정보를 근거로 토머스는 그 자리에 적합하지 않고 줄리가 적임자란 결론을 내린다. 찰스가 그런 생각을 갖고 있더라도 그는 자기 생각을 무시하고 단순히 아서와 바버라의 의견을 따를 수도 있다. 찰스는 아서와 바버라가 지지한다는 사실이 토머스가 적임자임을 보여주는 증거라고 생각할지도 모른다.

앞서 발언한 사람들이 가진 정보보다 자기가 가진 정보가 더 낫다고 생각하지 않는다면 데이비드 역시 앞 사람들 의견을 따를 것이다. 만약 그렇게 할 경우 데이비드는 정보의 폭포 안에 있는 것이다. 아서, 바버라, 찰스가 틀렸다는 강력한 근거가 있다면, 데이비드는 그들의 판단에 저항하고 다른 판단을 내릴 것이다. 하지만 이런 근거가 없다면, 데이비드는 앞선 세 사람과 의견을 같이할 것이다.

토머스에 대해서 찰스나 데이비드는 아서나 바버라가 인지하지 못한 정보나 통찰력을 갖고 있을지도 모른다(다른 후보들에 대해서도 마찬가지다). 그런 정보나 통찰력이 공유된다면, 이 개인적인 정보는 아서나 바버라의 생각을 바꿀 수도 있다. 만약 찰스와 데이비드가 첫 번째로 발언했다면, 그들은 후보자들에 대한 자신들의 의견을 밝히는 것은 물론, 다른 사람들의 생각까지 바꿀 만한 정보도 제공했을지 모른다. 하지만 그들이 마지막으로 발언했기 때문에 그들이 가진 정보는 그저 개인적인 것으로 남게 된다.

이제 에리카, 프랭크, 조지가 자기 생각을 말할 차례다. 앞서 아서, 바버라, 찰스, 데이비드가 토머스를 적임자로 꼽았다면, 에리카, 프랭크, 조지는 다른 후보를 적임자로 여길 이유가 충분하더라도

2부 잡음과 인간의 마음

앞선 이들의 의견을 따를 것이다. 물론 앞선 이들의 의견이 명백하게 틀렸다면 뒤의 세 사람은 토머스로 여론이 모아지는 데 이의를 제기할 것이다. 하지만 앞선 이들의 의견이 명백하게 틀렸다고 보는 그들의 판단이 확실치 않다면 어떨까? 이 사례에 숨은 교묘한 장치는 아서가 내린 첫 판단이 다른 사람들을 정보의 폭포로 이끄는 시발점이란 것이다. 아서는 토머스가 적임자라는 데 대한 그룹의 만장일치를 이끌어냈다. 아서의 의견을 지지했던 사람들 가운데 몇몇은 실제로 아무 생각이 없었고, 다른 몇몇은 토머스를 적임자로 여기지 않는데도 말이다.

물론 이 사례는 매우 인위적이다. 하지만 온갖 그룹에서 이 같은 일이 항상 벌어진다. 사람들은 서로서로 영향을 주고받는다. 초반에 발언한 이들이 뭔가를 좋아하거나 뭔가를 하고 싶어 하는 듯 보인다면, 다른 이들도 그 의견을 따르게 된다. 적어도 초기 발언자들을 불신할 이유가 없고 그들이 틀렸다고 생각할 충분한 이유가 없다면 그렇게 할 것이다.

여기서 핵심은 정보의 폭포가 그룹 안에 잡음을 유발할 수 있다는 것이다. 방금 살펴본 가상 사례에서 아서는 첫 번째로 발언하며 토머스를 지지했다. 하지만 바버라가 첫 번째로 발언한 사람이고 샘을 지지했다고 생각해보자. 또는 아서가 살짝 다르게 생각해 줄리를 지지했다고 가정해보자. 이런 경우에 우리는 그룹이 샘이나 줄리를 적임자로 선택했을 것이라고 충분히 추정할 수 있다. 그 두 사람이 더 낫기 때문이 아니라 정보의 폭포가 이렇게 움직이기 때문이다. 이것이 음악 다운로드 실험의 핵심적인 발견이다(음악 다운로드 실험과 유사한 실험들의 경우도 마찬가지다).

사람들이 정보의 폭포에 뛰어드는 것을 꼭 비이성적인 행위로 볼 수는 없다. 사람들이 누구를 채용할지 확신하지 못한다면, 다른 사람들의 의견을 따르는 것이 현명한 선택일 수 있다. 같은 의견을 공유하는 사람들이 많아질수록, 그들에게 편승하는 것 역시 더 현명한 선택이 될 수 있다. 그런데도 여기에는 두 가지 문제가 있다. 첫째, 사람들은 그룹 내 대부분의 사람들도 정보의 폭포 안에 있고, 독자적인 판단을 내리지 않을 가능성을 간과하는 경향이 있다. 세 명, 열 명 또는 스무 명이 어떤 결론을 공유하는 것을 볼 때, 우리는 모두가 단지 앞선 이들을 따라가고 있을 뿐이라며 그들을 과소평가할지도 모른다. 혹은 그들이 공유하는 결론이 집단적인 지혜를 나타낸다고 생각할 수도 있다. 그 결론이 처음 몇 사람의 의견을 반영하는 것일지라도 말이다. 둘째, 정보의 폭포는 그룹을 완전히 잘못된 방향으로 이끌 수 있다. 결국에 아서가 토머스에 대해서 틀렸을 수도 있는 것이다.

물론 그룹 구성원들이 서로에게 휘둘리는 까닭이 정보 때문만은 아니다. 회사나 정부에서 사람들이 침묵하는 것은 남들 눈에 불편한 사람, 반항적인 사람, 둔감하거나 멍청한 사람으로 비치지 않고자 함일지 모른다. 그들은 팀 플레이어가 되고 싶어 한다. 그래서 남들의 관점과 행동을 따르는 것이다. 사람들은 무엇이 옳은지 (또는 무엇이 아마도 옳을지) 스스로 안다고 여기면서도, 그룹의 총애를 받기 위해 그룹의 명백한 합의 사항이나 앞선 발언자들의 의견을 따라간다.

2부 잡음과 인간의 마음

앞서 살펴본 사례는 사소하게 변형을 해도 결국 같은 방향으로 진행될 수 있다. 사람들이 서로서로 토머스의 장점을 공유해갔기 때문이 아니라, 그들 스스로가 무례하거나 어리석은 사람으로 보이고 싶지 않았기 때문이다. 일찍이 토머스를 우호적으로 바라본 아서의 판단이 일종의 밴드왜건 효과를 낳았고, 단지 다른 모두가 토머스를 선호했기 때문에 결국 에리카, 프랭크, 조지에게도 강한 사회적 압박이 부과됐다. 정보의 폭포처럼 사회적 압박도 흘러내린다. 따라서 사람들이 자기보다 먼저 발언한 이들의 확신을 과장해서 받아들이는 것도 무리가 아니다. 만약 사람들이 토머스를 지지한다면, 그들은 토머스를 선호하기 때문이 아니라 초기 발언자나 강력한 누군가가 지지했기 때문에 토머스를 지지하는 것인지도 모른다. 그럼에도 그룹 구성원들은 다른 구성원들의 합의에 자기 의견을 보태고, 결국 사회적 압박 수준을 높인다. 이것은 비즈니스나 정치에서 흔히 일어나는 현상이다. 그래서 상당히 잘못된 판단에 대해 확신을 갖고 만장일치로 지지하는 일이 일어날 수 있는 것이다.

그룹에서 사회적 영향도 잡음을 유발한다. 누군가가 사업 방향의 큰 변화를 지지하는 발언으로 회의를 시작한다면, 그는 사람들에게 변화에 합의하기 위해 이 회의를 하는 것이란 신호를 줄 수 있다. 그리하여 회의의 합의는 확신이 아닌 사회적 압박의 산물이 될지도 모른다. 만약 누군가가 다른 의견으로 회의를 시작했다거나, 초기 발언자가 자기 의견을 드러내지 않기로 결심했다면, 그 회의는 변화에 대해 만장일치가 나왔던 것과 같은 이유로 완전히 다른 방향으로 흘러갔을지도 모른다. 서로 아주 비슷한 그룹들이 사회적 압박 때문에 결국 완전히 다른 결론에 이를 수 있다.

집단 극화

미국 등 여러 나라에서 형사사건은 대개 배심원 평결을 받는다(많은 민사사건도 마찬가지다). 사람들은 숙의 과정을 거친 배심원단의 결정이 배심원 개개인의 결정보다 더 현명한 것이길 바란다. 하지만 연구 결과, 잡음의 원천이 되는 뚜렷한 사회적 압박이 배심원 제도에서 확인됐다. 그것이 바로 **집단 극화**group polarization다. 집단 극화란 사람들이 서로 대화하면서 본래 성향보다 더 극단적인 결론을 내리는 경향을 말한다. 예를 들어 일곱 명으로 구성된 그룹에서 대부분이 파리에 사무실을 여는 것이 꽤 좋은 아이디어라고 생각한다면, 토의를 거쳐 그 그룹은 파리에 사무실을 여는 것이 기가 막힌 아이디어라는 결론을 내릴 수 있다. 내부 토의는 확신과 결속 및 극단주의를 강화시키고, 이를 강화된 열정으로 간주한다. 집단 극화는 배심원단에서만 나타나는 현상이 아니다. 전문적인 판단을 내리는 팀 역시 곧잘 극단으로 치닫곤 한다.

우리는 일련의 실험을 통해, 제조물 책임 관련 사건에서 징벌적 손해배상을 부여한 배심원들의 평결을 연구했다. 각 배심원의 결정은 손해배상액으로 나타나며, 이것은 해당 회사에 책임을 묻고 다른 회사엔 본보기가 된다. (15장에서 이 연구들을 자세히 살펴볼 것이다.) 여기서는 이 장의 목적에 맞게, 실제 배심원단의 숙의 과정과 '통계적 배심원단'을 비교한 실험을 살펴보려 한다.[7] 먼저 우리는 실험 참가자 899명에게 단편적인 사건들을 보여주고 독립적인 판단을 내리도록 했다. 참가자들이 자신의 분노 수준과 처벌 의향을 7단계로 나타내고, 손해배상액을 달러로 표현하게끔 한 것이다. 그런 다음 우리는 컴퓨터를 활용해 각각의 응답을 이용하여 수백만의 통계적 배심원단을 구성했다. 다시 말해서 (무작위로 구성된) 여섯 명의 배심원으로 구성된 가상의 배심원단을 만들었다. 그리고 우리는 여섯 명의 배심원이 내린 판단의 중간값을 각 통계적 배심원단의 평결로 간주했다.

우리는 통계적 배심원단의 판단이 훨씬 더 일관적임을 확인했다. 잡음이 상당히 줄어들었다. 낮은 잡음은 통계적 집합의 기계적 효과였다. 쉽게 말해서, 독립적인 개별 판단에 존재하는 잡음은 그 개별 판단의 평균을 내면 줄어든다.

하지만 실제 배심원단은 통계적 배심원단이 아니다. 실제 배심원단은 직접 만나서 사건에 대해 의견을 나누고 토의한다. 여기서 실제로 숙의 과정을 거치는 배심원단이 결국엔 독립적인 개별 판단의 중간값에 해당하는 평결을 내리는지 충분히 궁금할 수 있다. 이를 확인하기 위해 첫 번째 실험에 이어 후속 실험이 진행됐다. 후속 실험은 배심원 자격을 갖춘 3,000명 이상의 시민들과 500개 이상의 6인 배심원단을 대상으로 진행됐다.[8]

결과는 단순명료했다. 같은 사건에 대해서 숙의 과정을 거치는 배심원들이 내린 평결이 통계적 배심원들의 평결보다 잡음 수준이 높았다. 사회적 압박으로 유발된 잡음이었다. 숙의 과정은 잡음을 높이는 효과를 갖고 있었다. 이 외에도 흥미로운 사실이 하나 더 발견됐다. 6인 배심원단에서 중간값에 해당하는 판단을 내린 배심원은 적당히 분노하고 관대한 처벌을 선호했을 때, 숙의 과정을 거친 배심원단의 평결은 일반적으로 더 관대했다. 반대로 6인 배심원단에서 중간이 되는 배심원이 매우 분노하고 가혹한 처벌을 내릴 의사를 표했을 때, 숙의 과정의 배심원단은 일반적으로 더 분노했고 더 가혹한 처벌을 내렸다. 이 분노를 손해배상액으로 표현했을 때, 숙의 과정의 6인 배심원단에게서 배심원단의 중간이 되는 배심원의 손해배상액보다 더 높은 수준으로 결정하는 경향이 조직적으로 나타났다. 실제로 배심원단의 27퍼센트가 가장 가혹한 배심원이 제시한 손해배상액과 같거나 훨씬 높은 손해배상액을 최종 결정했다. 숙의 과정의 배심원단은 통계적 배심원단보다 잡음 수준이 더 높을 뿐 아니라 구성원들의 의견도 과장했다.

집단 극화의 기본 개념을 다시 떠올려보자. 앞서 사람들은 서로 대화를 나눈 뒤에 자신의 본래 의도보다 더 극단적인 결론을 내리는 경향이 있다고 했다. 우리의 실험 결과도 마찬가지였다. 숙의 과정의 배심원단은 (배심원단의 중간이 되는 배심원이 관대할 때) 더 관대한 결론을 내리고 (배심원단의 중간이 되는 배심원이 가혹할 때) 더 가혹한 결론을 내린다. 마찬가지로 손해배상액을 부과하는 배심원단은 배심원단의 중간이 되는 배심원이 제시한 금액보다 높은 손해배상액을 결정한다. 집단 극화에 관한 설명은 정보의 폭포에 관한 설명과 유사하다. 정보는 중요한 역할을 한다. 구성원 대부분이 가혹한 처벌을 선호한다면, 그 그룹은 가혹한 처벌을 옹호하는 의견을 많이 들고 반대 의견을 적게 들을 것이다. 그룹 구성원들이 서로서로 의견을 듣는다면, 그들의 생각은 그룹의 지배적인 경향 쪽으로 기울게 된다. 그 결과 그 그룹의 결속력은 강화되고, 자신감은 높아지며, 극단주의는 심화된다. 그리고 사람들이 그룹 내 자신의 평판에 신경을 쓴다면, 그들의 생각 역시 그룹의 우세한 경향 쪽으로 움직이게 될 것이다. 여기서 집단 극화가 일어난다.

물론 집단 극화는 오류를 만들어낸다. 그리고 집단 극화로 오류는 자주 발생한다. 하지만 이 책은 변산성을 집중적으로 살핀다. 지금까지 살펴봤듯이, 판단의 종합은 잡음을 줄일 것이다. 그리하여 집단의 판단은 점점 더 좋아진다. 이것이 통계적 배심원단이 배심원 개인보다 잡음이 덜한 판단을 내릴 수 있는 이유다. 동시에 숙의 과정의 배심원단은 통계적 배심원단보다 잡음이 많은 판단을 내린다는 사실이 확인됐다. 비슷한 상황에 처한 집단이 다른 판단을 내린다면, 집단 극화가 주된 이유인 경우가 많다. 그리고 그 결과로 매우 큰 잡음이 발생할 수 있다.

기업이나 정부 등 어느 곳에서든, 정보의 폭포와 집단 극화가 동일한 문제를 놓고 고민하는 그룹들 사이에 큰 차이를 유발할 수 있다. 개별 판단에 얼마나 많은 잡음이 있을 수 있는지 이제껏 보아온 만큼, 몇 안 되는 개인(첫 번째로 발언하거나 가장 큰 영향력을 지닌 어느 개인)의 판단에 따라 결과가 달라질 수 있다는 점은 특히나 우려스럽다. 지금까지 수준 잡음과 패턴 잡음이 그룹 구성원들의 의견 차이를 더 크게 만들 수 있음을 확인했다(우리가 예상했던 것보다 더 큰 차이가 나타났다). 그리고 피로감, 기분, 비교 대상 등 상황 잡음이 첫 번째 발언자의 판단에 영향을 줄 수 있다는 사실도 확인했다. 집단 역학은 잡음을 증폭시킬 수 있다. 결과적으로 숙의 과정을 거치는 그룹은 그저 개별 판단의 평균을 구하는 통계적 그룹보다 더욱 잡음 많은 판단을 내리곤 한다.

기업과 정부에서는 가장 중요한 결정이 일종의 숙의 과정을 거쳐 내려지는 경우가 많기 때문에 이런 위험을 각별히 경계해야 한다. 조직과 리더는 개별 구성원들의 판단에 잡음이 발생하지 않도록 통제해야 한다. 또한 잡음을 증폭시키지 않고 줄일 수 있도록 숙의 그룹을 관리해야 한다. 앞으로 살펴볼 잡음 축소 전략은 이러한 목표를 달성하는 데 그 목적이 있다.

그룹 결정에 대하여

"모든 것이 초기 인기에 좌우되는 듯하다. 그러므로 신상품이 출시 첫 주에 좋은 평가를 얻어낼 수 있도록 특히 최선을 다해야 할 것이다."

"내가 항상 의심했듯이, 정치학과 경제학의 사상들은 영화배우와 많이 닮아 있다. 사람들이 다른 사람들이 그것을 좋아한다고 생각하면, 그러한 아이디어는 더 많은 인기를 얻어 널리 퍼져나간다"

"나는 팀원들이 모이면 확신에 차서 합의에 이르고 선택한 행동 방침에 완전히 전념하는 모습이 항상 우려스러웠다. 우리 내부 과정에서 뭔가 제대로 작동하지 않는 것 같다!"

예측적 판단에 나타나는 잡음

NOISE

많은 판단이 예측에 해당한다. 검증 가능한 예측은 평가도 가능하기 때문에, 우리는 이를 연구하면서 잡음과 편향에 대해 많은 것을 알아갈 수 있다. 그러므로 이번에는 예측적 판단을 집중적으로 살펴보자.

9장에서는 전문가의, 기계의, 간단한 규칙의 예측 정확도를 비교했다. 결과적으로는 전문가의 예측 정확도가 가장 낮게 나타났는데, 여러분도 썩 놀랍진 않을 것이다. 10장에서는 이런 결과가 나온 이유를 탐구하고, 인적 판단을 열등하게 하는 주요인이 바로 잡음임을 확인할 것이다.

이러한 결론에 도달하려면 예측의 질을 평가해야 한다. 또 예측의 질을 평가하려면, 예측이 결과와 얼마나 근접하게 공변co-vary하는가를 보여주는 예측 정확도의 척도가 필요하다. 예를 들어 인사부서가 일상적으로 입사 지원자들의 잠재력을 평가한다고 치자. 신입 사원들이 입사하고 몇 년이 흐른 뒤 그들의 업무 실적을 평가해보면, 그들의 잠재력에 대한 평가가 업무 실적 평가와 얼마나 근접하게 공변하는지 확인할 수 있다. 이 사례에서 예측 정확도는 채용 당시에 잠재력을 높이 평가받은 신입 사원들이 업무 실적에서도 높은 평가를 받았을 확률이 될 것이다.

이를 직관적으로 담아낸 척도가 **일치 백분율**percent concordant이다.[1] 일치 백분율은 더 구체적인 질문에 대한 답을 제공한다. 무작위로 직원 두 명을 골랐을 때, 잠재력 평가에서 높은 점수를 받았던 직원이 업무를 더 잘 수행할 확률은 얼마나 될까? 초기에 완벽하게 정확한 평가를 했다면, 일치 백분율은 아마도 100퍼센트일 것이다. 이 경우 직원 두 명의 잠재력 평가 순위가 그들의 업무 실적을 예측하는 완벽한 척도가 될 것이다. 예측이 완전히 쓸모없었다면, 잠재력 평가 순위와 업무 실적 순위는 우연히 일치한 것이다. 그리고 '잠재력이 더 높이 평가된' 직원이 오히려 업무를 잘 수행하지 못할 가능성도 있다. 이때 일치 백분율은 50퍼센트가 될 것이다. 9장에서 우리는 광범위하게 연구된 이 사례를 살펴볼 것이다. 더 간단한 사례로 성인 남성의 발 크기와 키의 일치 백분율은 71퍼센트다. 지금 눈앞에 두 사람이 있다고 가정하자. 여러분은 제일 먼저 그들의 머리를 봤고, 그다음에 그들의 발을 봤다. 여기서 발이 더 큰 사람이 키가 더 클 확률은 71퍼센트다.

일치 백분율은 즉각적으로 이해되는 공변의 척도다. 굉장히 유용한 척도이지만 사회과학자들이 활용하는 표준 척도는 아니다. 표준 척도는 두 개의 변수가 양의 상관관계를 맺고 있을 때 0과 1 사

이에서 변하는 **상관계수**다. 앞선 사례에서 키와 발 크기의 상관계수는 약 .60이다.[2]

상관계수를 살펴보는 방법은 많은데, 그중 직관적인 방법이 하나 있다. 변수 두 개의 상관관계는 변수들이 공유하는 결정 요인들의 비율이다. 예를 들어 일부 기질이 유전적으로 결정된다고 가정하자. 자매의 기질적 상관계수는 .50으로 두 사람은 유전자의 50퍼센트가 일치한다. 사촌일 경우 상관계수는 .25이고 유전자의 25퍼센트가 일치한다. 키와 발 크기의 상관계수가 .60이면, 키를 결정하는 평범한 인자들의 60퍼센트가 발 크기도 결정한다는 뜻이 된다.

지금까지 살펴본 공변의 두 가지 척도는 서로 직접적으로 연관되어 있다. 표1은 상관계수의 다양한 값의 일치 백분율을 보여준다.[3] 지금부터는 인간과 모델의 수행 능력을 논할 때 이 두 가지 척도를 항상 같이 제시할 것이다.

11장에서는 예측 정확도의 중요한 한계에 대해 살펴볼 것이다. 대부분의 판단은 이른바 **객관적인 무지** 상태에서 이뤄진다. 왜냐하면 우리는 미래를 결정하는 많은 요인을 알 수 없기 때문이다. 놀랍게도 경영자들은 대체로 이런 한계를 의식하지 못한 채 자신 있게 (혹은 실제로 지나치게 자신만만하게) 예측을 한다. 끝으로 12장에서는

표1 | 상관계수와 일치도(일치 백분율)

상관계수	일치도(일치 백분율)
.00	50%
.10	53%
.20	56%
.30	60%
.40	63%
.60	71%
.80	79%
1.00	100%

객관적인 무지가 사건을 예측하는 우리의 능력만이 아니라 사건을 이해하는 능력에도 영향을 미친다는 점을 살펴볼 것이다. 이 점은 잡음이 눈에 보이지 않는 이유를 이해하는 데 중요하다.

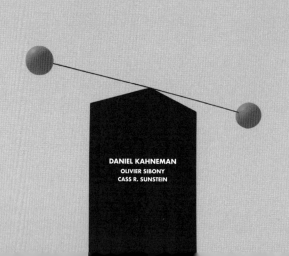

DANIEL KAHNEMAN
OLIVIER SIBONY
CASS R. SUNSTEIN

9장

판단과
모델

많은 사람이 자기와 타인의 미래 실적을 예측하는 데 관심이 있다. 따라서 실적을 예측하는 것은 예측적 판단의 유용한 사례가 된다. 가령 여기 대기업 임원 두 사람이 있다고 가정해보자. 모니카와 나탈리는 회사에 채용될 때 전문 컨설팅 회사의 평가를 받았다. 전문 컨설팅 회사는 그들에게 리더십, 의사소통 능력, 대인관계 능력, 업무 숙련도, 다음 직책에 대한 동기부여 수준이라는 다섯 가지 항목에 대해 1부터 10까지 점수를 매겼다. 이제 여러분은 그들이 채용

표2 | 두 명의 임원 후보

	리더십	의사소통 능력	대인관계 능력	업무 숙련도	동기부여 수준	당신의 예측
모니카	4	6	4	8	8	
나탈리	8	10	6	7	6	

되고 난 2년 뒤의 업무 실적을 예측하여 1부터 10까지 점수를 매겨야 한다.

이런 유형의 문제와 마주하면, 대부분의 사람들이 표를 뚫어져라 쳐다보고 순식간에 판단을 내릴 것이다. 때론 속으로 점수의 평균까지 내가면서 말이다. 여러분도 평균을 내봤다면, 나탈리가 더 강력한 후보이고 나탈리와 모니카의 점수 차이는 불과 1점이나 2점 정도라고 결론 내렸을 것이다.

판단이냐 공식이냐

이 질문에 답하기 위해 사용된 비공식적인 접근법은 일명 **임상적 판단**clinical judgment이다. 여러분은 정보를 검토하고, 재빨리 계산하고, 직관을 동원하여 판단을 내렸을 것이다. 사실상 임상적 판단은 이 책에서 '판단'이라고 불렸던 사고 과정을 말한다.

이제 실험 참가자로서 예측 과제를 수행했다고 가정하자. 모니카와 나탈리는 수백 명의 관리자 정보가 담긴 데이터베이스에서 찾아낸 인물로, 몇 년 전에 채용됐고 다섯 개의 영역에서 평가를 받은 바 있다. 여러분은 이 평가 결과를 기초 삼아 관리자들의 업무 실적을 예측한 것이다. 지금은 그들이 그간 업무를 얼마나 잘 수행했는지에 관한 실제 평가 결과가 존재한다. 그렇다면 실제 평가 결과는 그들의 잠재력에 대한 여러분의 임상적 판단과 얼마나 일치할까?

3부 예측적 판단에 나타나는 잡음

이 사례는 업무 실적을 예측하는 실제 연구[1]에 기초하고 있다. 그 연구에 참여했던 사람이라면 결과가 썩 만족스럽지 않았을 것이다. 이런 예측을 위해 국제적인 컨설팅 회사에 고용된 박사 수준의 심리학자들은 업무 실적의 평가와 .15의 상관계수를 얻어냈다 (일치 백분율=55%). 다시 말해 심리학자들이 (모니카와 나탈리의 사례에서처럼) 한 후보자를 다른 후보자보다 더 강력하다고 평가했을 때, 그들이 선호하는 후보자가 업무에서 우수한 실적을 올릴 확률은 55퍼센트였다. 솔직히 이건 그다지 인상 깊은 결과가 아니다.

아마도 잠재력 평가 결과가 예측에는 쓸모없었기 때문에 정확도가 낮았다고 생각할 수 있다. 그렇다면 후보자들의 잠재력 평가엔 실제로 얼마나 쓸모 있는 예측적 정보가 포함되어 있을까? 또 그런 정보들이 어떻게 결합되어야 업무 실적과 최대한 높은 상관관계를 지닌 예측적 판단이 나올 수 있을까?

표준 통계법이 이 질문에 대한 답을 제공한다. 최근 연구에서 최적 상관계수는 .32였다(일치 백분율=60%). 이것도 그다지 인상적인 결과는 아니지만 임상적 예측의 상관계수보다는 훨씬 높다.

다중회귀multiple regression라 불리는 이 기법은 예측 변수의 가중 평균치[2]인 예측 점수를 도출한다. 이 기법은 추정값과 목표 변수의 상관계수를 극대화하기 위해 선택된 최적의 가중치들을 찾아낸다. 최적의 가중치는 통계학에서 최소 제곱법의 지배적인 역할의 적절한 사례인 추정값의 평균제곱 오류를 최소화한다. 예상했듯이 목표 변수와 가장 긴밀한 상관관계를 맺고 있는 예측 변수에 큰 가중치가 주어지고,[3] 쓸모없는 예측 변수의 가중치는 0이다. 가중치가 음

수일 수도 있다. 후보자가 교통 위반 벌금을 체납한 횟수는 관리자로서 성공할 가능성에 대한 예측 변수로서 아마도 음의 가중치가 될 것이다.

다중회귀의 활용은 **기계적 예측**mechanical prediction의 한 사례다. 단순한 규칙('고졸 이상 채용')부터 복잡한 인공지능 모델에 이르기까지 많은 종류의 기계적 예측이 있다. 하지만 선형회귀linear regression 모델이 가장 흔한 기계적 예측이다(선형회귀 모델은 "판단과 의사결정 연구의 주역"[4]이라 불린다). 전문 용어의 사용을 줄이고자 이 책에서는 선형회귀 모델을 **단순한 모델**이라 칭할 것이다.

우리가 모니카와 나탈리라는 가상의 인물을 중심으로 진행한 연구는 임상적 예측과 기계적 예측을 비교하는 많은 연구 가운데 하나였다. 이런 연구들은 다음과 같은 간단한 구조를 공유한다.[5]

- (예를 들어 후보자들의 등급처럼) 일련의 **예측 변수들**이 (그들의 직무 수행 평가처럼) 목표 결과를 예측하는 데 사용된다.
- 인간은 **임상적 예측**을 한다.
- (다중회귀 등) 공식은 같은 결과의 **기계적 예측**을 도출하기 위해 동일한 예측 변수들을 사용한다.
- 임상적 예측과 기계적 예측의 전반적인 정확도를 비교한다.

3부 예측적 판단에 나타나는 잡음

밀: 최적의 모델은 인간을 뛰어넘는다

사람들은 임상적 예측과 기계적 예측의 차이점이 무엇인지 궁금해한다. 과연 공식과 비교해서 인적 판단은 얼마나 훌륭할까?

이전에도 이 질문에 대한 답을 찾으려는 연구가 진행됐다. 하지만 미네소타대학교 심리학 교수인 폴 밀Paul Meehl이 《임상적 예측 대 통계적 예측: 증거의 이론적 분석과 검토Clinical Versus Statistical Prediction: A Theoretical Analysis and a Review of the Evidence》[6]를 발표한 1954년에 이르러서야 이 질문에 많은 관심이 쏟아졌다. 밀은 학업 성과와 정신질환의 예후 같은 부문에서 임상적 판단과 기계적 예측을 비교하는 20개 연구 결과를 검토했다. 그는 단순한 공식이 일반적으로 인적 판단보다 우월하다는 결론을 내렸다. 임상학자들과 여타 전문가들은 자신들이 정보를 통합하고 분석하는 능력이 유난히 뛰어나다고 믿었다. 하지만 밀은 그들이 정보를 통합하는 능력이 애처로울 정도로 취약하다는 사실을 발견했다.

이것이 얼마나 놀라운 발견이고 잡음과 무슨 관련이 있는지 이해하려면, 간단한 기계적 예측 모델이 어떻게 움직이는지를 알아야 한다. 여기서 핵심은 같은 규칙이 모든 사건에 적용된다는 것이다. 각각의 예측 변수는 가중치를 지니고, 그 가중치는 사례에 따라 변하지 않는다. 이런 엄격한 제약이 인적 판단에 비해 기계적 예측 모델에 대단히 불리하게 작용할 것이라고 생각할 수 있다. 예를 들어 모니카와 나탈리의 사례에서, 어쩌면 여러분은 모니카의 동기부여 수준 영역과 업무 숙련도 영역의 합산 점수가 중요한 자산이 되어,

다른 영역에서 그녀가 지닌 약점을 상쇄하리라 여겼을 것이다. 또한 나탈리의 다른 강점들을 고려하면 이 두 영역에서 그녀의 약점이 심각한 문제가 되진 않으리라고도 생각했을 것이다. 여기서 여러분은 두 사람이 다른 방법으로 성공했을 것이라고 상상할 수 있다. 이 그럴듯한 임상적 추론들이 사실상 두 사례에서 같은 예측 변수들, 즉 간단한 기계적 예측 모델은 접근할 수 없는 중요한 세부 요소들에 다른 가중치를 부여한다.

단순한 모델의 또 다른 제약은 예측 변수에서 1단위 증가는 항상 같은 효과를 낸다는 것이다(2단위 증가의 효과의 절반이다). 임상적 직관은 이 법칙을 위반한다. 예를 들어 여러분은 의사소통 능력에서 10점 만점을 받은 나탈리를 인상적으로 여기고 그녀의 직무 수행 능력을 훨씬 높게 예측해 가중치를 부여할 수 있다. 이것은 단순한 모델은 하지 않을 일을 한 것이다. 가중평균공식에서 10점과 9점의 차이는 7점과 6점의 차이와 같을 것이다. 하지만 임상적 판단에서는 이런 법칙이 적용되지 않는다. 대신에 임상적 판단에는 같은 차이가 어떤 맥락에서는 중요하지 않지만 다른 맥락에서는 대단히 중대할 수 있다는 보통의 직관이 나타난다. 여러분은 이를 확인해보고 싶겠지만, 모니카와 나탈리에 대한 여러분의 판단을 정확하게 설명해낼 단순한 모델이 있을지 의문이다.

여기서 사용된 연구는 밀의 패턴을 명확히 보여준다. 임상적 예측과 업무 실적의 상관계수는 .15였지만(일치 백분율=55%), 기계적 예측과 업무 실적의 상관계수는 .32였다(일치 백분율=60%). 모니카와 나탈리 사례의 상대적 장점에서 경험했던 자신감에 대해 생각

3부 예측적 판단에 나타나는 잡음

해보자. 밀의 연구 결과에 따르면, 자신의 판단의 질에 대해서 느끼는 만족감이 얼마나 높든지 간에 그 만족감은 환상, 즉 **타당성의 환상**illusion of validity일 뿐이다.

타당성의 환상은 예측적 판단에서 항상 관측된다. 예측 과제의 두 가지 단계를 구분하지 못하기 때문이다. 다시 말해서 활용할 수 있는 증거를 근거로 사례를 판단하고 실제 결과를 예측하는 이 두 단계를 구분하지 못한 결과가 바로 타당성의 환상이다. 여러분은 두 후보자 가운데 더 **유능해 보이는** 사람을 자신 있게 판단할 수 있다. 하지만 그들 중 실제로 더 **유능한** 사람을 예측하는 것은 전혀 다른 문제다. 예를 들어 나탈리가 모니카보다 더 강력한 후보처럼 보인다고 주장하는 것은 안전하지만, 나탈리가 실제로 모니카보다 더 성공적인 임원이 될 것이라고 주장하는 것은 결코 안전하지 않다. 그 이유는 단순명료하다. 여러분은 두 후보자를 평가하기 위해서 알아야 하는 것 대부분을 알고 있지만, 미래를 내다본다는 것은 굉장히 불확실한 일이기 때문이다.

안타깝게도 이 차이는 우리 머릿속에서 흐릿해진다. 사건과 예측의 차이 때문에 혼란스럽다고 걱정할 것 없다. 모두가 이 차이를 혼란스러워한다. 하지만 사건의 평가에 자신 있는 만큼 예측에도 자신 있다고 말하는 사람은 타당성의 환상에 사로잡힌 희생양이다.

임상의라고 해서 타당성의 환상에서 자유로운 건 아니다. 일관되게 적용되는 사소한 공식이 임상적 판단보다 우수하다는 밀의 연구 결과에 대해 임상심리학자들이 어떤 반응을 보일지 상상할 수 있을 것이다. 그들의 반응은 충격, 불신 그리고 임상적 직관의 경이로운 업적들을 연구하는 척한 얄팍한 연구에 대한 경멸이 뒤섞여 있었다. 그들의 이런 반응은 쉽게 이해가 간다. 밀의 패턴은 판단의 주관적인 경험을 부정하고, 대부분의 사람들은 학자의 주장보다 자신의 경험을 더 신뢰한다.

밀 자신조차 자신의 연구 결과에 대해 양면적인 태도를 취했다. 그의 이름은 임상적 판단에 대한 통계학의 우월성과 연관되어 자주 거론됐다. 그래서 그가 인간의 통찰력에 대한 무자비한 비평가이거나 요즘 말로 하면 금융시장 분석가들의 대부라고 생각될 수 있다. 하지만 이러한 별칭들은 그가 가진 일부 특성을 지나치게 과장해서 표현한 캐리커처라 할 수 있다. 밀은 현업 정신분석가였다. 그의 사무실에는 프로이트의 사진이 걸려 있었다.[7] 그는 심리학뿐만 아니라 철학과 법학에 대해서도 강의하고 형이상학, 종교, 정치 그리고 심지어 초심리학에 대해서 논문을 발표했던 박학다식한 사람이었다.[8] (그는 심지어 '텔레파시에 뭔가 있다'고 주장했다.) 이런 특징들 중에서 그 무엇도 냉철한 통계학자의 정형화된 이미지에 맞지 않는다. 밀은 임상의들에게 악감정을 갖고 있지 않았다. 악감정과는 거리가 멀었다. 하지만 그의 말을 빌리면, 인풋을 종합적으로 분석할 때 기계적 접근법이 유리하다는 증거는 "방대하고 일관적"[9]이었다.

여기서 '방대하고 일관적이다'는 타당한 설명이다. 2000년 136개 연구를 재검토한 결과, 기계적 예측이 임상적 판단보다 더 정확한 결과를 제공한다는 사실이 분명하게 확인됐다.[10] 황달 진단, 병력 적합성, 결혼생활 만족도 등 다양한 주제에 관한 연구들이 재

3부 예측적 판단에 나타나는 잡음

검토됐다. 기계적 예측이 63개 연구에서 더 정확한 추정값을 제공했고, 65개 연구에서는 동률을 이루었고, 임상적 예측은 겨우 여덟 개의 연구에서 더 정확한 추정값을 제시했다. 하지만 이러한 결과는 기계적 예측의 장점을 과소평가한다. 기계적 예측은 임상적 판단보다 더 빠르고 비용을 줄일 수 있다. 게다가 인적 판단은 실제로 재검토된 연구의 상당수에서 부당한 혜택을 받았다. 사람들은 기계적 예측에는 제공되지 않은 '사적인' 정보에 접근할 수 있었다.[11] 여러 연구들을 재검토하여 확인된 사실들은 직설적인 결론을 지지한다. **단순한 모델이 인간을 뛰어넘는다.**

골드버그: 나를 이기는 나의 모델

밀의 발견은 중요한 질문을 던진다. 왜 공식이 인적 판단보다 더 우월한 것일까? 어떤 부분에서 공식이 더 우월한 것일까? 더 정확하게 말하자면, 인간이 공식보다 못한 게 뭘까? 아무튼 질문에 대한 답은 '사람들은 여러모로 통계적 모델보다 열등하다'이다. 인간이 가진 치명적인 약점들 가운데 하나가 바로 잡음이다.

이러한 결론을 뒷받침하는 단순한 모델에 대한 또 다른 연구가 있다. 이 연구는 오리건주 유진에서 시작됐다. 폴 호프먼Paul Hoffman은 부유하고 선견지명이 있는 심리학자였다. 그는 심리학계에 불만이 있었다. 직접 심리학 연구소를 설립해 유능한 학자들과 함께 인적 판단에 관한 연구를 진행했다. 그의 활동 덕분에 유진은 인적 판단 분야에서 세계적으로 유명한 곳이 됐다.

인적 판단을 연구하고자 많은 연구원이 유진으로 달려왔는데, 그중 한 명이 루이스 골드버그Lewis Goldberg였다. 그는 성격의 빅 파이브 모델을 개발하는 데 주요한 역할을 한 것으로 유명하다. 1960년대 후반 골드버그는 호프먼의 초기 연구에 뒤이어, 개인이 내린 판단들을 설명하는 통계적 모델을 연구했다.[12]

그런 판단 모델을 만드는 것은 현실의 모델을 개발하는 것만큼 쉽다. 우선 같은 예측 변수들이 사용된다. 앞선 사례에서 예측 변수들은 관리자의 업무 실적에 관한 다섯 개 영역에서의 점수였다. 그리고 똑같이 다중회귀가 사용된다. 유일한 차이는 목표 변수다. 공식은 실제 결과를 예측하는 것이 아니라 누군가의 판단을 예측하는 데 사용된다. 예를 들어 모니카, 나탈리 등 다른 관리자에 대한 **자신의 판단을 스스로** 예측해보는 것이다.

가중 평균으로서 판단 모델을 만들어낸다는 것이 기이하게 들릴지도 모른다. 왜냐하면 여러분은 이런 식으로 의견을 형성하지 않기 때문이다. 모니카와 나탈리에 대해 임상적으로 생각할 때, 각각의 사례에 같은 규칙이 적용되진 않았다. 실제로는 그 어떤 규칙도 적용되지 않았다. 판단 모델은 판단자가 실제로 판단을 내리는 방법에 대해서 현실적인 설명을 제공하지 않는다.

하지만 설령 선형 공식대로 계산하지 않더라도 **마치 그렇게 한 것처럼** 판단을 내릴 수 있다. 프로 당구선수들은 마치 특정 공을 쳤을 때의 가능성들을 기계적으로 분석하는 복잡한 방정식을 푸는 것처럼 행동한다. 하지만 그들은 실제로 그런 식의 행동을 전혀 하지 않

3부 예측적 판단에 나타나는 잡음

는다.[13] 마찬가지로, 실제로 추정값을 도출할 때 사람들은 훨씬 더 복잡한 작업을 수행하지만, 단순한 공식을 사용한 것처럼 추정값을 제시할 수 있다. 사람들이 무엇을 하는지를 예측하는 가정 모델as-if model은 합리적인 수준의 정확도를 지니고 있어서 유용하다. 심지어 예측 과정을 정확하게 설명해내지 못할 때조차도 가정 모델은 유용하다. 판단에 대한 연구들을 종합적으로 검토한 결과, 판단 모델과 판단자의 임상적 판단 사이에서 .80의 평균 상관계수가 도출됐다(일치 백분율=79%). 완벽함과는 거리가 멀지만, 이 상관계수는 가정 이론을 지지하기에 충분히 높다.[14]

골드버그의 연구 동인이 됐던 질문은 판단의 단순한 모델이 실제 결과를 얼마나 잘 예측하느냐였다. 단순한 모델은 판단의 순수한 근사치이기 때문에, 단순한 모델이 실제 결과에 근접한 추정값을 내놓지 못할 것이라는 합리적인 추정이 가능하다. 단순한 모델이 판단자를 대체할 때 예측의 정확도는 얼마나 하락할까?

놀랍게도 단순한 모델로 예측했을 때 정확도는 하락하지 않았다. 오히려 정확도가 향상됐다. 대부분의 경우에 단순한 모델은 전문가보다 정확도가 높은 추정값을 도출해냈다. 이른바 대용품이 원제품보다 성능이 더 좋았던 것이다.

많은 분야에서 진행된 연구들이 이 결론을 사실로 확인해주었다. 골드버그의 연구에 힘입어 등장한 어느 초창기 연구는 고등학교 졸업 가능성을 예측하는 것이었다.[15] 연구진은 98명의 실험 참가자에게 열 개의 단서를 보고 90명의 학생의 GPA 점수를 예측해달라고 했다. 연구진은 이 추정값들을 근거 삼아 실험 참가자들의 판단을 대상으로 선형 모델을 만들었고, 실험 참가자들과 판단 모델이 GPA 점수를 얼마나 정확하게 예측하는지를 비교했다. 그 결과, 98명의 실험 참가자보다 선형 모델이 더 정확한 추정값을 도출했다! 수십 년이 지나, 지난 50년간의 연구를 검토한 어느 리뷰에서는 판단 모델이 모델의 근거가 된 판단자보다 일관되게 더 정확한 추정값을 도출한다는 결론을 내렸다.[16]

실험 참가자들이 개인적으로 피드백을 받았는지는 알 수 없다. 하지만 캐리커처나 다름없는 여러분의 판단을 기초로 설계된 조악한 판단 모델이 여러분보다 더 정확한 판단을 내린다고 누군가 말해준다면 여러분은 엄청난 충격을 받을 것이다. 대부분의 사람들에게 판단 활동은 단순한 규칙이 적용되지 않기 때문에 복잡하고 다채롭고 흥미롭다. 복잡한 규칙을 만들어 적용하거나, 개별 사건을 다른 사건들과 구분하는 통찰력을 지녔거나, 간단하게 말해서 단순한 가중 평균법으로 축소될 수 없는 판단을 내릴 때, 우리는 자기 자신과 판단력에 자부심을 느낀다. 판단 모델 연구들은 중요한 세부 요소들은 대체로 쓸모없다는 밀의 결론을 보강한다. 일반적으로 복잡성과 풍부한 정보가 더 정확한 예측으로 이어지진 않는다.

왜 그럴까? 루이스 골드버그의 발견을 이해하려면, 우리는 판단자와 그를 기초로 제작한 판단 모델의 차이를 이해해야 한다. 판단자의 실제 판단들과 그것들을 예측하는 단순한 모델의 결과에서 차이는 왜 발생하는 것일까?

통계적 판단 모델은 예측 과정에서 그 어떤 정보도 추가할 수 없다. 모델은 그저 빼고 단순화할 뿐이다. 특히 여러분의 판단을 기

3부 예측적 판단에 나타나는 잡음

초로 설계된 단순한 모델이 판단자가 일관되게 준수한 복잡한 규칙을 대변하진 않는다. 판단자는 의사소통 능력에서 10점과 9점의 차이가 7점과 6점의 차이보다 더 의미 있다고 생각하거나, 모든 영역에서 7점 이상을 받은 다재다능한 후보자가 평점이 같은 장단점이 분명한 후보자보다 더 유능하다고 생각할 수 있다. 하지만 판단자의 판단을 기초로 설계된 판단 모델은 이런 복잡한 규칙을 재생산하지 않는다. 설령 판단자가 예측할 때 이런 규칙들을 일관되게 적용했다 하더라도 말이다.

이런 세부적인 요인들이 유효하다면, 판단자가 세운 세부적인 규칙을 재생산하지 못하는 판단 모델은 정확도가 상당히 떨어지는 결과를 내놓을 것이다. 예를 들어 업무 숙련도와 동기부여 수준이라는 두 가지 영역에서 점수가 다른 후보자들의 성공률을 예측한다고 가정하자. 여기서 가중 평균은 좋은 공식이 아니다. 아무리 많은 동기부여를 받았더라도 업무 기술이 심각하게 부족해서 겪을 난관을 극복하는 데는 한계가 있기 때문이다. 그 반대도 마찬가지다. 아무리 충분한 업무 기술을 갖추었어도 동기가 낮으면 업무를 수행할 때 마주한 난관을 극복하는 데 한계가 있을 수밖에 없다. 두 가지 인풋의 더 복잡한 조합을 사용한다면, 판단자의 예측 정확도는 향상되고 이러한 세부 요소들을 포착하지 못한 판단 모델보다 더 높을 것이다.[17] 반면에 복잡한 규칙은 판단자에게 타당성의 환상만을 주고 실제로 판단의 질을 훼손시킬 것이다. 일부 세부 요소들은 중요하고 타당하지만, 대부분은 그렇지 않다.

게다가 여러분의 판단을 기초로 설계한 단순한 모델에서는 여러분의 판단에서 나타나는 패턴 잡음이 발견되지 않을 것이다. 판단 모델에서는 판단자가 특정 사건에 대해서 임의적으로 반응할 때 발생하는 정의 오류와 부의 오류가 나타나지 않을 것이다. 판단 모델은 금전적인 요소를 포착하지 못할뿐더러 특정 판단을 내릴 때의 판단자의 정신 상태도 담아내지 못한다. 판단에서 나타나는 이러한 잡음 있는 오류들은 그 무엇과도 체계적인 상관관계를 맺고 있지 않을 것이다. 대부분의 경우에 이런 오류들은 무작위로 나타난 변수로 간주될 수 있다.

판단에서 잡음을 제거하면 판단자의 예측적 정확도가 향상될 것이다. 예를 들어 판단자의 예측과 결과의 상관계수가 .50이지만 (일치 백분율=67%), 판단의 변화량의 50퍼센트는 잡음으로 구성된다고 가정하자. 판단자의 판단들을 근거로 설계된 판단 모델처럼 판단자의 판단에 잡음이 없다면, 같은 결과와의 상관계수는 .71로 상승할 것이다(일치 백분율=75%). 결과적으로 기계적으로 잡음을 줄이면 예측적 판단의 타당성이 증가한다.

간단히 말해, 판단자를 기초로 설계한 판단 모델로 그 판단자를 대체하면 두 가지 일을 할 수 있다. 판단 모델은 판단자의 세부적인 요인들을 제거하고, 판단자의 패턴 잡음을 없앤다. 판단자의 판단 모델이 판단자보다 더 타당한 결정을 내린다는 것은 중요한 메시지를 전해준다. 그건 바로 인적 판단에서 미묘한 규칙들로부터 얻은 이득은 잡음의 악의적인 영향을 보완하기에 충분치 않다는 것이다. 사람들은 자신들의 판단을 기초로 만들어낸 선형 모델보다 자신들이 더 섬세하고 더 통찰력 있으며, 미묘한 요인들을 더 잘 분

3부 예측적 판단에 나타나는 잡음

석한다고 생각할 수 있다. 하지만 실제로 우리는 더 잡음 있는 판단을 내린다.

왜 예측의 복잡한 규칙들 때문에 예측 정확도가 감소하는 것일까? 그러한 규칙들이 정당한 통찰력에서 나왔는데도 왜 이런 일이 일어나는 것일까? 우선 사람들이 만들어낸 복잡한 규칙들의 대다수가 일반적으로 사실이 아닐 가능성이 있다. 하지만 다른 문제가 있다. 복잡한 규칙들이 원칙적으로 타당하다면, 그 누구도 인지하지 못하는 조건에서 적용된다. 예를 들어 다른 영역에서 그저 그런 평가를 받았더라도 놀라울 정도로 독창적인 후보자들을 채용해야 한다는 결론을 내렸다고 가정하자. 여기서 문제는 매우 독창적인 후보자들이 매우 드물다는 것이다. 독창성에 대한 평가 자체의 신뢰도가 떨어질 수 있기 때문에, 후보자들이 독창성 영역에서 운 좋게 높은 점수를 받아도 진짜 독창적인 인재는 발견되지 않을 수 있다. '독창적인 인재들'이 결국에 우수한 인재가 된다는 것을 확인시킬 수 있는 업무 실적 평가도 불완전하다. 독창성과 업무 실적의 측정에서 나타난 오류들이 예측 타당성을 희석시킬 수밖에 없다. 그리고 드문 사건들이 발견되지 않을 가능성도 있다. 진짜 중요한 세부적인 요인들을 분석하는 데서 오는 장점들은 측정 오류로 빠르게 잊힌다.

마틴 유Martin Yu와 네이선 컨슬은 루이스 골드버그의 설명보다 더 과격한 설명을 내놓았다.[18] 그들의 연구에서는 어느 회사의 임원으로 적합한 인재를 찾기 위해서 847명의 후보자들을 평가할 전문가들을 고용한 국제적인 컨설팅 회사에서 입수한 데이터가 사용됐다. 컨설팅 회사는 후보자들을 세 그룹으로 나눠 평가를 진행했다. 전문가들은 일곱 개의 영역에서 후보자들을 평가했고, 그다지 인상적이지 않은 결과는 무시하고 각 후보자의 등급을 매기기 위해 자신들의 임상적인 판단을 이용했다.

유와 컨슬은 전문가들을 **무작위** 선형 모델과 비교했다. 그들은 일곱 개의 예측 변수들에 대해 1만 세트의 무작위 가중치를 만들어냈고, 업무 실적을 예측하기 위해 이 1만의 무작위 공식[19]을 적용했다.

그 결과, 선형 모델과 판단자가 같은 정보를 근거로 예측할 때 **모든** 선형 모델이 더 정확한 추정값을 내놨다. 이는 실로 충격적인 결과였다. 세 후보자 그룹 가운데 하나에서 1만 세트의 무작위 가중치가 부여된 선형 모델의 77퍼센트가 판단자들보다 더 정확한 추정값을 제공했다. 다른 두 그룹에서는 무작위 모델의 100퍼센트가 인간보다 정확한 추정값은 도출해냈다. 직설적으로 말하면, 이 연구는 전문가보다 정확도가 떨어지는 단순한 모델을 만든다는 것은 거의 불가능하다는 사실을 입증했다.

이 연구의 결론은 판단자를 기초로 만든 판단 모델에 대한 골드버그의 결과보다 더 강력하다. 그리고 극단적인 사례다. 이 연구에서 전문가들은 절대적으로 형편없는 예측을 했다. 이것은 특별할 것 없는 선형 모델들이 전문가들보다 더 정확한 추정값을 도출해낸 이유를 설명한다. 어려운 문제를 접했을 때 기계적으로 단순한 규칙을 따르면 판단의 질을 개선할 수 있다(유와 컨슬은 이러한 적용을 "무의식적 일관성"이라 부른다). 이 사실은 임상적 예측의 타당성에 대한 잡음의 거대한 영향을 여실히 보여준다.

이제까지 많은 연구를 단숨에 훑어보면서 잡음이 임상적 판단의 정확도를 얼마나 훼손하는지 확인했다. 예측적 판단에서 전문가들은 현실을 기초로 설계된 판단 모델, 판단자를 기초로 설계된 판단 모델 심지어 임의로 만들어낸 판단 모델 등 단순한 공식에 쉽게 뒤진다. 그러므로 잡음이 없는 규칙과 알고리즘을 사용해야 한다. 다음 장에서 이에 관해 집중적으로 살펴보도록 하자.

판단과 판단 모델에 대하여

"사람들은 판단을 내릴 때 자신들이 복잡성을 포착하고 중요한 세부 요인을 면밀히 검토해낸다고 생각한다. 하지만 복잡성과 섬세함은 판단에서 대체로 쓸모가 없다. 보통 그것들은 단순한 모델의 정확도를 높이지 않는다."

"폴 밀의 책이 출간되고 60년 넘게 흐른 뒤에도 기계적인 예측이 인간의 예측보다 우월하다는 주장은 여전히 충격적이다."

"판단에는 잡음이 너무 많아서 판단자를 기초로 설계된 잡음 없는 판단 모델이 실제 판단자의 예측보다 더 정확한 예측을 내놓는다."

10장

잡음 없는
규칙

최근 몇 년간, 인간만이 처리할 수 있다고 믿었던 많은 업무가 기계로 넘어갔다. 이것은 인공지능AI, 특히 머신러닝 덕분이다. 머신러닝 알고리즘은 안면 인식, 언어 해석, 방사선 이미지 판독이 가능하다. 또한 한 번에 수천 명의 운전자에게 최적의 경로를 계산해서 알려주는 등 연산 문제도 놀라울 정도로 빠르고 정확하게 풀 수 있게됐다. 머신러닝 알고리즘은 어려운 예측 과제도 수행한다. 가령 미국 대법원이 어떤 결정을 내릴지, 어느 피고가 보석 조건을 어길지, 사회 복지사가 아동보호 대상 가정들 중 어디를 가장 시급하게 방문해야 하는지 등을 예측해낸다.

이런 사례들은 요즘 우리가 **알고리즘**이란 단어를 들었을 때 가장 먼저 떠올리게 되는 것들이다. 어느 사전 정의에 따르면, 알고리즘이란 "특히 컴퓨터가 계산이나 기타 문제를 해결하는 일종의 과정

그림11 | 규칙과 알고리즘의 네 가지 유형

| 단순한 규칙 | 부적절 선형 모델 | 선형회귀 모델 | 머신러닝 모델 |

단순함 ←——————————————→ 복잡함

이나 일련의 규칙"이다. 이 정의대로라면 9장에서 살펴본 기계적 판단의 단순한 모델과 예측 규칙도 일종의 알고리즘이 된다.

어이가 없어 웃음만 나오는 아주 단순한 규칙과 너무나 정밀해서 이해할 수 없는 기계적 알고리즘 모두 기계적인 접근이다. 이런 기계적인 접근은 인간보다 더 정확한 판단을 내릴 수 있다. 기계적인 접근에서는 잡음이 발생하지 않기 때문이다.

많은 판단 과정이 다양한 규칙을 기초로 설계된다. 이러한 과정이 어떻게 진행되는지 그리고 어떤 조건에서 가장 효과적인지를 살펴보도록 하자. 이를 위해서 9장에서 살펴본 판단 모델을 다시 살펴보자. 9장에서는 (선형회귀 모델 등) 다중회귀를 바탕으로 설계된 단순한 판단 모델을 살펴봤다. 이를 출발점으로 삼아, 10장에서는 정밀함을 기준으로 두 가지 관점에서 기계적인 판단 과정을 살펴볼 것이다. 굉장히 단순한 판단 모델부터 정밀한 판단 모델까지 차례대로 살펴보자(그림11).

단순한 모델: 탄탄하고 아름다운 예측 모델

로빈 도스Robyn Dawes는 1960년대와 1970년대 오리건주 유진에서 인적 판단을 연구했던 저명한 학자들 가운데 한 명이었다. 1974년 도스는 예측 과제를 단순화함으로써 돌파구를 마련했다. 그의 아이디어는 놀라웠고, 거의 이단에 가까웠다. 그는 각 예측 변수의 정확한 가중치를 결정하기 위해서 다중회귀를 사용하는 대신, 모든 예측 변수에 같은 가중치를 줄 것을 제안했다.

도스는 동일 가중치 공식을 **부적절 선형 모델**improper linear model이라 불렀다. 그의 놀라운 발견은 동일 가중치 모델은 '적절한proper' 회귀 모델만큼이나 정확하고 임상적 판단보다 훨씬 우월하다는 것이었다.[1]

하지만 심지어 부적절 선형 모델 지지자들도 도스의 주장이 타당하지 않다고 생각했고 "통계적 직관에 반한다"고 인정했다.[2] 그래서 도스와 그의 보조인 버나드 코리건Bernard Corrigan은 처음 자신들의 발견을 과학 저널에 발표하는 데도 애를 먹었다. 편집자들은 그들을 믿지 않았다. 9장의 모니카와 나탈리 사례를 생각해보면, 예측 변수들 중 일부가 다른 변수들보다 더 중요하다고 생각할 수 있다. 예를 들어 대부분의 사람들은 업무 숙련도보다 리더십에 더 높은 가중치를 줬을 것이다. 어떻게 단순한 비가중치 평균법이 신중한 가중치 평균법이나 전문가의 판단보다 누군가의 업무 실적을 더 잘 예측할 수 있을까?

도스가 돌파구를 마련하고 여러 해가 지난 오늘날에야, 사람들

　　　　　　　　　　　　　　3부 예측적 판단에 나타나는 잡음

은 그의 동시대인들에게 큰 놀라움을 안긴 통계적 현상을 제대로 이해하게 됐다. 이 책 초반부에서 설명했듯이, 다중회귀는 제곱 오류들을 최소화하는 '최적의' 가중치를 계산한다. 그러나 다중회귀는 **원본 데이터에서** 오류를 최소화한다. 그러므로 다중회귀는 데이터에서 무작위로 나타나는 모든 요행을 예측하도록 모델을 조정한다. 예를 들어 표본 그룹에 업무와 관련된 전문적인 기술을 보유하고 있지만 그것과 관련 없는 이유로 업무 실적이 우수한 관리자들이 있다면, 다중회귀 모델은 그들의 전문적인 기술에 과도한 가중치를 둘 것이다.

문제는 다중회귀 공식이 **외표본**에 적용될 때, 즉 다른 데이터 세트에서 결과를 예측할 때, 그것의 가중치는 더 이상 최적이 아니다. 원래 표본의 요행이 더 이상 존재하지 않는다. 그것들은 말 그대로 우연히 관측된 요인들이기 때문이다. 새로운 표본에서 전문적인 기술이 우수한 관리자들 모두가 업무 실적이 화려한 슈퍼스타가 아니다. 그리고 새로운 샘플에는 다중회귀 공식으로 예측할 수 없는 다른 요행이 존재한다. 어떤 모델의 예측 정확도는 그것이 새로운 표본을 갖고 얼마나 정확한 예측을 해내느냐로 결정된다. 이것은 **교차검증 상관계수**라 불린다. 실제로 회귀 모델은 원본 샘플에서 **너무나** 성공적으로 추정값을 도출하고, 교차검증 상관계수는 거의 항상 원본 데이터에서보다 낮다. 도스와 코리건은 여러 상황에서 동일가중치 모델과 (교차검증된) 다중회귀 모델을 비교했다. 그들이 제시한 사례들 가운데 하나가 일리노이대학교 심리학과 졸업생 90명의 5년간 GPA 점수를 예측하는 것이었다. 적성검사 점수, 대학 성적, 동료 평가(외향성 등), 자기 평가(성실성 등) 등 학업 성과와 관련된 열 개의 변수가 활용됐다. 표준 다중회귀 모델의 상관계수는 .69였고, 교차검증에서 .57로 감소했다(일치 백분율=69%). 동일가중 모델의 5년간 GPA와의 상관계수는 .60으로 표준 다중회귀 모델의 상관계수와 비슷했다(일치 백분율=70%). 비슷한 결과들이 많은 다른 연구에서도 나왔다.[3]

원본 표본이 작으면, 교차검증에서 예측 정확도가 크게 하락한다. 왜냐하면 작은 표본에서 요행이 더 크게 나타나기 때문이다. 도스가 지적한 문제는 사회과학 연구에 사용되는 표본들이 일반적으로 너무 작아서 이른바 최적 가중치의 장점이 사라진다는 것이었다. 통계학자 하워드 웨이너Howard Wainer는 적정 가중치의 평가에 관한 학술논문을 발표했고 '뭐, 신경 쓰지 않을 수가 없더라고'라는 부제목을 붙였다.[4] 이 부제목은 뇌리에 깊이 박힌다. 도스는 "우리의 예측보다 더 정확하게 예측하는 모델은 필요 없다"고 했다.[5] 동일 가중치 모델은 표본 추출에서 발생하는 우연 변수에 민감하지 않기 때문에 정확한 추정값을 도출할 수 있다.

도스의 연구 결과로부터 귀중한 교훈을 얻을 수 있다. 많은 사람이 이 교훈을 알아야 한다. 우리는 사전 데이터 없이도 무언가의 실제 결과를 통계적으로 예측해낼 수 있다. 실제 결과와 관련성이 확실한 예측 변수들만 있으면 된다.

9장의 사례에서처럼 다양한 항목에서 평가를 받았던 관리자들의 업무 성과를 예측해보자. 여기서 우리는 각 항목의 점수가 그들의 중요한 자질을 나타낸다고 생각하지만, 각각의 점수가 그들의 업무

　　　　　　　　　　　3부　예측적 판단에 나타나는 잡음

성과를 예측하는 데 유용한 데이터는 아니다. 그리고 수많은 관리자의 업무 성과를 예측하고 그 예측이 옳았는지 확인하기 위해서 몇 년을 기다릴 여유가 없다. 그런데도 일곱 항목의 점수를 종합하여 통계적으로 처리하여 동일한 가중치를 부여해서 그들의 업무 성과를 예측해낼 수 있다. 하지만 과연 이러한 동일 가중치 모델은 정확할까? 실제 결과와 추정값의 상관계수는 임상적 예측(상관계수=.15, 일치 백분율=55%)보다 훨씬 더 높은 .25였다(일치 백분율=58%).[6] 이것은 교차검증 회귀 모델과 꽤 유사했다. 동일 가중치 모델은 주어진 데이터만을 활용하고 복잡한 계산이 요구되지 않는다.

판단을 공부하는 학생들 사이에서 유행하는 도스의 말처럼, 동일 가중치에는 "탄탄한 아름다움robust beauty"[7]이 있다. 다음은 간결하지만 함축적인 요약을 제공하는 동일 가중치라는 아이디어를 소개한 중대한 논문의 마지막 문장이다. "비결은 어떤 변수를 검토하고 각각의 변수에 어떻게 가중치를 줄지 판단하는 것이다."[8]

더 단순한 모델: 단순한 규칙에
기초한 예측 모델

판단의 단순화는 **간소한 모델** 또는 **단순한 규칙**을 통해 나타난다. 간소한 모델은 터무니없이 단순화되어 마치 수박 겉 핥기 식으로 어림잡아 계산한 듯한 현실적인 모델이다. 그런데도 간소한 모델은 놀라울 정도로 정확한 추정값을 도출할 수 있다.

간소한 모델은 대부분의 사람들이 놀라워하는 다중회귀의 한 가지 특성에 기초를 둔다. 결과를 예측하는 데 강력한 요소가 되는 두 개의 예측 변수를 사용한다고 가정하자. 그것들의 결과와의 상관계수는 각각 .60(일치 백분율=71%)과 .55(일치 백분율=69%)다. 이 두 개의 예측 변수는 서로 상관되고, 그 상관계수가 .50이라고 가정하자. 이런 경우에 두 개의 예측 변수가 최적으로 결합될 때, 얼마나 정확한 추정값을 얻어낼 수 있을까? 이 질문에 대한 답은 꽤나 실망스럽다. 상관계수는 .67(일치 백분율=73%)로 높아졌지만, 그렇게 많이 개선된 것은 아니다.

이 사례는 일반적인 예측 규칙을 보여준다. 서로 상관된 두 개 이상의 예측 변수들을 결합하여 사용할 때의 예측의 정확도가 실제 결과와 상관계수가 높은 예측 변수를 개별적으로 활용했을 때의 예측의 정확도보다 크게 높지는 않다. 왜냐하면 현실에서 예측 변수들은 거의 항상 서로 상관되어 있기 때문이다. 이러한 통계적인 사실 때문에 예측 변수가 최소한으로 사용되는 간소한 예측 모델이 많이 사용되는 것이다. 연산 과정이 거의 수반되지 않는 간단한 규칙이 많은 예측 변수가 사용되는 예측 모델보다 훨씬 더 정확한 추정값을 제시했다.

2020년 어느 연구진이 간소한 예측 모델의 예측 정확도를 확인하기 위해 대규모 연구를 진행했다.[9] 그들은 예심 중의 피고를 보석으로 풀어줄 것이냐 아니면 구속할 것이냐를 결정해야 하는 보석 판사들의 사례를 이 연구에 활용했다. 보석 판사의 결정은 피고의 행동에 대한 암묵적 예측이다. 보석 신청이 부당하게 거부되면 해당 피고는 불필요하게 수감될 것이고, 이는 개인과 사회에 막대한 비용을 초래할 수 있다. 반대로 보석이 부당하게 허용되면, 피고가 재판 전에 도주하거나 또 다른 범죄를 저지를 수 있다.

연구진은 피고가 보석 중에 도주할 가능성을 꽤 정확하게 예측하는 것으로 알려진 두 개의 예측 변수를 사용하여 예측 모델을 고안했다. 그 변수란 피고의 나이(나이가 많을수록 도주할 확률이 낮다)와 재판에 출석하지 않은 횟수(앞선 재판에 출석하지 않았던 사람들이 다시 범죄를 저지르곤 한다)였다. 간소한 모델은 두 개의 예측 변수를 위험도로 환산한다. 이 모델로 피고가 보석 중에 도주할 위험도를 계산하는 데 컴퓨터는 필요 없었다. 심지어 계산기도 필요 없었다.

실제 데이터 세트와 비교해 추정값을 검증했을 때, 이 간소한 모델은 훨씬 더 많은 예측 변수가 사용되는 통계적 예측 모델만큼이나 정확한 추정값을 계산해냈다. 간소한 모델은 피고의 도주 위험률을 예측하는 데 보석 판사보다 더 정확했다.

똑같은 간소한 모델이 유방조영술 데이터로 종양의 진행 단계를 판단하고, 심장 질환을 진단하고, 신용 위험을 예측하는 등 다양하게 활용됐다. 이 간소한 모델에서 다섯 개의 예측 변수에 작은 가중치가 부여됐다(그 가중치의 범위는 -3에서 +3이었다). 모든 경우에 간소한 모델은 복잡한 회귀 모델만큼이나 정확한 추정값을 제공했다(하지만 일반적으로 간소한 모델의 추정값은 머신러닝 알고리즘만큼 정확하지는 않았다).

다른 연구진이 간소한 모델의 힘을 보여주는 또 다른 연구를 진행했다.[10] 연구진은 단순하지만 특별한 사법 문제를 연구했는데, 그건 바로 재범 가능성을 예측하는 것이었다. 그들은 오직 두 개의 예측 변수만을 사용하는 예측 모델을 만들었고,[11] 피고의 재범률을 예측하기 위해서 137개의 변수가 사용되는 기존의 예측 모델과 예측 정확도를 비교했다. 이 간소한 모델에 사용된 두 개의 예측 변수(나이와 전과)는 보석 예측 모델에서 사용된 두 개의 변수와도 긴밀하게 연관됐고, 범죄 행위와의 연관성이 잘 기록되어 있었다.[12]

간소한 모델의 매력은 투명하고 적용이 쉽다는 것이다. 더 복잡한 예측 모델과 비교하여, 적은 비용으로 간소한 모델의 장점을 잘 활용할 수 있다.

복잡한 모델: 머신러닝 알고리즘

후반 여정을 위해서 단순한 모델의 대척점에 있는 복잡한 모델에 대해서도 살펴보자. 더욱 정확한 예측을 위해서 우리가 훨씬 더 많은 예측 변수를 사용하고 각각의 변수에 대해서 훨씬 더 많은 데이터를 수집하고 인간은 감지할 수 없는 관계 패턴을 찾아내서 예측 모델을 설계한다면 어떻게 될까? 인공지능으로 이러한 예측 모델을 설계할 수 있다.

정밀한 분석에는 대형 데이터 세트[13]가 필수다. 다량의 데이터를 수집하고 활용할 수 있게 되면서 최근 몇 년 동안 인공지능이 빠르게 발전했다. 예를 들어 대형 데이터 세트로 **부러진 다리 변수**를 기계적으로 처리할 수 있다. 이 다소 아리송한 용어를 이해하려면,

폴 밀의 사례를 다시 살펴봐야 한다. 오늘 밤 사람들이 영화를 보러 갈 확률을 예측하는 모델이 있다고 생각해보자. 이 모델에 대한 우리의 신뢰도와 상관없이, 특정 인물의 다리가 부러졌다는 사실을 우연히 알게 됐다. 이렇게 되면, 우리는 모델보다 그가 오늘 밤 어떻게 시간을 보낼지 더 잘 알 수 있다.

단순한 모델을 사용할 때, 부러진 다리는 의사결정자들에게 중요한 정보가 된다. 이 정보는 그들에게 단순한 모델을 무시해야 할 때와 무시하지 말아야 때를 알려준다. 단순한 모델이 검토할 수 없는 결정적인 정보를 갖고 있으면, 예측 과정에 정말로 부러진 다리 변수가 발생한 것이고, 단순한 모델의 추정값은 무시되어야 한다. 반면에 이런 개인적인 정보가 부족하더라도 사람들은 때때로 단순한 모델의 추정값을 반박한다. 이런 경우에 단순한 모델의 추정값을 무시하고픈 충동은 동일한 예측 변수에 작용하고 있는 의사결정자의 개인적인 패턴을 보여준다. 이러한 개인적인 패턴은 타당하지 않을 가능성이 높기 때문에, 의사결정자는 단순한 모델을 무시하는 일을 자제해야 한다. 의사결정자의 개입은 예측의 정확도를 감소시킬 수 있다.

머신러닝 모델은 부러진 다리와 같은 예외적 변수를 감지해낼 수 있다. 우리가 생각한 것보다 훨씬 많이 포착할 수 있다. 이것이 머신러닝 모델이 매우 정확한 추정값을 도출해낼 수 있는 이유 중에 하나다. 방대한 사례에 대한 거대한 데이터를 고려하면, 가령 영화 관람자들의 행동을 추적하고 분석하는 모델은 실제로 영화를 보러가는 날 병원을 방문한 사람들은 그날 저녁에 영화를 보러 가지 않을 가능성이 높다는 사실을 찾아낼 수 있다. 이런 식으로 흔치 않은 사건에 대한 예측의 정확도가 개선되면, 우리가 머신러닝 모델을 감독해야 할 필요성은 줄어들 것이다.

인공지능이 하는 일에는 마법과 이해가 개입되지 않는다. 인공지능은 그저 패턴을 관측하고 예측할 뿐이다. 하지만 이러한 인공지능의 능력에 감탄하는 동안에 기억해야 할 것이 있다. 인공지능도 **왜** 다리가 부러진 사람은 그날 저녁 영화를 보러 가지 않는지를 이해하는 데 꽤 시간이 걸릴 것이다.

사례: 더 정확한 보석 결정

앞서 언급했던 연구진이 보석 중에 피고가 도망칠 확률을 계산하는 간단한 모델을 사용하여 연구를 진행할 무렵에, 센딜 멀레이너선Sendhil Mullainathan이 이끄는 또 다른 연구팀이 정밀한 인공지능 모델로 같은 작업을 수행하도록 훈련시켰다.[14] 그들은 더 방대한 데이터 세트에 접근할 수 있었고, 무려 75만 8,027건의 사례를 연구에 활용했다. 각각의 경우에 그들은 피고가 현재 저지를 범죄, 전과 이력과 법원에 출두하지 않는 횟수 등 판사들에게 주어진 정보도 활용했다. 피고의 연령을 제외하고 머신러닝 알고리즘을 훈련하는 데 다른 인구통계학적 정보는 사용되지 않았다. 연구진은 각각의 사례에서 피고가 보석으로 풀려났는지 그리고 그렇다면 재판일에 출두하지 않았거나 다시 체포됐는지도 알았다. (피고의 74퍼센트가 보석으로 풀려났고, 그들 중에서 15퍼센트가 재판일에 법정에 출두하지 않았으며, 26퍼센트가 다시 체포됐다.) 연구진은 이 데이터로 머신러닝 알고리즘을 학습시켰고[15] 예측 결과를 평가했다. 머신러닝 기법을 기반으로 만들어진 예측 모델은 선형 조합의 제약을 받지 않았다. 데이터에서보다 복잡한 정규 패턴이 감지되면, 머신러닝 모델은 그 예측 정확도를 높이기 위해서 그 패턴을 활용할 수 있었다.

이 머신러닝 모델은 보석 허용이나 보석 불허 중 어느 하나를 선택하는 대신에 피고의 도주 위험을 확률로 계산해내도록 설계됐다. 감수할 수 있는 위험의 최대치를 계산하는 것이었다. 피고의 도주 위험이 이 최고치를 넘으면 그의 보석 신청은 거절된다. 하지만 이러한 최고치를 설정할 때, 평가적 판단이 필요하다. 예측 모델은 평가적 판단을 수행할 수 없다. 하지만 연구진은 위험 허용치를 어디에 두든지 간에 예측 모델이 판사보다 더 정확하게 피고의 도주 가능성을 예측한다는 결과를 도출했다. 이 예측 모델의 결과를 바탕으로 보석 신청이 거부된 사람들의 수가 판사가 보석 신청을 거부한 사람들의 수와 일치하도록 위험 허용치를 정하게 되면 범죄율이 최대 24퍼센트 하락할 것이라고 멀레이너선 연구진은 계산했다. 왜냐하면 보석 신청이 거부되어 유치장에 갇힌 사람들이 재범 확률이 높기 때문이다. 가능한 범죄율을 높이지 않고 보석 신청이 거부된 사람들의 수를 줄이기 위해서 위험 허용치를 설정한 경우에 구치소에 수감된 사람들의 수는 최대 42퍼센트 감소할 것이라고 연구진은 계산했다. 다시 말해서, 머신러닝 모델은 어느 피고가 도주할 위험이 높은지를 예측하는 데 인간 판사보다 더 정확했다.

머신러닝으로 설계된 이 예측 모델은 같은 정보를 사용했던 선형 모델보다도 훨씬 더 성공적이었다. 그 이유가 흥미롭다. "머신러닝 알고리즘은 변수들의 조합에서 다른 예측 모델로는 감지할 수 없는 중요한 신호를 찾아낸다."[16] 다른 예측 모델로는 쉽게 파악할 수 없는 패턴을 포착하는 머신러닝 알고리즘의 능력은 고위험군으로 분류된 피고들에게서 특히나 명확해진다. 다시 말해서 데이터의 일부 패턴은, 비록 드물게 나타나는 패턴일지라도, 고위험군을 정확하게 예측해낸다. 머신러닝 알고리즘이 드물지만 결정적인 패턴을 찾아내는 능력은 부러진 다리 변수를 다시 떠올리게 한다.

연구진은 알고리즘을 사용해서 각 판사의 판단을 기초로 예측 모델을 만들었다. 이 예측 모델은 9장에 등장한 판사의 판단을 기초로 설계한 예측 모델과 비슷한 것이었다(하지만 선형 조합에 제한되지 않았다). 이 예측 모델로 전체 데이터 세트를 분석해서 판사들이 같은 사건을 맡았을 때 어떤 결정을 내릴지 시뮬레이션하고 비교할 수 있었다. 그 결과, 보석 결정에서도 상당한 제도 잡음이 존재한다는 사실이 확인됐다. 그중 일부는 수준 잡음이었다. 관대함을 기준으로 판사들을 분류할 때, 가장 관대한 5분위 수의 판사들(석방률이 가장 높은 20퍼센트 판사 그룹)은 피고의 83퍼센트에게 보석을 허가했다. 반면에 가장 관대하지 않은 5분위 수의 판사들은 겨우 61퍼센트에게만 보석을 허가했다. 판사들도 피고의 도주 위험에 대해서 매우 다른 패턴의 판단을 내렸다. 한 명의 판사가 도주 위험이 낮다고 판단한 피고에게 대체로 가혹한 판결을 내리지 않는 다른 판사는 도주 위험이 높다고 볼 수도 있다. 이것은 패턴 잡음의 분명한 증거다. 더 면밀한 분석을 통해서 사례들 사이에서 관측된 차이가 판결 차이의 67퍼센트를 차지했고, 제도 잡음은 33퍼센트를 차지했다. 제도 잡음에는 판결의 가혹도 차이 등 수준 잡음도 일부 포함되어 있었지만, 대부분(79퍼센트)이 패턴 잡음이었다.[17]

마지막으로 다행스럽게도 머신러닝 모델의 높은 예측 정확도는 판사들이 추구하는 목표, 특히 인종적 공정성을 희생시키진 않았다. 이론적으로 인종적 데이터는 머신러닝 알고리즘의 학습용 데이터로 사용되지 않는다. 하지만 머신러닝 알고리즘이 본의 아니게 인종차별을 악화시킬 수 있다. 예측 모델이 인종과 상관관계가 있는 예측 변수(우편번호 등)를 사용하거나 학습용 데이터의 원천이 편향됐다면 인종차별적 예측이 나올 수 있다. 만약 체포 횟수가 예측 변수로 사용되고 인종차별 때문에 체포를 당했다면, 예측 모델의 결과 역시 인종차별적일 것이다.

원칙적으로 이렇게 차별적인 예측 결과가 나오는 것은 분명히 위험 요인이다. 하지만 알고리즘이 판사보다 인종적으로 덜 편향된 결정을 내린다는 것은 중요한 사실이다. 위험 허용치가 판사들과 같은 수준의 범죄율을 획득하도록 설정된다면, 머신러닝 알고리즘이 보석 불허 결정을 내리는 유색인종은 41퍼센트 하락한다. 이와 유사한 결과가 다른 시나리오에서도 관측됐다. 정확도의 향상이 반드시 인종차별의 악화로 이어지는 것은 아니다. 그리고 연구진이 보여줬듯이, 머신러닝 알고리즘은 인종차별을 줄이는 쪽으로 쉽게 학습될 수 있다.

다른 영역에서 진행된 또 하나의 연구는 어떻게 알고리즘이 예측 정확도를 높이면서 차별을 줄이는지 보여준다. 컬럼비아 비즈니스 스쿨 교수 보 카우길Bo Cowgill은 어느 대형 기술회사의 소프트웨어 엔지니어 채용 과정을 연구했다.[18] 기술회사는 면접을 볼 지원자들을 선택하기 위해서 이력서를 검토할 전문가들을 채용했다. 보 카우길은 지원자들의 이력서를 확인하는 머신러닝 알고리즘을 개발했고, 그 회사가 접수해서 검토했던 30만 건 이상의 이력서를 기반으로 알고리즘을 학습시켰다. 알고리즘이 선택한 입사 지원자들은 전문가들이 선택한 입사 지원자들보다 면접을 통과하여 채용 제의를 받을 가능성이 14퍼센트 높았다. 면접을 통과한 입사 지원자들이 정식으로 채용 제의를 받았을 때, 알고리즘으로 선출된 그룹이 사람이 선택한 그룹보다 그 채용 제의를 받아들일 가능성이 18퍼센트 높았다. 그리고 알고리즘은 인종, 성별 등 여러 부문에서 더 다양한 입사 지원자들을 선출했다. 알고리즘은 명문대학교를 졸업하지 않은 입사 지원자, 경력이 부족한 입사 지원자, 추천서가 없는 입사 지원자 등 이른바 '비전통적인' 입사 지원자들을 선택할 가능성이 훨씬 높았다. 전문가들에게는 소프트웨어 엔지니어의 '전형적인' 자질을 모두 갖춘 이력서를 선호하는 경향이 나타났다. 하지만 알고리즘은 각각의 유의미한 예측 변수들에 적절한 가중치를 부여하여 이력서를 검토했다.

이러한 사례들이 알고리즘이 항상 공정하거나 편파적이지 않거나 비차별적이라는 것을 증명하는 것은 아니라는 점을 짚고 넘어갈 필요가 있다. 예를 들어 입사 지원자들의 성공을 예측하도록 설계된 알고리즘이 실제로 과거 승진 결정의 표본을 기반으로 학습됐다고 치자. 이런 경우에 알고리즘에서 판단자가 누군가의 승진 여부를 결정하는 과정에서 관측된 모든 편향을 그대로 나타낼 수 있다.

인종차별이나 성차별을 영속시키는 알고리즘을 설계하는 것도 가능하다. 아마도 굉장히 쉬울지도 모른다. 그리고 실제로 알고리즘이 이러한 차별을 영속시킨 사례가 여러 번 보고됐다. 이것이 알고리즘의 의사결정에 대한 우려가 커지는 이유이기도 하다. 하지만 알고리즘에 대한 일반적인 결론을 내리기 전에, 우리는 일부 알고리즘은 판단자보다 더 정확할 뿐만 아니라 더 공정한 예측을 한다는 사실을 기억해야 한다.

왜 규칙이 예측에 자주 사용되지 않는 것일까?

기계적 의사결정에 관한 이 짧은 여정을 요약하기에 앞서, 모든 종류의 규칙이 인적 판단보다 우월한 두 가지 이유를 알아보자. 첫째, 9장에서 말했듯이 최신의 더 정밀한 예측 모델 등 모든 기계적 예측 기법은 인적 판단보다 더 정확한 판단을 내릴 수 있다. 개인적인 패턴과 상황 잡음의 결합은 인적 판단의 질에 너무나 큰 부담이 된다. 그래서 기계적 의사결정의 단순함과 무잡음은 상당한 장점이다. 그래서 그저 합리적일 뿐인 단순한 규칙이 일반적으로 인적 판단보다 더 정확한 판단을 내리는 것이다.

둘째, 유효한 패턴을 감지하고 단순한 모델의 예측력을 초월하는 복잡한 인공지능을 활용하기에 충분한 데이터가 이따금 마련되곤 한다. 인공지능은 이런 다량의 데이터를 활용하여 정확한 예측을 해낸다. 이때 인공지능 모델은 잡음이 없음은 물론, 훨씬 더 많은 정보를 활용할 수 있다는 점에서도 인적 판단보다 유리하다.

이런 강점들과 그것들을 지지하는 막대한 양의 증거를 고려하면, 이 책에서 다룬 전문적인 판단의 유형에서 훨씬 더 광범위하게 알고리즘이 활용되지 않는 이유가 궁금하다. 실제로 특정한 몇몇 분야를 제외하고 알고리즘과 머신러닝에 관한 논의가 활발히 이뤄지고 있다. 하지만 두 기술은 여전히 제한적으로 사용된다. 우선, 많은 전문가들은 임상적 판단과 기계적 판단을 둘러싼 논란을 무시한다. 그들은 자신의 판단과 직관을 신뢰하고, 기계가 자신보다 더 정확한 판단을 내릴 수 있다는 가능성을 의심한다.

그들은 알고리즘이 의사결정을 내리는 것은 비인간적이며 책임 회피라고 생각한다. 예를 들어 의학적 진단에서 알고리즘은 인상적인 진보를 이뤘지만 일상적으로 사용되진 않는다. 채용과 승진에 관한 결정에서 알고리즘을 사용하는 조직은 거의 없다. 할리우드의 영화제작자들은 어떤 공식이 아니라 자신들의 판단과 경험을 근거로 영화 제작을 승인한다. 출판사들도 자신들의 판단과 경험을 바탕으로 출판을 결정한다. 그리고 마이클 루이스Michael Lewis의 베스트셀러 《머니볼Moneyball》에 등장하는 통계에 집착했던 오클랜드 애슬레틱스 야구팀 이야기가 인상적으로 다가온다면, 엄격한 알고리즘에 기초한 의사결정이 오랫동안 스포츠 팀의 의사결정 과정에서 규칙이 아닌 예외로 받아들여졌기 때문이다. 심지어 오늘날에도 스포츠 팀의 코치, 관리자 그리고 그들의 동료들은 여전히 자신들의 직감을 믿고 통계적인 분석이 좋은 판단을 대체할 수 없다고 주장한다.

1996년 논문에서 폴 밀 연구진은 정신과 의사, 내과 의사, 판사 등 여러 전문가가 기계적 판단에 대해 제기했던 열일곱 가지 유형의 반박을 나열했다(그리고 그것들을 반박했다).[19] 그들은 임상자들의 저항을 '기술로 인한 실업에 대한 공포' '제대로 교육받지 못한 상태' '컴퓨터에 대한 일반적인 반감' 등 사회심리학적인 요인들로 종합해서 설명할 수 있다고 결론 내렸다. 그러고 나서 연구진은 이런 저항을 유발하는 추가적인 요인들을 찾아냈다. 이 책에서 그 연구를 본격적으로 살펴볼 생각은 없다. 이 책의 목표는 프랑켈 판사가 말했던 '기계에 의한 인간의 퇴출'을 옹호하는 것이 아니라 인적 판단을 개선하는 방안을 제안하는 것이기 때문이다.

인간이 기계적 예측에 반발하고 저항하는 이유를 밝히기 위한 연구가 진행됐고, 일부 연구 결과는 이 책의 주제인 인간 판단과 관련이 있다. 최근에 진행된 한 연구는 이와 관련하여 혜안을 제공했다. 사람들은 알고리즘을 체계적으로 의심하지 않는다. 사람과 알고리즘 중에서 누구에게서 조언을 얻겠느냐고 물으면, 알고리즘이 선택되는 경우가 많다.[20] 알고리즘에 대한 저항이나 **알고리즘 혐오**가 새로운 의사결정 지원 도구에 대한 전면적인 거부로 항상 나타나는 것은 아니다. 사람들은 기꺼이 알고리즘에 기회를 주지만, 알고리즘이 실수를 저지르는 순간 믿음을 거둔다.[21]

어떤 면에서는 이런 반응이 합리적인 듯하다. 믿을 수 없는 알고리즘을 신경 쓸 이유가 어디 있겠나? 사람은 실수를 한다. 우리 모두 이 사실을 너무나도 잘 안다. 실수하는 것은 인간만이 가질 수 있는 특권이다. 다시 말해서 인간만이 실수할 수 있다. 우리는 기계가 완벽하길 기대한다. 이런 기대가 깨지면, 우리는 기계를 과감히 폐기한다.[22]

하지만 이런 직관적인 기대 때문에 사람들은 알고리즘을 불신하고 자신들의 판단에 계속 의존하게 된다. 설령 인적 판단이 눈에 띄는 열등한 결과를 초래하더라도 말이다. 이러한 태도는 인간에게 깊이 뿌리박혀, 기계적 예측이 거의 완벽한 정확도를 달성할 때까지 변하지 않을 것이다.

다행스럽게도 규칙과 알고리즘의 예측 정확도를 개선하는 요인들은 인적 판단의 정확도를 높이는 데도 사용될 수 있다. 우리는 인간이 인공지능 모델만큼 효율적으로 정보를 사용하기를 바라선 안된다. 하지만 인간도 간단한 모델의 단순함과 무잡음을 모방하기 위해 노력할 순 있다. 제도 잡음을 줄이는 기법을 채택할 수 있는 정도까지 우리는 예측적 판단의 질을 개선해야 한다. 우리의 판단을 개선하는 방법이 5부의 주제다.

규칙과 알고리즘에 대하여 _____

"데이터가 많을 때, 머신러닝 알고리즘은 인간보다 그리고 단순한 모델보다 더 정확한 판단을 내릴 것이다. 하지만 심지어 가장 단순한 모델과 알고리즘도 인적 판단과 비교하면 큰 강점을 지닌다. 그것들의 판단에는 잡음이 존재하지 않는다. 그리고 예측 변수들에 대해서 복잡하고 보통 근거 없는 통찰력을 적용하려고 시도하지도 않는다."

"우리가 예측해야만 하는 결과에 대한 데이터가 부족한데, 왜 우리는 동일 가중치 모델을 사용하지 않는 것일까? 동일 가중치 모델은 적절한 모델만큼 정확한 추정값을 제공할 것이다. 그리고 사례에 따른 인적 판단보다 더 정확할 것이다."

"여러분은 모델의 예측에 동의하지 않는다. 이해한다. 하지만 부러진 다리가 있었나? 아니면 단지 모델의 예측이 싫을 뿐인가?"

"물론 알고리즘은 실수를 한다. 하지만 인간이 훨씬 더 많은 실수를 한다면, 우리는 누구를 믿어야 하나?"

11장

객관적인
무지

앞선 두 장에 걸쳐 인적 판단에 한계가 있다는 사실을 확인했고, 우리는 이런 내용을 기업 임원들과 공유하는 자리를 자주 갖는다. 인적 판단에 한계가 있다는 주장은 거의 50년 된 주장이고, 그 어떤 의사결정자도 인적 판단의 한계를 피하지 못했을 것이라 생각한다. 그럼에도 불구하고 의사결정자들은 인적 판단의 한계를 인정하지 않으려 저항한다.

이야기를 나눴던 기업 임원들 중에서 몇몇은 그 어떤 분석보다 자신의 직감을 더 신뢰한다고 대놓고 말했다. 그리고 대다수가 넌지시 객관적인 분석보다 직감을 더 믿는다고 말했다. 경영 의사결정에 관한 연구에 따르면, 임원들은 직급이 높을수록 그리고 경험이 많을수록 **직관**, **직감** 또는 (이 책에서 사용하는 '판단'이란 용어와는 다른 의미의) **판단** 등으로 불리는 무언가에 대단히 의지한다.[1]

한마디로 의사결정자들은 자신들의 직감에 귀 기울이고, 대부분 그에 만족한다. 여기서 의문점이 생긴다. 권위도 있고 자기확신도 넘치는 이 사람들이 직감을 통해 듣는 바는 과연 무엇일까?

경영 의사결정의 직관에 관한 어느 연구에서는 직관을 "옳다거나 타당하다는 후광 내지 확신은 있지만 명확한 이유나 근거 없이 머릿속에 떠오르는 이미 정해진 행동 방침에 관한 판단, 즉 알고는 있지만 그 이유는 모르는 판단"으로 정의한다.[2] 이유는 모르겠지만 그것이 옳은지는 안다는 느낌이 곧 4장에서 언급했던 판단 완료에 대한 **내재적 신호**다.

이 내재적 신호는 자기 자신에게 주는 일종의 보상이다. 판단을 내릴 때, 사람들은 이 내재적 신호를 얻기 위해 열심히 노력한다(가끔 그렇게 열심히 노력하지 않아도 내재적 신호가 느껴지는 때도 있다). 이것은 만족스러운 감정적 경험, 즉 기분 좋은 일관된 감각sense of coherence이다. 내재적 신호를 느끼는 동안 판단자는 자신이 검토한 증거와 그 증거를 토대로 내린 판단이 옳다고 느낀다. 모든 퍼즐이 맞춰지는 느낌인 것이다. (뒤에서 확인하겠지만, 판단자는 주로 최종 판단에 맞지 않는 증거를 숨기거나 무시하여 일관된 감각을 강화한다.)

내재적 신호가 중요한 것으로, 또 판단을 호도하는 것으로 부각되는 까닭은 이것이 느낌이 아닌 믿음으로 해석되기 때문이다. 이 감정적 경험('증거가 맞는 것 같아')은 자기 판단의 타당성에 대한 합리적인 확신('이유는 모르지만, 그게 맞는다는 건 알아')으로 둔갑한다.

확신은 예측의 정확도를 보장하지 않는다. 확신에 찬 많은 예측이 틀린 것으로 밝혀지곤 한다. 편향과 잡음은 예측 오류를 유발하지만, 이러한 오류의 가장 큰 원천은 예측적 판단의 제한된 정확도가 아니다. 그것이 얼마나 정확할 수 있는가에 대한 제한이다. 우리가 **객관적인 무지**라 부르는 이 제한이 이 장의 주제다.

객관적인 무지

자신이 예측적 판단을 반복적으로 내리는지 확인할 수 있는 질문이 하나 있다. 이 질문은 가령 양말을 고른다든지 프로 운동선수의 경기 실적을 예측한다든지 하는 모든 일에 적용될 수 있다. 하지만 여기서는 간단히 9장에서 사용했던 인재 채용 사례를 가져오고자 한다.

여러분이 지난 몇 년 동안 100명의 입사 지원자를 평가했다고 가정하자. 이제 여러분에게 자신의 판단이 얼마나 정확했는지를 평가할 기회가 생겼다. 채용 당시의 입사 지원자들에 대한 평가와 이후 그들의 업무 실적에 대한 객관적인 평가를 비교할 수 있게 된 것이다. 무작위로 두 명의 직원을 선택해 사전 판단과 사후 판단을 비교해봤을 때 과연 두 판단은 얼마나 자주 일치할 것인가? 다시 말해서 무작위로 선택한 두 명의 직원을 비교할 때, 더 잠재력 있다고 생각했던 직원이 실제로 더 우수한 업무 실적을 낸 비율은 어느 정도나 될까?

우리는 이 질문을 가지고 임원들을 대상으로 비공식적으로 여론조사를 실시하곤 하는데, 가장 자주 나오는 답변은 75~85퍼센트

범위에 있었다. 아마도 겸손한 사람처럼 보이고 싶어서 또는 자만심이 가득한 사람처럼 보이고 싶지 않아서 다소 보수적으로 대답했을지도 모른다. 사적으로 대화를 나눠보면, 자신의 판단에 대한 확신은 훨씬 더 높게 나타난다.

이제 일치 백분율 통계법에 어느 정도 익숙해졌을 테니, 이런 평가가 제기하는 문제가 무엇인지 쉽게 파악될 것이다. 일치 백분율 80퍼센트는 대략적으로 상관계수 .80에 해당한다. 이 정도로 정확한 예측은 현실에서 거의 불가능하다. 인재 채용에 관한 최근 연구에 따르면 인적 판단의 정확도는 이 수치에 근접하지 못했다. 평균적으로 인적 판단과 실제 결과의 상관계수는 .28(일치 백분율=59%)이었다.[3]

훌륭한 인재를 뽑는 일이 얼마나 어려운 일인지를 생각하면, 이 실망스러운 결과가 그렇게 놀랍진 않을 것이다. 오늘 회사에 직원 하나가 새로 들어왔다고 가정하자. 그녀는 앞으로 직장생활을 하면서 많은 도전과 기회를 경험할 것이다. 그리고 우연에 이끌려 그녀의 삶이 여러 방향으로 흘러갈 것이다. 그녀는 자신을 믿어주고, 기회를 만들어주고, 일할 의욕을 북돋아주고, 자존감과 동기를 키워주는 상사를 만날지도 모른다. 혹은 운이 나빠서 자기 잘못도 아닌데 의욕이 꺾인 채 직장생활을 시작하게 될지도 모른다. 그녀의 사생활에서도 직장생활에 영향을 미치는 일들이 일어날 수 있다. 문제는 그 누구도 그녀의 앞날을 예측할 수 없다는 것이다. 세계 최고의 예측 모델도 예측할 수 없다. 이 한 치 앞을 내다볼 수 없는 불확실성에는 여러분이 예측하려고 시도하는 한편 지금 이 순간 알 수 없는 모든 것들이 포함된다.

물론 원칙적으로 입사 지원자들에 대해 많은 것을 알 수 있다. 하지만 채용 결정을 내릴 때 그들에 관해 알려지는 것은 거의 없다. 이러한 지식의 격차가 예측적 모델의 부재에서 오는 것인지 아니면 더 많은 정보를 획득하는 데 필요한 비용을 쓰지 않은 탓인지, 사실 확인에 대한 판단자의 태만에서 오는지는 중요치 않다. 어떤 경우든지, 판단자가 불완전한 정보를 갖고 있다는 사실만은 분명하다.

해소할 수 없는 불확실성(알 수 없는 정보)과 불완전한 정보(알 수 있지만 알려고 하지 않는 정보)가 완벽한 예측을 불가능하게 만든다. 이 알려지지 않은 정보는 개인의 판단에 나타나는 편향이나 잡음의 문제가 아니라, 판단 과정에 나타나는 객관적인 특성이다. 알려지지 않은 중요한 정보에 대한 객관적인 무지는 인적 판단에서 당연하다고 여겨지는 수준의 정확도마저 훼손시킨다. 이 책에서는 흔히 사용되는 **불확실성**이라는 용어 대신 **무지**라는 용어로 이를 설명하는데, 이것이 세상이나 미래를 향하고 있는 '불확실성'과 일관되어야 하는 판단의 변산성을 뜻하는 '잡음' 간의 혼동을 줄이는 데 도움이 될 것이다.

다른 경우와 비교해서 상대적으로 많은 정보를 갖고 있는 상태에서 판단을 내리는 경우가 있다(그리고 객관적인 무지도 덜하다). 전문적인 판단은 대체로 정확도가 높다. 의사들은 많은 질병에 대해 정확한 진단을 내리고, 변호사들은 많은 소송에서 판사의 판결을 상당히 정확하게 예측한다.

하지만 일반적으로 예측적 판단을 하는 사람들은 자신의 객관

3부 예측적 판단에 나타나는 잡음

적인 무지를 과소평가한다. 과신은 많은 증거가 있는 인지적 편향의 하나다. 특히 심지어 제한된 정보로 정확한 예측을 내리는 자신의 능력을 판단할 때는 끔찍할 정도의 자기과신[4]이 나타난다. 예측적 판단에 나타나는 잡음은 객관적인 무지와 유사하다고 할 수 있다. 예측이 있는 곳에 무지가 있고, 그러한 무지는 생각보다 더 많이 존재한다.

자기를 과신하는 전문가

우리의 좋은 벗이자 심리학자인 필립 테틀록Philip Tetlock은 맹렬하게 진실을 좇으며, 짓궂지만 뛰어난 유머 감각을 지닌 사람이다. 2005년 그는 《전문가의 정치 판단Expert Political Judgment》이란 책을 출간했다. 중립적인 제목이지만, 이 책은 정치적 사건에 대한 전문가들의 예측 정확도에 직격탄을 날렸다.

테틀록은 거의 300명에 달하는 전문가가 내린 예측의 정확도를 조사했다. 그중에는 저명한 기자, 존경받는 학자, 국가 원수의 고위 고문도 포함되어 있었다. 테틀록은 그들에게 각자 자신의 정치적·경제적·사회적 예측이 얼마나 정확했는지를 물었다. 이 연구는 20년 동안 진행됐다. 장기적인 예측이 옳았는지를 확인하려면, 그만한 인내심이 필요한 법이다. 테틀록은 주요 정치적 사건에 대하여 이 놀라운 전문가들이 내놓은 예측이 실망스러울 정도로 정확도가 떨어졌다는 사실을 확인했다. 그의 책은 심장을 멎게 하는 촌

철살인의 한 문장으로 유명해졌다. "평균적인 전문가의 예측 정확도는 대략 다트판에 다트를 던져 예측하는 침팬지의 수준이었다." 그의 책이 전달하려는 메시지를 더 정확하게 말하자면, 정치나 경제에 대한 논평이나 조언으로 먹고사는 전문가들이 시사를 읽어내는 데 〈뉴욕타임스〉 기자나 애독자보다 더 낫지 않았다.[5] 물론 전문가들은 대단한 이야기를 들려줬다. 그들은 상황을 분석하고, 그 일이 어떻게 전개될지 설득력 있게 그려내며, 방송에 출연해 자기 의견에 동의하지 않는 사람들의 반대의견을 매우 자신 있게 반박할 줄 알았다. 하지만 그들이 실제로 일어날 일을 정확하게 예측했느냐고 묻는다면, 대답은 '아니올시다'이다.

테틀록은 단도직입적으로 이런 결론에 도달했다. 그는 전문가들에게 각각의 이슈에 대해 현상 유지가 될지, 현상에서 더 나아갈지, 현상에서 더 물러설지 등 세 가지 가능성으로 제시해달라고 요청했다. 침팬지라면 세 구역으로 나뉜 다트판을 향해서 다트를 던졌을 것이다. 확률은 3분의 1이다. 테틀록이 조사했던 전문가들은 최저 기준을 간신히 넘겼다. 평균적으로 그들은 실제 일어나지 않을 일보다 일어날 일에 조금 더 높은 확률을 부여했다. 하지만 여기서 가장 두드러지는 점은 그들이 자신의 예측에 대해 보인 과도한 확신이었다. 세상이 어떻게 돌아가는지를 설명하는 명료한 이론으로 무장한 전문가들이 자신의 예측에 대해 가장 큰 자신감을 보였고, 가장 정확하지 않은 예측을 했다.

테틀록의 조사 결과는 구체적인 사건에 대해 장기적 안목으로 세세하게 예측하는 것이 한마디로 불가능하다는 사실을 확인시켜

주었다. 세상은 혼란스러우며, 사소한 사건이 엄청난 결과를 초래할 수도 있다. 가령 역사적으로 위대한 인물들도 (그리고 그저 평범한 사람들도) 잉태되던 순간에는 모두 지금과 반대 성별을 가질 확률이 2분의 1이었음을 생각해보자. 예측할 수 없는 사건은 일어나게 되어 있다. 그리고 그 사건의 결과도 예견할 수 없다. 그러므로 더 먼 미래를 내다보려 할수록 객관적인 무지는 착실하게 축적된다. 전문가들의 정치적 판단이 제한적인 까닭은 예측가의 인지적 한계 때문이 아니라, 미래에 대한 그들의 해소할 수 없는 객관적인 무지 때문이다.

그렇다면 먼 미래를 예측하는 데 실패했다는 이유로 전문가들을 비난해선 안 된다는 결론이 나올 수 있다. 하지만 그들은 불가능한 일을 시도하고 자신들이 성공적으로 그 일을 해낼 수 있다고 믿은 것에 대해서는 마땅히 비판받아야 한다.

장기 예측이 헛된 시도라는 충격적인 결과가 발표되고 몇 년 뒤에 테틀록은 아내인 바버라 멜러스Barbara Mellers와 팀을 이뤄, 사람들이 1년이 안 되는 상대적으로 짧은 기간의 일에 대해 예측한다면 그 예측의 정확도가 얼마나 될지 조사했다. 이를 통해 그들은 단기 예측이 어렵긴 해도 불가능하진 않으며, 자신들이 **슈퍼 예측가**superforecasters라 명명하는 어떤 사람들은 정보기관 관계자를 비롯한 나머지 사람 대부분보다 일관적으로 정확한 예측을 내놓는다는 점을 확인했다. 이 책에서 사용하는 용어로 말하자면, 그들은 먼 미래를 예측할수록 객관적인 무지가 심화된다는 개념과 양립할 수 있는 사실을 발견한 셈이다. (슈퍼 예측가에 대해서는 21장에서 자세히 살펴보도록 하자.)

예측 모델의 정확도

테틀록의 초기 연구에 따르면, 사람들은 대체로 장기적인 정치적 예측에 약했다. 먼 미래를 정확히 내다볼 수 있는 수정구슬을 가진 사람을 단 한 명만 찾았더라도 연구 결과는 완전히 달라졌을 것이다. 많은 사람이 수정구슬에 손을 댔다가 미래를 예측하는 데 실패를 맛봤다. 그래서 먼 미래를 정확하게 예측하는 것이 불가능한 일로 여겨질 수 있다. 이미 우리는 정보를 기계적으로 수집하여 분석하면 인적 판단보다 우월한 예측이 나온다는 사실을 확인했다. 인적 판단 대신 규칙과 알고리즘의 예측 정확도를 활용하면, 실제 결과를 직관적으로 얼마나 정확하게 예측할 수 있는지 또는 예측할 수 없는지를 더 효과적으로 확인할 수 있다는 얘기다.

이런 까닭에 여러분은 알고리즘이 예측적 판단보다 훨씬 우월하다는 인상을 받았을 것이다. 하지만 그 인상은 오해를 불러일으킬 수 있다. 예측 모델이 인간보다 더 정확한 예측을 꾸준히 내놓기는 하지만, 인간보다 훨씬 더 정확한 것은 아니다. 기본적으로 인간과 예측 모델에 같은 정보가 주어졌을 때 인간의 판단은 형편없고 예측 모델의 판단은 훌륭하다고 주장할 마땅한 증거가 없다.

9장에서 우리는 임상적인 판단보다 기계적으로 정보를 수집하고 분석하여 내린 판단이 우월하다는 것을 보여주는 136개의 연구 검토 결과[6]를 살펴봤다. 이 우월성의 증거는 실로 "방대하고 일관적"이다. 하지만 기계적인 판단과 임상적인 판단이 낸 성과의 간극은 그리 크지 않다. 검토했던 연구 가운데 93개는 양자택일 상황에

3부 예측적 판단에 나타나는 잡음

집중했고 임상자와 공식의 '적중률'을 측정했다. 중간값 연구에서 임상자의 적중률은 68퍼센트였고, 공식의 적중률은 73퍼센트였다. 35개 연구에선 정확도의 척도로 상관계수가 사용됐다. 상관계수가 사용된 연구에서 임상자는 실제 결과와의 중간 상관계수로 .32(일치 백분율=60%)를 기록한 반면, 공식은 .56(일치 백분율=69%)이었다. 두 경우 모두 공식이 일관되게 임상자보다 더 좋은 추정값을 도출했다. 하지만 여기서도 기계적인 예측의 한계가 눈에 띈다. 예측 모델이 상당한 성과를 보여주긴 하지만, 그렇다고 해서 예측 가능성의 최저 한계가 바뀌진 않으니 말이다.

인공지능은 어떨까? 알다시피 인공지능은 상대적으로 단순한 예측 모델보다 더 좋은 성과를 낸다. 하지만 대부분의 경우 인공지능의 성과는 완벽함과는 거리가 멀다. 예를 들어 10장에서 살펴본, 피고가 보석 기간 중 도주할 위험을 예측하는 알고리즘을 떠올려보자. 이미 우리가 확인한바, 알고리즘은 보석 신청이 불허된 피고의 수를 일정하게 유지하면서 범죄율을 최대 24퍼센트까지 하락시킬 수 있었다. 이는 보석 판사들의 예측에 비하면 상당한 개선이다. 하지만 알고리즘이 완벽한 정확도로 피고의 재범 가능성을 예측할 수 있다면, 알고리즘은 범죄율을 훨씬 더 낮출 수 있었을 것이다. 영화 〈마이너리티 리포트〉에 나오는 것처럼 미래 범죄를 초자연적으로 예측해내는 일은 어느 한 이유 때문에 SF에서나 가능한 일이 된다. 바로 인간 행동을 예측하는 데에는 어마어마한 객관적인 무지가 존재한다는 점 말이다.

센딜 멀레이너선과 지아드 오버마이어Ziad Obermeyer는 심근경색 위험을 예측하는 모델을 설계했다.[7] 환자들이 심근경색 징후를 보이면, 응급실 의사들은 추가 검사를 할지 말지 결정해야 한다. 원칙적으로는 심근경색 위험이 매우 높은 환자들만 추가 검사를 받게 된다. 추가 검사가 비용도 많이 들뿐더러 침습적이고 위험 부담이 크기 때문이다. 그래서 심근경색 위험이 낮은 환자들에게 추가 검사를 지시하는 것은 바람직하지 않다. 이런 이유로 의사들은 추가 검사 여부를 판단하기 위해서 환자의 심근경색 위험도를 평가해야 한다. 연구진은 이 평가를 수행하는 인공지능 모델을 고안했다. 이 예측 모델은 2,400개 이상의 예측 변수를 사용하고 대규모 표본(환자 160만 명의 의료보험 신청 440만 건)을 근거로 심근경색 위험도를 평가한다. 예측 모델은 이 상당한 양의 데이터로 객관적인 무지의 한계에 접근할 것이다.

물론 인공지능 모델의 정확도는 응급실 의사들보다 단연코 우월했다. 그렇다면 예측 모델의 성과를 평가하기 위해, 예측 모델이 심근경색 고위험군으로 분류한 환자들을 살펴보자. 이 환자들은 추가 검사 결과, 그중 30퍼센트가 심근경색이 왔던 것으로 확인됐다. 반면에 중간 그룹에 속한 환자들은 9.3퍼센트가 심근경색을 겪었던 것으로 나타났다. 이 정도 수준의 차이는 인상적이긴 해도 완벽과는 거리가 멀다. 여기서 우리는 의사들의 성과가 그들 판단의 불완전함만큼이나 객관적인 무지의 수준에 의해 제약을 받는다는 합리적인 결론을 도출할 수 있다.

3부 예측적 판단에 나타나는 잡음

무지의 부정

완벽한 예측은 불가능하다. 이건 너무나 당연해서 하나 마나 한 소리인지도 모른다. 미래는 예측 불가능하다는 주장은 우리가 생각해도 혁신적인 발상이 아니다. 하지만 이 자명한 사실은 주기적으로 무시되곤 한다. 사람들이 자신의 예측을 지나치게 자신한다는 부단한 사실이 그 증거다.

이런 사실은 직관적인 의사결정자들을 대상으로 한 비공식적 여론조사를 새롭게 조명해준다. 사람들은 주관적인 확신을 예측 타당성 지표로 오해한다. 가령 9장에서 살펴본 나탈리와 모니카의 사례에서 여러분이 일관된 판단을 내릴 때 느낀 내재적 신호는 나탈리가 더 강력한 후보자라는 데 확신을 심어줬다. 하지만 이 예측에 확신이 있었다면 타당성의 환상에 빠진 것이다. 9장에서 주어진 정보로 얻을 수 있는 예측 정확도는 굉장히 낮기 때문이다.

스스로 꽤 정확한 예측적 판단을 내릴 수 있다고 믿는 사람들은 단지 과신에만 빠진 것이 아니다. 그들은 자신의 판단에 잡음과 편향의 위험이 존재한다는 사실마저 부정한다. 단순히 자기를 남들보다 우월한 존재로 여기는 게 아니라, 사실상 예측 불가능한 사건들을 예측 가능하다고 믿는 것이다. 이는 현실의 불확실성을 암암리에 부인하는 행위다. 우리식으로 말하면, 이런 태도는 **무지의 부정**에 해당한다.

무지의 부정은 폴 밀과 그 추종자들을 당혹스럽게 했던 문제에 해답을 제공한다. 왜 밀의 발견은 널리 받아들여지지 않은 것일까?

왜 의사결정자들은 계속 자신들의 직감에 의지하는 것일까? 의사
결정자들은 직감에 귀 기울임으로써 내재적 신호를 듣고 그에 따
른 감정적 보상을 느낀다. 좋은 판단에 이르렀다는 내재적 신호는
'이유는 모르지만 알고 있다'는 확신의 목소리다. 하지만 증거를 가
지고 실제 예측력을 객관적으로 평가해보면, 그런 지나친 확신은
정당화되지 않을 것이다.

직관적인 확신이 주는 감정적 보상을 포기하기란 쉽지 않다. 조
직 리더들은 특히나 본인들이 매우 불확실해 보이는 상황에서 자
기 직관에 의지해 의사결정을 내린다고 강조한다.[8] 주어진 사실을
이해할 수 없고 그토록 원하는 확신이 생기지 않을 때, 그들은 이해
와 확신을 제공하는 자신들의 직관에 의존한다. 무지가 클수록, 그
런 무지를 부인하고픈 유혹도 커지기 마련이다.

무지의 부정은 또 다른 문제에 해답을 제공한다. 인간의 판단이
생각보다 정확하지 않다는 증거와 마주했을 때, 많은 리더가 모순
적인 결론을 도출한다. 그들은 직감에 따라 내린 자신들의 결정이
완벽하진 않을지 몰라도, 보다 체계적으로 판단을 내리는 모델들
역시 완벽에 가깝지 않다면 그것들을 도입할 가치가 없다고 주장
한다. 예를 들어 판단자의 평가와 실제 업무 실적의 상관계수가
.28(일치 백분율=59%)이었던 연구를 다시 생각해보자. 우리가 검토
했던 증거와도 부합하는 이 연구에 따르면, 기계적 예측이 더 정확
할 순 있지만 그 차이는 그리 크지 않았다. 모델의 예측과 실제 업
무 실적의 상관계수는 .44(일치 백분율=65%)였다. 이를 두고 임원들
은 '왜 굳이 귀찮게 완벽하지도 않은 모델을 도입하나?'라고 반문

3부 예측적 판단에 나타나는 잡음

할지 모른다.

하지만 누구를 채용하느냐 같은 중요한 의사결정 과정에서 타당성을 높이는 건 굉장히 가치 있는 일이다. 임원들은 일상적으로 별로 크지도 않은 효과를 얻기 위해서 업무 방식에 상당한 변화를 시도한다. 그런 변화가 성공을 보장할 수는 없지만, 자신들의 의사결정에서 정확도를 높인다면 성공 가능성이 커질 것이라고 그들은 생각한다. 또한 그들은 확률도 이해하고 있다. 같은 가격으로 당첨 확률이 65퍼센트인 복권을 살 수 있다면 그들 중 어느 누구도 당첨 확률이 59퍼센트인 복권을 사진 않을 것이다.

문제는 이 상황에서 '가격'이 동일하지 않다는 것이다. 직관적인 판단에는 내재적 신호가 보상으로 따라온다. 사람들은 높은 정확도에 도달한 알고리즘을 신뢰할 준비가 되어 있다.[9] 왜냐하면 정확도 높은 알고리즘은 내재적 신호가 제공하는 보상에 맞먹거나 이를 넘어서는 확신을 주기 때문이다. 하지만 내재적 신호라는 감정적 보상을 포기하고, 예측 타당성이 그리 높지 않은 기계적 과정을 대안으로서 받아들이기에는 치러야 할 대가가 너무 크다.

이 점은 인적 판단을 개선하는 데에서 중요한 함의를 지닌다. 기계적 예측과 알고리즘 예측에 유리한 모든 증거가 다 갖추어져도, 그리고 예측 정확도 면에서 점진적인 개선을 분명히 보여주는 합리적인 계산 방법이 있어도, 많은 의사결정자가 자신의 직관을 활용할 기회를 박탈하는 접근법을 채택하길 거부할 것이다. 많은 영역에 도입된 알고리즘이 거의 완벽에 가깝지 않은 이상, 객관적인 무지는 불완전한 알고리즘이 인적 판단을 대체하는 일을 결코 허

용하지 않을 것이다. 이것이야말로 인적 판단이 반드시 개선되어야
하는 이유다.

객관적인 무지에 대하여 _____

"예측이 있는 곳에 무지가 있고, 아마도 우리의 생각보다 더 많은 무지가 있을
것이다. 우리가 믿는 전문가들이 다트판에 다트를 던져 판단을 내리는 침팬지
보다 정확하게 예측하는지 확인해본 적 있는가?"

"정말 알고 있는 무언가 때문이 아니라 내재적 신호 때문에 자신의 직감을 믿
을 때, 우리는 객관적인 무지를 부인하고 있는 것이다."

"예측 모델이 사람보다 더 정확한 판단을 내릴 수는 있다. 하지만 그 차이는 그
리 크지 않다. 대개는 평범한 인적 판단과 조금 나은 예측 모델이 있을 뿐이
다. 그래도 더 좋은 것이 좋고, 예측 모델이 인간보다 낫다."

"이런 결정을 내리는 데 예측 모델을 사용한다는 것은 결코 편안한 일이 아닐
것이다. 우리는 충분한 확신을 얻기 위해 내재적 신호가 필요할 뿐이다. 그러
니 가능한 한 최선의 의사결정 과정을 거치도록 노력하자."

3부 예측적 판단에 나타나는 잡음

NOISE

12장

정상의
계곡

이제 더 광범위한 주제를 살펴보자. 쉬운 문제도 많지만 객관적인 무지의 지배를 받는 문제도 많은 이 세상에서 우리는 어떻게 편안함을 얻는 걸까? 결국 객관적인 무지가 심각한 곳에 사는 우리는 인간사에서 미래를 내다보는 수정구슬의 쓸모없음을 깨닫게 된다. 하지만 이런 깨달음은 우리가 이 세상을 살면서 흔히 경험하는 바는 아니다. 11장에서 보았듯, 여전히 우리는 거의 쓸모없는 정보를 가지고서 미래에 대한 대담한 예측을 기꺼이 감행하려 든다. 이 장에서는 예측할 수 없었던 사건인데도 그것을 이해할 수 있다고 믿는 만연한 오해에 관해 다룰 것이다.

이런 믿음이 정말로 뜻하는 바는 무엇일까? 우리는 사회과학 연구와 일상의 경험이라는 두 가지 맥락에서 이 질문에 대한 답을 구하고자 한다.

우리 삶을 예측할 수 있을까

2020년 112명의 연구원으로 구성된 한 연구진이 《미국국립과학원 회보Proceedings of the National Academy of Sciences》에 색다른 논문을 실었다.[1] 프린스턴대학교 사회학 교수인 두 사람, 사라 매클라너핸Sara McLanahan과 매슈 샐거닉의 주도 아래 해당 연구진은, 사회과학자들이 사회적으로 취약한 가정의 인생 궤적을 실제로 얼마나 이해하고 있는지 확인하고자 연구를 진행했다. 과연 사회과학적 지식을 갖춘 사회과학자들은 한 가정에서 일어나는 사건들을 얼마나 잘 예측할 수 있을까? 구체적으로 말해서, 통상 사회학자들이 연구를 위해 수집하는 정보를 가지고 생활 사건을 예측한다면 그 예측 정확도는 어느 정도일까? 우리식으로 말하자면, 이 연구의 목표는 사회학자들이 할 일을 마친 뒤 생활 사건들에 남아 있는 객관적인 무지의 수준을 측정하는 것이었다.

연구진은 〈취약 가정과 아동복지 연구Fragile Families and Child Wellbeing Study〉에서 필요한 자료를 가져왔다. 이것은 출생 이후 15년간 아동들을 대상으로 실시한 대규모 종단 조사였는데, 이 방대한 데이터에는 거의 5,000명에 이르는 아동의 가정환경에 관한 수천 가지 정보가 실려 있었다. 조사 대상이 된 아이들은 대부분 미국 대도시의 미혼 가정에서 태어났으며, 조사 자료에는 조부모의 교육 수준과 직업, 모든 가족 구성원의 자세한 건강 정보, 경제적·사회적 지위에 관한 지표, 그들이 답한 다양한 설문지, 인지능력과 성격에 대한 검사 등 많은 정보가 담겨 있었다. 〈취약 가정과 아동

3부 예측적 판단에 나타나는 잡음

복지 연구〉의 정보 양은 실로 방대하여 그 뒤로 사회과학자들은 이 자료를 최대한 활용했는데, 750편 이상의 학술논문이 여기서 얻은 데이터를 기반으로 작성됐다. 특히 그 가운데 대다수는 고등학교 성적과 범죄 기록 같은 '삶의 결과'를 설명하기 위해 아동과 그 가족에 관한 배경 데이터를 활용했다.

프린스턴대학교 연구진이 진행한 연구는 아동이 15세가 됐을 때 관측되는 여섯 가지 결과에 대한 예측 가능성에 집중했는데, 가령 최근 강제 퇴거를 당한 적 있는지, 아동의 GPA 점수가 얼마나 되는지, 경제적 여건의 전반적인 수준은 어느 정도인지 등이 항목에 포함되었다. 연구진은 이른바 '공통 과제 방법'을 활용했다. 그들은 다른 연구원들을 초청하여, 〈취약 가정과 아동복지 연구〉에 나오는 가정에 대한 방대한 데이터를 활용해 여섯 가지 항목에서 얼마나 정확한 예측을 해내는지 겨뤄보았다. 이런 종류의 경연은 사회과학에서는 참신한 시도지만 컴퓨터 공학에서는 흔한 광경이다. 컴퓨터 공학 분야에서는 여러 팀을 초청하여 표준 문장을 머신러닝 기법으로 해석하거나 수많은 사진에서 동물을 포착해내는 등의 과업으로 경쟁을 하는 일이 잦은데, 이러한 경연에서 우승한 팀의 업적이 그 당시의 최신 기술을 규정한다. 하지만 이것은 다음 경연이 되면 항상 다른 기술로 대체된다. 신속한 개선을 기대하기 어려운 사회과학에서 예측 과제를 수행할 때에는, 경연에서 나온 가장 정확한 예측을 하나의 척도로서 활용하는 것이 합리적이다. 말하자면 결과에 대한 예측 가능성의 척도로서, 즉 객관적인 무지의 잔류 수준을 가늠할 수 있는 척도로서 말이다.

이러한 도전은 연구자들 사이에서 상당한 흥미를 불러일으켰다. 최종 보고서에는 전 세계 지원자들 가운데서 선발한, 고도의 자격 요건을 갖춘 160개 연구팀의 결과물이 실렸다. 선정된 이들은 스스로를 데이터 과학자라 칭하며 머신러닝을 활용했다.

경연 첫 단계에서 참가팀들은 여섯 항목을 포함한 전체 표본[2]의 절반에 해당하는 데이터에 접근했다. 그들은 이 '학습 데이터'로 예측 알고리즘을 학습시켰다. 그러고 나서 그들이 개발한 알고리즘은, 그 알고리즘을 학습시키는 데 사용되지 않은 채 따로 떼어져 있던 일부 표본 가정들에 적용됐다. 참가팀은 평균제곱 오류를 이용해서 자기들이 만든 예측 모델의 정확도를 측정했다. 다시 말해 각 사례의 예측 오류는 실제 결과와 알고리즘 예측 간의 차이를 제곱한 값이었다.

과연 이 경연에서 우승한 예측 모델은 얼마나 훌륭했을까? 물론 대량의 데이터 세트를 기반으로 학습한 정교한 머신러닝 알고리즘은 단순한 선형 모델보다 정확한 예측치를 도출했다(그리고 더 나아가 인적 판단을 넘어서는 예측을 했다). 하지만 매우 단순한 모델과 비교해도 인공지능 모델의 예측 정확도가 그렇게 많이 개선된 편은 아니었고, 여전히 실망스러울 정도로 낮았다. 강제 퇴거 가능성을 예측할 때, 최고 모델의 상관계수는 .22(일치 백분율=57%)였다.[3] 비슷한 결과들이 다른 단일 사건에 대한 예측, 가령 보호자가 실직했거나 직업 훈련을 받고 있는지, 아동이 '투지grit'(어떤 목표를 향해 인내하고 열정적으로 돌진하는 성격적 특성) 점수를 얼마나 받을지 등에서도 나타났다. 여기서 상관계수는 .17~.24(일치 백분율=55~58%)를 기록

3부 예측적 판단에 나타나는 잡음

했다.

여섯 개의 목표 결과값 중 두 개는 총합이었고, 예측 가능성이 훨씬 더 높았다. 아동의 GPA 점수와의 상관계수는 .44(일치 백분율=65%)였으며, 지난 12개월간 물질적 어려움의 척도와의 상관계수는 .48(일치 백분율=66%)이었다(이 척도는 '배고픈 적이 있었나?' '전화 서비스가 중단됐는가?' 등 11개 질문에 기초한 것이다). 종합 척도는 단일 결과의 척도보다 더 예측적이고 예측 가능한 것으로 널리 알려져 있다. 결론적으로 다량의 예측 정보는 인간 삶의 단일 사건을 예측하기엔 충분치 않았고, 심지어 종합적인 예측도 상당히 제한적이었다.

이 연구에서 관측된 결과는 전형적이었으며, 사회과학자들이 보고한 많은 상관계수가 이 범위 안에 들어갔다. 100년 동안 2만 5,000건의 연구와 800만 명의 피험자를 대상으로 진행된 사회심리학의 대규모 연구에서 "사회심리학적 효과는 일반적으로 .21에 상응하는 상관계수를 지닌다"는 결론이 나왔다.[4] 성인의 키와 발 크기 사이에서 나타나는 .60과 같은 훨씬 더 높은 상관계수는 물리적 측정에서는 흔하지만, 사회과학에서는 매우 드물다. 행동과학과 인지과학에서 진행된 708개의 연구를 검토한 결과, 보고된 상관계수의 오직 3퍼센트만이 .50 이상이었다.[5]

'통계적으로 유의미하다'거나 심지어 '매우 유의미하다'는 연구 결과를 읽어본 적이 있다면, 이토록 낮은 상관계수가 놀라울 것이다. 통계 용어는 전문 지식이 없는 독자에게 곧잘 오해를 불러일으킬 수 있는데, 그중에서도 '유의미하다'라는 표현이 오해의 소지가 가장 크다. 어떤 연구 결과가 '유의미하다'고 기술되었다면, 우리는 그걸 '강력하다'는 의미로 받아들여선 안 된다. 유의미한 결과라 함은 그저 우연히 나온 결과가 아니란 뜻이다. 충분히 큰 표본과 함께 상관관계는 매우 '유의미한' 동시에 구체적으로 논하기엔 너무 작을 수 있다.

경연 연구 결과 나타난, 단일 사건에 대한 제한된 예측 가능성은 이해와 예측의 차이에 관해 골치 아픈 메시지를 전달한다. 〈취약 가정과 아동복지 연구〉는 사회과학의 보고이고, 해당 데이터는 방대한 연구에 사용됐다. 그 데이터를 바탕으로 연구를 진행하고 결과를 발표했던 학자들은 본인들 덕분에 취약 가정의 삶에 대한 이해도가 더 높아졌다고 생각했을 것이다. 하지만 안타깝게도 이처럼 뭔가 진일보했다는 느낌은, 개인 삶에 나타나는 개별 사건을 낱낱이 예측해내는 능력과는 짝지어질 수 없었다. 〈취약 가정과 아동복지 연구〉 데이터를 바탕으로 여러 연구진이 참여한 경연 연구 결과 보고서 초록에는 다음과 같은 냉혹한 권고가 실려 있다. "연구원들은 자신들이 인생 궤적을 이해한다는 생각을 재고하고, 그 어느 예측도 매우 정확하진 않았다는 사실을 받아들여야 한다."[6]

이해와 예측

이 비관적인 결론의 이면에 숨은 논리를 좀 세심하게 들여다볼 필요가 있다. 취약 가정의 인생 궤적을 예측하는 경연 결과 보고서 저

3부 예측적 판단에 나타나는 잡음

자들은 이해와 예측을 (또는 이해의 부재와 예측의 부재를) 동일시할 때, 어떤 구체적인 의미로 **이해**란 용어를 쓰고 있다. 이해에는 다른 여러 의미가 있다. 수학적 개념을 이해한다거나 사랑이 무엇인지 이해한다고 말할 때는 어떤 구체적인 예측을 할 수 있는 능력을 암시하고 있는 게 아니다.

하지만 사회과학 담론과 대부분의 일상 대화에서 무언가를 이해한다는 것은 그 일의 **원인**을 이해한다는 의미다. 〈취약 가정과 아동복지 연구〉를 위해 수만 개의 변수를 수집하고 조사했던 사회학자들은 자신들이 관측한 결과의 원인을 찾았다. 무엇이 환자를 아프게 하는지 이해하는 의사들은 자신들이 진단한 병이 환자에게서 관측된 증상의 원인이라고 주장한다. 이해한다는 것은 인과관계를 설명할 수 있다는 것이다.[7] 예측력은 그러한 인과관계가 정말로 확인되는지 여부를 알아볼 수 있는 척도다. 그리고 예측 정확도의 척도인 상관관계는 우리가 인과관계를 얼마나 설명할 수 있는지와 관련된 또 하나의 척도다.

기초 통계학을 배웠고 "상관관계가 인과관계를 함의하진 않는다"는 경고문을 자주 본 사람이라면, 저 마지막 문장이 놀라울 것이다. 예를 들어 아동의 신발 크기와 수리 능력의 상관관계에 대해 생각해보자. 여기서 하나의 변수는 분명 다른 변수를 유발하지 않는다. 상관관계는 신발 크기와 수리 능력이 아동의 나이와 더불어 커진다는 사실에서 비롯한다. 상관관계는 진짜로 존재하며 예측의 근거가 된다. 그래서 아동의 발이 크다는 사실을 알게 되면, 그 아동의 발이 작다는 사실을 알게 된 경우보다 수학적 지식 수준을 더 높게 예측할 것이다. 하지만 이 상관관계로부터 인과관계를 도출해선 안 된다.

단, 기억할 것은 상관관계가 인과관계를 함의하진 않지만, 인과관계는 상관관계를 함의한다는 점이다. 인과관계가 존재하는 곳에서는 상관관계가 발견된다. 성인에게서 나이와 신발 크기의 상관관계를 찾지 못했다면, 청소년기를 지난 뒤엔 나이를 먹는다고 발이 더 커지진 않는다는 결론을 내릴 수 있다. 성인이 되고 나서도 신발 크기가 달라졌다면 그 원인을 다른 데서 찾아야 한다.

요컨대 인과관계가 존재하는 곳에는 상관관계가 존재한다. 그러므로 인과관계가 확인되면, 예측 정확도인 상관관계를 예상할 수 있어야 한다. 상관관계는 얼마나 많은 인과관계를 이해하고 있는지에 대한 척도다. 프린스턴대학교 연구진은 다음의 결론을 내렸다. '사회학자들이 강제 퇴거와 같은 사건을 어느 정도까지 예측하느냐는 그들이 취약 가정의 인생 궤적에 대해 얼마나 많이 또는 얼마나 적게 이해하느냐를 보여준다.' 참고로 사회학자들의 예측은 강제 퇴거와 .22의 상관계수를 지니는 것으로 측정됐다. 객관적인 무지는 우리의 예측만이 아니라 우리의 이해에도 한계를 지운다.

전문가들은 자신 있게 자기 분야를 이해한다고 말한다. 도대체 이게 무슨 뜻일까? 어떻게 그들은 자기가 관측한 현상의 원인을 표명하고 그에 대하여 자신 있게 예측할 수 있을까? 한마디로 왜 전문가들은, 그리고 우리 모두는 이 세계에 대한 스스로의 객관적인 무지를 과소평가하는 것일까?

3부 예측적 판단에 나타나는 잡음

인과적 사고

이 장의 전반부를 읽으면서 취약 가정이 강제 퇴거와 같은 부정적인 경험을 하게 되는 이유에 대해 생각해본 사람들도 있을 것이다. 그렇다면 그들은 지금까지 우리가 만났던 연구진과 똑같은 방식으로 사고한 셈이다. 즉 여러분은 **통계적 사고**statistical thinking를 했던 것이다. 아마도 여러분은 취약 가정의 인구구성 등 총체에 관심을 갖고 평균치, 변화량, 상관관계 등 이를 설명하는 통계 자료를 분석했을 테지만, 개별 사건에는 주목하지 않았을 것이다.

여기서 자연스럽게 머릿속에 떠오르는[8] 다른 유형의 사고방식을 **인과적 사고**causal thinking라고 부르자. 인과적 사고는 구체적인 사건, 사람과 대상이 서로 영향을 주고받는 이야기를 만들어낸다. 인과적 사고가 무엇인지 살펴보기 위해 이런 장면을 상상해보자. 여러분은 사회복지사로 불우한 가정을 돕는 일을 한다. 그러던 어느 날 존스 가족이 살던 집에서 쫓겨났다는 이야기를 들었다. 이 소식에 대한 여러분의 반응은 여러분 자신이 그들에 대해 무엇을 알고 있느냐에 따라 결정된다. 공교롭게도 집안의 가장인 제시카 존스는 몇 달 전에 실직했다. 제시카는 다른 직장을 구하지 못했고, 이후 월세를 제대로 내지 못했다. 제시카는 월세의 일부만 냈으며, 여러 차례 건물 관리인에게 간청했다. 심지어 여러분에게 도와달라고도 했다(그래서 사회복지사로서 여러분이 개입했지만, 건물 관리인은 꿈쩍도 하지 않았다). 이런 맥락에서 존스 가족이 집에서 쫓겨난 사건은 슬프지만 놀랍지 않다. 사실 일련의 사건들을 놓고 보면 논리적으로 당연한 결과처럼 느껴진다. 이미 정해진 비극의 불가피한 대단 원인 것이다.

불가피한 결과였다고 생각해버리면, 쉽게 상황이 변할 수 있었 다는 가능성을 잊게 된다. 운명의 갈림길에서 다른 길을 선택할 수 도 있다는 가능성을 생각하지 못하는 것이다. 제시카는 계속 일을 하거나 새 직장을 빨리 구할 수 있었다. 사촌이 그녀를 도와줄 수도 있었다. 사회복지사인 여러분이 더 적극적으로 그들을 도와줄 수도 있었다. 건물 관리자가 존스 가족의 사정을 더 이해하고 그들에게 몇 주의 유예기간을 줄 수도 있었다. 그 기간 동안 제시카는 직장을 구하고 밀린 월세를 낼 수도 있었다.

결말을 이미 알고 들으면 이런 대안들도 본래 이야기만큼이나 놀랍지 않다. 결과가 무엇이든지(집에서 쫓겨나든 쫓겨나지 않든), 일단 일이 벌어지면 인과적 사고 때문에 그 사건을 완전히 설명할 수 있 다는, 정말로 예측할 수 있다는 느낌이 든다.

정상의 계곡에서 이해하기

이 부분에 대해서는 심리적 설명이 가능하다. 치명적인 팬데믹, 세 계무역센터 테러 공격, 다단계 금융사기로 밝혀진 유명 헤지펀드 등 어떤 사건들은 우리에게 놀라움을 안긴다. 우리 개인의 삶에서 도 가끔 충격적인 사건이 일어난다. 낯선 사람과 사랑에 빠지거나, 어린 동생이 갑자기 죽거나, 뜻밖의 유산을 상속받는 일이 생기기도 한다. 반면 초등학생이 수업을 마치고 정해진 시간에 집으로 돌아오는 것처럼 반드시 일어나리라고 기대되는 사건들도 있다.

하지만 대부분의 인간 경험은 이 양극단 사이 범주에 들어간다. 우리는 가끔 어떤 구체적인 사건이 일어나기를 열렬히 기대하는가 하면 예상치 못한 사건에 놀라기도 한다. 하지만 대부분의 사건들은 넓은 정상의 계곡valley of the normal에서 일어난다. 정상의 계곡에서는 전혀 기대한 바 없고 딱히 놀랍지도 않은 사건들이 일어난다. 말하자면 '평범한 일'이 일어나는 것이다. 예를 들어 지금 다음 문단에 기대와 달리 갑자기 터키어가 등장한다면 크게 놀랄 것이다. 반면에 이런 충격 없이 이 책의 주제와 상관없는 주제가 등장할 수도 있다.

정상의 계곡에서 일어나는 사건들은 존스 가족이 살던 집에서 쫓겨난 이야기와 마찬가지로 전개된다. 기대하지도 예측하지도 않은 일이지만, 지나고 나서 생각해보면 정상적인 일처럼 다가오는 것이다. 이렇게 되는 이유는 우리가 현실을 이해하는 과정이 회고적이기 때문이다.[9] 적극적으로 기대하지 않았던 사건(존스 가족이 집에서 쫓겨난 일)은 그 사건의 원인이 될 만한 것이 무엇인지(취업난, 완강한 건물 관리인)를 되돌아보게끔 한다. 그러다 좋은 서사가 발견되면 그런 탐색은 끝이 난다. 만일 정반대의 일이 벌어졌다 해도 마찬가지 탐색을 통해 설득력 있는 원인(제시카 존스의 고집, 이해심 있는 건물 관리인)을 머릿속에 떠올렸을 것이다.

이 사례들이 보여주듯, 정상의 계곡에서 일어나는 많은 사건은 말 그대로 자명하다. 존스 가족 이야기의 두 버전에 등장하는 건물 관리인이 전혀 다른 인물이었다는 사실을 눈치챘을 것이다. 첫 번째 버전에 등장하는 건물 관리인은 매정했고, 두 번째 버전에 등장하는 건물 관리인은 친절했다. 하지만 그가 매정한 사람인지 친절한 사람인지는 오직 그의 행동을 통해서만 알 수 있다. 우리가 그에 대해 알고 있는 사실을 근거로 놓고 보면 그의 행동은 일관성이 있는 것만 같다. 일어난 사건 자체가 일의 원인을 설명하고 있다.

예상하지 못했지만 놀랍지 않은 결과를 이런 식으로 설명해나가다 보면, 결국엔 나름대로 합리적인 결론에 이르게 된다. 이것이 이야기를 **이해한다는 것**의 의미다. 그래서 우리는 어떤 일이 지나고 나면, 결과를 예측할 수 있었다고 생각하게 된다. 사건이 발생하면 그 자체로 설명이 되기 때문에, 그 사건이 일어나기도 전에 예측할 수 있었다는 환상에 빠진다.

더 포괄적으로 말하면, 스스로 서사를 만들어서 관측한 사건을 설명해내는 능력이 사람들로 하여금 세상을 이해한다고 느끼게 만든다. 어떤 사건의 원인을 찾는 여정은 대체로 늘 성공적이다. 왜냐하면 원인이란 것은 이 세상에 대한 무한한 사실과 믿음으로부터 도출될 수 있기 때문이다. 예를 들어 저녁 뉴스를 본 사람이라면 누구나 주식 시장에 나타난 거대한 움직임들 가운데 설명되지 않는 것이 거의 없다는 사실을 알 것이다. 같은 뉴스 흐름이 지수의 하락(불안한 투자자들은 이 뉴스를 보고 걱정에 잠긴다!)과 상승(낙관적인 투자자들은 여전히 낙관적이다!) 모두를 '설명할' 수 있다.

어떤 사건의 분명한 원인을 찾을 수 없을 때, 사람들은 세상을 기초로 만든 모델에서 빠진 부분을 채워나가면서 이미 일어난 사건을 설명해낸다. 이렇게 우리는 전에 알지 못했던 사실을 추론해내는 것이다(가령 건물 관리인이 몹시 친절한 사람이었다든지). 기존 모델을 변경해도 결과가 설명되지 않으면, 그것은 '놀라운' 결과가 되고 그에 대한 더 자세한 설명을 찾기 시작한다. 모든 일이 일어나고 나서도 결과가 이해되지 않는 경우에만 우리는 충격을 받는다.

현실을 인과적으로 해석하는 것이 우리가 이 세상을 '이해하는' 방법이다. 살아가면서 인생을 이해하고 있다는 느낌은 정상의 계곡에서 꾸준히 뒤를 돌아보는 행위가 있기에 가능하다. 이러한 느낌은 기본적으로 인과적이다. 새로운 사건이 발생하면, 그 사건을 설명할 수 있는 여러 가정이 떠오른다. 우리는 그 가정들을 하나씩 지워나가면서 사건의 불확실성을 제거해나간다. 결국에는 사건의 불확실성은 거의 남지 않는다. 고전적인 연구에서 알 수 있듯이 우리는 사후적으로 사건을 이해한다.[10] 그래서 주관적인 불확실성이 잠시나마 존재하더라도 그게 해소되고 나면, 그 불확실성에 대한 기억은 이내 지워진다.

안팎의 시각

지금까지 우리는 사건을 이해하는 두 가지 사고방식, 즉 통계적 사고와 인과적 사고를 대조하며 살펴봤다. 인과적 사고는 사건이 정상적인지 또는 비정상적인지를 실시간으로 분류하고 사건 이해에 필요한 정신노동을 줄여준다. 비정상적인 사건을 이해하려면 환경과 기억에서 관련 정보를 찾아야 하기에 많은 노력이 요구된다. 또한 무언가가 일어나기를 주의 깊게 기다리는 적극적인 기대에도 노력이 필요하다. 이와 대조적으로 정상의 계곡에서 일어나는 일련의 사건들을 이해할 때는 정신노동이 거의 필요 없다. 우연히 마주친 이웃이 미소를 짓는 모습, 혹은 어떤 생각에 잠겨 있다가 여러분을 보고 고개를 까딱하며 가볍게 인사하는 모습을 떠올려보자. 과거에 이런 경험이 있었던 사람은 그 어느 경우에도 크게 관심을 두지 않을 것이다. 하지만 이웃이 평소와 달리 활짝 웃었다거나 아주 형식적인 인사를 했다면, 그가 왜 그렇게 행동하는지를 이해하려고 기억을 더듬기 시작할 것이다. 비정상적인 사건을 감지하는 데 필요한 경계심을 유지하는 동안 인과적 사고는 불필요한 노력을 피한다.

그에 반해 통계적 사고를 하려면 노력이 필요하다. 통계적 사고에는 심사숙고와 관련된 사고 모드인 시스템2[11]만이 제공할 수 있는 관심 자원이 요구된다. 또한 통계적 사고는 기본 수준을 넘어서는 전문적인 훈련도 필요하다. 이런 유형의 사고는 전체 범주에서 출발하여, 개별 사건을 보다 포괄적인 범주의 한 사례로 간주한다. 통계적 사고는 존스 가족이 집에서 쫓겨난 사건을 구체적인 사건들이 연이어 발생하면서 생긴 결과로 보지 않는다. 존스 가족의 미래를 예측할 수 있는 사례들을 미리 관찰하고, 그 결과를 바탕으로 해당 사건을 통계적으로 가능한 (또는 불가능한) 결과로서 판단할 뿐이다.

인과적 사고와 통계적 사고의 뚜렷한 차이는 이 책에서 반복적으로 등장한다. 단일 사건을 인과적 사고를 통해 이해하면 예측 가능한 오류가 발생한다. 앞으로 우리가 **외부 관점**outside view이라 부를 통계적 사고에 기대면 이런 오류를 피할 수 있다.

여기서 짚고 넘어갈 부분이 있다. 인과적 사고가 통계적 사고보다 훨씬 더 자연스럽게 다가온다는 점이다. 통계적으로 다뤄야 하는 설명조차 인과적 서사로 쉽게 변하는 것은 이 때문이다. '그들은 경험이 부족했기 때문에 실패했다'라든지 '그들은 뛰어난 리더가 있어서 성공했다' 같은 판단에 대해 생각해보자. 경험이 부족한 팀도 성공한 바 있고, 위대한 리더도 실패한 바 있다는 반증이 쉽게 떠오를 것이다. 성공에 대한 경험과 뛰어남의 상관관계는 기껏해야 중간 정도이고 아마도 그보다 낮을 것이다. 하지만 평범한 인과관계는 쉽게 만들어진다. 인과관계가 그럴듯하게 느껴지면, 우리는 아무리 상관관계가 미약하더라도 그 사건을 상관관계로 평범하게 설명하려고 한다. 그래서 뛰어난 리더의 존재가 성공을 설명할 충분한 이유가 되고, 경험 부족이 실패의 충분한 원인이 된다.

이러한 사고의 오류를 피하는 대안이 세상에 대한 이해를 포기하는 것이라면, 결함이 있더라도 이런 사고방식에 의존할 수밖에 없을 것이다. 하지만 '인과적 사고'와 '과거를 이해하고 있다는 환상' 때문에 우리는 어떤 일이 일어날지 너무나 자신만만하게 예측한다. 인과적 사고를 선호하면 오류의 원천인 잡음을 등한시하게 된다. 왜냐하면 잡음은 기본적으로 통계적 개념이기 때문이다.

인과적 사고는 우리가 생각하는 것보다 예측 가능성이 매우 낮은 세상을 이해하는 데 도움이 된다. 그리고 세상을 실제보다 훨씬 더 예측 가능한 곳으로 보는 이유를 이해하는 데도 도움이 된다. 정상의 계곡에선 뜻밖의 일도, 모순된 일도 일어나지 않는다. 이곳에서 미래는 과거만큼이나 예측 가능한 것 같고 잡음은 들리지도 보이지도 않는다.

이해의 한계에 대하여 _____

"상관계수 .20(일치 백분율 = 56%)은 인간사에서 상당히 흔하게 관측된다."

"상관관계는 인과관계를 함의하지 않지만, 인과관계는 상관관계를 함의한다."

"대부분 정상적인 사건들은 기대되지도 않고 놀랍지도 않다. 그래서 설명이 필요 없다."

"정상의 계곡에서 발생하는 사건들은 기대되지도 않고 놀랍지도 않다. 그래서 따로 설명이 필요 없다."

"우리는 지금 무슨 일이 벌어지고 있는지 이해하고 있다고 생각하지만, 과연 그 일을 예측할 수 있었을까?"

3부 예측적 판단에 나타나는 잡음

4부

잡음은 어떻게
일어나는가

NOISE

잡음의 원천은 무엇일까? 그리고 편향의 원천은 무엇일까? 어떤 정신 기제가 판단의 변산성을 유발하고 인적 판단에 영향을 주는 공통적인 오류를 일으킬까? 한마디로 과연 우리가 잡음의 심리에 대해 알고 있는 것은 무엇일까? 지금부터 이 질문들에 대한 대답을 찾아보자.

우선, 과거를 이해하는 사고방식인 **시스템1** 사고는 많은 판단 오류를 유발한다. 13장에서는 시스템1이 판단을 내릴 때 활용하는 세 가지 중요한 판단 어림짐작을 살펴볼 것이다. 그리고 어떻게 그것들이 잡음은 물론이거니와 예측 가능하며 방향성을 지닌 오류(통계적 편향)를 유발하는지도 살펴볼 것이다.

14장에서는 시스템1의 특정한 작동 방식인 매칭을 집중적으로 살펴보고, 그것이 야기할 수 있는 오류를 다룰 것이다.

15장에서는 모든 판단에 없어서는 안 될 요소, 바로 판단이 내려지는 범위를 살펴볼 것이다. 여기서 우리는 적당한 범위를 선택하는 것이 좋은 판단의 전제 조건이며, 불분명하거나 부적당한 범위가 잡음의 주요 원천이 된다는 사실을 확인하게 될 것이다.

16장에서는 어쩌면 가장 흥미로울 수도 있는 잡음 유형의 심리적 원천을 살펴볼 것이다. 사람들이 서로 다른 사건을 두고 어떤 반응을 보일 때, 그들의 반응에선 특정 패턴이 목격된다. 개인의 성격처럼, 이러한 패턴도 무작위로 나타나지 않으며 대체로 시간이 흐르면서 안정된다. 하지만 그 영향은 쉽게 예측할 수 없다.

끝으로 17장에서는 잡음과 그 구성 요소를 간략하게 살펴볼 것이다. 이를 통해 앞서 우리가 제기한 질문, 즉 '잡음이 도처에 있음에도 왜 그것이 중요한 문제로 인식되지 않는가?'에 대한 답을 구해볼 수 있을 것이다.

DANIEL KAHNEMAN
OLIVIER SIBONY
CASS R. SUNSTEIN

13장

어림짐작,
편향 그리고
잡음

이 책은 직관적인 인적 판단에 대한 반세기 연구, 이른바 어림짐작과 편향에 관한 연구의 확장판이라고 할 수 있다. 어림짐작과 편향에 관한 연구의 첫 40년간의 결과는《생각에 관한 생각Thinking, Fast and Slow》에서 검토된 바 있는데,[1] 여기서 저자는 직관적 사고의 경이와 결함을 설명해주는 심리 기제를 탐구했다. 어림짐작과 편향에 관한 연구는 사람들이 어려운 질문을 받으면 **어림짐작**heuristics이라는 단순한 사고를 통해 답을 찾는 경향을 집중적으로 연구했다. 어림짐작은 빠른 직관적 사고이며 **시스템1**로도 알려져 있다. 일반적으로 어림짐작은 상당히 유용한 사고방식이고, 주어진 문제에 적절한 답을 만들어낸다. 하지만 때때로 어림짐작은 체계적이고도 예측 가능한 판단 오류인 편향으로 이어지곤 한다.

어림짐작과 편향에 관한 연구는 사람들의 차이점이 아닌 공통

점에 주목했다. 연구를 통해 사람들이 판단 오류를 일으키는 사고 프로세스를 공유한다는 사실이 밝혀졌다. 심리적 편향이란 개념이 친숙한 사람들은 심리적 편향이 **통계적 편향**을 낳는다고 추정할 것이다. 통계적 편향은 이 책에서 우리가 '똑같은 방향으로 참값에서 이탈한 측정 내지 판단'을 일컫는 말인데, 실제로 심리적 편향이 널리 공유되면 통계적 편향이 발생한다. 하지만 판단자들이 서로 다른 방식으로 편향되거나 그들의 편향 수준이 다를 경우, 심리적 편향은 제도 잡음을 만들어낸다. 물론 통계적 편향을 유발하든 잡음을 유발하든 심리적 편향은 항상 오류를 일으킨다.

편향의 진단

판단 편향은 참값과 추정값을 비교하면 종종 확인할 수 있다. 오류가 어느 한 방향으로 치우쳐져 있다면 예측적 판단에 편향이 존재한다는 방증이다. 예를 들어 어떤 프로젝트를 완료하는 데 소요되는 시간을 예측할 때, 추정 소요 시간의 평균은 보통 실제로 필요한 시간보다 훨씬 더 짧을 것이다. 이 익숙한 심리적 편향은 **계획 오류**planning fallacy라는 말로도 잘 알려져 있다.

　하지만 판단과 비교할 수 있는 참값이 없는 경우도 많다. 지금까지 우리는 참값을 아는 경우에만 통계적 편향을 감지할 수 있다고 강조했는데, 이를 고려하면 진실이 무엇인지 모르는 상황에서 심리적 편향을 연구한다는 게 가능한 일일지 궁금해질 것이다. 이에 연

그림12 | 편향 테스트를 위해 과녁 뒷면을 확인한 실험

패널1
동일한 표적의 정중앙을 겨냥했지만
다른 구역을 맞힘

패널2
서로 다른 표적의 정중앙을 겨냥했지만
같은 구역을 맞힘

구자들은 판단에 영향을 미쳐선 안 되는 요인이 판단에 통계적으로 영향을 주거나, 판단에 영향을 미쳐야 하는 요인이 영향을 주지 않는 경우를 관찰하여 심리적인 편향을 확인하곤 한다.

이 연구 방식을 자세히 살펴보기 위해 사격장 사례를 다시 떠올려보자. A팀과 B팀이 과녁에 총을 쐈고, 지금 우리는 그 과녁의 뒷면을 보고 있다(그림12). 과녁에서 표적의 정중앙이 어디에 위치하는지 아는 사람은 아무도 없다(다시 말해 참값을 모른다). 그러므로 과녁에서 표적의 정중앙의 위치와 비교해 두 팀의 사격이 얼마나 편향됐는지는 알 수 없다. 하지만 패널1의 경우 두 팀이 같은 표적을 겨냥한 것이고, 패널2의 경우 두 팀이 서로 다른 표적을 겨냥한 것이라는 말을 들었다.

표적의 부재에도 두 패널은 체계적인 편향의 증거를 제공한다. 패널1에서 같은 곳을 향해 발사됐어야 하는 두 팀의 총알들이 서로 다른 곳에 자국을 남겼다. 이 패턴은, 내용은 거의 같지만 서로 다른 폰트로 다른 재질의 종이에 인쇄된 사업계획서를 읽은 두 그룹의 투자자들을 대상으로 진행된 실험 결과와 유사하다. 내용과 무

관한 이런 세부적인 요인들 때문에 투자자들이 서로 다른 판단을 내린다면, 이는 심리적 편향이 존재한다는 반증이 된다. 날렵한 폰트와 고급 종이에 감명받은 투자자들이 주어진 사업계획에 지나치게 긍정적으로 반응했던 건지, 아니면 대충 만들어진 계획서를 읽은 투자자들이 지나치게 부정적으로 반응했던 건지 우리는 알 수 없다. 하지만 그들이 같은 내용의 사업계획서를 읽고 서로 다른 판단을 내렸다는 사실은 알고 있다. 그리고 이런 일은 일어나선 안 된다는 것도 우리는 안다.

패널2는 다른 현상을 보여준다. 각 팀이 서로 다른 표적을 겨냥했기에 팀별로 총알 자국도 무리를 이루며 서로 구별되어야 할 텐데, 실제로는 총알 자국들이 어느 한 곳에 집중적으로 분포되어 있다. 예를 들어 4장에서 소개한 감바르디 문제가 두 그룹에 주어졌다고 가정하자. 그런데 이번에는 반전이 있다. 한 그룹은 감바르디가 2년 뒤 같은 자리에 있을 확률을 추정하라는 질문을 받았고, 다른 그룹은 감바르디가 3년 뒤 같은 자리에 있을 확률을 예측해보라는 질문을 받았다. 두 그룹은 다른 결론에 도달해야 한다. 왜냐하면 2년보다 3년 뒤에 직업을 잃을 가능성이 확실히 더 높기 때문이다. 그러나 증거를 보면 두 그룹이 예측한 확률이 크게 다르지 않으리란 걸 알 수 있다.[2] 그들의 답은 확실히 달라야 하지만, 실제로는 그렇지 않다. 이것은 그들의 판단 과정에 당연히 영향을 미쳐야 할 요인이 무시되고 있다는 뜻이다. (이러한 심리적 편향은 **범위 둔감**scope insensitivity이라 불린다.)

체계적인 판단 오류는 많은 분야에서 나타난다. 그리고 이제 **편**

4부 잡음은 어떻게 일어나는가

향이란 용어가 재계, 정계, 법조계 등 여러 영역에서 자주 사용되며 그 의미도 넓어졌다. 이 책에서는 인지적 정의(심리 기제, 그리고 심리 기제가 전형적으로 만들어내는 오류와 관련)를 사용하고 있지만, 그 밖에도 편향은 누군가가 특정 그룹에 대해 부정적인 관념(성적 편견이나 인종적 편견 등)을 가지고 있다는 의미로 쓰인다. 누군가 이해의 충돌이나 정치적 의견에 따라 편견을 갖고 있다면, 이는 그 사람이 특정 결론을 선호한다는 의미일 수 있다. 모든 심리적 편향은 통계적 편향과 잡음을 유발하기 때문에 판단의 심리에 관한 논의에는 이런 유형들도 포함된다.

하지만 편향이란 용어가 절대 사용되선 안 되는 경우가 있다. 바로 값비싼 실패가 불특정한 '편향'에 기인하는 것으로 여겨지는 경우, 그리하여 오류를 인정함에 '의사결정 시 편향을 제거하기 위해 열심히 노력한다'는 약속이 동반되는 경우다. 이런 말은 그저 '실수가 있었고 더 잘하도록 열심히 노력하겠다'는 의미일 뿐이다. 몇몇 실패가 구체적인 심리적 편향과 이에 관련된 예측 가능한 오류에서 야기된다는 건 분명하다. 그리고 사람들은 판단과 결정에서 편향을 (그리고 잡음을) 줄이기 위해 개입할 수 있다고 믿는다. 하지만 모든 바람직하지 않은 결과를 편향 탓으로 돌려서는 안 된다. 그러므로 우리는 **편향**이란 용어를 구체적이고 식별 가능한 오류와 그런 오류를 만들어내는 기제를 위해 아껴둘 것을 제안하는 바다.

대체 편향

지금부터는 어림짐작이 무엇인지 살펴보고자 한다. 이를 위해 우선 다음 문장을 읽고 스스로 답해보길 바란다. 이는 어림짐작과 편향의 본질을 이해하는 데 도움이 되는 문항들이다. 늘 그렇듯 직접 답을 해보면 제시된 사례로부터 더 많은 것을 얻게 될 것이다.

빌은 서른세 살이다. 그는 똑똑하지만 상상력이 부족하고 강박적이며, 전반적으로 생기가 없다. 학창 시절 그는 수학에 강했지만 사회학과 인문학엔 약했다.

다음 여덟 문장은 빌의 현재 상황에 대한 진술일 수 있다.

목록을 훑어보고 **가장 개연성이 높아 보이는** 진술 두 가지를 선택하라.

- 빌은 포커가 취미인 의사다.
- 빌은 건축가다.
- 빌은 회계사다.
- 빌은 취미로 재즈를 연주한다.
- 빌은 취미로 서핑을 한다.
- 빌은 리포터다.
- 빌은 취미로 재즈를 연주하는 회계사다.
- 빌은 취미로 등산을 한다.

4부 잡음은 어떻게 일어나는가

이제 목록을 다시 읽어보고 빌의 모습과 **가장 유사해 보이는** 진술 두 가지를 선택하라. 앞서 선택한 진술과 같은 진술을 고를 수도 있고, 다른 진술을 고를 수도 있다.

두 차례 모두 같은 진술을 선택했을 것이라고 확신한다. 이렇게 확신하는 이유는 여러 번의 실험 결과, 사람들이 두 질문에 동일한 답을 했기 때문이다.[3] 하지만 개연성probability과 유사성similarity은 사실상 상당히 다른 개념이다. 예를 들어 다음 진술 가운데 어느 것이 더 그럴듯한지 자문해보라.

- 빌은 취미로 재즈를 연주하는 사람에 관한 나의 관념에 들어맞는다.
- 빌은 취미로 재즈를 연주하는 회계사에 관한 나의 관념에 들어맞는다.

그 어느 것도 빌이란 사람을 딱 맞게 설명하진 않겠지만, 어느 하나는 다른 하나보다 조금이라도 더 그럴듯하게 느껴진다. 빌은 취미로 재즈를 연주하는 사람보다는 취미로 재즈를 연주하는 회계사에 더 가까운 듯하다. 이제 다음 진술 가운데 어느 것이 더 개연성 있을지 생각해보자.

- 빌은 취미로 재즈를 연주한다.
- 빌은 취미로 재즈를 연주하는 회계사다.

아마 두 번째 진술에 더 마음이 동할 것이다. 하지만 논리적으로 따지면 그 진술을 선택할 수는 없을 것이다. 빌이 취미로 재즈를 연주할 개연성이 그가 재즈를 연주하는 회계사일 개연성보다 **더 클 수밖에** 없기 때문이다. 벤다이어그램을 떠올려보자. 만약 빌이 재즈 연주자이고 회계사라면, 그는 분명히 재즈 연주자다. 어떤 설명에 세부 정보가 추가되면 오히려 개연성이 떨어질 수 있다. 설령 현재의 사례에서 세부 정보가 진술에 더 대표성을 부여하여 더 적합한 진술로 만들어준다 하더라도 말이다.

판단 어림짐작 이론은 사람들이 때때로 더 어려운 질문에 대한 답을 구하기 위해서 더 쉬운 질문에 대한 답을 사용한다고 가정한다. 그렇다면 '빌은 전형적인 아마추어 재즈 연주자와 얼마나 유사해 보이는가?'와 '빌이 아마추어 재즈 연주자일 개연성은 얼마나 될까?' 중 어느 질문이 더 답하기 쉬운가? 유사성에 관한 질문이 답하기 더 쉬울 것이다. 그래서 개연성을 평가할 때, 유사성에 관한 질문으로 대체하여 답하기가 쉽다.

이제 어림짐작과 편향에 관한 연구가 기초를 둔 본질적인 개념을 확인했다. 어려운 질문에 답하기 위한 어림짐작은 더 쉬운 질문에 대한 답을 구하는 사고 과정이다. 하나의 질문을 다른 질문으로 대체하는 것은 예측 가능한 오류를 유발한다. 그것이 바로 심리적 편향이다.

이런 종류의 편향은 빌의 사례에서 두드러진다. 유사성에 대한 판단이 개연성에 대한 판단으로 대체될 때 오류는 생기기 마련이다. 왜냐하면 개연성은 특별한 논리의 제약을 받기 때문이다. 특히

벤다이어그램은 유사성이 아닌 오직 개연성에만 적용되므로, 많은 사람이 하는 예측 가능한 논리적 오류에도 마찬가지로 적용될 수 있다.

통계적 요소가 간과된 또 다른 사례가 있다. 4장에서 살펴본 감바르디 문제를 다시 떠올려보자. 여러분도 여느 사람들과 다르지 않다면, 감바르디의 성공 확률은 전적으로 그에 관해 들은 정보를 바탕으로 도출됐을 것이다. 그런 다음 그에 대한 묘사가 성공적인 CEO 이미지와 얼마나 유사한지 확인했을 것이다.

이때 무작위로 선택된 CEO가 2년 뒤 같은 자리에 있을 확률도 고려해야 한다고 생각했나? 아마도 이런 생각은 하지 않았을 것이다. 이 **기저율 정보**base-rate information를 CEO가 2년 뒤 같은 자리를 유지하는 일이 얼마나 어려울지 가늠하는 척도로 활용할 수 있다. 접근법이 이상하다면, 특정 학생이 시험을 통과할 확률을 추산해보자. 이때 시험을 통과하지 못하는 학생 비율은 분명 유의미하다. 그 비율을 근거로 해당 시험이 얼마나 어려웠는지를 가늠할 수 있기 때문이다. 이와 동일한 이유로 CEO 연임율은 감바르디 문제와 관련이 있다. 두 문제 모두 판단에 외부 관점을 취하고 있는 사례다. 외부 관점을 활용하면 그 학생 또는 감바르디를, 해당 사례와 유사한 사례에 속하는 어느 계층의 일원으로 여기게 된다. 그러면 여러분은 해당 사례에 대해서도 인과적으로 사고하는 대신 통계적으로 사고할 수 있게 된다.

이렇게 외부 관점을 활용하면 판단의 정확도를 높이고 상당한 오류를 예방할 수 있다. 잠깐만 검색해봐도 미국 기업의 CEO 이직률이 연간 15퍼센트를 상회한다는 사실이 확인될 것이다.[4] 이 통계치는 평균적으로 신임 CEO가 2년 뒤에도 자리를 유지할 확률이 대략 72퍼센트라는 걸 뜻한다. 물론 이것은 참고할 수치일 뿐이고, 감바르디 사례에서 제공된 세부 정보들이 그의 연임율을 추산하는 데 큰 영향을 미칠 것이다. 하지만 만일 감바르디에 관해 들은 정보에만 집중했다면 오히려 핵심 정보를 간과하고 말았을 것이다. (원래 마이클 감바르디 사례는 잡음 있는 판단의 사례로 마련됐다. 하지만 몇 주 뒤에 이 사례가 이번 장의 주제인 편향, 즉 기저율 무시를 보여주는 좋은 예가 된다는 사실을 깨달았다. 편향에 관한 부분을 쓰면서 자동적으로 기저율이란 개념도 떠올린 것이다.)

주어진 문제를 다른 문제로 대체해서 답을 찾는 사고 과정은 개연성과 유사성과 관련된 문제에서만 나타나는 것은 아니다. 빈도의 판단을 난이도의 판단으로 대체하여 답을 찾는 경우도 있다. 예를 들어 비행기 추락 사고나 대형 허리케인에 대한 대대적인 언론보도가 있고 나면, 그런 사건이 발생할 위험이 머릿속에 쉽게 떠오른다. 이론적으로 위험에 대한 판단은 장기 평균에 기초해야 한다. 하지만 현실에서는 머릿속에 쉽게 떠오르는 최근 사건에 더 많은 가중치가 부여된다. 빈도를 평가할 때 그것이 일어나기 얼마나 쉬운가라는 질문으로 대체하여 답을 구하는 방식이 곧 **회상 용이성 어림짐작**availability heuristic이다.

어려운 판단을 쉬운 판단으로 대체하는 것은 이런 사례들에만 국한되지 않는다. 사실 이는 매우 흔한 사고방식이다. 일반적으로 사람들은 당혹스러울 수 있는 질문에 답하기 위해 해당 질문을 상대적으로 쉬운 질문으로 바꿔서 답한다. 이렇게 더 쉬운 대용 질문을 활용하여 다음 질문에 대한 답변을 한번 생각해보자.

나는 기후변화를 믿나?

 - 나는 기후변화가 존재한다고 말하는 사람들을 신뢰하는가?

나는 이 외과 의사가 유능하다고 생각하나?

 - 이 외과 의사는 확신과 권위를 가지고 말하나?

프로젝트가 일정대로 마무리될까?

 - 프로젝트가 지금 일정대로 진행되고 있는가?

원자력 발전은 필요한가?

 - 나는 원자력이란 단어에 움츠러들지 않나?

나는 내 삶에 전반적으로 만족하나?

 - 지금 내 기분은 어떠한가?

질문의 종류에 상관없이, 하나의 질문을 다른 질문으로 대체하면 각각의 정보에 적절한 가중치가 주어지지 않은 채로 답이 도출된다. 그리고 가중치를 잘못 반영하면 오류가 나올 수밖에 없다. 예를 들어 삶의 만족도에 대해 답하려면 현재의 기분 그 이상을 참고해야 한다. 하지만 마지막 제시문에서는 현재의 기분에 지나치게 많은 가중치가 부여됐다.

같은 방식으로 개연성을 유사성으로 대체하면 기저율이 무시될 수밖에 없다. 기저율은 유사성을 판단할 땐 거의 무의미하기 때문이다. 사업계획서의 미적 요소는 어느 회사의 가치를 평가할 때

거의 고려돼선 안 된다. 이런 무의미한 변수들이 판단에 영향을 미치면 정보에 가중치가 잘못 반영되기에 이르고, 결국 오류가 발생한다.

결론 편향

스타워즈 시리즈 중 세 번째로 제작된 〈제다이의 귀환〉 대본을 집필하는[5] 중요한 순간에[6] 영화감독 조지 루카스는 든든한 조력자 로런스 캐즈던과 격론을 벌였다. 캐즈던은 루카스에게 "루크를 죽이고 레아 공주를 전면에 내세워야 해"라며 잘라 말했다. 루카스는 그 제안을 단칼에 거절했다. 그러자 캐즈던은 루크가 산다면 다른 주요 인물이 죽어야 한다고 주장했다. 루카스는 이번에도 캐즈던의 말에 동의하지 않았다. 그리고 "마음 내키는 대로 등장인물을 죽이는 게 다가 아니네"라고 덧붙였다. 캐즈던은 영화의 본질에 대해 진심 어린 충고를 했다. 그는 루카스에게 이렇게 말했다. "영화는 감정의 무게가 실리는 분야라네. 자기가 사랑하는 등장인물이 죽으면 그 여정은 더 극적으로 변할 걸세."

이번에도 루카스는 재빨리 그리고 단호하게 답했다. "싫어. 그리고 난 그 말을 믿지 않아."

두 사람의 대화에서 나타나는 사고 과정은 재즈를 연주하는 회계사 빌에 대한 사고 과정과는 상당히 다르다. 루카스의 대답을 다시 읽어보자. '싫어'가 '믿지 않아'보다 먼저 나왔다. 루카스는 캐즈던의 제안에 자동적으로 대꾸했다. 이런 반응이 그의 판단에 동기를 부여했다(후에 그의 판단이 옳았다는 사실이 확인됐다).

이 사례는 편향의 다른 유형을 보여준다. 그것은 바로 **결론 편향**conclusion bias 또는 **예단**prejudgment이라 불리는 편향이다. 조지 루카스처럼, 우리는 주로 특정 결론에 도달하겠다는 의도를 갖고 판단 과정을 시작한다. 이렇게 할 때, 빠르고 직관적인 시스템1 사고가 작동하여 결론에 이른다. 우리는 속단하고 정보를 수집하고 종합하는 과정을 우회하거나 예단을 지지하는 주장을 제시하기 위해서 의도적 사고에 개입된 시스템2 사고를 동원한다. 이런 경우 증거는 선택적으로 수집되고 분석되어 왜곡된다.[7] **확증 편향**confirmation bias과 **바람직성 편향**desirability bias 때문에 우리는 이미 믿고 있거나 사실이길 바라는 판단에 우호적인 증거를 선택적으로 수집하고 해석하게 된다.

사람들은 곧잘 자신의 판단을 그럴듯하게 합리화하고, 그러한 합리적인 이유를 근거로 판단을 내렸다고 생각한다. 예단이 판단 과정에서 어떤 역할을 하는지 확인하려면, 자신의 판단을 뒷받침한다고 생각했던 이야기들이 갑자기 타당성을 잃어버렸다고 상상해보면 된다. 예를 들어 로런스 캐즈던이 조지 루카스에게 "마음 내키는 대로 등장인물을 죽이는 게 다가 아니네"가 설득력 있는 주장이 아니라고 지적했다면 어땠을까.《로미오와 줄리엣》저자라면 루카스의 의견에 동의하지 않았을 것이다. 드라마 〈소프라노스〉와 〈왕좌의 게임〉극본가들이 등장인물을 죽이는 데 반대했다면, 두 작품은 첫 번째 시즌에서 취소됐을지도 모른다. 하지만 우리는 강한 반박에도 루카스의 마음이 바뀌진 않았을 거라고 확신한다. 오히려 그는 자신의 판단을 뒷받침하기 위해 다른 주장을 내세웠을 것이다. (예를 들어 '스타워즈는 다르다'고 말했을지도 모른다.)

예단의 사례는 주변에서 쉽게 찾을 수 있다. 조지 루카스의 반응처럼, 예단에는 감정적 요소가 있다. 심리학자 폴 슬로빅Paul Slovic은 이것을 **감정 어림짐작**affect heuristic이라 부른다. 사람들은 자신의 감정을 참고해 판단을 내린다. 예를 들어 사람들은 자신가 지지하는 정치인의 모든 것을 좋아한다. 하지만 싫어하는 정치인에 관해서라면 그의 생김새나 목소리마저 싫어한다. 그래서 기업들은 자기 브랜드와 긍정적인 감정을 연관짓기 위해 노력하고, 교수들은 강의 평가에서 좋은 점수를 받은 해에는 강의 자료에서도 좋은 점수를 받게 된다고 생각한다. 심지어 감정이 개입되지 않을 때에도 같은 기제가 작동한다. 사람들은 자신이 어떤 이유로 무언가에 대해서 믿음을 가지게 됐는지 잘 모른다. 그러나 자신의 믿음을 뒷받침한다고 생각되는 것이라면 그게 무엇이든지 수용한다. 설령 그게 이치에 맞지 않을 때조차도 말이다.[8]

결론 편향을 절묘하게 보여주는 한 사례가 **기준점 효과**anchoring effect다. 기준점 효과란 임의의 숫자가 정량적 판단을 내려야 하는 사람들에게 영향을 미치는 현상이다. 기준점 효과를 입증할 수 있는 방법이 있다.[9] 눈앞에 값을 가늠하기 어려운 물건이 놓여 있다고 생각해보자. 예를 들어, 한 번도 마셔보지 못한 와인이다. 누군가가 다음과 같이 요청했다. 먼저 사회보장번호의 마지막 두 자리만 종이에 적고, 그 숫자에 해당하는 금액만큼 지불하여 그 와인을 살 의향이

4부 잡음은 어떻게 일어나는가

있는지도 기록한다. 그러고 나서 지불할 의향이 있는 최대 액수를 적는다. 이 실험을 통해 사회보장번호의 마지막 두 자리가 와인의 최종 추정가를 결정하는 데 영향을 미쳤는지를 확인할 수 있을 것이다. 이 실험에 따르면, 사회보장번호에서 큰 영향을 받은 사람들은 그렇지 않은 사람들보다 세 배 높은 값을 지불할 의향이 있는 것으로 나타났다(기준점이 큰 경우에는 80달러 이상을 지불할 의향을 내비쳤고, 기준점이 낮은 경우는 20달러 이하를 지불할 의향을 내비쳤다).

분명 와인 값을 짐작할 때는 사회보장번호의 영향을 크게 받아선 안 된다. 하지만 실제로 그런 일이 벌어졌다. 기준점 효과는 매우 강력하다. 그래서 의도적으로 협상에 자주 사용된다.[10] 재래시장에서 상인과 가격 흥정을 벌이거나 복잡한 비즈니스 계약을 위해 협상을 할 때, 가격을 먼저 제시하는 사람이 협상에서 유리한 고지를 선점하게 된다. 왜냐하면 상대방은 그가 제시한 가격이 합리적일 수 있겠다는 생각을 자기도 모르게 하게 되기 때문이다. 사람들은 항상 자기가 들은 이야기를 이해하려고 시도한다. 믿기 어려운 숫자와 마주한 사람들은 자동적으로 그 숫자의 의심스러움을 줄이고자 이런저런 생각을 하게 된다.

과도한 일관성

여기 편향의 세 번째 유형을 이해하는 데 도움이 될 또 다른 실험이 있다. 이제 여러분은 어느 임원 후보에 대한 묘사를 읽게 될 것이다. 그 묘사는 형용사 네 개로 구성되고, 각각의 형용사가 카드에 적혀 있다. 마구 뒤섞인 카드들 가운데 처음 고른 두 장을 이었더니 다음과 같은 묘사가 나왔다.

똑똑하고, 끈질기다.

나머지 두 장의 카드를 보고 나서 정보가 완성될 때까지 판단을 미루는 편이 합리적일 것이다. 하지만 여러분은 판단을 미루지 않았다. 여러분은 이미 이 임원 후보에 대해서 평가를 내렸고, 그 평가는 아마도 긍정적일 것이다. 이처럼 간단하게 판단이 내려진 것이다. 여러분은 사고 과정을 통제할 수 없다. 그래서 판단을 미룬다는 선택지는 애당초 여러분에게 주어지지 않았다.

이제 나머지 두 장의 카드를 뽑자. 그렇게 완성된 묘사는 다음과 같다.

똑똑하고 끈질기며, 교활하고 방종하다.

임원 후보에 대한 여러분의 평가는 더 이상 우호적이지 않지만, 마음을 완전히 바꾸기에는 충분치 않다. 그렇다면 이번에는 다음의 묘사와 비교해보자. 카드를 한 번 더 섞은 뒤에 차례대로 펼쳤더니 이런 묘사가 나왔다.

방종하고 교활하며, 끈질기고 똑똑하다.

두 번째 묘사는 첫 번째 묘사와 같은 형용사로 구성됐지만, 첫 번째보다 확실히 덜 매력적이다. 왜냐하면 카드 순서가 다르기 때문이다. '교활하다'는 '똑똑하다'와 '끈질기다'란 형용사 뒤에 따라올 때 덜 부정적으로 다가온다. 왜냐하면 여러분은 여전히 (이유 없이) 그가 좋은 의도를 갖고 있다고 믿기 때문이다. 하지만 '방종하다'에 이어서 나왔을 때, '교활하다'는 굉장히 끔찍하게 다가온다. 이런 맥락에서 끈질기고 똑똑한 것은 더 이상 긍정적인 요소가 아니다. 그것들은 나쁜 사람을 훨씬 더 위험하게 만들 뿐이다.

이 실험은 **과도한 일관성**[11]을 보여준다. 사람들은 재빨리 일관성을 확보하고 일관되지 않는 요인들을 서서히 바꿔나간다. 이 사례에서 여러분은 증거가 거의 주어지지 않은 상황에서 임원 후보에 대해 재빨리 긍정적인 태도를 취했다. 확증 편향, 즉 예단을 내릴 때 판단과 상충하는 증거는 완전히 무시됐다. 이런 이유로 후속 데이터를 덜 중요하게 생각했던 것이다. (이 현상을 다른 말로 **후광 효과**halo effect라고도 할 수 있는데, 후보자가 첫인상의 긍정적인 '후광' 속에 평가를 받았기 때문이다. 24장에서 후광 효과가 채용 결정에서 심각한 문제임을 확인할 것이다.)

여기 또 다른 사례가 있다. 미국에서는 공식적으로 소비자들이 식당 체인점에 왔을 때 가령 치즈버거, 햄버거 그리고 샐러드의 칼로리를 알 수 있도록 메뉴 옆에 칼로리를 적도록 한다. 과연 칼로리를 보고 난 뒤에 소비자들의 선택은 달라질까? 그 증거는 논란의 여지가 있고 혼란스럽다. 하지만 어느 연구는 칼로리가 메뉴의 오른쪽보다 왼쪽에 있을 때 소비자들이 칼로리 정보의 영향을 더 받는다는 흥미로운 사실을 보여줬다.[12] 칼로리가 메뉴의 왼쪽에 적혀 있으면 소비자들은 칼로리 정보를 먼저 받아들이고, 메뉴를 보기도 전에 '칼로리가 엄청 높네!'라거나 '칼로리가 그렇게 높지 않네!'라는 생각을 한다. 그들이 처음에 보이는 긍정적이거나 부정적인 반응은 이후 그들의 선택에 큰 영향을 준다. 이와 대조적으로 소비자들이 메뉴를 먼저 보면 칼로리를 확인하기 전에 '맛있겠다!'라거나 '별로 맛있어 보이진 않네!'라는 식으로 생각하게 된다. 여기서도 그들의 처음 반응이 이후의 메뉴 선택에 지대한 영향을 미친다. 연구자들의 실험 결과가 이 가설을 뒷받침하는데, 오른쪽에서 왼쪽으로 글을 읽는 히브리어 사용자들의 경우 칼로리가 메뉴의 왼쪽보다 오른쪽에 있을 때 칼로리 정보가 그들의 선택에 큰 영향을 주는 것으로 나타났기 때문이다.

대체로 우리는 성급히 결론을 내리고 그 결론을 고수한다. 증거에 근거해서 의견을 개진한다고 생각하지만, 우리가 감안하는 증거와 그에 대한 해석은 처음의 속단에 맞게끔 적어도 어느 정도로는 왜곡될 가능성이 있다. 그리하여 우리는 머릿속에 떠올랐던 전반적인 이야기의 일관성을 유지한다. 물론 결론이 옳다면 이 과정도 괜찮다. 하지만 처음의 평가가 잘못됐을 때, 모순된 증거가 있음에도 그 결론을 고수하려는 경향은 오류를 증폭시킬 수 있다. 그리고 우리가 듣거나 본 정보를 무시하기란 불가능하고 떨쳐내기도 어렵기 때문에, 이 영향은 통제하기 어렵다. 법정에서 판사는 때때로 배심원들에게 그들이 들은 인정할 수 없는 증거는 무시하라고 이야기하지만, 이것은 현실적인 가르침이 아니다(그 증거에 명백히 기반한 주장이 거부될 수 있는 배심원 숙의에서는 도움이 되는 말일지도 모르지만).

심리적 편향은 잡음을 유발한다

지금까지 서로 다르게 작동하는 세 가지 유형의 편향을 살펴봤다. 대체 편향은 증거에 잘못된 가중치를 부여하게 하고, 결론 편향은 증거를 우회하거나 왜곡해서 검토하게끔 하며, 과도한 일관성은 첫인상을 확대 해석하고 상충하는 정보를 축소시킨다. 물론 이 모든 편향은 통계적 편향을 야기할 수 있다. 그리고 잡음도 일으킬 수 있다.

먼저 대체 편향부터 살펴보자. 대부분의 사람들은 빌의 프로필과 정형화된 회계사의 이미지를 비교하여 빌이 회계사일 확률을 판단한다. 이 실험에서 나타나는 결과는 공유된 편향이다. 모든 응답자가 같은 실수를 한다면, 이 판단에 잡음은 없다. 하지만 대체 편향이 항상 만장일치를 낳는 것은 아니다. '기후변화가 존재하나?'란 질문을 '나는 기후변화가 존재한다고 말하는 사람들을 신뢰하는가?'란 질문으로 대체할 때, 대체 질문에 대한 답은 사람마다, 그러니까 그 사람의 사회적 배경, 정보의 주된 원천, 정치적 성향 등에 따라 갈릴 것이다. 이 같은 심리적 편향이 다양한 판단을 만들어내고 사람 간 잡음을 야기한다.   .

대체 편향은 상황 잡음의 원천도 될 수 있다. 삶의 만족도에 대한 질문에 그 순간 자기 기분 상태를 참고하여 답한다면, 같은 사람이라 해도 순간의 기분에 따라 답변이 바뀔 것이다. 기분 좋은 아침이 괴로운 오후로 이어질 수 있으며, 시간에 따른 기분 변화 때문에 언제 질문을 받느냐에 따라 삶의 만족도에 대한 답변이 천차만별 달라질 수 있다. 7장에서 우리는 심리적 편향으로 거슬러 올라갈 수 있는 상황 잡음의 예를 살펴본 바 있다.

예단도 편향과 잡음을 일으킨다. 이 책 도입부에서 언급했던 사례로 되돌아가 보자. 판사가 누구냐에 따라서 미국 망명이 허용되는 비율이 극명하게 차이가 난다는 것은 매우 충격적인 일이다. 어떤 판사가 망명 신청자의 5퍼센트에게만 망명을 승인하고, 어떤 판사는 88퍼센트에게 승인한다면 이런 경우에 판사들이 서로 다른 방향으로 편향됐다고 확신할 수 있다. 좀 더 폭넓은 관점에서 보자면 편향의 개인차는 대규모 제도 잡음을 일으킬 수 있다. 물론 제도 역시 거의 모든 판사가 서로 유사하게 편향된 정도까지 편향될 수 있다.

마지막으로 과도한 일관성은 정보가 제공되는 순서와 그 의미가 모든 (또는 대다수) 판단자에게 동일한지, 그 여부에 따라 편향이나 잡음을 일으킬 수 있다. 예를 들어 입사 지원자의 외적 매력이 모든 채용 담당자에게 긍정적인 인상을 준다고 생각해보자. 외모가 그 사람이 지원한 자리와 무관하다면, 외모 때문에 생긴 긍정적인 후광은 공유된 오류, 즉 편향으로 이어질 것이다.

반면 많은 경우 복잡한 결정에는 설득력 있는 정보가 필요하며, 이런 정보는 기본적으로 무작위로 제공된다. 2장의 손해사정사 사례를 생각해보자. 보험청구건에 관한 데이터는 손해사정사에 따라 그리고 청구건에 따라 되는대로 할당되기 때문에 초기 인상이 무작위로 달라질 수 있다. 과도한 일관성은 이런 무작위 변화가 최종 판단에서 무작위 정보 왜곡을 낳을 것이라는 뜻이다. 그리고 그 영향이 곧 제도 잡음이 될 것이다.

간략히 말해 심리 기제로서 심리적 편향은 보편적이며 곧잘 공유된 오류를 일으키곤 한다. 하지만 편향에 나타나는 개인차가 크다든지 편향의 영향이 전후 사정에 의해 결정될 경우엔 잡음이 생길 것이다.

편향과 잡음은 모두 오류를 낳는다. 이 말은 곧 어떤 식으로든 심리적 편향이 줄어들면 판단이 개선될 것이라는 뜻이기도 하다. 우리는 5부에서 편향 제거에 대해 다시 들여다볼 것이다. 하지만 지금은 판단 과정을 계속 살펴보려 한다.

어림짐작, 편향 그리고 잡음에 대하여 _____

"우리는 우리 자신에게 심리적 편향이 있다는 걸 알지만, 불특정한 '편향'을 모두 오류 탓으로 돌리고 싶은 충동은 억제해야 한다."

"우리가 답해야 하는 질문을 좀 더 쉬운 질문으로 대체할 때, 오류가 생기기 마련이다. 가령 유사성을 기준으로 개연성을 판단할 때 기저율은 무시될 것이다."

"예단과 기타 결론 편향 때문에 사람들은 자기가 처음 세운 입장에 유리하도록 증거를 왜곡한다."

"우리는 빠르게 인상을 형성하고 그것을 고수한다. 심지어 상충하는 정보가 들어와도 첫인상을 바꾸지 않는다. 이러한 경향은 과도한 일관성이다."

"심리적 편향은 많은 사람이 같은 편향을 공유한다면 통계적 편향을 야기할 수 있다. 하지만 많은 경우, 사람에 따라서 편향의 수준은 달라진다. 이런 경우에 심리적 편향은 제도 잡음을 유발한다."

14장

매칭 과정

하늘을 보자. 두 시간 뒤 비가 올 가능성이 얼마나 될 것 같나? 이 질문에 어렵지 않게 답했을 것이다. 예를 들어 곧 비가 올 가능성이 '높다'는 판단을 쉽게 내렸다고 치자. 이 경우 하늘이 얼마나 어두운지에 대한 평가가 개연성 판단으로 전환된 것이다.

이는 **매칭**matching의 기본 사례다. 판단은 주관적인 인상에 나름의 척도를 기준으로 가치를 매기는 활동이다(또는 인상을 구성하는 요소에 대해서 나름의 척도에 따라 가치를 매기는 것도 판단이다). 매칭은 판단의 본질적인 부분이다. '1부터 10까지의 척도를 기준으로 지금 기분이 얼마나 좋은지를 평가하세요' 또는 '오늘 아침의 쇼핑이 얼마나 즐거웠는지 별 한 개부터 별 다섯 개로 평가해보세요'란 질문에 답할 때, 매칭이 일어난다. 다시 말해 기분이나 경험에 들어맞는 판단 척도상의 값을 찾는 활동이 일어나는 것이다.

매칭과 일관성

13장에서 만났던 빌이 짠 하고 다시 등장했다. "빌은 서른세 살이다. 그는 똑똑하지만 상상력이 부족하고 강박적이며, 전반적으로 생기가 없다. 학창 시절 그는 수학에 강했지만 사회학과 인문학엔 약했다." 앞서 우리는 빌이 다양한 직업과 취미를 가질 확률을 추산하면서 개연성에 대한 판단을 유사성에 대한 판단으로 대체하여 이 질문에 답했다. 빌이 회계사일 확률을 고민했던 것이 아니라 그가 회계사의 전형적인 이미지에 얼마나 들어맞는지를 고민했다. 이제 답하지 못한 질문에 눈을 돌려보자. 그 판단은 어떻게 내려진 것일까?

빌이 특정 직업과 취미를 지닌 사람의 전형적인 이미지에 얼마나 부합하는지를 평가하는 것은 그렇게 어렵지 않다. 빌은 전형적인 재즈 연주자보다는 회계사에 더 가까워 보이며, 전형적인 서퍼의 이미지와는 한참 거리가 멀어보인다. 이 사례는 매칭의 엄청난 다양성을 보여준다. 이것은 사람에 대한 판단에 특히 뚜렷하게 나타난다. 빌에 대해서 여러분이 답할 수 있는 질문은 무수히 많다. 예를 들어 빌과 무인도에 갇히게 된다면 어떤 기분일 것 같은가? 굉장히 제한된 정보를 근거로 이 질문에 대해 즉시 직관적으로 답했을지도 모른다. 하지만 여기 새로운 소식이 있다. 우리가 아는 빌이 뛰어난 생존 기술을 지닌 잔뼈 굵은 탐험가로 밝혀진 것이다. 이 소식이 놀랍다면(아마도 꽤나 놀랐을 것이다), 판단의 일관성을 얻는 데 이제 막 실패한 셈이다.

이 새로운 정보가 주는 충격은 강렬하다. 지금까지 구축한 빌의 이미지와 새로운 정보가 조화를 이루지 않기 때문이다. 이제 빌의 용감무쌍함과 생존 기술에 관한 정보가 처음부터 제공됐다고 가정해보자. 그랬다면 빌에 대해서 완전히 다른 이미지가 구축됐을지도 모른다. 그는 아마도 외부 활동을 할 때만 생기가 넘치는 사람인지도 모른다. 그래서 빌에 대한 전반적인 인상은 일관성이 떨어졌을 것이며, 직업이나 취미의 범주와 매칭하기도 더 어려울 것이다. 하지만 이전보다 정보의 충돌로 인한 충격은 덜 할 것이다.

정보가 모순되면 일관된다는 느낌을 얻고 만족스러운 조합을 찾는 일이 더 어려워진다. 모순된 정보의 존재는 복잡한 판단의 특징이 되며, 여기에는 많은 잡음이 존재할 것이다. 긍정적이고 부정적인 정보가 혼재된 감바르디 문제가 그런 복잡한 판단에 해당했다. 16장에서 복잡한 판단에 대해 다시 다루기로 하고, 이 장에서는 상대적으로 단순한 판단, 특히 **강도**intensity scales를 기준으로 내려지는 판단을 집중적으로 살펴볼 것이다.

매칭 강도

판단 척도 중 일부는 직업, 취미, 의료 기록 등 정성적이다. 정성적인 척도는 질서정연하게 정리되지 않는다. 빨간색이 파란색보다 강도가 더 세거나 약하다고 말할 수 없는 것처럼 말이다.

하지만 많은 경우에 판단은 정량적으로 표현된다. 신체 치수, 몸무게, 밝기, 온도, 소음, 비용이나 가치의 척도, 개연성이나 빈도의 판단 등은 모두 정량적이다. 그리고 자신감, 힘, 매력도, 분노, 공포심, 부도덕성, 처벌의 세기 등은 더 추상적인 척도에 따라 판단된다.

정량적 평가는 두 대상의 가치를 두고 같은 척도를 기준으로 '어느 것이 더 ~한가?'라는 질문에 답할 수 있다는 뚜렷한 특징을 지닌다. 태형이 꾸지람보다 더 가혹하다고 생각하거나 《고도를 기다리며》보다 《햄릿》을 더 좋아한다고 말할 수 있다. 이는 마치 해가 달보다 더 밝고, 코끼리가 햄스터보다 더 무겁고, 마이애미의 평균 기온이 토론토의 평균 기온보다 더 높다고 말할 수 있는 것과 같다.

사람들은 직관적으로 전혀 상관없는 것들을 비교해서 강도를 부여하는 놀라운 능력을 갖고 있다.[1] 예를 들어 특정 가수를 얼마나 좋아하는지를 도시의 고층 건물에 비유해서 표현할 수 있다.(가령 밥 딜런이 특히 최고라고 생각한다면 그에 대한 애정을 도시에서 가장 높은 건물에 비유해서 표현할 수 있다.) 또 국가의 정치적 불화를 잘 아는 도시의 여름 기온과 짝지어 판단할 수도 있다. (정치적으로 대단히 조화롭다면, 섭씨 20도의 선선한 바람이 부는 뉴욕의 여름과 짝지을 수 있다.) 별 한 개부터 다섯 개짜리 별점 대신에 소설의 길이와 비교해 어느 식당을 평가하라는 요청을 받는다면 다소 기이하게 느껴지긴 하겠지만, 그렇다고 영 실행 불가능한 일은 아닐 것이다. (어떤 식당이 《전쟁과 평화》의 길이만큼 좋다고 말할 수 있다.) 좀 이상하긴 해도 각각의 경우 그런 말을 하는 의도는 꽤 분명하게 전달된다.

일상 대화에서는 척도의 범위가 맥락의 기능을 하기도 한다. '그녀는 많은 돈을 저축했어'라는 말은 상황에 따라서 의미하는 바가

달라진다. 가령 성공한 투자은행가의 은퇴를 축하할 때와 베이비시
터로 아르바이트를 한 십 대 청소년을 칭찬할 때 이 말의 의미는
완전히 다르다. 그리고 '크다'와 '작다'의 의미도 맥락에 따라서 달
라진다. 가령 '큰 쥐가 작은 코끼리의 코 위를 내달렸다'란 문장은
충분히 말이 되는 문장이다.

매칭 예측의 편향

다음 질문은 매칭과 연관된 체계적인 판단 오류의 힘을 동시에 보
여준다.[2]

> 줄리는 어느 대학교의 졸업 예정자다. 다음 정보를 읽고, 줄리의
> GPA 점수를 추측해보라. (GPA 점수 범위는 0.0에서 4.0이다.)
> - 줄리는 네 살 때 글을 술술 읽었다.
> 줄리의 GPA 점수는 얼마인가?

미국의 평균 평점grade point average 제도, 즉 GPA 제도와 친숙하
다면, 빠르게 숫자 하나가 머릿속에 떠올랐을 것이다. 그 숫자는 아
마도 3.7이나 3.8에 가까웠을 것이다. 이렇게 줄리의 GPA 점수를 빠
르게 떠올린 사고 과정은 지금까지 살펴본 매칭 과정을 보여준다.

먼저 줄리가 얼마나 조숙한지를 책을 읽기 시작한 연령을 기준
으로 판단했다. 줄리가 꽤 일찍부터 책을 읽기 시작했기 때문에 이

4부 잡음은 어떻게 일어나는가

판단은 쉬웠다. 이 판단을 기준으로 줄리를 어떤 범주에 넣었다. 이 범주에서 가장 높은 척도는 '비범할 정도로 아주 어린 나이부터 책을 읽은 그룹' 정도가 될 것이다. 그런데 줄리는 이 척도에는 해당되진 않았다(어떤 아이들은 2살이 되기 전부터 책을 읽기 시작한다). 줄리는 두 번째로 높은 척도에 해당될 듯했다. '대단하지만 비범하지 않은, 어린 나이에 책을 읽기 시작한 그룹' 정도가 될 것이다.

그리고 이 판단을 기준으로 적당한 GPA 점수를 찾아냈다. 스스로 자각하지는 못하겠지만, 분명히 '대단하지만 비범하지 않은, 어린 나이에 책을 읽기 시작한 그룹'에 적당한 GPA 점수를 찾았을 것이다. 줄리의 이야기를 들었을 때, 불현듯 **매칭값**이 머릿속에 떠올랐다.

이러한 판단과 매칭을 의식적으로 진행했다면 상당한 시간이 소요됐을 것이다. 하지만 빠른 시스템1 사고에서는 판단이 빠르고 손쉽게 내려진다. 줄리의 GPA 점수를 추정해보는 과정에는 복잡한 정신 활동이 여러 단계에 걸쳐서 연속적으로 일어난다. 하지만 이 과정은 직접적으로 관찰되진 않는다. 매칭이라는 정신 기제의 특이성은 심리학에서도 이례적이지만, 이러한 정신 활동을 뒷받침하는 결정적인 증거가 있다. 우리가 많은 유사한 실험을 통해서 확인한 바, 서로 다른 그룹들에 다음의 두 질문을 했을 때 그들은 정확하게 같은 수치를 답으로 제시했다.[3]

- 줄리의 동기들 가운데 줄리보다 더 일찍 글을 읽은 사람의 비율은 얼마나 될까?

- 줄리의 동기들 가운데 줄리보다 GPA 점수가 더 좋은 사람의 비율은 얼마나 될까?

첫 번째 질문에 대해서는 독립적으로 답을 구할 수 있다. 이 질문은 단순하게 줄리에 대해 제시된 증거를 평가할 것을 요구하고 있기 때문이다. 그러나 줄리와 직접적인 관련이 없는 사안에 대한 예측을 요구하는 두 번째 질문은 확실히 첫 번째 질문보다 답하기가 더 어렵다. 그래서 직관적으로 첫 번째 질문에 답함으로써 두 번째 질문에 답하고자 하는 충동이 생긴다.

줄리에 대한 두 가지 질문은 타당성의 환상을 다룰 때 일반적으로 혼란스럽다고 평했던 두 가지 질문과 비슷하다. 줄리에 대한 첫 번째 질문에 답하려면, 줄리에 관한 정보의 '강도'를 평가해야 한다. 반면에 두 번째 질문은 예측의 강도를 묻는다. 아무래도 이 둘을 따로 떼어놓고 얘기하기란 여전히 어려울 것이다.

줄리의 GPA 점수를 직관적으로 예측해내는 것은 13장에서 살펴봤던 심리적 기제, 즉 어려운 질문을 쉬운 질문으로 대체하는 것의 한 예다. 시스템1 사고는 훨씬 쉬운 질문에 답함으로써 어려운 예측 질문을 단순화한다. 네 살 때 책을 읽기 시작한 줄리의 성취는 얼마나 인상적인가? 이때 연 단위로 측정되는 독서 연령으로부터, 점수로 표현되는 GPA 점수로 직접 넘어가기 위해서는 추가적인 매칭 단계가 필요하다.

물론 여기서 대체 과정이 일어난다. 단 그건 가용 정보가 유의미할 때만이다. 줄리에 대해서 알고 있는 것이라곤 그녀가 빠른 주자라거나 그저 평범한 댄서라는 사실뿐이라면, 줄리의 GPA 점수를 예측하는 데 유용한 그 어떤 정보도 주어지지 않은 셈이다. 하지만 줄리의 지능을 예측하는 데 도움이 된다면 그것이 무엇이든지 중요한 정보로 분석되고 판단에 반영될 것이다.

하나의 질문을 다른 질문으로 대체하면, 두 질문에 대한 정답이 다를 때 반드시 오류가 발생한다. 독서 연령을 GPA 점수로 대체하는 것은 그럴듯하게 보이지만 분명 터무니없는 짓이다. 왜일까? 네 살 이후에 줄리에게 일어날 수 있었던 사건들을 생각해보자. 줄리는 끔찍한 사고를 당했을 수 있다. 부모가 이혼을 해서 줄리에게 트라우마가 생겼을 수 있다. 줄리가 자신에게 지대한 영향을 미친 영감을 주는 선생님을 만났을 수 있다. 이런 사건들은 줄리의 학업에도 영향을 줄 수 있다.

이러한 매칭 과정은 얼마나 어린 나이부터 책을 읽었느냐와 GPA 점수가 완벽하게 연관된다면 정당화될 수 있다. 하지만 실상은 그렇지 않다. 반면에 줄리의 독서 연령에 대한 정보를 완전히 무시하는 것도 실수일 것이다. 왜냐하면 줄리의 독서 연령은 GPA 점수와 관련된 유의미한 정보이기 때문이다. 최상의 예측은 완벽한 지식과 무지식의 중간 어디쯤에 존재해야 한다.

평가 대상이 속한 범주를 제외하고 아는 것이 아무것도 없을 때, 그 평가 대상에 대해 우리가 아는 것은 무엇일까? 바로 앞서 언급했던 평가 대상에 관한 외부 관점이다. 줄리의 GPA 점수를 추정해보라는 요청을 받았지만 그녀에 대해 아무런 정보도 주어지지 않은 상태라면, 먼저 평균 GPA 점수부터 짐작해볼 것이다. 그건 아마도 3.2점 정도일 거다. 이것이 외부 관점 예측이다. 따라서 줄리의 GPA 점수에 대한 최선의 추정값은 3.2점보다 높고 3.8점보다 낮아야 한다. 추정값은 주어진 정보가 그녀의 GPA 점수를 예측하는 데 얼마나 가치 있느냐에 따라서 달라진다. 독서 연령이 GPA 점수의 예측 변수로서 적절하다고 생각할수록, 추정값은 높아질 것이다. 줄리의 사례에서 주어진 정보가 약하므로, 그녀의 GPA 점수는 GPA 평균 점수에 가깝다고 추정하는 것이 합리적일 것이다. 매칭 예측의 오류를 수정하는 기술적이지만 꽤 쉬운 방법이 있다. 이 방법은 부록C에 자세하게 정리되어 있다.

통계적으로 불합리한 예측으로 이어지지만, 증거와 일치하는 예측은 거부하기 어렵다. 영업 관리자들은 작년에 다른 영업사원들보다 우수한 실적을 낸 영업사원이 계속해서 더 좋은 결과를 내놓을 것이라고 예상한다. 임원들은 때때로 유난히 유능한 지원자를 만나면 그가 조직의 최고 자리에 어떻게 오르게 될지 상상한다. 제작자들은 이전 영화로 큰 성공을 거둔 감독의 다음 작품도 꽤 성공적일 것이라고 으레 예상한다.

이러한 사례에서 매칭 예측은 실망스러운 결과로 이어지기 쉽다. 반면 상황이 최악일 때 이뤄진 매칭 예측은 지나치게 부정적일 가능성이 높다. 증거와 매칭된 직관적인 예측들은 낙관적일 때와 비관적일 때 모두 너무나 극단적이다. (이러한 예측 오류들은 **비회귀적**이다. 왜냐하면 그것들은 **평균 회귀**regression to the mean라 불리는 통계적 현상을 감안하지 않았기 때문이다.)

하지만 대체와 매칭이 항상 예측을 지배하진 않는다는 점에 주

　　　　　　　　　　　　4부　잡음은 어떻게 일어나는가

목해야 한다. 두 가지 시스템 사고를 기준으로 살펴보자면, 먼저 직관적인 시스템1 사고는 문제가 제기되면 그 문제와 연관된 빠른 해결책을 제시한다. 하지만 이렇게 직관에서 나온 예측들은 믿음으로 굳어지기 전에 더 사색적인 시스템2 사고의 지지를 받아야만 한다. 예를 들어 사람들은 호의적인 증거보다 호의적이지 않은 증거에 매칭해서 예측하는 것을 더 꺼린다. 예를 들어 줄리가 늦은 나이에 책을 읽기 시작했다고 해서, 사람들은 그녀를 선뜻 열등한 학생 그룹으로 분류하진 않는다. 호의적인 예측과 호의적이지 않은 예측의 비대칭은 더 많은 정보가 주어지면 사라진다.

우리는 온갖 직관적 예측의 오류를 수정하는 수단으로 외부 관점을 제안하는 바다. 앞서 마이클 감바르디의 미래 전망을 논하며 우리는 관련된 기저율(신임 CEO의 2년간 성공 확률)을 근거로 감바르디의 성공 확률을 판단할 것을 제안했다. 줄리의 GPA 점수 같은 정량적 예측의 경우에 외부 관점을 활용하는 것은 평균치를 근거로 판단을 내리겠다는 의미다. 가용 정보가 자신 있게 내린 판단을 완전히 뒷받침한다면, 외부 관점은 매우 쉬운 문제에서만 무시될 수 있다. 하지만 진지한 판단이 필요한 경우라면 외부 관점은 판단을 내리는 과정에서 반드시 고려되어야 한다.

매칭의 잡음: 절대적 판단의 한계

강도를 기준으로 범주를 나누는 것은 매칭 활동의 정확도를 제한

한다는 점에서 한계가 있다. '크다'라든지 '풍족하다'라는 단어는 크기나 부유함을 논할 때 같은 값에 해당된다. 이것이 잡음의 주된 원천이 될 수 있다.

은퇴한 투자은행가는 분명 '풍족하다'는 평가를 받을 만하다. 하지만 그 사람은 얼마나 풍족한 걸까? 우리는 그 투자은행가에게 '잘산다' '풍요롭다' '편안하다' '부유하다' '엄청나게 부유하다' 같은 수식어를 붙일 수 있다. 만약 몇몇 개인의 재력에 대해 자세한 설명을 듣고 개개인에게 적당한 수식어를 붙여야 한다면, 그들을 서로 세세히 비교하지 않고서 확실히 구별되는 범주를 몇 개나 만들어낼 수 있을까?

강도를 기준으로 우리가 구분할 수 있는 범주의 수는 1956년에 발표된 역대 최고의 심리학 논문 제목을 통해서 알 수 있다. 그 제목은 바로 '마법의 숫자 7±2 The Magical Number Seven, Plus or Minus Two'다.[4] 이 한계를 넘어서면 사람들은 오류를 만들어내기 시작한다. 실제로 일대일 비교를 하면 A보다 B에 더 높은 점수를 줄 사람들이 B보다 A를 더 높은 범주에 포함시키는 식이다.

서로 다른 네 개의 선이 있다. 선들의 길이는 2~4인치이고, 그 차이는 일정하다. 여러분은 한 번에 한 개씩 보고 1~4인치 범위에서 그 선의 길이를 예측해야 한다. 가장 짧은 선이 1인치이고 가장 긴 선이 4인치이며, 길이는 1인치씩 차이가 난다. 선 길이를 예측하는 이 과제는 쉽다. 이제 길이가 다른 다섯 개의 선을 보고, 앞선 과제와 동일한 방식으로 1~5인치 안에서 각각의 길이를 예측해야 한다. 여전히 쉽다. 그렇다면 어느 순간부터 오류가 발생하기 시작할

4부 잡음은 어떻게 일어나는가

까? 아마도 마법의 수인 일곱 개가 되면 오류가 발생하기 시작할 것이다. 놀랍게도 이 숫자는 길이의 범위와는 거의 무관하다. 길이가 2~4인치가 아니라 2~6인치였다 하더라도, 마법의 숫자인 '7'을 넘어서면 오류가 발생하기 시작할 것이다. 소리의 강도가 다른 목소리를 듣거나 밝기의 강도가 다른 빛을 봤을 때에도 아주 유사한 결과가 나올 것이다. 어느 범주에서 주어진 자극을 분명하게 구분하는 데는 한계가 있다. 대상이 일곱 개가 넘어가면 오류가 생기게 된다.

식별력의 한계는 중요하다. 왜냐하면 강도를 기준으로 각 대상과 값을 연결하는 우리의 능력이 그 기준에 값을 부여하는 능력보다 더 나을 수 없기 때문이다. 매칭 활동은 빠른 시스템1 사고의 다용도 도구이고, 많은 직관적인 판단의 핵심이지만 조악하다.

그렇다고 마법의 숫자가 절대적인 제약은 아니다. 사람들은 계층형 범주화를 통해 미묘한 차이를 구별해내도록 훈련받을 수 있다. 예를 들어 우리는 백만장자들의 자산 수준을 여러 단계로 구분할 수 있고, 판사들은 여러 범죄의 심각도를 구분해 그에 따라 선고를 내린다. 하지만 이러한 정제 과정이 효과가 있으려면, 범주가 미리 존재해야 하고 범주의 경계가 분명해야 한다. 앞서와 같이 선의 길이를 판단할 때, 긴 선과 짧은 선으로 선들을 분리해 두 개의 개별 범주로 다룰 수는 없다. 빠른 사고 프로세스, 즉 시스템1 사고를 할 때 범주화는 자의적으로 통제되지 않는다.

이러한 형용사 척도의 제약을 극복할 방법은, 꼬리표를 사용하는 대신에 비교를 하는 것이다. 우리는 무언가를 정확한 척도 위에

놓는 것보다 무언가를 비교하는 데 훨씬 더 능하다.

수많은 식당이나 가수를 20점 만점으로 평가하라는 요청을 받는다면 여러분은 어떻게 하겠는가? 만점이 별 다섯 개라면 쉽게 평가할 수 있겠지만, 만점 20점의 척도로는 완벽한 신뢰도를 유지하는 게 불가능할 것이다. ('조의 피자'가 별 세 개를 받을 만한 식당이라면 별 세 개는 11점이나 12점에 해당하는 걸까?) 이 문제에 대한 해결책은, 시간은 좀 걸리겠지만 간단하다. 먼저 5점 만점의 척도로 식당이나 가수를 평가하고 그것들을 다섯 개의 범주로 나눈다. 그런 뒤에 각각의 범주에 속한 식당이나 가수의 등급을 다시 매긴다. 범주에 속한 것들을 몇 번만 짝지어서 비교해보면 등급을 쉽게 매길 수 있을 것이다. 예를 들어 여러분은 '프레드의 버거'보다 '조의 피자'를 더 좋아하거나 밥 딜런보다 테일러 스위프트를 더 좋아할 수 있다. 이것들이 설령 같은 범주에 있더라도 분명 조금 더 좋아하는 쪽이 있을 것이다. 그럴 경우 여러분은 단순하게 다섯 개의 범주 내에서 네 단계를 나눠, 가령 가장 싫어하는 가수들 중에서 누구를 얼마나 더 싫어하는지 구분할 수 있을 것이다.

이런 훈련의 심리는 단순 명쾌하다. 판단 대상들을 노골적으로 비교하면, 한 번에 하나씩 평가하여 등급을 매길 때보다 훨씬 더 미세하게 구별하고 나눌 수 있다.[5] 선의 길이를 판단하는 과제도 마찬가지다. 즉시 연속적으로 제시되는 선들을 비교해서 길이를 판단하는 것이 한 번에 하나씩 평가하여 길이를 예측하는 것보다 훨씬 낫다. 그리고 모든 선을 한꺼번에 보고 서로 비교해서 길이를 예측하는 편이 훨씬 더 정확할 것이다.

비교 판단의 강점은 다른 영역에도 적용된다. 사람들의 재력 수준을 대략적으로 파악하고 있다면, 개별적으로 그들의 부의 수준을 판단할 때보다 개개인을 비교할 때 더 정확한 판단을 내릴 수 있을 것이다. 과제물을 평가하는 경우에도 하나씩 읽고 점수를 주는 것보다 최상부터 최하까지 순위를 매길 때 더 정확한 평가가 나온다. 비교 판단 또는 상대 판단은 범주 판단 또는 절대 판단보다 더 민감하고 정확하다. 또한 앞선 사례들이 보여주듯, 비교 판단에는 더 많은 노력과 시간이 든다.

상대적인 척도에 따라서 개별적으로 평가하면 비교 판단의 강점을 일부 누릴 수 있다. 어떤 상황에서, 특히 교육 현장에서 누군가를 입학이나 승급 대상으로 추천할 때, 추천인은 그 사람을 지정된 그룹('내가 가르쳤던 학생들'이나 '같은 경험치를 지닌 프로그래머' 등)의 '상위 5퍼센트'나 '상위 20퍼센트'에 집어넣어야 한다. 하지만 이런 평가는 거의 있는 그대로 받아들여지지 않는다. 왜냐하면 추천인이 척도를 적절하게 사용했는지 안 했는지 책임을 물을 방법이 없기 때문이다. 어떤 상황에서는 책임을 물을 수 있다. 예를 들어 관리자들이 직원들의 업무평가를 하거나 분석가들이 투자를 분석할 때, 주어진 평가 대상의 90퍼센트를 '상위 20퍼센트'로 분류한 사람이 있다면 누군지 알아내서 잘못을 수정하도록 요청할 수 있다. 비교 판단을 활용하는 방법에 대해서는 5부에서 잡음 해소 방법의 하나로서 자세히 논할 것이다.

많은 판단 과제를 수행할 때 우리는 개별 사례를 어느 척도에 따라 어느 범주에 넣거나, 순서에 따라 정렬된 형용사와 연결해야 한다(예를 들어 7점 만점의 합의 척도에 따라서 판단하거나 사건의 확률을 평가할 때 '개연성이 없음' 또는 '개연성이 극히 없음'과 같은 형용사를 활용해야 한다). 이런 종류의 매칭은 조악하기 때문에 잡음이 따른다. 판단의 요점에 동의하더라도 그 대상과 연결할 꼬리표에 대한 해석은 개인마다 다를 수 있다. 비교 판단을 명백히 강제하는 사고 과정이 이런 잡음을 줄일 가능성이 있다. 다음 장에서는 틀린 척도를 사용하는 것이 어떻게 잡음을 가중시키는지 좀 더 살펴볼 것이다.

매칭 과정에 대하여 _____

"우리 모두 이 영화가 매우 좋다고 말하지만, 여러분은 나보다 이 영화를 훨씬 덜 즐겁게 본 것 같다. 우리는 같은 단어를 사용하고 있지만, 과연 같은 척도를 사용하고 있는 걸까?"

"우리는 이 드라마의 시즌2가 시즌1만큼 화려할 것이라고 생각했다. 우리는 매칭 예측을 했고, 그 예측은 빗나갔다."

"과제물에 점수를 매길 때 일관성을 유지하는 것은 어렵다. 점수 대신에 과제물의 등급을 매겨야 하는 걸까?"

4부 잡음은 어떻게 일어나는가

15장

척도

여러분이 민사재판의 배심원이 됐다고 가정해보자. 다음 사건에 대해 들었고, 이제 이와 관련해 몇 가지 판단을 내려야 한다.

조앤 글로버 vs 제너럴 어시스턴스

여섯 살인 조앤 글로버는 일반 의약품 '알러프리'를 다량 삼켰고, 이로 인해 장기간 병원에 입원하여 치료를 받아야만 했다. 약물 과다복용으로 조앤 글로버는 호흡기가 약해졌고, 평생 천식과 폐기종 같은 호흡기 질환에 취약해졌다. 알러프리 약병에는 부실하게 설계된 어린이 보호용 안전캡이 사용됐다.

제너럴 어시스턴스는 알러프리의 제조사로 다양한 일반 의약품을 생산하는 대형 제약사(연매출 1억~2억 달러)이다. 연방 규제에 따르면 모든 약병에는 어린이 보호용 안전캡이 사용돼야 한다. 제너럴 어시스턴스는 다른 제약사와 비교해서 훨씬 쉽게 열리는 어린이 보호용 안전캡을 사용하여 조직적으로 이 규제를 무시했다. '이 바보 같은 불필요한 연방 규제는 돈 먹는 하마'라는 내용이 포함된 내부 문건이 발견됐다. 해당 문건에는 규제 위반으로 처벌받을 가능성이 낮다는 내용도 적혀 있었다. 또한 '어느 경우든지 해당 규제를 위반한 것에 대하여 굉장히 가벼운 처벌이 내려졌으며, 기본적으로 앞으로 안전캡을 개선하라는 권고를 받게 될 것이다'란 내용도 들어 있었다. 미국 식품의약국(FDA)이 안전캡에 대해 경고했지만, 제너럴 어시스턴스는 그 어떤 시정 조치도 취하지 않았다.

이제 이 사건과 관련하여 세 가지 판단을 내려보자. 다음 내용을 천천히 읽어보고 스스로 옳다고 생각하는 답을 선택해보길 바란다.

분노:
다음 중에서 피고의 행동에 대한 당신의 분노를 가장 잘 표현한 것은 무엇인가? (해당하는 것에 동그라미를 치시오.)

완전히 용납할 수 있다		불쾌하다		충격적이다		절대 용납할 수 없다
0	1	2	3	4	5	6

처벌 의지:
전보적 손해배상에 더해서 피고는 어느 정도 처벌을 받아야 할까? (적절한 처벌 수준이라고 생각되는 숫자에 동그라미를 치시오.)

처벌하지 않는다		가볍게 처벌한다		엄하게 처벌한다		굉장히 엄하게 처벌한다
0	1	2	3	4	5	6

4부 잡음은 어떻게 일어나는가

전보적 손해배상에 더하여, 피고 및 다른 제약사들이 앞으로 이런 행동을 하지 않도록 피고에게 얼마의 '징벌적' 손해배상을 선고해야 할까? (빈칸에 당신이 생각하는 액수를 기입하시오.)

_____ 달러

조앤 글로버의 이야기는 우리 중 두 사람(카너먼과 선스타인 그리고 우리의 친구이자 조력자인 데이비드 슈케이드와 함께)이 1998년 제출한 연구[1]에 실린 한 사건의 요약본이다. 이 장에서 해당 연구를 좀 더 자세히 살펴보고자 하는데, 여러분도 이 연구에 포함됐던 과제 하나를 체험했으면 하는 바람이다. 지금 보니 그것이 앞으로도 계속 반복해서 등장할 잡음 감사의 유익한 사례였다는 생각이 든다.

이 장은 구석구석 스며든 잡음의 원천으로서 **반응 척도**의 역할에 초점을 두고 있다. 사람들이 저마다 다른 판단을 내리는 것은 그들이 주어진 사례의 요점에 서로 동의하지 않아서가 아니라 척도를 다르게 사용하고 있기 때문인지도 모른다. 직원의 업무 실적을 평가할 때, 최저점이 0점이고 최고점이 6점인 척도가 사용됐다고 가정하자. 어느 직원이 4점을 받았다면, 여러분이 생각하기에 그 점수는 꽤 좋은 점수일 수 있다. 반면 다른 누군가가 그 직원의 업무 실적을 평가하고 같은 척도를 사용해서 3점을 줬다면, 그의 입장에서는 3점이 꽤 좋은 점수일 수 있다. 척도를 해석하는 과정에 나타나는 이러한 애매성은 일반적으로 나타나는 문제다. '합리적인 의심을 넘어선'[2] '확실하고 설득력 있는 증거' '뛰어난 성과' 그리고 '발생할 가능성이 없는'[3] 등과 같은 애매한 표현에서 생기는 의사소통의 어려움에 대해 이미 많은 연구가 진행되기도 했다. 이런 문구로 표현된 판단에는 불가피하게 잡음이 존재한다. 왜냐하면 화자와 청자에 따라서 해당 문구를 다르게 해석하기 때문이다.

조앤 글로버 사례가 담긴 연구를 통해 우리는 심각한 결과로 이어지는 상황에서 애매한 척도가 어떤 영향을 미치는지 관찰했다. 해당 연구의 주제는 배심원이 선고하는 징벌적 손해배상에서의 잡음이었다. 조앤 글로버 사례에 관한 세 번째 질문에서 유추할 수 있는 사실이지만, 미국의 법은 (그리고 일부 국가들의 법은) 민사사건에서 배심원들에게 특별히 분노를 일으키는 행동을 한 피고에게 징벌적 손해배상을 선고할 수 있도록 허용한다. 징벌적 손해배상은 피해자들이 온전히 회복되도록 지원하기 위해서 마련된 전보적 손해배상에 대한 추가적 처벌이다. 조앤 글로버 사례에서처럼 제품이 누군가에게 신체적 피해를 야기하여 원고가 회사를 대상으로 소송을 제기해서 승소하면, 원고는 지출한 의료비와 손해를 본 임금에 대해서 금전적 보상을 받게 된다. 하지만 원고는 징벌적 보상도 받을 수 있다. 이는 피고와 유사한 업종의 회사들에게 경고 메시지를 전달하기 위함이다. 조앤 글로버의 사례에서 제너럴 어시스턴스의 행동은 분명 비난받을 만했고, 배심원이 합리적으로 징벌적 손해배상을 부과할 수 있는 행동의 범위에 들어간다.

징벌적 손해배상 제도에 관한 가장 큰 우려는 그것이 예측 불가능하다는 데 있었다. 같은 잘못을 두고 매우 적은 금액부터 어마어마한 금액에 이르는 손해배상액이 선고될 수 있다는 얘기다. 이 책에서 사용하는 용어로 말하자면, 이 제도에는 잡음이 존재한다고 볼 수 있다. 징벌적 손해배상에 대한 요청은 곧잘 거절당하며, 설령 징벌적 손해배상이 선고되더라도 전보적 손해배상에 그렇게까지 많은 금액이 추가되진 않는다. 하지만 충격적일 정도로 예외적인 상황도 있어서, 배심원들이 때때로 선고한 엄청난 징벌적 손해배상액이 놀랍고 자의적으로 다가올 수 있다. 자주 언급된 사례로 원고의 새로운 BMW가 다시 도색됐다는 사실을 숨긴 자동차 영업소에 400만 달러의 징벌적 손해배상액이 선고된 사건이 있었다.[4]

징벌적 손해배상 연구에서 우리는 899명의 참가자에게 조앤 글로버 사례와 아홉 개의 비슷한 사례를 평가해달라고 요청했다. 모든 사례에서 원고들은 신체적으로 패해를 입고 그 피해에 대한 책임이 있다고 판단되는 회사를 상대로 소송을 제기했다. 앞서 여러분과 달리, 연구 참가자들은 열 개의 모든 사례를 대상으로 세 개의 질문(분노, 처벌 의지, 금전 배상) 중에서 오직 한 가지 질문에 대해서만 답했다. 참가자들은 더 작은 그룹으로 나뉘었으며, 각각의 그룹엔 각 사례의 한 버전이 할당됐다. 각 버전에는 원고의 피해 규모와 피고 회사의 매출 규모가 다르게 적혀 있어서 총 28개의 시나리오가 사용됐다. 우리의 목표는 징벌적 손해배상의 심리 작용에 대한 이론을 테스트하고, 이 제도에서 잡음의 주된 원천이 되는 금전 척도(여기서는 달러)의 역할을 조사하는 것이었다.

분노 가설

철학자들과 법학자들은 수 세기 동안 어떻게 해야 공정한 처벌을 내릴 수 있을지 고민했다. 하지만 우리는 철학자들이 어렵다고 생각했던 문제가 일반 사람들에게는 상당히 쉬운 문제일 것이라는 가설을 세웠다. 일반 사람들은 어려운 문제를 쉬운 문제로 대체하여 주어진 과제를 단순화한다. 제너럴 어시스턴스에 얼마의 징벌적 손해배상금을 선고해야 적당한가에 대한 답을 내리는 데 유용한 쉬운 질문은 '내가 얼마나 화가 났지?'일 것이다. 의도한 처벌의 세기는 분노의 세기와 짝을 이루게 될 것이다.

우리는 이 분노 가설을 검증하고자 각 그룹에 처벌 의지나 분노 수준에 대해 답해달라고 요청했다. 그런 다음 연구에 사용된 28개의 시나리오에서 두 개의 질문을 통해 얻은 답변들의 평점을 비교했다. 대체 판단에서 예측했듯이 분노 수준 평점과 처벌 의지 평점의 상관계수는 거의 완벽에 가까운 .98(일치 백분율=94%)이었다. 이 상관관계는 분노 가설을 뒷받침한다. 즉 분노라는 감정[5]이 처벌 의지의 주요한 결정 요인이라는 것이다.

분노는 처벌 의지의 주요한 동인이다. 하지만 분노가 유일한 동인은 아니다. 여러분은 조앤 글로버의 이야기에서 분노를 평가할 때보다 처벌 의지를 평가할 때 좀 더 관심이 가는 부분이 있지 않았는가? 만약 그랬다면, 아마도 그 부분은 그녀가 입은 피해의 수준일 것이다. 우리는 어떤 행동의 결과를 모르고서도 그 행동이 언어도단인지 아닌지를 판단할 수 있다. 조앤 글로버 사례에서 제너럴 어시스턴스는 분명 말도 안 되는 행동을 했다. 그에 반해 처벌 의지에 대한 직관들은 보복적인 측면이 있어서, 노골적으로 말하자면 '눈에는 눈 이에는 이 방식'이 된다. 보복하고픈 충동은 법과 배심원들이 살인 미수범과 살인범을 다르게 취급하는 이유를 설명해준다. 운 좋게도 타깃을 놓친 살인 미수범은 살인범보다 덜 가혹하게 처벌받을 것이다.

피해가 분노가 아닌 처벌 의지에 정말로 영향을 미치는지 확인하기 위해서, 우리는 각 그룹에 조앤 글로버 사례 등 여러 사례의 '심각한 피해' 버전과 '가벼운 피해' 버전을 보여줬다. 조앤 글로버 사례의 심각한 피해 버전은 여러분이 앞선 봤던 버전이다. 가벼운 피해 버전에서는 조앤 글로버가 여러 날 병원에 머물러야 했고 이제 모든 알약에 트라우마가 생겼다. 부모가 비타민·아스피린·감기약 등 좋은 약을 먹이려고 할 때, 조앤 글로버는 미친 듯이 울며 알약을 먹는 게 무섭다고 말한다. 이 버전은 그 사건이 어린아이에게 트라우마를 남길 정도로 대단히 충격적이었음을 보여준다. 하지만 여러분이 읽었던 첫 번째 버전의 장기적인 병원치료에 따른 피해보다 두 번째 버전에서 입은 피해의 수준은 훨씬 낮다. 예상한 바이지만, 분노의 평점은 심각한 피해 버전(4.24)과 가벼운 피해 버전(4.19)에서 거의 동일했다. 피고의 행동만이 분노에 영향을 미칠 뿐, 그 행동의 결과는 중요하지 않았던 것이다. 이에 반해 처벌 의지의 평점은 심각한 피해 버전에서 4.93, 가벼운 피해 버전에서 4.65였다. 작지만 통계적으로 신뢰할 수 있는 차이다. 손해배상액의 중간 값은 심각한 피해 버전에서 200만 달러였고 가벼운 피해 버전에서

100만 달러였다. 다른 사례에서도 유사한 결과가 나타났다.

이러한 결과는 판단 과정의 중요한 특징을 강조해 보여준다. 즉 증거의 여러 측면에 가중치를 부여하는 행위가 판단에 미묘하게 영향을 미칠 수 있다는 것이다. 처벌 의지와 분노 수준을 평가했던 참가자들은 본인들이 '정의가 보복의 성격을 지녀야 하는가'라는 철학적인 문제에 대해 스스로 입장을 밝히고 있다는 사실을 인지하지 못했다. 그들은 사례의 다양한 특성에 본인들이 가중치를 부여하고 있다는 사실조차 인지하지 못했다. 그런데도 그들은 분노 수준을 평가할 땐 피해에 거의 가중치를 부여하지 않았지만 처벌 수준을 결정할 땐 상당한 가중치를 부여했다. 참가자들이 그 이야기의 한 가지 버전만 봤다는 것을 기억하는가? 더 심각한 피해를 입은 버전에서 더 가혹한 처벌을 내린 것은 비교 판단의 사례는 아니었다. 그것은 두 조건에서 매칭이 자동적으로 작동하여 나온 결과였다. 참가자들의 반응은 느린 사고보다 빠른 사고에 더 좌우됐다.

잡음 있는 척도

이 연구의 두 번째 목표는 징벌적 손해배상에 잡음이 존재하는 이유를 찾는 것이었다. 우리는 배심원들이 일반적으로 피고에게 얼마나 가혹한 처벌을 내릴지에 대해서는 의견이 일치하지만, 자신들의 처벌 의지를 달러 척도로 표현하는 데서는 상당한 차이를 보일 것이라는 가설을 세웠다.

이 연구에서 분노, 처벌 의지, 손해배상액이라는 세 가지 척도로 같은 사례에 대해 판단을 내릴 때 발생하는 잡음의 양을 비교할 수 있었다. 잡음을 측정하기 위해 우리는 6장에서 연방 판사들의 잡음 감사 결과를 분석하는 데 사용했던 방법을 활용했다. 연방 판사들의 사례에서처럼 우리는 어떤 사례에 대한 개별적인 판단의 평균치가 편파적이지 않은 정당한 값으로 여겨질 수 있다고 상정했다. (이것은 분석을 위한 상정이다. 이 가정은 분명 틀렸을 수 있다.) 이상적인 상황이라면 특정 척도를 사용하는 모든 배심원이 모든 사건에 대해 합의된 판단을 내릴 것이다. 평균적인 판단에서 벗어난 판단은 그것이 무엇이든 오류로 간주되며, 오류는 제도 잡음의 원천이 된다.

6장에서도 지적했듯이, 제도 잡음은 수준 잡음과 패턴 잡음으로 분해될 수 있다. 여기서 수준 잡음은 배심원들이 일반적으로 얼마나 가혹한가와 관련하여 배심원들에게서 나타나는 변산성이다. 반면에 패턴 잡음은 어느 배심원이 본인의 평균치와 비교하여 특정 사건들에 어떻게 반응하느냐와 관련된 변산성이다. 그러므로 판단의 전반적인 차이는 다음 세 가지 요소로 분해될 수 있다.

판단의 차이
= 정당한 처벌의 차이 + (수준 잡음)^2 + (패턴 잡음)^2

이 분석에서는 판단의 차이를 세 가지 용어로 분해하고 있으며, 분노, 처벌 의지, 손해배상금을 각각 판단할 때 이를 적용했다.

그림13이 그 결과다.[6] 잡음이 가장 적은 척도는 처벌 의지다. 제

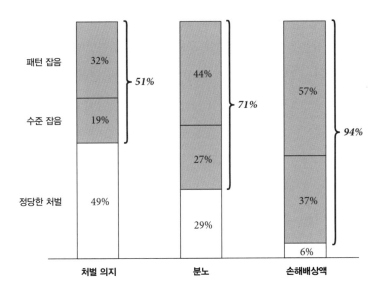

그림13 | 판단 차이의 구성 요소

패턴 잡음 32%
51%
수준 잡음 19%

정당한 처벌 49%

44%
71%
27%

29%

57%
94%
37%

6%

처벌 의지   분노   손해배상액

도 잡음이 차이의 51퍼센트를 차지한다는 것은 정의와 잡음의 수준이 거의 비슷하다는 뜻이다. 한편 분노 척도는 뚜렷하게 더 많은 잡음을 발생시킨다. 무려 71퍼센트다. 하지만 손해배상액 척도에서 단연 최고 수준의 잡음이 관찰된다. 판단 차이의 거의 94퍼센트가 잡음이다!

이 차이가 충격적인 이유는, 세 가지 척도가 내용 면에서는 거의 동일하기 때문이다. 앞서 우리는 분노와 처벌 의지의 정당한 값이 거의 완벽하게 상관되어 있다는 사실을 확인했으며, 이것이 분노 가설의 함의였다. 처벌 의지와 손해배상액에 대한 평가는 제너럴 어시스턴스에 과연 얼마나 가혹한 처벌을 내려야 하느냐라는 질문에 다른 단위로 답하고 있다. 그렇다면 그림13에 나타난 큰 차이들

4부 잡음은 어떻게 일어나는가

은 어떻게 설명될 수 있을까?

분노가 가장 정확한 척도는 아니라는 데엔 아마 모두가 동의할 것이다. 정말로 '완전히 용납할 수 있는' 행동이란 것도 있긴 하지만, 제너럴 어시스턴스나 다른 피고들에게 느끼는 분노 수준엔 한계가 있고 그 한계는 다소 모호하다. 어떤 행동을 '절대적으로 용납할 수 없다'는 건 무슨 의미일까? 분노 척도의 상한선이 분명치 않은 탓에 일부 잡음이 생기는 건 불가피한 일이다.

처벌 의지는 더욱 구체적이다. '가혹한 처벌'은 '절대로 용납할 수 없다'보다 더 정확한 개념인데, 왜냐하면 '매우 가혹한 처벌'은 법에서 정한 최고 형량에 구애받기 때문이다. 여러분은 범인을 '엄벌'에 처하고 싶겠지만, 그렇다고 제너럴 어시스턴트 CEO와 경영진을 사형에 처하라고 권고할 수는 없다. (그러길 바라지만.) 처벌 의지 척도는 상한선이 좀 더 분명하게 구체적으로 설정되어 있기 때문에 덜 애매하다. 예상할 수 있는 일이지만, 처벌 의지 척도에는 잡음도 덜 존재한다.

분노와 처벌 의지는 모두 유사한 평가 척도를 근거로 측정됐으며, 언어적 꼬리표를 통해 정도가 더하거나 덜하다는 식으로 규정됐다. 달러로 표현되는 손해배상액은 훨씬 더 문제의 소지가 있는 다른 척도 군집에 속한다.

달러 척도와 기준점 효과

우리는 〈공유된 분노와 일정치 않은 배상액: 징벌적 손해배상의 심리 작용Shared Outrage and Erratic Awards: The Psychology of Punitive Damages〉이라는 학술논문의 제목에 연구의 핵심 메시지를 담았다. 실험에서 배심원 역할을 맡은 참가자들은 자신들의 처벌 의지를 평가하면서 공정한 손해배상액을 설정했다. 그들의 평가는 분노라는 말로 대략 설명이 가능했다. 하지만 손해배상액을 나타내는 달러 척도에 대해 평가할 때는 실제 법정을 방불케 하는 상황이 연출됐고, 용납할 수 없을 정도의 잡음이 존재했다.

그 이유는 분명했다. 실제로 조앤 글로버 사례에 대하여 구체적인 손해배상액을 결정하면서 여러분은 분명 스스로 제시한 금액이 기본적으로 임의적인 금액이란 느낌을 경험했을 것이다. 이런 느낌은 중요한 정보를 전달한다. 그것은 바로 다른 사람들은 아주 다른 임의적인 판단을 내릴 것이고 그 판단들엔 상당한 잡음이 존재할 것이라는 점이다. 이는 손해배상액이 속한 척도 군집의 한 특징으로 밝혀졌다.

전설적인 하버드대학교 심리학 교수 S.S. 스티븐스S.S. Stevens는, 사람들이 많은 주관적 경험과 태도의 강도 비율에 대해서 강한 직관을 공유하고 있다는 놀라운 사실을 발견했다.[7] 사람들은 빛을 조정해 다른 빛보다 '두 배 더 밝게' 보이도록 할 수 있으며, 10개월 징역형에 실린 악감정이 1개월 징역형보다 열 배 세진 않다는 데 동의한다. 스티븐스는 이런 직관에 근거한 척도를 **비율 척도**ratio scale

4부 잡음은 어떻게 일어나는가

라 불렀다.

돈에 대한 직관이 '사라의 월급이 60퍼센트 인상됐어!'라든지 '우리의 부자 이웃이 하룻밤 사이에 재산의 절반을 날렸대' 같은 표현처럼 쉽게 비율로 표현된다. 징벌적 손해배상액의 달러 척도 역시 처벌 의지의 평가에 대한 비율 척도다. 다른 비율 척도처럼 징벌적 손해배상액에는 절대 영점(0달러)이 존재하고 상한선은 없다.

스티븐스는 (달러 척도처럼) 비율 척도가 단일 중간 기준점(계수)에 의해 묶일 수 있다는 사실을 발견했다. 실험실에서 그는 관찰자들을 특정 밝기의 빛에 노출시켰다. 그리고 그 빛의 밝기를 10(또는 50이나 200)이라 부르고, 그에 따라서 다른 밝기에도 숫자를 부여해 달라고 요청했다. 예상대로 관찰자들이 밝기가 다른 빛에 붙인 숫자들은 그들에게 제시된 임의적인 기준점에 비례했다. 200이란 숫자를 기준으로 빛의 밝기를 평가한 관찰자는 10을 기준으로 삼은 관찰자보다 20배 더 높은 숫자로 판단을 내렸을 테고, 관찰자의 판단의 표준편차도 기준점 비례했을 것이다.

13장에서 우리는 기준점 효과의 재미있는 사례를 제시한 바 있다. 사람들이 어떤 물건에 대해서 기꺼이 지불할 의향이 있는 금액은 본인들의 사회보장번호 마지막 두 자리 숫자만큼 (달러 척도로) 지불할 것이냐는 질문에 큰 영향을 받았다. 더 눈에 띄는 결과는 처음 기준점이 다른 물건들에 대한 지불 의향 금액에도 영향을 미친다는 것이었다. 무선 트랙볼 마우스에 상당한 금액을 지불할 의향이 있다고 답한 참가자들은 그에 따라서 무선 키보드에도 상당한 금액을 지불하는 데 동의했다. 사람들은 물건의 절대적인 가치보다 서로 비교되는 물건들의 상대적 가치에 훨씬 더 민감한 것 같다. 이 연구의 저자들은 단일 기준점의 지속적인 영향을 "일관성 있는 임의성"이라고 이름 붙였다.[8]

조앤 글로버 사례에서 임의적인 기준점의 영향을 파악하기 위해 이 장의 첫 문단에 다음 정보가 포함됐다고 가정해보자.

다른 제약회사가 연루된 비슷한 사례에서 피해자인 어린아이는 (앞서 읽었던 가벼운 피해 버전에서처럼) 가벼운 심리적 트라우마에 시달렸다. 징벌적 손해배상액은 150만 달러로 정해졌다.

이 추가 정보 덕분에 제너럴 어시스턴스에 대한 처벌을 결정하는 문제가 갑자기 훨씬 쉬워졌을 것이다. 실제로 여러분 머릿속엔 제너럴 어시스턴스에 부과할 징벌적 손해배상액이 이미 떠올랐을지도 모른다. 조앤 글로버에게 심각한 피해가 발생한 경우와 다른 어린아이가 가벼운 피해를 입은 경우의 차이에 들어맞는 징벌적 손해배상액의 승수(또는 비율)가 있다. 게다가 여러분이 읽은 단일 기준점(150만 달러)은 처벌의 금전적 척도에 영향을 줄 만큼 충분히 크다. 이제 지금까지 고려했던 두 가지 사례보다 피해가 더 심각한 사례, 더 가벼운 사례에 대한 손해배상액을 정하는 일이 쉬워졌다.

기준점을 활용해 비율 척도에 따라 판단해야 하는데 기준점이 주어지지 않는다면 어떤 일이 일어날까? 스티븐스는 이 질문에 답을 제시했다. 실험자가 가이드라인을 주지 않으면 실험 참가자들은 처음 그 척도를 사용할 때 임의적인 선택을 할 수밖에 없다. 그래서 이런 경우에 참가자들은 첫 번째 답을 기준점으로 삼아 일관성 있게 판단을 내린다.

조앤 글로버 사례에서 징벌적 손해배상액을 정하는 문제는 기준점이 없는 상황에서 금액을 조정하는 문제로 다가올 수 있다. 스티븐스의 연구실에서 기준점을 받지 못한 관찰자들처럼 여러분도 제너럴 어시스턴스에 부과할 징벌적 손해배상액에 대하여 임의적인 결정을 내렸다. 우리가 수행한 징벌적 손해배상 연구의 참가자들도 같은 문제에 직면했다. 그들은 자신들에게 주어진 첫 번째 사례에 대해서 처음에 임의적인 결정을 내릴 수밖에 없었다. 하지만 여러분과 달리, 그들이 내려야 할 임의적인 결정은 하나로 끝나지 않았다. 다시 말해서 그들은 아홉 개의 서로 다른 사례에 대해 징벌적 손해배상액을 결정해야 했다. 아홉 개의 판단은, 처음 내린 판단을 기준점 삼아 다른 판단들과 비교하여 일관되게 내린 것이기에 임의적이지 않았다.

스티븐스의 실험실에서 관찰된 결과에 따르면, 개인들이 만들어낸 기준점은 각자가 연이어 내린 징벌적 손해배상액에 대한 판단에 지대한 영향을 미쳐야만 했지만 열 개의 사례에 그 어떤 영향도 미치지 않았다. 처음에 큰 손해배상액을 설정하면 그에 비례하여 나머지도 높은 액수로 손해배상액이 설정되지만, 액수가 상대적으로 얼마나 크고 작냐에는 영향을 주지 않는다. 이러한 논리는 놀라운 결론으로 이어진다. 징벌적 손해배상액에 대한 판단에는 절망적일 정도로 잡음이 많이 존재하는 것 같지만, 실제로 이는 판단자의 처벌 의지를 보여준다. 이러한 처벌 의지를 파악하기 위해 우리는 절대적인 달러 가치를 상대적인 점수로 대체하기만 하면 된다.

우리는 이 아이디어를 시험해보고자, 한 개인이 열 개의 사례에 부과한 징벌적 손해배상액을 기준으로 순위를 매긴 뒤 잡음 분석을 반복했다. 가장 높은 금액이 1위, 그다음으로 높은 금액이 2위를 차지하는 식이었다. 이렇게 달러 척도를 순위로 대체하면 배심원 수준에서 발생하는 모든 오류가 제거된다. 왜냐하면 1부터 10까지 순위를 매긴다는 조건은 이따금 동순위가 생기는 경우를 제외하곤 모두에게 같기 때문이다. (혹시 궁금한 사람들을 위해서 첨언하자면, 다양한 버전의 설문지가 있었다. 각각의 개인이 28개의 시나리오에서 열 개에 대해 판단을 했기 때문이다. 우리는 열 개의 같은 시나리오에 대해 질문을 받은 참가자들로 구성된 각 그룹별로도 분석을 진행했고, 결과의 평균치를 보고했다.)

그 결과는 놀라웠다. 판단에 나타난 잡음의 비율이 94퍼센트에서 49퍼센트로 하락한 것이다(그림14). 달러 척도를 순위로 대체함

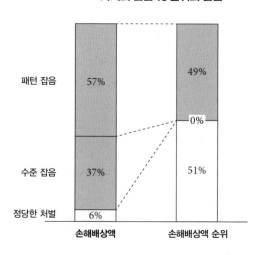

그림14 | 가치의 잡음 vs 순위의 잡음

　　　　　　　　　　　　　　　　　　　4부 잡음은 어떻게 일어나는가

으로써[9] 실제로 배심원들이 다른 사례에서도 적절한 처벌 수준에 대해 상당한 의견 일치를 보였음이 밝혀졌다. 손해배상액의 순위는 어떤가 하면, 처벌 의지의 본래 순위보다 잡음이 다소 **적게 나타났다.**

유감스러운 결론

이상의 결과는 우리가 개략적으로 설명한 이론과 일치한다. 모든 사례에서 손해배상액은 각각의 배심원이 처음에 본 사례에 부과한 임의적인 액수에 이른바 '닻'(기준점)을 내리고 평가됐다. 사례들의 상대적 순위는 상당히 일관적인 태도를 반영하고 있으며, 그래서 잡음도 많지 않다. 하지만 손해배상액의 절대적 가치는 첫 번째 사례에서 임의적으로 선택된 금액을 근거로 평가됐기 때문에 기본적으로 의미가 없다.

아이러니하게도 배심원들이 실제 재판에서 평결하는 사건은 그들이 보는 첫 번째이자 유일한 사례다. 미국 법은 민사 배심원들에게 민사사건에 대해서 징벌적 손해배상을 내릴 수 있도록 하지만, 이때 그들이 참고할 만한 그 어떤 정보도 제공되지 않는다. 법은 노골적으로 다른 사건에서의 징벌적 손해배상액 규모에 대해 배심원단이 이야기를 나누지 못하도록 금한다. 미국 법은 배심원들의 정의감이 죄질에 대한 숙고를 통해 정확한 처벌을 도출하는 데로 나아갈 것이라고 상정한다. 그러나 이는 심리학적으로 난센스다. 사람에겐 그럴 능력이 없다. 사법제도는 법을 집행하는 사람들의 한계를 인정해야 한다.

징벌적 손해배상의 사례는 극단적이다. 전문적인 판단이 형편없이 애매한 척도로 표현되는 경우는 거의 없기 때문이다. 그럼에도 애매한 척도는 흔히 나타난다. 이는 곧 징벌적 손해배상 제도에 관한 연구가 다음과 같은 두 가지 보편적인 교훈을 제공하며, 비즈니스·교육·스포츠·정부 등 모든 영역에 그 교훈이 적용될 수 있음을 말해준다. 첫째, 척도의 선택은 판단의 잡음 크기에 큰 차이를 만든다. 왜냐하면 애매한 척도에는 잡음이 있기 때문이다. 둘째, 가능한 경우에 절대적 판단을 상대적 판단으로 대체하면 잡음이 줄어들 수 있다.

척도에 대하여

"우리의 판단에는 많은 잡음이 있다. 우리가 척도를 서로 다르게 이해하기 때문에 이런 일이 일어나는 걸까?"

"척도로서 기준 역할을 하게 될 기준점 사례에 대해 동의할 수 있는가?"

"잡음을 줄이려면 판단을 순위로 대체해야 하는 걸까?"

16장

패턴

일찍부터 책을 읽었던 줄리를 기억하는가? 14장에서 여러분은 줄리의 대학 GPA 점수를 예측해봤다. 다음 글은 줄리에 관한 새로운 사실을 여러분에게 일러줄 것이다.

줄리는 외동이었다. 아버지는 성공한 변호사였고, 어머니는 건축가였다. 줄리가 세 살 때 아버지는 자가면역질환에 걸렸고 어쩔 수 없이 재택근무를 해야 했다. 아버지는 줄리와 많은 시간을 보냈으며, 인내심을 갖고 줄리에게 책 읽기를 가르쳤다. 줄리는 네 살이 됐을 때 능숙하게 책을 읽을 수 있었다. 아버지는 줄리에게 산수도 가르치려 했다. 하지만 줄리에겐 산수가 너무 어려웠다. 줄리는 초등학교에서 우등생이었지만, 애정에 굶주리고 다소 인기가 없는 학생이었다. 줄리는 많은 시간을 혼자 보냈고, 가장 좋아하는 삼촌과 새를 관찰한 뒤 영감을 받아 열정적인 조류 관찰자가 됐다.

줄리가 열한 살 때 부모님은 이혼을 했고, 줄리는 부모님의 이혼으로 힘들어했다. 학교 성적은 바닥을 쳤고, 줄리는 학교에서 툭하면 화를 냈다. 고등학교에서 줄리는 생물학과 창의적 글쓰기에 두각을 나타냈다. 줄리는 물리학에서 최고점을 받으며 모두를 깜짝 놀라게 했다. 하지만 줄리는 물리학 외의 다른 과목들에는 관심이 없었고, 평균 B학점으로 고등학교를 졸업했다.

줄리는 명문대 진학에 실패하여 결국 좋은 주립대에 입학했다. 그곳에서 줄리는 환경학을 전공했다. 대학 첫 2년 동안 줄리는 지속적으로 심적 갈등을 경험하곤 했고, 꽤 주기적으로 마리화나를 피웠다. 하지만 4학기에는 의대에 진학하기로 단단히 마음먹고 학업에 더 진지하게 임했다.

여러분이 예상하기에 줄리가 대학교를 졸업할 때 받은 GPA 점수는 얼마였을 것 같은가?

어려운 문제와 쉬운 문제

확실히 문제가 훨씬 더 어려워졌다(새로운 사실이 밝혀진 줄리를 '줄리 2.0'이라고 부르자). 줄리1.0에 대해 알고 있던 것이라곤 그녀가 네 살 때부터 책을 읽기 시작했다는 것뿐이었다. 이 유일한 단서를 가지고 여러분은 매칭 판단을 시도했고, 줄리의 GPA 점수를 직관적으로 추정해냈다.

새롭게 제공된 여러 단서가 한 방향을 가리킨다면, 매칭 판단이 효과적일 수 있다. 가령 재즈를 연주하는 회계사 빌에 대한 설명을 읽을 때 파악한 모든 정보('상상력 없는' '수학에 강한' '사회학에 약한')는 일관된 전형적인 그림을 그려냈다. 이와 유사하게, (물론 몇몇 데이터는 그저 '평범한' 성과를 나타내기는 하지만) 줄리2.0이 살면서 겪은 대부분의 사건들이 그녀가 일찍부터 책을 읽기 시작했다는 사실 그리고 우수한 학업 성취도와 일관성이 있다면, 줄리2.0의 GPA 점수를 예측하는 일은 그리 어렵지 않을 것이다. 가용한 증거가 일관된 그림을 그릴 때, 우리의 빠른 시스템1 사고는 그 그림을 어렵지 않게 이해한다. 이처럼 단순한 판단 문제는 쉽게 해결되고, 대부분의 사람들이 그 결과에 동의한다.

하지만 줄리2.0은 상황이 다르다. 이 문제를 어렵게 만드는 것은 여러 상충하는 단서다. 줄리의 능력과 동기부여 수준을 넌지시 보여주는 단서들이 있는가 하면, 동시에 줄리의 성격적 약점과 평범한 성취도를 보여주는 단서들도 있다. 이야기는 두서없이 엉망으로 진행되는 듯 느껴지며 쉽게 이해되지도 않는다. 각각의 단서가 일관성 있게 해석되지 않기 때문이다. 물론 이렇게 모순된 정보들이 줄리2.0의 이야기를 비현실적이거나 심지어 믿기 어렵게 만들진 않는다. 인생은 우리가 얘기하는 것보다 훨씬 더 복잡한 법이다.

여러 상충하는 정보가 주어지면, 어려운 판단 문제를 규정하는 일이 애매해진다. 이러한 애매성은 왜 복잡한 문제가 쉬운 문제보다 잡음이 많은지도 설명해준다. 논리는 단순하다. 무언가를 여러

가지 관점에서 해석할 수 있다면, 사람들은 여러 관점에서 주어진 문제를 분석하고 해석하게 되어 있다. 사람들은 서로 다른 증거를 선택하여 판단의 핵심을 구성한다. 그래서 하나의 문제를 두고 많은 결론이 나올 수 있는 것이다. 여러분은 줄리2.0에 관한 정보를 선택적으로 분석하여 나름의 판단을 내렸을 것이다. 하지만 여러분의 판단과 그 판단의 근거가 이해되지 않으면, 사람들은 다른 판단과 그 근거에 눈을 돌릴 것이다. 이것이 패턴 잡음을 유발하는 변산성이 된다.

여러분은 언제 자신의 판단에 확신을 느끼는가? 그럴 때에는 두 가지 조건이 충족되어야 한다. 즉 여러분의 판단이 전체적으로 일관성 있고, 그 판단을 대체할 그럴듯한 대안이 존재하지 않아야 하는 것이다. 증거를 분석하여 이해한 내용이 여러분의 판단과 일치하고, 하나의 증거가 다른 증거의 근거가 될 때 판단의 일관성이 확보된다. 물론 전체적인 흐름에서 벗어난 정보를 무시하거나 정보가 전체적인 흐름에서 벗어난 이유를 설명하여 조금 찜찜하게나마 판단의 일관성을 얻어낼 수도 있다. 판단 문제를 '해결했다'고 주장하는 참된 전문가는 자신의 판단이 왜 정확한지를 논리적으로 일관성 있게 설명해낼 수 있으며, 다른 판단이 왜 틀렸는지도 그럴듯하게 설명해낼 수 있다. 그러나 다시 말하건대, 사람들은 자신의 판단을 대체할 수 있는 설득력 있는 대안을 처음부터 고민하지 않거나 아예 숨김으로써 강력하지만 질 낮은 확신을 얻기도 한다.

이렇게 볼 때 다른 누군가가 여러분의 판단을 확신한다고 해서, 그것이 여러분 판단의 정확성을 보장해주진 않는다. 게다가 여러분

4부 잡음은 어떻게 일어나는가

의 판단을 대체할 수 있는 대안을 억압하는 행위(인식의 주된 연구 대상)[1]는 이른바 **의견 일치라는 환상**을 유발할 수 있다(2장 참고). 사람들은 자신의 판단을 대체할 대안이 될 만한 주장을 찾을 수 없다고 생각하면, 남들도 자신과 같은 판단에 이르렀을 것이라고 자연스럽게 생각하게 된다. 물론 스스로 내린 모든 판단에 강한 확신을 갖는 소수가 있다. 하지만 우리 모두는 여러분이 줄리2.0에 관한 이야기를 읽으면서 느꼈던 것만큼의 불확실성을 경험한다. 우리는 매 순간 강한 확신을 갖고 살아가는 건 아니다. 다만 대체로 우리가 가져야 하는 수준 이상의 확신을 갖고 살아간다.[2]

패턴 잡음: 안정적이거나 일시적인 잡음

지금까지 패턴 오류는 사례 및 판단자가 별개로 미친 영향의 총계로 설명될 수 없는, 사례에 대한 개인의 판단에서 나타나는 오류로 정의됐다. 패턴 오류의 극단적인 사례는 보통은 관대한 판결을 내리는, 그러나 특정 유형의 피고(가령 교통 법규 위반자)에게는 평소와 달리 엄한 처벌을 선고하는 판사다. 또한 보통은 신중하지만, 생기 넘치는 스타트업의 사업계획을 보면 경계를 풀어버리는 투자자 역시 한 예가 될 수 있다. 물론 대부분의 패턴 오류는 이렇게 극단적이지 않다. 우리는 관대한 판사가 재범자에게 덜 관대한 처벌을 선고하거나 젊은 여성에게 훨씬 더 관대한 처벌을 선고하는 식의 적당한 패턴 오류를 보게 되곤 한다.

패턴 오류는 일시적인 요인들과 영구적인 요인들이 결합되어 나타난다. 일시적인 요인들은 판결을 내리는 순간 판사의 기분이나 판사의 머릿속에 떠오른 최근 불미스러운 사건처럼 상황 잡음의 원천으로 설명했던 것들이다. 이를 제외한 모든 요인은 좀 더 영구적인데, 가령 특정 대학교를 다녔던 사람을 유난히 선호하는 고용주라든지 폐렴을 앓는 사람에게 유난히 입원을 권하는 의사를 예로 들 수 있다. 여기서 우리는 단일 판단에 나타나는 오류를 설명해주는 간단한 방정식을 세울 수 있다.

패턴 오류=안정적인 패턴 오류+일시적인 (상황) 오류

안정적인 패턴 오류와 일시적인 (상황) 오류는 독립 변수이고 서로 무관하기 때문에, 이 방정식을 확장해서 그것들의 변화를 다음과 같이 분석할 수 있다.

$$\textbf{(패턴 잡음)}^2 = \textbf{(안정적인 패턴 잡음)}^2 + \textbf{(상황 잡음)}^2$$

앞서 오류와 잡음의 다른 구성 요소들을 시각적으로 표현했듯이, 이 방정식도 시각적으로 표현될 수 있다. 그림15에서 직각 삼각형의 양 변에 맞닿은 사각형들의 면적의 합은 패턴 잡음의 면적과 같다.

안정적인 패턴 잡음의 간단한 사례로, 일련의 평점에 기초해 임원들의 미래 성과를 예측하는 채용 담당자들을 생각해보자.[3] 9장에

4부 잡음은 어떻게 일어나는가

그림15 | 패턴 잡음의 분해

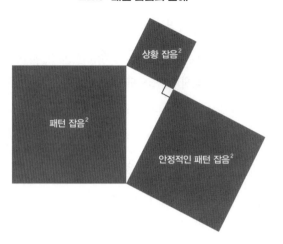

서 우리는 '판단자의 판단 모델'에 대해 이야기했다. 채용 담당자 개개인이 갖고 있는 판단 모델은 각 평점에 서로 다른 가중치를 부여하는데, 여기서 그 담당자가 판단을 내릴 때 무엇을 중요하게 생각했느냐를 알 수 있다. 한 번 더 말하지만, 각 평점에 대한 가중치는 채용 담당자마다 다르다. 어떤 채용 담당자는 리더십을 중요하게 생각하고, 어떤 채용 담당자는 의사소통 기술을 더 중요하게 생각할 수 있다. 이러한 차이가 채용 담당자들이 작성한 후보 순위에 가변성을 빚어낸다. 이것이 바로 우리가 말하는 안정적인 패턴 잡음의 한 예다.

각각의 사례에 대한 개인의 반응도 안정적이지만 매우 구체적인 패턴 잡음을 낳을 수 있다. 여러분은 줄리의 이야기에서 다른 요인들보다 어떤 특정한 요인에 더 주목했을 것이다. 무엇 때문에 여러분이 그 요인에 더 주목하게 됐는지 생각해보라. 그 사례의 몇

몇 세부내용이 여러분의 인생 경험과 비슷해서 여러분의 심금을 울렸을지도 모른다. 아니면 줄리의 무언가가, 곧잘 지내오던 삶이 청소년 시절 이후 깊은 성격적 결함 때문에 결국 실패에 이르렀던 가까운 친척을 떠올리게 했는지도 모른다. 혹은 반대로, 문제아였지만 의대에 진학했고 현재 성공적인 전문의로 활동하고 있는 친한 친구에 대한 기억을 떠올리게 했을지도 모른다. 줄리의 이야기는 사람들에게 저마다 다른 기억을 떠올리게 할 것이다. 그래서 그 이야기를 듣고 사람들이 각자 떠올린 기억들은 특유하고 예측할 수 없다. 하지만 그것들은 안정적일 것이다. 설령 지난주에 줄리의 이야기를 들었더라도 여러분은 같은 사람을 떠올렸을 것이고, 자신의 인생 경험을 바탕으로 그 이야기를 바라봤을 것이다.

판단의 질에는 개인차가 있다. 이것이 패턴 잡음의 또 다른 원천이다. (자신을 포함해서) 아무도 모르는 미래를 내다보는 수정구슬을 지닌 예측가가 있다고 생각해보자. 본인의 예측 정확도 때문에 그 사람은 많은 사례에서 평균을 벗어난 예측치를 내놓는다. 결과 데이터가 없는 상황에서 이러한 이탈은 패턴 오류로 간주될 것이다. 판단이 검증될 수 없을 때, 높은 예측 정확도는 오히려 패턴 잡음처럼 보일 것이다.

패턴 잡음은 주어진 사례를 여러 측면에서 바라보며 판단을 내리는 체계적인 사고력의 차이 때문에 발생하기도 한다. 스포츠 팀이 선수를 어떻게 선발하는지 생각해보자. 코치들은 경기에서 필요한 다양한 기술과 역량에 집중할 것이고, 주치의들은 후보 선수가 부상에 얼마나 취약한가에 집중할 것이다. 그리고 심리학자들은 후보 선수의 동기부여 수준과 정신적 회복력을 집중적으로 살필 것이다. 이렇게 분야가 다른 전문가들이 같은 선수를 평가할 때, 상당한 패턴 잡음이 생길 수 있다. 마찬가지로 다방면에 걸쳐 활약하는 전문가들도 판단 과제에서 다른 부문보다 더 능숙하게 평가할 수 있는 부문이 따로 있을 수 있다. 이런 경우에 패턴 잡음은 오류라기보다는 사람들이 지닌 앎의 변산성으로 설명되어야 한다.

전문가들이 독립적으로 결정을 내릴 때, 서로 다른 지식수준으로 정의할 수 있는 역량의 변산성은 그저 잡음일 뿐이다. 하지만 함께 판단을 내릴 팀을 구성할 기회가 관리자에게 주어진다면,[4] 역량의 다양성은 잠재적으로 귀한 자산이 된다. 왜냐하면 분야가 서로 다른 전문가들이 판단 과제에서 각기 다른 부문을 책임지고 서로를 보완할 것이기 때문이다. 이런 기회와 그 기회를 붙잡기 위해 필요한 부분에 대해서는 21장에서 더 살펴볼 것이다.

앞서 보험회사의 고객이나, 판사를 배정받는 피고는 일종의 제비뽑기에 참여하게 되는 것이라고 말했다. 보험회사에서 여러 전문가 가운데 한 명을 뽑는 '첫 번째 추첨'은 선발된 전문가가 내리는 판단들의 평균 수준(수준 잡음)을 훨씬 넘어서는 많은 부분을 채택하는 것이나 다름없다. 왜냐하면 이러한 추첨으로 가치, 선호, 신념, 기억, 경험, 그 전문가의 특유한 연상 등이 어우러져 변화무쌍한 집합체가 만들어지기 때문이다. 여러분이 판단을 내릴 때마다, 일을 하면서 굳어진 습관이라든지 멘토들에게서 얻은 지혜 등 여러분 개인의 특성도 그 판단에 영향을 미친다. 자신감을 얻었던 성공의 경험과 반복하지 않으려고 애쓰는 실수의 경험도 판단에 영향을 준다. 그리고 머릿속 어딘가에 존재하다가 불현듯 떠오른 공식적인 규칙, 잊었던 규칙 그리고 무시해도 좋다고 배웠던 규칙도 개인의 판단에 영향을 준다. 이 모든 측면에서 여러분과 완전히 같은 경험, 기억 혹은 생각을 갖고 있는 사람은 아무도 없다. 다시 말해 한 개인의 안정적인 패턴 오류는 그 사람에게만 독특하게 나타나는 것이다.

두 번째 추첨에서는 판단을 내리는 순간, 그 순간의 기분 상태 그리고 판단에 영향을 미쳐서는 안 되지만 영향을 주는 외부 요인들을 선택하게 된다. 이 추첨은 상황 잡음을 일으킨다. 예를 들어 여러분이 줄리의 사례를 접하기 전에 대학 캠퍼스에서 불법 약물이 사용되고 있다는 신문 기사를 읽었다고 생각해보자. 기사에는 법대 진학을 결심하고 열심히 공부했던 재능 있는 학생이 대학 입학 후 초반에 불법 약물을 사용하면서 누적된 손실을 만회할 수 없었다는 내용이 담겨 있었다. 여러분은 이 기사가 생생하게 기억에 남아 있기 때문에, 줄리의 성공 가능성을 판단할 때에도 그녀가 마리화나를 피웠다는 사실에 더 주의를 기울이게 될 것이다. 하지만 기사를 읽고 몇 주가 지난 뒤 줄리에 대한 질문을 받았다면, 그 기사가 떠오르진 않았을 것이다(그리고 어제 줄리의 이야기를 들었다면, 그 기사는 알지도 못했을 것이다). 신문 기사를 읽은 영향은 일시적이며, 이것이 곧 상황 잡음이다.

이러한 사례가 보여주듯, 안정적인 패턴 잡음과 불안정한 변수인 상황 잡음을 단칼에 무 자르듯이 분리할 수는 없다. 둘의 주된 차이는 주어진 사례의 어떤 정보에 대해 판단자로 하여금 민감하게 반응하도록 하는 원인이 영구적이냐 일시적이냐. 패턴 잡음을 유발하는 요인이 개인적인 경험이나 가치에 있을 때, 우리는 그 패턴 잡음이 안정되어 있으며 판단자의 독특성을 보여준다고 예상할 수 있다.

성격 유추

사람들은 어떤 특성이나 특성의 조합에 각자 다르게 반응한다. 이 점이 직관적으로 바로 이해되진 않을 것이다. 그러니 우리 모두 잘 알고 있는 여러 특성이 복잡하게 조합된 사례, 다름 아닌 우리 주변 사람들의 성격을 떠올려보자. 사실 어떤 사례에 대해 판단자가 판단을 내리는 일은 성격 연구 분야에서 다뤄지는 보다 넓은 주제, 즉 어떤 개인이 어떤 상황에서 어떻게 행동하는가라는 주제의 특별한 한 사례로 간주되어야 한다. 수십 년간 이 같은 넓은 주제로 진행된 연구를 통해 우리는 판단에 관한 무언가를 더 알게 될 것이다.

심리학자들은 성격에서 개인차를 이해하고 측정하기 위해 오랫동안 노력했다. 사람들은 여러모로 다를 수밖에 없다. 일찍이 사전에서 사람의 성격을 설명해줄 만한 단어를 찾아본 결과, 그 수가 1만 8,000개에 이른 바 있다.[5] 오늘날 지배적인 성격 모델은 빅 파이브 모델인데, 성격의 특성을 다섯 개 그룹(개방성, 성실성, 외향성, 친화성, 신경성)으로 나눠 각 그룹에 여러 식별 가능한 특성이 포함시키고 있다. 성격상 특성은 실제 행동의 예측 변수로 이해된다. 누군가를 두고 성실하다고 하면, 우리는 그 사람이 그 성실함에 상응하는 행동을 보여주리라 기대한다(예를 들어 정시에 도착하거나 약속을 지킬 것으로 기대한다). 공격성 면에서 앤드루가 브래드보다 더 높은 점수를 받는다면, 대부분의 상황에서 앤드루가 브래드보다 더 공격적으로 행동하는 모습이 관찰되어야 한다. 하지만 실제로 특정 행동을 예측하는 데 쓰이는 성격 특성의 타당성은 상당히 제한적이어서, 상관계수 .30(일치 백분율=60%) 정도가 높은 수준으로 간주되는 형편이다.[6]

상식적으로 행동은 성격에 따라 좌우되는 와중에 **상황**의 영향도 강하게 받는다. 어떤 상황에서는 그 누구도 공격적이지 않고, 어떤 상황에서는 모두가 공격적이다. 사별한 친구를 위로할 때 앤드루와 브래드는 절대 공격적으로 행동하지 않을 것이다. 하지만 축구 경기에서 두 사람은 어느 정도의 공격성을 드러낼 것이다. 간단히 말해 행동은 성격 **및** 상황과 함수관계에 있다.

사람들이 저마다 독특하고 끊임없이 흥미로운 것은 성격과 상황의 결합이 기계적으로 더해지지 않기 때문이다. 가령 덜한 공격성을 더 많이 혹은 더 적게 이끌어내는 상황이 모든 사람에게 같진 않다. 심지어 앤드루와 브래드가 평균적으로 비슷하게 공격적인 사람들이라 하더라도, 그들이 모든 상황에서 같은 수준의 공격성을 드러내는 건 아니다. 브래드의 공격성은 위아래를 가리지 않는 반면, 앤드루는 또래에겐 공격적이고 윗사람들에겐 유순할지도 모른다. 또 어쩌면 브래드는 비난을 받을 때 특히 공격적인 데 반해 신체적으로 위협을 받을 땐 평소와 달리 차분할 수도 있다.[7]

상황에 대한 이런 독특한 반응 패턴은 시간이 흐르면서 꽤 안정적으로 변할 수 있다. 반응 패턴 자체는 사람의 폭넓은 특성을 기술하기에 적합하지 않지만, 이는 우리가 생각하는 누군가의 **성격**에서 많은 부분을 차지한다. 앤드루와 브래드는 공격성 테스트에서 같은 점수를 받았을지도 모르지만, 공격성을 드러내게끔 하는 계기와 맥락에 대해 각자 독특한 반응 패턴을 갖고 있다. 어떤 성격상 특성이 거의 비슷하게 나타나는 두 사람이 있고, 그 둘은 똑같이 고집이 세거나 똑같이 관대하다고 가정하자. 우리는 그들을 평균적으로는 같지만 서로 다른 상황을 마주할 땐 굳이 같은 반응 패턴을 나타내진 않는 행동 분포 두 가지로 설명해야만 한다.

이제 성격과 판단 모델의 유사점이 눈에 들어올 것이다. 판단들 사이에 존재하는 수준 잡음은 성격 특성에 나타나는 점수 차이에 상응하는데, 이런 성격 특성은 다양한 상황에서 누군가가 평균적으로 어떤 행동을 할지를 말해준다. 사례는 상황과 비슷하다. 특정 문제에 대한 한 개인의 판단은 그 사람의 판단 평균치를 근거로 대략적으로만 예측할 수 있다. 이는 특정 행동을 성격상 특성에 근거하여 대략적으로 예측할 수 있는 것과 마찬가지다. 개인들의 판단을 기준으로 매겨진 개개인의 순위는 사례에 따라서 상당히 달라진다. 왜냐하면 사람들은 자신이 각 사례에서 발견하는 특성과 특성의 조합에 대해 다르게 반응하기 때문이다. 판단과 결정을 내리는 개인의 특성은 특성에 대한 그 사람만의 반응 패턴이자, 그에 상응하는 사례 판단의 독특한 패턴이기도 하다.

성격이 독특하다는 건 보통은 환영할 만한 부분이지만, 이 책은 변화가 문제가 되고 잡음이 오류가 되는 전문적인 판단에 관심이 있다. 판단 모델과 성격 모델을 비교한 목적은 설령 패턴 잡음을 설명할 가망이 없더라도, 그리고 독특한 판단을 내린 개인들이 자신들의 판단을 설명할 수 없더라도 판단의 패턴 잡음이 무작위로 나타나진 않는다는 점을 강조하려는 것이다.

패턴 잡음에 대하여 _____

"여러분이 스스로 내린 결론에 자신 있는 것 같아 보여도 이건 쉬운 문제가 아니다. 여러분이 내린 결론과 다른 방향을 가리키는 단서들이 있기 때문이다. 증거의 대안적인 해석을 간과하진 않았나?"

"여러분과 나는 같은 후보자를 대상으로 면접을 진행했다. 우리는 호락호락한 면접관이 아니다. 하지만 우리는 완전히 다른 판단을 내린다. 이 패턴 잡음은 어디서 오는 것일까?"

"성격적 독특함 때문에 사람들은 혁신을 이뤄내고 창의적인 일을 해낸다. 그리고 그들과 함께 있으면 흥미롭고 신난다. 하지만 판단에 관해서라면 독특함은 자산이 아니다."

4부 잡음은 어떻게 일어나는가

17장

잡음의 원천

지금쯤이면 판단이 있는 곳에 항상 잡음이 있다는 점에 여러분도 동의하리라 기대한다. 그리고 생각했던 것보다 더 많은 잡음이 존재한다는 점 또한 인정하고 있길 바란다. 우리도 이 점을 주문처럼 되뇌며 우리의 프로젝트를 시작했다. 하지만 잡음에 대한 우리의 생각은 프로젝트를 몇 년 동안 진행하면서 진화했다. 여기서는 잡음의 구성 요소, 잡음에서 각 요소의 중요도, 판단 연구에서 잡음이 차지하는 위상과 관련해 우리가 알게 된 주요 교훈을 다시 검토하고자 한다.

잡음의 구성 요소

그림16은 5장, 6장 그리고 16장에서 소개한 세 가지 방정식을 모두 결합해 시각적으로 표현한 것이다. 이 그림에서 오류는 연속적으로 세 번에 걸쳐 분해됐다.[1]

- 오류는 편향과 제도 잡음으로 분해된다.
- 제도 잡음은 수준 잡음과 패턴 잡음으로 분해된다.
- 패턴 잡음은 안정적인 패턴 잡음과 상황 잡음으로 분해된다.

그림16 | 오류, 편향 그리고 잡음의 구성 요소

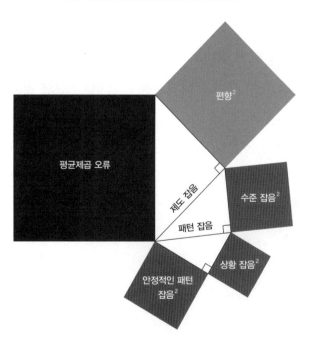

이제 평균제곱 오류가 어떻게 편향의 제곱과 우리가 논한 잡음의 세 요소의 제곱으로 분해되는지 살펴보자.

연구를 시작할 당시 우리는 전체 오류에서 편향과 잡음의 상대적인 가중치에 집중했다. 그리고 곧 잡음이 편향보다 오류에서 더 큰 부분을 차지하며, 이것을 더 자세히 살펴볼 가치가 있다는 결론을 내렸다.

초기에 우리는 다수의 사람이 다양한 사례에 대해 개별적인 판단을 내리는 복잡한 잡음 감사를 실시했으며, 이것을 기준으로 잡음의 구성 요소에 대해서 생각했다. 연방 판사들을 대상으로 한 연구와 징벌적 손해배상 제도에 관한 연구가 한 예였다. 이들 연구에서 얻어낸 데이터는 수준 잡음의 탄탄한 추정값을 제공했다. 반면 연구에 참여한 모든 사람이 모든 사례를 검토하여 판단을 내렸지만 이는 딱 한 번에 그쳤기에, 설명되지 않는 잔류 오류, 즉 패턴 오류가 일시적인지 안정적인지는 구분할 방도가 없었다. 보수적인 통계 분석에서 잔류 오류는 흔히 그냥 오류라 불리고 무작위 한 것으로 다뤄진다. 다시 말해서 패턴 잡음에 관한 기본적인 해석은 패턴 잡음이 전적으로 상황 잡음으로 구성되어 있다는 것이다.

이렇게 패턴 잡음을 임의 오류로 간주하는 관습적인 사고가 오랫동안 우리의 발목을 잡았다. 우리로서는 수준 잡음, 이를테면 엄한 판사와 관대한 판사의 일관적인 차이 또는 낙관적 예측가와 비관적 예측가의 일관적인 차이에 집중하는 것이 자연스러워 보였다. 그리고 상황 잡음을 낳는 무관하고 일시적인 상황의 판단에 수준 잡음이 영향을 미친다는 증거도 매우 흥미로웠다.

그 증거 덕분에 우리는 서로 다른 사람들이 내린 잡음 있는 판단들이 대개 무언가에 의해 결정되며, 그 무언가는 개인의 일반적인 편향도 아니고 일시적이거나 무작위하지도 않다는 사실을 서서히 깨닫게 됐다. 그 무언가란 바로 특정 개인들이 다양한 지점에 지속적으로 보여주는 개성적인 반응들이며, 이것이 구체적인 사건을 맞닥뜨린 개인의 반응을 결정하는 것이었다. 그래서 우리는 패턴 잡음의 일시성에 대한 기본 가정을 포기해야 한다고 결론내렸다.

우리는 제한적으로 선택된 사례들을 근거로 한 지나친 일반화를 지양했다. 하지만 우리가 함께 진행했던 연구들은 안정적인 패턴 잡음이 실제로 제도 잡음의 다른 구성 요소들보다 더 중요하다고 말하고 있었다. 똑같은 연구로 오류의 구성 요소들을 완전히 파악하기란 불가능하기 때문에, 이 잠정적인 결론을 내리기 위해서는 삼각 측량이 필요했다. 요컨대 우리가 아는 것과 모르는 것이 동시에 존재했던 셈이다.

구성 요소의 크기

먼저 우리는 수준 잡음과 패턴 잡음의 상대적인 가중치를 여러 차례 추산했다. 전반적으로는 오류에서 패턴 잡음이 수준 잡음보다 더 많은 부분을 차지하는 것 같았다. 예를 들어 2장의 보험회사 사례에서 보험심사역이 누구냐에 따른 평균 보험료의 차이는 전체 제도 잡음의 20퍼센트만을 차지했다. 나머지 80퍼센트는 패턴 잡음이었다. 6장의 연방 판사들 사이에서 수준 잡음(평균 형량의 차이)은 전체 제도 잡음의 절반에 살짝 못 미치는 비중을 차지했다. 징벌적 손해배상 실험에서 제도 잡음의 전체 양은 사용된 척도(처벌 의지, 분노, 징벌적 손해배상액)에 따라서 크게 달라졌다. 하지만 전체 제도 잡음에서 패턴 잡음이 차지하는 비중은 거의 변함이 없었다. 패턴 잡음은 연구에 활용된 세 가지 척도의 제도 잡음에서 각각 63퍼센트, 62퍼센트, 61퍼센트를 차지했다. 5부에서 검토할 인사 결정에 관한 연구들은 이 잠정 결론에 부합했다.

이러한 연구에서 수준 잡음은 제도 잡음의 큰 요소는 아니었다. 이 사실은 중요한 메시지를 전해주는데, 수준 잡음은 조직이 (가끔) 잡음 감사 없이 모니터링할 수 있는 잡음의 유일한 형태이기 때문이다. 과제가 전문가에게 다소 덜 무작위로 할당될 때, 전문가들이 내린 판단들 평균의 차이는 수준 잡음의 증거가 된다. 예를 들어 특허청 연구를 보면 특허 심사관들의 평균 특허 승인 건수에서 큰 차이가 관찰되는데,[2] 이것은 특허 소송 건수에 영향을 준다. 마찬가지로 아동 보호 전문기관의 사건 담당자들도 저마다 보호 대상 아동을 위탁 가정에 보내는 비율이 다르게 나타났으며,[3] 이는 아동의 복지에 장기적인 영향을 준다. 이런 관찰은 수준 잡음의 평가만을 근거로 진행된 것이다. 만일 수준 잡음보다 패턴 잡음이 더 많다면, 이미 충격적인 이 연구 결과들은 잡음 문제를 최소한 두 배 정도 과소평가하고 있는 셈이다. (이 잠정적인 규칙에 예외는 있다. 망명 신청 담당 판사의 결정에 나타나는 불미스러운 변산성은 거의 확실히 패턴 잡음보다 수준 잡음 때문에 더 자주 나타난다.[4] 그리고 그 차이는 클 것으로 생각된다.)

다음 단계는 두 가지 요소를 분리하여 패턴 잡음을 분석하는 것이었다. 이때 상황 잡음보다 안정적인 패턴 잡음을 지배적인 요소로 상정할 이유는 충분했다. 연방 판사들의 판결에 대한 잡음 감사가 우리의 논리를 보여준다. 모든 패턴 잡음이 일시적이라는 극단적인 가정을 놓고 시작해보자. 이 경우에 판결은 시간이 흐르면서 말도 안 된다고 생각될 정도로 불안정하고 일관성이 없어질 수 있다. 다른 상황에서 **같은 판사가 같은 사건**에 내린 판단들의 평균 차이는 약 2.8년이다.[5] 판사들 사이에서 나타난 평균 판결의 변산성도 이미 충격적인데, 상황에 따라서 같은 판사가 다른 판단을 내린다는 것은 기이할 정도로 말이 안 된다. 판사들이 피고와 범죄에 따라 다른 반응을 보이고, 이 차이는 매우 개인적이지만 안정적이라고 결론내리는 것이 더 합리적인 듯하다.

안정적인 패턴 잡음의 양과 상황 잡음의 양을 좀 더 정확하게 수량화하기 위해서는 같은 판사들이 각각의 사례에 대해 두 가지 독립적인 평가를 내리는 연구들이 필요하다. 앞서 지적했듯이 판단 연구에서 하나의 사례를 두 번에 걸쳐 독립적으로 평가하는 것은 일반적으로 불가능하다. 왜냐하면 두 번째 판단이 첫 번째 판단과 완전히 별개라고 보장하기 어렵기 때문이다. 판단이 복잡할 경우엔 특히나 해당 개인이 문제를 알아보고 원래 판단을 반복해서 내릴 확률이 높다.

알렉산더 토도로브Alexander Todorov가 이끈 프린스턴대학교 연구진은 이 문제를 극복하기 위해서 똑똑한 실험 기법을 설계했다.[6] 그들은 설문조사 참여 등 간단한 서비스를 제공하고 시급을 지불하는 사이트인 '아마존 메커니컬 터크Amazon Mechanical Turk'에서 참가자를 모집했다. 한 실험에서 참가자들은 (컴퓨터 프로그램으로 생성했지만 실제 사람의 얼굴과 전혀 구별할 수 없는) 얼굴 사진을 보고 호감도와 신뢰도 등 다양한 특성을 기준으로 순위를 매겼다. 이 실험은 일주일 뒤에 반복됐고, 같은 얼굴 사진과 같은 참가자들이 활용됐다.

처벌을 선고하는 판사들처럼 전문적인 판단에 관한 실험보다 이 실험에서 참가자들의 의견이 더 많이 갈릴 것이라고 예상할 수 있다. 어떤 얼굴은 매우 매력적이고 어떤 얼굴은 전혀 매력적이지 않다는 데 모두가 동의할지도 모르지만, 제시된 얼굴을 보고 참가자들은 각자 나름대로 특유한 반응을 보였을 것이다. 실제로 참가자들은 거의 합의에 도달하지 못했다. 예를 들어 신뢰도 순위에서 얼굴 사진과 관련해 나타난 차이는 판단 변화의 18퍼센트만을 차지했다. 나머지 82퍼센트는 잡음이었다.

이런 판단들은 안정성이 떨어질 것이라고 충분히 예상할 수 있다. 왜냐하면 온라인으로 질문에 답하고 돈을 받는 참가자들의 판단의 질은 전문적인 상황에서 이뤄진 판단의 질보다 상당히 떨어지기 때문이다. 그런데도 잡음의 가장 큰 요소는 안정적인 패턴 잡음이었고, 다음으로 큰 요소는 수준 잡음, 즉 신뢰도 평점에서 관찰자들 간에 나타나는 점수 차이였다. 여전히 상당한 수준이긴 했으나 상황 잡음은 가장 작은 요소였다.

연구진은 참가자들에게 가령 선호하는 자동차나 음식 또는 전문적인 판단에 가까운 질문들에서 다른 판단을 내려달라고 요청했고, 결과를 바탕으로 동일한 결론에 이르렀다. 예를 들어 15장의 징벌적 손해배상 연구를 그대로 가져온 실험에서 참가자들은 배심원이 되어 열 개의 사례에 대해 자신들의 처벌 의지를 평가했다. 이 실험은 일주일 간격으로 두 차례 진행됐다. 또다시 안정적인 패턴 잡음이 가장 큰 요소로 나타났다. 모든 연구에서 개인들은 일반적으로 서로에게 동의하지 않았지만, 자신들의 판단에서는 꽤 안정적이었다. 연구진의 말을 빌리면 '합의 없는 일관성'은 안정적인 패턴 잡음의 명백한 증거를 제공한다.

안정적인 패턴 잡음의 역할과 관련해 가장 강력한 증거는 10장에서 언급했던 보석 판사들을 대상으로 진행된 대규모 연구에서 나왔다.[7] 이 이례적인 연구의 일부분에서 연구 저자들은 각각의 판사가 보석을 승인할지 말지를 결정하기 위해 가용 단서들을 어떻게 활용했는지 시뮬레이션하는 통계적 모델을 만들었다. 그들은 판사 173명의 주문에 따라 통계적 모델을 제작했다. 그러고 나서 모의 판사들에게 약 14만 1,833건의 사례에 대해 결정을 내리도록 했고,[8] 각각의 사례에 대해 173개의 판단을 도출해냈다. 모두 합하면 총 2,400만 개가 넘는 판단이었다. 우리의 요청대로 저자들은 관대하게도 구체적인 분석을 시행했다. 그들은 판단 변화를 세 가지 요소로 나눴다. 그것은 바로 각 사례별 평균 판단의 '진짜' 변화, 보석을 승인하는 성향에서 판사 개인 간 차이로 인해 나타난 수준 잡음 그리고 나머지 패턴 잡음이었다.

이 연구에서 측정된 패턴 잡음은 전적으로 안정적이기 때문에 해당 분석은 우리의 주장에 유의미하다. 여기서 상황 잡음의 무작위 변산성은 나타나지 않았다. 왜냐하면 이것은 판사의 결정을 예측하는 분석 **모델**이기 때문이다. 오직 검증 가능할 정도로 안정적인 개별 예측 규칙들만 포함됐다.

결론은 분명했다. 이 안정적인 패턴 잡음은 수준 잡음보다 거의 네 배 정도 컸다(안정적인 패턴 잡음은 전체 변화의 26퍼센트를 차지했고, 수준 잡음은 7퍼센트를 차지했다).[9] 안정적이고 독특한 개별적인 판단 패턴에서 나타나는 차이는 판사들 사이에 나타나는 차이들보다 훨씬 더 컸다.

이 모든 증거는 7장에서 검토했던 상황 잡음 연구와 일치한다. 상황 잡음의 존재는 놀랍고 심지어 충격적이지만, 사람 내 변산성이 사람 간 차이보다 더 크다는 증거는 없다. 제도 잡음의 가장 중요한 요소는 처음에 간과됐던 안정적인 패턴 잡음이다. 안정적인 패턴 잡음은 특정 사건에 대한 판단에서 판사들 사이에 목격되는 변산성이다.

관련 연구가 상대적으로 희소하다는 점을 고려하면 우리의 결론은 잠정적이지만, 잡음과 잡음을 해소하는 방식에 대한 우리의 생각이 변했음을 보여준다. 최소한 원칙적으로 판사들 사이에서 나타나는 단순한 전반적인 차이인 수준 잡음은 평가하고 해결하기에 상대적으로 쉬운 문제다. 비정상적으로 '엄격한' 평점자, '신중한' 아동 보호 담당자, '리스크 회피형' 대출 담당자가 있다면, 그들을 고용하는 조직은 그들의 평균적인 판단을 동등하게 만들려고 노력할 수 있다. 예를 들어 대학은 교수들에게 미리 정해진 비율에 따라서 학생들에게 학점을 부여하도록 요구하여 이 문제를 해결한다.

안타깝게도 이제 깨달았겠지만 수준 잡음에 집중하면 개별적인 차이를 구성하는 큰 부분을 놓치게 된다. 잡음은 대체로 수준의 차이가 아닌 상호작용의 산물이다. 다시 말해서 제각기 다른 판사들이 특정 피고들의 사건을 다루는 과정, 제각기 다른 선생님들이 특정 학생들을 대하는 과정, 제각기 다른 사회복지사들이 특정 가족들을 돕는 과정, 제각기 다른 리더들이 특정 미래 비전을 제시하고 추구하는 과정 등에서 잡음이 발생한다. 잡음은 대체로 우리의 독특함, 즉 '판단 성격'의 부산물이다. 수준 잡음을 줄이는 것은 여전히 추구할 가치가 있는 목적이지만, 이 목적만을 달성하는 것은 제도 잡음 문제의 가장 큰 부분을 해결하지 못한 채 남겨놓는 것과 다름없다.

오류의 설명

잡음에 대해선 할 말이 많지만, 잡음은 대중의 인식이라든지 판단 및 오류에 관한 논의에서 거의 찾아볼 수 없다. 잡음과 그것을 낳는 많은 기제가 존재함을 보여주는 증거가 있는데도, 잡음은 판단의 주요 요소로 거의 언급되지 않는다. 어떻게 이런 일이 가능한 걸까? 왜 우리는 편향을 일상적으로 비난하면서, 나쁜 판단을 설명하기 위해 잡음을 언급하진 않았을까? 왜 잡음이 도처에 존재하는데도 오류의 원천으로서 이를 진지하게 고려하는 경우가 드문 것일까?

이 질문을 해결할 열쇠는, 오류의 평균(편향)과 오류의 변산성(잡음)이 오류 방정식에서 동등한 역할을 할지라도 사람들이 편향과 잡음을 완전히 다르게 생각한다는 점에 있다. 우리가 이 세상을 이

4부 잡음은 어떻게 일어나는가

해하는 일상적인 방식 때문에, 잡음의 역할을 이해하는 게 거의 불가능해진다는 얘기다.

앞서 우리는 비록 어떤 일이 일어날지 미리 예측할 순 없지만, 일이 터지고 나서 생각해보면 쉽게 이해가 간다고 말한 바 있다. 정상의 계곡에서 일어나는 일은 놀랍지도 않고 손쉽게 설명된다.

판단도 마찬가지다. 다른 일들처럼, 판단과 결정은 대체로 정상의 계곡에서 벌어진다. 그래서 우리는 놀라지 않는다. 우선 만족스러운 결과를 낳는 판단은 정상적이라 여기기 때문에, 그것에 좀처럼 이의를 제기하지 않는 것이다. 프리킥을 차도록 뽑힌 선수가 득점을 할 때, 심장 수술이 성공적일 때, 또는 스타트업이 번창할 때, 사람들은 의사결정자들이 옳은 결정을 내렸다고 생각한다. 결국에 그들의 결정이 옳았음이 입증됐기 때문이다. 다른 놀랍지 않은 이야기처럼, 성공 이야기는 결과가 알려지면 저절로 타당성이 입증된다.

하지만 우리는 나쁜 결과와 (때때로 도박과도 같은 사업이 성공하는 등) 놀라울 정도로 좋은 결과처럼 정상적이지 않은 결과를 설명할 필요를 느낀다. 오류나 특별한 재능 때문에 그런 결과가 나왔다는 식의 설명은 정말로 값어치 있는 설명보다 훨씬 더 인기가 있는데, 왜냐하면 과거의 도박과도 같은 행위들은 결과가 알려지면 천재적이거나 어리석은 행동이 되기 때문이다. **기본적 귀인 오류**fundamental attribution error라고 하는 편향은 운이나 객관적인 상황으로 더 잘 설명되는 행위 및 결과를 주체의 탓으로(공으로) 돌리는 심리다. 또 다른 편향인 사후 확신 편향은 판단을 왜곡하여, 예측할 수 없었던 결과가 돌이켜 생각해보면 쉽게 예견할 수 있었던 것처럼 보이게 만든다.

판단 오류를 설명하기란 어렵지 않다. 판단의 이유를 찾는 것은 일의 원인을 찾는 것보다 오히려 더 쉽다. 우리는 사람들이 그런 결정을 하게 된 동기를 매번 언급할 수 있다. 그것이 충분치 않다면, 우리는 그들의 무능함을 탓할 수 있다. 근 수십 년간 흔해진 형편없는 판단의 또 다른 이유가 있다면, 그건 바로 심리적 편향이다.

심리학과 행동경제학에서 진행된 상당한 연구를 통해 계획 오류, 과신, 손실 회피, 소유 효과, 현상 유지 편향, 현재 중시 편향 등 여러 심리적 편향이 확인됐다. 물론 어떤 집단을 지지하거나 반대하는 편향도 심리적 편향에 포함된다. 아울러 이러한 편향이 판단과 결정에 영향을 주게 되는 조건들은 무엇인지, 또 어느 정도의 편향이 발생해야 의사결정 과정을 관찰하는 사람이 실시간으로 편향된 사고를 확인할 수 있는지도 밝혀졌다.

편향이 사전에 예측되거나 실시간으로 파악된다면, 심리적 편향은 판단 오류의 타당한 원인이 될 것이다. 결과가 알려진 뒤에 확인되는 심리적 편향이 미래에 대한 예측을 제공할 경우, 이는 잠정적이긴 해도 쓸모 있는 설명을 제시해줄 것이다. 예를 들어 강력한 여성 후보자를 내치는 놀라운 행위를 한 위원회가 있다면, 그 위원회가 장차 누구를 지명하느냐에 따라 위원회의 젠더 편향 여부가 입증될 것이다. 반대로 하나의 사건에만 적용되는 인과적 설명을 생각해보자. "그들이 실패했을 경우 그들은 과신에 빠졌던 것임에 틀림없다." 이것은 순 얼빠진 소리지만 상당히 만족스러운 이해의 환상을 제공한다. 비즈니스 스쿨 교수인 필 로젠츠바이크 Phil

Rosenzweig는 편향에 관한 공허한 설명은 경영 성과에 대한 논의에서 흔하다는 설득력 있는 주장을 펼쳤다.[10] 판단 오류의 원인으로 편향을 들먹이는 일이 잦다는 건, 경험을 설명하는 인과적 이야기에 대한 수요가 만연함을 증명한다.

잡음은 통계적이다

12장에서 언급했듯이 사람들은 주로 인과적 사고를 한다. 그래서 개별 사례마다 원인과 결과가 일관성 있게 연결되는 이야기에 관심을 갖는다. 이 이야기에서 실패는 오류의 결과이고, 오류는 편향의 결과다. 나쁜 판단의 원인은 쉽게 이해되지만 오류에 관한 논의에 잡음이 설 자리는 없다.

잡음이 눈에 보이지 않는 것은 인과적 사고의 직접적인 결과다. 잡음은 본질적으로 통계적이다. 우리가 유사한 판단들의 집합에 대해 통계적으로 사고하면, 그때에야 비로소 잡음이 눈에 띈다. 일단 그러고 나면 잡음을 지나치기란 쉽지 않다. 예를 들어 잡음은 형량 선고와 보험료 산정에서 관찰되는 회고적 통계학의 변산성이다. 또한 잡음은 우리가 미래 결과를 어떻게 예측할지 고민할 때 나타날 수 있는 결과들의 범위다. 그것은 과녁에 이리저리 흩어진 총알 자국이다. 인과적 측면에서 보면 잡음은 그 어디에도 존재하지 않는다. 하지만 통계적 측면에서 보면, 잡음은 어디에나 존재한다.

안타깝게도 통계적 사고방식을 취하는 것은 쉽지 않다. 우리는 힘들이지 않고 우리가 관찰한 사건의 원인을 생각해낸다. 하지만 통계적으로 사고하는 데에는 훈련이 필요하며 많은 노력이 요구된다. 원인을 찾는 것은 자연스럽지만, 통계적으로 사고하는 것은 어렵다.

그 결과는 편향과 잡음을 오류의 원천으로 보는 방식에 나타나는 뚜렷한 불균형이다. 기초 심리학을 배울 기회가 있었다면, 여러분은 아마도 자세하게 묘사된 인물이 흐릿한 배경에서 두드러져 보이는 삽화가 기억날 것이다. 여기서 인물은 배경에 비해 작게 묘사돼 있지만 우리의 관심은 그 인물에 집중되어 있다. 인물/배경 삽화는 편향과 잡음에 대한 우리의 직관을 상징적으로 보여주는 적절한 예시다. 편향은 매력적인 인물이지만 잡음은 우리가 관심을 기울이지 않는 배경일 뿐이다. 그래서 우리는 스스로 내린 판단의 커다란 결점을 대체로 인식하지 못한다.

잡음의 원천에 대하여 _____

"우리는 판단의 평균에서 차이를 쉽게 찾아낸다. 하지만 우리가 보지 못하는 패턴 잡음은 얼마나 될까?"

"이 판단이 편향에 의해 야기됐다고 말하지만, 결과가 달랐더라도 똑같이 얘기했을까? 그리고 잡음이 존재했는지 정확하게 말할 수 있나?"

"편향을 줄이려고 노력하는 것은 옳다. 하지만 잡음을 줄이는 데도 관심을 두기로 하자."

판단 개선

NOISE

조직은 구성원들의 판단을 어떻게 개선할 수 있을까? 특히 조직은 판단 잡음을 어떻게 줄일 수 있을까? 만약 여러분이 이 질문에 답해야 한다면 어떻게 하겠는가?

전문적인 판단에 나타나는 잡음은 주의를 기울여야 할 문제다. 첫 단계는 바로 이 점을 조직이 인정하게끔 만드는 것이며, 여기서 우리는 잡음 감사를 제안하는 바다(자세한 설명은 부록A 참고). 잡음 감사에서는 다수의 사람이 동일한 문제들을 분석하고 판단한다. 잡음은 이렇게 내려진 그들 판단의 변산성을 뜻한다. 이 변산성이 무능함 때문에 발생하는 경우도 있을 것이다. 어떤 판단자는 자기가 무슨 말을 하고 있는지 알지만, 그걸 모르는 판단자도 있다. 이러한 기술 격차가 (일반적으로 또는 어떤 유형의 사례에) 존재한다면, 해당 조직은 당연히 부족한 기술을 개선하는 데 우선순위를 둬야 한다. 하지만 지금까지 보았듯, 심지어 유능하고 잘 훈련된 전문가들의 판단에도 상당한 양의 잡음이 있을 수 있다.

제도 잡음이 마땅히 해결해야 할 정도로 존재한다면, 판단을 규칙이나 알고리즘으로 대체하는 것을 고려해봐야 한다. 이렇게 하면 잡음을 완전히 제거할 수 있을 것이다. 하지만 규칙은 (6부에서 보겠지만) 그 자체로 문제가 있고, 심지어 인공지능의 열렬한 지지자들도 알고리즘이 인적 판단을 보편적으로 대체할 것이라는 데 동의하지 않는다. 판단을 개선하는 것은 그 어느 때보다 시급한 과업이며, 5부의 핵심 주제이기도 하다.

물론 판단을 개선하는 합리적인 방법은 가급적 최고의 판단자들을 선택하는 것이다. 사격장에도 유난히 과녁을 잘 맞히는 사격수들이 있다. 어떤 전문적인 판단 과제를 수행해야 하는 분야에서도 마찬가지다. 가장 노련한 사람들이 잡음과 편향이 덜한 판단을 내릴 것이다. 최고의 판단자들을 찾는 방법이 명백한 경우도 있다. 체스 문제를 풀고 싶다면 이 책의 저자가 아니라 그랜드마스터에게 물으면 된다. 하지만 대부분의 문제에서 우월한 판단자의 특징을 구별하기란 쉽지 않다. 그 특징을 이해하는 것이 18장의 주제다.

다음으로, 판단 오류를 줄이는 방법을 논의할 것이다. 심리적 편향은 통계적 편향 및 잡음과 관련이 있다. 19장에서는 심리적 편향에 대응하는 많은 시도를 확인할 것이다. 어떤 시도는 완전히 실패했고, 어떤 시도는 분명 성공했다. 그러고 나서 우리는 간략하게 편향 제거 전략을 살펴본 다음, 이제까지 체계적으로 탐구되지 않았던 유망한 방법을 제안할 것이다. 그건 바로 조직이 지정한 **결정 관찰자**에게 진단적 신호(어느 그룹의 작업이 하나 이상의 친숙한 편향으로부터 영향받고 있다는 걸 실시간으로 알려주는 신호)를 찾아보도록 요청하는 것이다. 부록B는 결정 관찰자가 사용할 수 있는 편향 점검표다.

이제 우리는 5부의 주된 관심사, 다름 아닌 잡음과의 투쟁으로 나아갈 것이다. 여기서는 **결정 위생**이란 용어를 소개하며, 인적 판단에서 잡음을 줄이는 전략으로 결정 위생을 제안할 것이다. 우리가 제시할 사례연구는 다섯 가지 영역에 속해 있다. 각 영역에서 우리는 잡음의 만연, 그리고 잡음이 야기하는 끔찍한 이야기를 살펴볼 것이다. 우리는 잡음을 줄이려는 노력의 성공 또는 실패 사례도 다룰 것이다. 물론 각 영역마다 다양한 전략이 사용되어왔지만, 이해를 돕기 위해 각 장에서는 결정 위생 전략을 하나씩 강조할 것이다.

20장은 정보의 순차적 제시의 중요성을 보여주는 사례로 시작된다. 여기서 정보의 순차적 제시는 정보가 제시되는 순서를 뜻한다. 일관성을 찾는 사람들은 제한적인 가용 정보를 기초로 초기 인상을 형성하고, 그렇게 형성된 예단을 확인한다. 여기서 판단 프로세스 초반에 무관한 정보에 노출되지 않는 것이 중요하다.

21장에서는 가장 중요한 잡음 축소 전략 중 하나인 **여러 독립적 판단을 집계하는 과정**의 가치를 보여주는 예측 사례를 살펴본다. '군중의 지혜'는 잡음을 줄여주는 많은 독립적인 판단들의 평균에 근거한다. 직접적인 평균화 외에 판단을 집계하는 다른 방법들도 있다. 이는 예측의 사례를 통해 설명할 것이다.

22장에서는 의료계의 잡음을 검토하고, 그것을 줄이려는 노력을 살펴본다. 이는 형량 선고 사례를 통해 소개했던 잡음 축소 전략인 **판단 가이드라인**의 중요성 및 일반 적용 가능성을 보여준다. 가이드라인은 강력한 잡음 축소 기제일 수 있다. 왜냐하면 가이드라인이 최종 판단에 나타나는 판사 간 변산성을 직접적으로 줄여주기 때문이다.

23장에서는 비즈니스 업계엔 친숙한 과제인 근무평정 방법을 살펴본다. 여기서 잡음을 줄이려는 노력은 **외부 관점에 기초한 공유된 척도**를 사용하는 것이 굉장히 중요함을 보여준다. 이것은 중요한 결정 위생 전략이다. 그 이유는 단순하다. 판단은 판단자가 판단 대상에게서 받은 인상을 척도에 근거하여 해석하는 작업을 수반한다. 이때 다른 판단자가 다른 척도를 사용한다면, 잡음이 나타날 것이다.

24장에서는 개인 선택이라는, 잡음과 관련 있지만 별개인 주제를 다룬다. 지난 100년 동안 개인 선택을 대상으로 방대한 연구가 진행됐다. 이것은 근본적인 결정 위생 전략의 가치인 **복잡한 판단의 구조화**를 보여준다. **구조화**를 통해 우리는 판단을 구성 요소로 분해하고, 자료들이 서로 영향을 미치지 않도록 데이터 수집 과정을 관리하고, 모든 자료들이 수집될 때까지 전체적 논의와 최종 판단을 미룰 수 있다.

25장에서는 개인 선택을 탐구하며 얻은 교훈을 바탕으로 옵션 평가 방식인 **매개 평가 프로토콜**을 살펴본다. 매개 평가 프로토콜은 '선택지는 후보와 같다'는 전제에서 출발한다. 그리고 매개 평가 프로토콜을 통해서 개략적이지만 앞서 언급한 결정 위생 전략들과 함께 구조화된 의사결정이 반복적인 결정과 일회적인 결정을 내리기 위한 일반적인 의사결정 프로세스에 어떤 식으로 도입될 수 있는지를 알 수 있다.

본격적으로 들어가기에 앞서 일반적인 관점을 짚고 넘어가자. 다양한 상황에서 각각의 결정 위생 전략을 사용했을 때 얻을 수 있는 혜택을 구체화하고 심지어 수량화하는 것은 가치 있는 작업일 것이다. 그리고 어떤 전략들이 가장 이로운지, 그 전략들을 어떻게 비교할 수 있는지 아는 일도 가치 있을 것이다. 정보 흐름이 통제될 때 잡음은 어느 정도까지 줄어들까? 목표가 잡음을 줄이는 것이라면, 실제로 얼마나 많은 판단을 종합해야 목표에 도달할 수 있을까? 판단 구조화가 가치 있을 순 있지만, 맥락이 다른 상황에서는 정확하게 얼마나 가치 있는 작업인 걸까?

지금껏 잡음이라는 주제는 거의 주목을 끌지 못했다. 그래서 잡음은 여전히 해결되지 않은 문제인 동시에, 연구를 통해 결국 해결될 문제이기도 하다. 실용적인 목적으로 사용되는 이런저런 잡음 축소 전략의 혜택들은 그 전략이 사용되는 특정한 조건에 의해 좌우될 것이다. 판단 가이드라인을 활용한다고 생각해보자. 가이드라인은 때때로 상당히 효과적인 전략일 것이다(앞으로 다룰 몇몇 의료 진단에서 그 혜택을 확인할 수 있다). 하지만 다른 상황에서 판단 가이드라인을 채택해 얻게 되는 혜택은 그렇게 크지 않을지도 모른다. 아마처음부터 잡음이 많지 않았거나, 최고의 가이드라인이 오류를 많이 줄이지 않았기 때문일 수도 있다. 의사결정자는 어떤 주어진 상황에서 각각의 결정 위생 전략으로 얻을 수 있는 혜택을, 또 그에 상응하는 비용(6부 참고)을 더 정확히 이해해야만 한다.

DANIEL KAHNEMAN
OLIVIER SIBONY
CASS R. SUNSTEIN

18장

좋은 판단자가
좋은 판단을
내린다

지금까지는 거의 어떤 차별도 두지 않고 판단자들을 동등하게 다뤘다. 하지만 판단을 요하는 모든 과제에서 어떤 이들은 다른 이들보다 더 좋은 성과를 낼 것이다. 심지어 군중의 지혜에 기초를 둔 판단 집계 전략에서도 군중이 더 유능한 사람들로 구성된다면 더 좋은 결과를 낼 것이다.[1] 이때 중요한 질문은 더 좋은 판단자를 어떻게 확인하느냐다.

여기서 세 가지가 중요하다. 잘 훈련되고 더 지적이고 적합한 인지 유형을 지닌 사람들이 판단을 내릴 때, 그들의 판단은 잡음과 편향이 더 적을 것이다. 다시 말해 좋은 판단은 무엇을 생각하고 얼마나 잘 생각하고 어떻게 생각하느냐에 좌우된다. 좋은 판단자들은 노련하고 똑똑한 경향이 있다. 하지만 그들은 개방적이며 새로운 정보로부터 뭔가를 기꺼이 배우려는 태도도 갖추고 있다.

전문가와 존경-전문가

판단자들의 역량은 그들 판단의 질에 영향을 미친다. 이는 앞서 했던 말을 계속 반복하는 셈이다. 예를 들어 의료계에서는 노련한 방사선 전문의들이 정확하게 폐렴을 진단해낼 가능성이 더 높고, 예측 분야에는 덜 유능한 동료보다 신뢰할 수 있을 정도로 더 잘 예측해내는 '슈퍼 예측가'가 존재한다. 어떤 법 영역에 진정으로 전문성을 지닌 변호사들은 흔히 있는 법적 분쟁의 결과에 대해 비슷하게 좋은 예측을 해낼 것이다. 아주 노련한 사람들은 잡음을 덜 발생시키며 그들의 사고는 덜 편향된다.

이런 사람들이 주어진 판단 과제에 대한 진정한 전문가라고 할 수 있다. 다른 사람들과 비교해서 그들의 우월성은 가용한 결과 데이터 덕분에 검증될 수 있다. 적어도 원칙적으로 우리는 과거에 얼마나 옳은 판단을 내렸는지를 근거로 의사, 예측가 또는 변호사를 선택할 수 있다. (물론 이런 방식으로 전문가를 선택하기란 실제로 쉽지 않다. 가정의에게 능력 시험에 응시하라고 요청하는 행동을 추천하진 않는다.)

앞서 지적했듯이, 많은 판단은 검증될 수 없다. 어떤 범주에서 우리는 판단이 목표로 하는 참값을 쉽게 알 수도, 논란 없이 정의할 수도 없다. 보험 심사와 형량 선고가 이 범주에 들어간다. 와인 시음, 논문 평가, 책과 영화 리뷰 등 수많은 판단이 이 범주에 해당한다. 하지만 이런 영역에도 전문가라 불리는 사람들이 있다. 이 전문가들의 판단에 대한 우리의 확신은 그들이 동료로부터 받는 존경에 근거한다. 이에 우리는 그들을 **존경—전문가**respect-expert라고 부르는 바다.

'존경-전문가'란 용어는 무례한 용어가 아니다. 일부 전문가의 판단 정확도는 평가의 대상이 아니다. 이는 누구를 향한 비난이 아니며, 말 그대로 사실일 뿐이다. 많은 교수, 학자 그리고 경영 컨설턴트는 존경-전문가들이다. 그들의 신뢰성은 학생, 동료 또는 고객으로부터 그들이 받는 존경에 의해 결정된다. 거의 모든 분야에서 전문가의 판단은 그와 같은 분야에서 활동하는 동료 전문가의 판단하고만 비교될 수 있다.

누가 옳고 그른지를 결정하는 데 참값이란 존재하지 않는다. 그래서 우리는 존경-전문가들이 서로의 의견에 동의하지 않을 때조차 그들의 의견을 귀중하게 여긴다. 예를 들어 외교적 위기의 원인과 전개 상황에 대해서 완전히 다른 전망을 내놓는 정치 분석가들이 있다고 생각해보자. (그들이 서로의 의견에 동의하지 않는 일은 흔하다. 만약 그들이 모두 합의에 이른다면 참으로 재미없는 집단이 될 것이다.) 모든 분석가는 올바른 관점이라는 게 존재하며 자신들의 관점이 그것에 가장 가깝다고 믿는다. 그들의 얘기를 들어보면 그들은 하나같이 인상적이고 설득력 있는 주장을 펼친다는 생각이 든다. 그 가운데 어느 것이 옳은지는 알 수 없다(그리고 그들의 주장을 확실히 검증 가능한 추정값으로 전환하지 못한다면, 시간이 흘러도 그것들이 옳았는지 알 방도는 없다). 우리가 알 수 있는 건 적어도 분석가들 중에서 일부는 틀렸다는 것인데, 그들의 의견이 서로 일치하지 않기 때문이다. 하지만 그럼에도 우리는 그들의 전문성을 존중한다.

그렇다면 이번에는 예측 과제를 전혀 수행하지 않는 전문가 그룹을 한번 떠올려보자. 잘 훈련된 세 명의 윤리학자가 한 방에 모였

다. 한 사람은 칸트를, 또 한 사람은 벤담을, 나머지 한 사람은 아리
스토텔레스를 따른다. 도덕성이 요구하는 것은 무엇이냐는 질문(거
짓말을 언제 하느냐, 동물의 권리 또는 형사처벌의 목표 등)을 듣고서 그들
은 격론을 벌이며 서로의 주장을 반박한다. 그들의 토론을 자세히
들어보면 그 사고의 명료성과 정확성에 깊은 감명을 받을 것이다.
그리고 그들 중 어느 한 사람의 의견에 동의하게 되더라도 여러분
은 그들 모두를 존경할 것이다.

왜 그럴까? 더 일반적으로 말해서, 판단의 질 덕분에 존경을 받
는 사람들은 전문성을 객관적으로 정립할 데이터가 없을 때 어떻
게 다른 누군가를 신뢰하기로 마음먹는 것일까? 무엇이 존경-전문
가를 만드는 걸까?

공유된 기준이나 전문 원칙의 존재가 답이 될 수 있다. 전문가들
은 전문가 공동체로부터 전문가라는 자격을 얻으며 자신들이 속한
조직에서 훈련과 감독을 받는다. 레지던트 기간을 완수한 의사들과
선임 파트너로부터 일을 배운 젊은 변호사들은 업무를 진행하는
데 필요한 기술적 수완만을 배우는 게 아니라, 특정 방식을 활용하
고 특정 기준을 따르도록 훈련받는다.

공유된 기준은 전문가들에게 어떤 자료를 고려해야 하는지, 또
어떻게 최종 판단을 내리고 정당화할 수 있는지를 알려준다. 예를
들어 보험회사에서 손해사정사들은 보험청구건 평가 점검표에 들
어갈 유의미한 고려 사항들에 합의하고 이를 기술하는 데 아무런
어려움이 없었다.

물론 이런 합의가 존재하더라도 손해사정사들은 자기가 맡은

보험청구건을 다양하게 평가할 수 있다. 왜냐하면 어떤 원칙도 업무 진행 방식을 완전히 구체적으로 규정해주진 않기 때문이다. 원칙이란 기계적으로 따라야 하는 비법이 아니다. 원칙에는 해석의 여지가 있다. 전문가들은 여전히 계산이 아닌 판단을 한다. 이것이 잡음이 불가피하게 발생하는 이유다. 심지어 어떤 원칙에 동의하는 똑같이 훈련된 전문가들이라 할지라도 그 원칙을 적용할 때에는 서로 다른 방식으로 접근할 것이다.

공유된 기준을 아는 것 이외에 경험도 필수적이다. 전문 영역이 체스나 피아노 협주곡 또는 창던지기인 사람이라면 그 사람은 그 분야의 영재일 수도 있다. 결과가 곧 성과를 입증하기 때문이다. 하지만 손해사정사, 지문 감식관 혹은 판사는 보통 신뢰를 얻기까지 다년간의 경험이 필요하다. 손해사정에서 영재란 없다.

존경-전문가의 또 다른 특징은 자신 있게 판단을 내리고 본인의 판단을 설명할 수 있는 능력을 가졌다는 점이다. 우리는 자기 자신에게 의구심을 품는 사람들보다 스스로를 신뢰하는 사람들을 더 신뢰하는 경향이 있다. 확신 어림짐작이 알려주는 바는, 어떤 집단에서 스스로의 판단에 확신이 있는 사람들은 설령 근거 없는 확신을 하고 있는 것일지라도 다른 사람들보다 더 무게감을 가진다는 사실이다.[2] 존경-전문가들은 일관된 판단을 내리는 데 능숙하다. 그들은 경험에 비추어 패턴을 인식하며, 앞선 사례와 비교하여 논리적으로 추론하고 빠르게 가설을 만들어 확인한다. 그리고 그 가설은 존경-전문가들에게 확신을 불러일으킨 일관성 있는 이야기 속 사실과 쉽게 일치한다.

지능

훈련, 경험 그리고 확신 덕분에 존경-전문가들은 신뢰를 받는다. 하지만 이런 속성이 그들 판단의 질을 보장하진 않는다. 우리는 어떻게 어느 전문가가 좋은 판단을 내릴지 알 수 있을까?

일반지능이 더 좋은 판단과 관련 있을 것이라고 믿을 이유는 충분하다. 지능은 사실상 모든 영역에서 좋은 성과와 상관된다. 다른 모든 조건이 동일하다는 가정 아래 지능은 더 높은 학업 성취도뿐만 아니라 더 좋은 업무 성과와도 연관된다.[3]

지능이나 일반정신능력 측정법에 관해서는 이제까지 많은 논의가 진행됐고, 그 과정에서 많은 오해가 생기기도 했다. (요즘에는 일반정신능력GMA, General Mental Ability이 지능지수IQ, Intelligence Quotient보다 우선적으로 사용되는 용어다.) 지능의 본래 속성에 대해서도 오랫동안 오해가 존재해왔다.[4] 사실 지능검사는 개발된 능력을 측정하는 방법이다. 개발된 능력은 부분적으로는 유전적 속성이고 또 부분적으로는 교육의 기회를 포함한 환경의 영향을 받는다. 이에 누구나 알 만한 사회 집단에 일반정신능력 기반의 인재 개발을 도입할 때 나타날 부작용, 그리고 인재 선발 목적으로 일반정신능력검사를 사용하는 것의 타당성 여부가 많은 우려를 낳고 있다.

우리는 지능검사를 사용하는 것에 대한 우려와 지능검사의 실질적인 예측치를 구분할 필요가 있다. 미국 육군이 정신능력검사를 100년도 더 전에 사용하기 시작한 이래, 수천 건의 연구가 인지검사 점수와 수행능력의 연관성을 평가해왔다. 이러한 연구가 제공하는 메시지는 분명하다. 한 연구에 따르면 "일반정신능력은 직업에서 획득한 직무 수준과 업무 성과를 잘 예측해내며, 이러한 예측치는 다른 능력·성향·기질 그리고 직업 경험에 비추어볼 때보다 더 정확하다."[5] 물론 다른 인지능력도 중요하다(후반부에서 더 자세히 살펴보자). 성실성과 (장기적인 목표를 추구하는 인내심 및 열정으로 정의되는) **투지**[6]를 포함한 많은 성격 특성도 마찬가지다. 그리고 일반정신능력검사가 측정할 수 없는 지능의 유형은 많다. 예를 들어 실용지능과 창의력은 측정이 불가능하다. 심리학자들과 신경과학자들은 세상에 대한 축적된 지식(산수 등)에 의지하여 문제를 해결하는 능력인 '결정적 지능'과 새로운 문제를 해결하는 능력인 '유동적 지능'[7]을 구별한다.

조악하고 제한적이지만, 언어 영역, 수리 영역 그리고 공간 영역에 대한 질문이 포함된 표준검사로 측정되는 일반정신능력은 중요한 결과를 예측하는 단연 최고의 단일 예측 변수다. 앞서 언급한 연구에 따르면, 일반정신능력의 예측력은 "심리적 연구에서 확인된 결과보다 높다."[8] 일반정신능력과 직업 성공의 연관성은 해당 직업의 복잡성과 함께 증가한다. 이는 꽤 논리적인 추론이다. 지능은 상대적으로 단순한 작업을 수행하는 사람들보다 로켓 과학자들에게 더 중요하다. 매우 복잡한 작업을 수행하는 직업의 경우 표준검사 점수와 업무 성과 사이에서 관찰된 상관관계는 .50 범주에 속한다(일치 백분율=67%).[9] 앞서 말했듯 상관계수가 .50이면 사회과학 기준에선 예측력이 매우 높은 것이다.[10]

특히 숙련된 전문적 판단에 대한 논의에서 지능지수의 유의미함을 두고 자주 제기되는 중요한 반론은, 그렇게 복잡한 판단을 내리는 직군이라면 모두가 일반정신능력이 우수할 가능성이 높지 않겠냐는 것이다. 의사, 판사 또는 선임 손해사정사는 일반인보다 훨씬 더 많은 교육을 받고 인지능력 평가에서 훨씬 높은 점수를 받을 가능성이 높다. 그러므로 높은 일반정신능력은 그들 사이에서 거의 차이를 빚어내지 않는다고 충분히 생각할 수 있다. 또 성취도가 높은 그 인력풀에서 높은 일반정신능력은 그 풀에 들어가기 위한 입장권에 불과할 뿐, 성과 차이의 원천은 아니라고 생각할 수도 있다.

이러한 믿음은 널리 퍼져 있긴 해도 부정확하다. 분명 주어진 직업에서 관찰되는 일반정신능력의 분포는 상위 직업보다 하위 직업에서 그 범위가 더 넓다. 복잡도가 낮은 직업에도 일반정신능력이 높은 사람들이 있지만, 변호사, 화학자 또는 엔지니어 집단에서 평균 이하의 일반정신능력을 지닌 사람은 거의 없을 것이다.[11] 그러므로 이런 관점에서 높은 정신능력은 분명 상위 직종에 들어가기 위한 필수 조건이 된다.

이것이 그룹 **안에서** 나타나는 성과의 차이를 포착해내지 못했다. 하지만 심지어 (열세 살에 평가된) 인지능력 기준으로 상위 1퍼센트에 들어가는 사람들을 보더라도 특출한 성과는 일반정신능력과 강한 연관성을 가진다.[12] 이 상위 1퍼센트 그룹에서 하위 영역에 속하는 사람들과 비교할 때 상위 영역에 속하는 사람들은 박사학위를 따거나 책을 출판하거나 특허를 따낼 가능성이 두세 배 높다. 다시 말해 일반정신능력의 차이가 99번째 백분위수와 80번째나 50번째 백분위수 사이에서 주요할 뿐만 아니라, 99.88번째 백분위수와 99.13번째 백분위수 사이에서도 여전히 굉장히 중요하다는 얘기다.

능력과 성과의 연관성을 보여주는 또 다른 사례는 2013년 《포춘》 선정 세계 500대 기업'을 이끄는 CEO들과 억만장자들(재산 기준 미국 인구의 상위 0.0001퍼센트에 속하는 사람들)을 대상으로 진행된 연구다.[13] 예측할 수 있는 결과지만, 이 연구를 통해 최고 엘리트 그룹은 굉장히 지적인 사람들로 구성되어 있다는 사실이 관찰됐다. 그러나 이 연구는 해당 그룹 안에서 더 높은 교육 수준과 지능이 (CEO들의 경우) 더 높은 보상과 (억만장자들의 경우) 더 높은 순자산과 연관된다는 것도 발견했다. 스티브 잡스, 빌 게이츠, 마크 저커버그 등 대학을 중퇴한 유명인들은 '숲을 숨기고 있는 나무들'이다. 미국 성인 가운데 3분의 1이 대학 학위를 갖고 있는 반면에, 억만장자의 경우 88퍼센트가 대학 학위를 갖고 있었다.

결론은 분명하다. 일반정신능력은 판단을 요하는 직업에서, 심지어 능력 좋은 개인들로 구성된 집단에서 업무 성과의 질에 상당히 기여한다는 것이다. 일반정신능력이 더는 차이를 만들어내지 않는 한계점을 두고 있다는 생각을 뒷받침해줄 증거는 없다. 이어서 이 결론은, 만약 전문적인 판단이 눈에 보이지 않는 과녁을 겨누고 있다고 추정될 경우 지능이 높은 사람들의 판단이 과녁에 명중했을 가능성이 더 높다고 힘주어 말하고 있다. 만약 판단을 내릴 사람을 여러분 손으로 뽑아야 한다면, 정신능력이 가장 높은 사람을 선택하는 것이 합리적이다.

하지만 이런 논리에는 중요한 한계가 있다. 모두를 대상으로 표준검사를 진행할 순 없기에 우리는 누가 일반정신능력이 더 높을지 추측해야 할 것이다. 그리고 높은 일반정신능력은 다방면의 성과를 개선한다. 여기에는 다른 사람들을 설득해서 자신의 판단이 옳다고 믿도록 만드는 것도 포함된다. 좋은 정신능력을 지닌 사람들은 다른 사람들보다 더 좋은 판단을 내리고 진정한 전문가가 될 가능성이 더 높다. 게다가 동료들에게 깊은 인상을 남기고 다른 사람들의 신뢰를 얻어, 어떠한 실제 피드백도 없는 상황에서 존경-전문가가 될 가능성 역시 더 높다. 중세 점성술사들은 당대에 일반정신능력이 가장 뛰어난 사람들이었을 것이다.

똑똑해 보이고 똑똑한 소리를 하는 사람을 신뢰하는 것이 합리적인 행동일 터다. 그리고 자신의 판단에 대해 설득력 있는 논리를 분명하게 펼칠 수 있는 사람들을 신뢰하는 것이 합리적이다. 하지만 이러한 전략이 충분하지 않을뿐더러 오히려 역효과를 낼 수도 있다. 그렇다면 진정한 전문가를 식별해내는 다른 방법이 있을까? 최선의 판단을 내리는 사람들은 우리가 알아볼 수 있는 다른 속성을 지니고 있을까?

인지 유형

정신능력에 상관없이, 사람들은 서로 다른 **인지 유형**을 갖고 있기도 하고 판단 과제에 다르게 접근하기도 한다. 인지 유형을 파악하기 위한 많은 도구가 개발됐는데, 대부분이 일반정신능력과 (그리고 서로가) 관련된 것이지만 각각은 다른 인지능력을 측정한다.

'야구공과 야구 방망이' 질문으로 유명해진 **인지반응검사**CRT, Cognitive Reflection Test가 있다. 야구공과 야구 방망이 질문은 다음과 같다. '야구 방망이와 야구공은 모두 합쳐서 1달러 10센트다. 야구 방망이는 야구공보다 1달러 더 비싸다. 야구공은 얼마인가?' 인지 반응을 측정하는 데에는 다음과 같은 질문도 사용된다. '달리기 시합 도중에 당신이 2등 선수를 제쳤다면, 당신은 이제 몇 등인가?'[14] 인지반응검사는 사람들이 머릿속에 떠오르는 첫 번째 (그리고 틀린) 답(야구공과 야구 방망이 질문에서는 '10센트'이고 달리기 시합 질문에서는 '1등'이다)을 무시할 가능성을 측정한다. 낮은 인지반응검사 점수는 유령, 점성술 그리고 초감각적인 현상에 대한 믿음을 포함하여 많은 현실 판단 및 믿음과 연관된다.[15] 인지반응검사 점수는 사람들이 노골적으로 틀린 '가짜 뉴스'에 속아 넘어갈지 말지를 예측한다.[16] 그리고 심지어 사람들이 스마트폰을 얼마나 많이 사용하느냐와도 관련된다.[17]

많은 사람이 인지반응검사를 더 포괄적인 인지 개념, 즉 사색적 사고 과정[18]과 충동적 사고 과정을 사용하는 경향을 측정하는 도구라고 생각한다. 간단하게 말하면, 일부 사람들은 신중한 사고를 선호하지만, 같은 문제에 대해서 첫 번째로 떠오르는 생각을 신뢰하는 사람들도 있다. 우리의 용어로 말하면, 인지반응검사는 빠른 시스템1 사고보다 느린 시스템2 사고에 의존하는 사람들의 경향을 측정하는 도구로 간주될 수 있다.

이러한 경향을 측정하기 위해서 다른 자기 평가법이 개발됐다 (물론 이 모든 검사는 상호 연관되어 있다). 예를 들어 인지욕구 척도[19]는 사람들이 주어진 문제에 대해 얼마나 열심히 고민하는지를 측정한다. 이 척도에서 높은 점수를 받으려면, '상당한 정신적 노력이 수반될 수 있는 목표를 세우곤 한다'란 문장에 동의하고 '나는 생각하는 것을 좋아하지 않는다'란 문장에 동의하지 않아야 한다. 인지욕구가 높은 사람들은 알려진 인지 편향에 영향을 받을 가능성이 낮다.[20] 일부 더 기이한 연관성도 보고됐다. 만약 여러분이 스포일러가 포함된 영화 감상평을 피한다면, 여러분의 인지욕구는 아마도 높은 편일 것이다. 인지욕구가 낮은 사람들은 스포일러가 포함된 영화 감상평을 선호한다.[21]

이 척도는 자기 평가이고 사회적으로 바람직한 답은 꽤 명확하기 때문에, 인지욕구 척도는 대답하기 까다로우나 아주 적절한 질문을 제기한다. 깊은 인상을 남기려 하는 사람이라면 '나는 생각하는 것을 좋아하지 않는다'란 문장에 동의하지 않을 것이다. 이런 이유로 다른 검사는 자기 보고 대신 기술을 측정하고자 한다.

예를 들어 '성인 의사결정 능력 척도'[22]라는 게 있다. 이것은 사람들이 과신이나 일관성 없는 리스크 인식처럼 판단에서 일반적인 오류를 범할 가능성을 평가한다. 또 다른 사례로 '핼펀 비판적 사고 평가'[23]도 있다. 이것은 합리적인 사고와 일련의 학습 가능한 기술을 선호하는 경향 등 비판적인 사고를 집중적으로 측정한다. 이 평가에 참여하면 다음과 같은 질문을 받게 될 것이다. '친구가 다이어트 프로그램 두 가지 가운데 어느 것을 선택하는 게 좋을지 조언을 구한다고 가정하자. 하나는 고객들이 평균 25파운드 감량하도록 도왔고, 다른 하나는 평균 30파운드 감량하도록 도왔다. 두 프로그램 중 어느 하나를 선택하기 전에 여러분이 추가적으로 할 질문은 무엇인가?' 예를 들어 얼마나 많은 사람들이 그만큼 체중을 감량했는지 그리고 그들이 감량한 몸무게를 1년 이상 유지했는지 추가적으로 묻겠다고 답한다면, 비판적 사고 척도에서 점수를 얻게 된다. '성인 의사결정 능력 척도'나 '하편 비판적 사고 평가'에서 좋은 점수를 받은 사람들이 일상에서 더 좋은 판단을 내리는 것 같다. 그들은 나쁜 선택에 따른 불우한 사건을 거의 경험하지 않는다. 예를 들어 비디오를 늦게 반납해서 연체료를 지불하거나 원치 않은 임신을 하지 않는다.

인지 유형과 인지 기술을 측정하는 모든 도구가 일반적으로 판단을 예측하는 행위라고 추정하는 것은 합리적으로 보인다. 하지만 그것들의 관련성은 판단 과제에 따라 다양한 것 같다. 유리엘 하란Uriel Haran, 일라나 리토브Ilana Ritov, 바버라 멜러스는 예측력을 예견할 수 있을 만한 인지 유형을 찾고자 했다.[24] 그들은 인지욕구는 '누가 추가 정보를 더 열심히 얻으려고 노력할 것인지'를 예측하지 못한다는 사실을 확인했다. 그리고 인지욕구와 높은 성과 사이에서 신뢰할 수 있는 연관성을 발견하지 못했다.

예측 성과를 예견하는 것으로 확인된 인지 유형 측정법이나 성격 검사법은 심리학 교수 조너선 배런Jonathan Baron이 "적극적으로 열린 사고"[25]를 측정하기 위해 개발한 척도였다. 적극적으로 열려 있으려면 자신의 기존 가설을 반박하는 정보를 적극적으로 찾아야 한다. 그러한 정보는 다른 사람들의 반론과 오래된 믿음에 반하는 새로운 증거에 신중하게 부여된 가중치다. 그리고 적극적인 열린 사고를 하는 사람들은 '반론에 의해 설득당할 준비가 된 것은 그가 좋은 성품을 지녔다는 신호다'란 말에 동의한다. 그들은 '생각을 바꾸는 것은 약하다는 신호' 또는 '직관은 결정 과정의 최고의 가이드라인이다'란 말에 동의하지 않는다.

다시 말해서 인지반응 척도와 인지욕구 척도는 느리고 신중한 사고에 참여하는 성향을 측정한다. 하지만 적극적으로 열린 사고는 이를 넘어서서, 자신의 판단이 진행 중임을 인식하고 열정적으로 판단을 수정하길 바라는 사람들의 겸손함을 측정한다. 21장에서 이런 사고 유형이 끊임없이 마음을 바꾸고 새로운 정보와 비교하여 자기 믿음을 수정하는 최고의 예측가들이 갖는 특성임을 확인하게 될 것이다. 흥미롭게도 적극적으로 열린 사고는 학습 가능한 기술임을 보여주는 증거가 존재한다.[26]

우리의 목표는 주어진 영역에서 좋은 판단을 내릴 사람들을 뽑는 절대적인 방식을 소개하는 것이 아니다. 하지만 여러 척도를 간단히 살펴보면 두 가지 일반적인 원칙이 발견된다. 첫째, 참값과 비교하여 전문성을 확인할 수 있는 영역(일기예보 등)과 존경-전문가의 영역의 차이를 인식하는 것이 현명하다. 정치 분석가는 자신의 생각을 분명하고 설득력 있게 전달하는 것처럼, 체스 그랜드 마스터는 소심한 데다 왜 그렇게 말을 움직였는지도 제대로 설명하지 못하는 것처럼 보인다. 하지만 여러분은 전자의 전문적인 판단을 후자의 판단보다 더 회의적으로 받아들여야 한다.

둘째, 일부 판단자들은 자신들과 똑같이 자격과 경험을 갖춘 동료보다 더 좋은 판단을 내릴 것이다. 그들의 판단이 더 좋다면, 그것들은 덜 편향되거나 잡음이 덜 할 것이다. 이러한 차이를 설명하는 많은 방법 중에서 지능과 인지 유형이 중요하다. 비록 판단의 질을 분명하게 예측할 단일 측정이나 척도는 없지만, 자신의 믿음에 반하는 새로운 정보를 적극적으로 찾고, 그 정보를 자신의 현재 시각에 체계적으로 첨가하고 기꺼이 심지어 열정적으로 그 결과에 따라 자신의 생각을 바꾸고자 하는 사람들과 일하고 싶을 것이다.

판단력이 뛰어난 사람들의 성격은 결단력 있는 리더의 전형적인 이미지에 맞지 않을지도 모른다. 사람들은 단호하고 분명하며, 금세 또 뼛속 깊이 무엇이 옳은지 아는 듯한 리더를 신뢰하고 좋아한다. 그런 리더는 자신감을 불어넣는다. 하지만 증거를 보면, 목표가 오류를 줄이는 것일 경우 반론에 열려 있고 자신의 판단이 틀릴 수 있음을 아는 리더를 찾는 편이 더 좋다. 그런 리더가 결단력 있게 판단을 내린다면, 그 시점은 판단 과정의 처음이 아니라 끝이다.

더 좋은 판단자에 대하여 _____

"여러분은 전문가다. 하지만 여러분의 판단을 검증할 수 있나? 그렇지 않다면 여러분은 존경-전문가인가?"

"두 의견 중 어느 하나를 선택해야 한다면, 그리고 의견을 낸 사람의 전문성과 전적에 대해 아는 바가 전혀 없다면 더 지적인 사람의 충고를 따르자."

"하지만 지능은 이야기의 일부분에 지나지 않는다. 사람들이 '어떻게' 생각하느냐도 중요하다. 그러므로 아마도 가장 똑똑한 사람보다 가장 사려 깊고 개방적인 사람을 선택해야 할 것이다."

편향 제거와
결정 위생

많은 연구자 및 조직이 판단 편향을 없애려고 노력했다. 이 장에서는 그들의 주요 연구 결과[1]를 중점적으로 살펴볼 것이다. 우리는 편향 제거 유형들의 차이를 구분하고, 더 눈여겨볼 필요가 있는 한 가지 유형에 대해 논의할 것이다. 그리고 나서 잡음 축소로 되돌아가 결정 위생 개념을 소개할 것이다.

사후 편향 제거와 사전 편향 제거

측정과 비교하여 사후 편향 제거와 사전 편향 제거의 특징을 살펴보자. 욕실 체중계로 몸무게를 재면, 실제 체중보다 평균 0.5파운드가 더 나온다는 사실을 알고 있다고 가정하자. 체중계는 편향됐지만 그렇다고 아예 쓸모없는 것은 아니다. 두 가지 방법으로 이 문제에 대처할 수 있다. 먼저 이 불친절한 체중계로 잰 몸무게에서 0.5파운드를 빼면 정확한 몸무게를 얻을 수 있다. 확실히 이런 방식은 조금 피곤하고 귀찮을 수 있다(그리고 0.5파운드를 빼는 것을 잊어버릴 수도 있다). 다른 방법이 있다면, 체중계 눈금을 조정해서 정확도를 개선하는 것이다.

이 두 가지 방법은 판단에서 편향을 제거하는 방식에 직접적으로 비유될 수 있다. 판단을 내린 뒤에 판단에서 관찰되는 편향을 제거하거나, 판단 또는 결정을 내리기 전에 개입하여 편향을 제거하는 것이다.

사후 또는 수정적 편향 제거는 대체로 직관적으로 진행된다. 예를 들어 어떤 프로젝트를 진행하는 팀을 관리하는 사람이 있다. 그의 팀은 세 달 뒤에 프로젝트를 완료할 수 있을 것이라 추정한다. 하지만 팀원들의 판단에 완충 장치를 추가하고 싶다. 그래서 프로젝트 기간을 4개월 이상으로 잡고 현재 존재한다고 생각하는 편향(계획 오류)을 수정한다.

이런 종류의 편향 수정은 때때로 더 체계적으로 진행된다. 영국 재무부는 프로그램과 프로젝트를 평가하는 방법에 대한 안내서인 《녹서The Green Book》를 발간했다.[2] 《녹서》는 계획자에게 프로젝트의 비용과 기간의 추정치를 백분율 단위로 조정하여 낙관적인 편향을 해소할 것을 촉구한다. 이러한 조정은 이상적으로 어느 조직에서 관찰된 그동안의 낙관 편향에 기초해야 한다. 《녹서》는 만약 이런 역사적 데이터가 제공되지 않는다면, 프로젝트의 유형에 맞는 일반적인 백분율 조정 방식을 활용하라고 제안한다.

사전 또는 예방적 편향 제거는 크게 두 범주로 구분할 수 있다. 가장 유망한 방법은 대체로 판단이나 결정이 내려지는 환경을 수정하는 것이다. 이러한 조정 또는 **넛지**nudge[3]의 목표는 편향의 영향을 줄이거나 심지어 더 좋은 결정을 도출하는 편향을 동원하는 데 있다. 간단한 사례로 연금 분야의 자동가입 프로그램을 살펴보자. 자동가입 프로그램은 타성, 미루는 습관과 낙관 편향을 극복하기 위해서 설계됐다. 직원들은 의도적으로 탈퇴하지 않으면 자동가입 프로그램을 통해서 자동적으로 은퇴 자금을 저축할 수 있다. 연금 자동가입 프로그램은 참여율을 높이는 데 매우 효과적인 것으로 증명됐다. 가끔 연금 자동가입 프로그램에 직원들이 임금 인상분의 일정 비율을 미래를 위해 저축하도록 돕는 '내일 더 저축' 프로그램이 동반되기도 한다. 자동가입 프로그램은 청정에너지 분야, 결식 아동을 위한 무료 급식 또는 기타 복지 프로그램 등 다양한 분야에서 활용될 수 있다.

다른 넛지는 선택 과정의 다른 측면에서 효과가 있다. 예를 들어 정신 건강 문제에 대해서 도움을 구하는 과정에 존재하는 행정적 부담을 줄여주는 방식으로 편향을 제거한다. 또는 어떤 제품이나 활동의 어떤 특징을 눈에 띄게 만들어서 편향을 제거한다. 예를 들어 한 때 숨겨져 있던 수수료를 명확하게 보이도록 만드는 것이다. 식료품점과 웹사이트는 사람들에게 살살 자극을 줘서 그들이 자신들의 편향을 극복하도록 만들 수 있다. 건강식품을 가장 눈에 잘 띄는 곳에 진열하면, 더 많은 사람들이 건강식품을 구매할 것이다.

사전 편향 제거의 다른 유형은 의사결정자들이 자신들의 편향을 인식하고 극복하도록 훈련시키는 과정이 수반된다. 이러한 유형은 **부스팅**boosting[4]이라 불린다. 부스팅은 가령 통계 자료를 해석할 수 있도록 교육해서 사람들의 능력을 개선하는 것을 목표로 삼는다.

사람들이 자신의 편향을 극복하도록 교육하는 것은 영광스럽지만, 보기보다 더 어려운 일이다. 물론 교육은 유용하다.[5] 예를 들어 고급 통계 수업을 수년 동안 받았던 사람들이 통계적 추론에서 오류를 범할 가능성은 낮다. 하지만 편향을 피하도록 가르치는 것은 어렵다. 수십 년의 연구에 따르면 전문 분야에서 편향을 피하도록 배운 전문직 종사자들은 다른 분야에 자신들이 배운 것을 적용하는 데 자주 애를 먹는다. 예를 들어 기상 예측관은 자신들의 일기예보에 대해 과신을 갖지 않도록 배운다. 그들이 비올 확률이 70퍼센트라고 말할 때, 대체로 그 하루의 70퍼센트는 비가 내린다. 하지만 그들도 일반적인 지식에 관한 질문을 받으면 다른 사람들처럼 자신들의 판단을 과신할 수 있다.[6] 편향을 극복하는 법을 배우는 것에서 어려운 부분은 다른 곳에서 봤던 문제와 새로운 문제가 유사하고 어느 장소에서 봤던 편향이 다른 장소에서 나타날 수 있다고 인정하는 것이다.

연구원들과 교육가들은 비전통적인 교습법으로 이러한 인식을 촉진하는 데 어느 정도 성공을 거뒀다. 어느 연구에서 보스턴대학교의 케리 모어웨지Carey Morewedge 연구진은 교육용 비디오와 '기능성 게임'을 사용했다. 참가자들은 확증 편향, 기준점 효과 그리고 기타 심리적 편향으로 인해 발생하는 오류를 찾아내도록 배웠다.

각 게임을 하고난 뒤에, 참가자들은 자신들이 저지른 오류에 대해서 피드백을 받았고 그런 오류를 다시 만들지 않는 방법을 배웠다. 기능성 게임은 바로 뒤이은 테스트에서, 그리고 8주 뒤에 비슷한 질문을 받았을 때 참가자들이 하는 오류의 수를 줄였다(상대적으로 효과는 적었지만, 교육용 비디오도 같은 결과를 낳았다).[7] 별개의 연구에서 안로르 셀리에Anne-Laure Sellier 연구진은 확증 편향을 극복하는 법을 배울 수 있는 교육용 비디오 게임을 했던 MBA 학생들이 다른 강의에서 비즈니스 사례연구를 진행할 때 여기서 배운 내용을 적용했다는 사실을 확인했다.[8] 심지어 그들은 두 사례에 어떤 연관성이 있다는 말을 듣지도 않았는데도 그렇게 했다.

편향 제거의 한계

사후에 편향을 수정하거나 넛지나 부스팅을 통해서 편향의 영향을 미리 예방하든지 간에 대부분의 편향 제거 방식들에는 한 가지 공통점이 있다. 그것들은 존재한다고 추정되는 특정 편향을 공략한다. 대체로 합리적인 이 가정이 가끔 틀리기도 한다.

프로젝트 계획의 사례를 다시 생각해보자. 합리적으로 과신이 전반적으로 프로젝트 팀에 영향을 미친다고 가정할 수 있지만, 그것이 프로젝트 팀에 영향을 주는 유일한 편향(또는 심지어 주된 편향)인지 확신할 수 없다. 아마도 팀 리더가 비슷한 프로젝트를 진행하면서 나쁜 경험을 했을지도 모른다. 그래서 프로젝트 기간 등을 추정할 때 특히 보수적으로 접근했는지도 모른다. 그래서 그 팀에서 여러분이 수정해야 된다고 생각했던 편향과 반대되는 오류가 나타날 수 있다. 또는 아마도 팀이 다른 비슷한 프로젝트와 비교하면서 계획을 세웠고 비슷한 프로젝트가 완료된 시간을 기준으로 프로젝트 소요기간을 추산했을지도 모른다. 또는 프로젝트 소요기간에 완충장치를 추가할 것이라고 기대했던 프로젝트 팀이 실제 자신들의 생각보다 훨씬 더 낙관적으로 프로젝트 소요기간을 제안해서 팀 리더의 프로젝트 소요기간 조정 시도를 사전에 방지했는지도 모른다.

또는 투자 결정에 대해서 생각해보자. 투자 전망에 대하여 과신이 분명 작용할 것이다. 하지만 또 다른 강력한 편향은 과신과 정반대 효과를 내는 손실 회피다. 손실 회피는 의사결정자가 자신의 초기 투자금을 잃게 될 리스크를 혐오하게 만든다. 또는 다수의 프로젝트에 자원을 분산하여 할당하는 회사가 있다고 생각해보자. 여기서 의사결정자들은 새로운 프로젝트에 대해서 낙관적이다(과신). 그리고 동시에 기존 프로젝트에서 자원을 전용하는 것에 대해서 너무나 소심한지도 모른다(이것은 **현상 유지 편향**status quo bias이다. 이름이 말해주듯, 현상 유지 편향이란 있는 그대로 내버려두는 것을 선호하는 성향이다).

이러한 사례들이 보여주듯, 어느 심리적 편향이 판단에 영향을 미치고 있는지를 정확하게 알기란 어렵다. 어느 정도 복잡한 상황에서 다수의 심리적 편향이 작동하면서 예측 불가능한 결과와 함께 같은 방향으로 오류를 가중시키거나 서로 상쇄시킬지도 모른다.

결과적으로 사후 또는 사전 편향 제거는 특정한 심리적 편향을 수정하거나 예방하여 어떤 상황에서 유용하다. 이러한 접근법들은 전반적으로 오류가 어느 방향으로 향하는지를 알고 그것이 분명한 통계적 편향인 상황에서 효과가 있다. 심하게 편향된 것으로 예상되는 유형의 결정은 편향 제거로부터 이득을 얻을 수 있다. 예를 들어 계획 오류는 과신 계획에 대하여 편향 제거가 타당하다는 사실을 충분히 보여주는 탄탄한 증거다.

문제는 많은 경우에서 미리 오류의 방향을 알 수 없다는 것이다. 그러한 상황에는 심리적 편향의 영향이 판단자들 사이에서 다양하게 나타나고 본질적으로 예측 불가능한 모든 상황이 해당된다. 그래서 이런 상황에서 심리적 편향은 제도 잡음으로 이어진다. 이러한 조건에서 오류를 줄이기 위해서 우리는 그물을 넓게 던져서 한번에 하나 이상의 심리적 편향을 감지해내도록 노력해야 한다.

결정 관찰자

결정을 내리기 전이나 후가 아니라 실시간으로 이러한 편향 조사를 실시할 것을 제안한다. 사람들은 편향 때문에 판단이 잘못된 방향으로 나아가고 있는데, 그 사실을 인지하지 못한다. 이러한 인식의 부재도 편향, 즉 **맹점 편향**bias blind spot[9]이다. 사람들은 주로 자신의 편향보다 다른 사람들의 편향을 더 쉽게 인지한다. 실시간으로 친숙한 편향들이 누군가의 결정이나 제안에 영향을 주고 있다는 어떤 진단 징후를 포착하도록 사람들을 훈련시킬 수 있다.

이 과정이 어떻게 작동하는지 이해하기 위해서 복잡하고 중대한 판단을 내리려고 하는 그룹이 있다고 생각해보자. 그룹이 내리고자 하는 판단은 어떤 유형이든지 될 수 있다. 예를 들어 정부가 세계적 전염병이나 다른 위기 상황에 대한 대응 방안을 결정하거나 내과 의사들이 컨퍼런스에서 복잡한 증상을 나타내는 환자를 위한 최선의 치료 방법을 논의하거나 이사회가 주요 경영 전략을 결정하는 상황일 수 있다. 이제 이 그룹을 관찰하고 어떤 편향이 그룹을 최선의 판단에서 멀어지게 하지는 않는지 점검하기 위해 점검표를 이용하는 **결정 관찰자**decision observer가 있다고 가정하자.

결정 관찰자는 쉬운 역할이 아니다. 그리고 분명 어떤 조직에서는 결정 관찰자를 두는 것이 현실적이지 않을 수도 있다. 최종 의사결정자가 편향과의 전쟁에 전념하지 않는다면 편향을 감지하는 것은 무의미한 짓이다. 실제로 의사결정자들은 결정 참관 과정을 시작하고 결정 관찰자의 역할을 지지하는 사람들이어야 한다. 본인이 직접 결정 관찰자가 되는 것을 추천하진 않는다. 여러분은 절대 친구들을 설득하거나 사람들에게 영향을 줄 수 없을 것이다.

하지만 비공식적인 실험에 따르면 결정 참관 과정이 편향 제거에 효과가 있을 수 있다. 최소한 결정 참관은 조건만 맞아떨어지면 편향을 제거하는 데 도움이 된다. 특히 조직이나 팀의 리더들이 진심으로 편향을 제거하고자 노력하고, 결정 관찰자들이 잘 선발되어 자신의 심각한 편향에 취약하지 않을 때 더 유용하다.

이런 경우에 결정 관찰자들은 세 가지 유형으로 구분된다. 어떤 조직에서는 관리자가 결정 관찰자 역할을 한다. 프로젝트 팀이 제출한 제안서의 내용만을 검토하는 대신에 관리자는 프로젝트 팀이 개발한 **프로세스**와 역학구조도 면밀히 살핀다. 이렇게 하면 결정 관찰자인 관리자는 제안서 개발에 영향을 줬을지도 모르는 편향을 파악할 수 있다.[10] 어떤 조직은 팀원을 그 팀의 '편향 제거자'로 임명한다. 결정 과정의 수호자인 그 팀원은 팀 동료들에게 자신들을 호도하고 있는 편향을 실시간으로 상기시킨다. 이런 방식에는 단점이 있다. 결정 관찰자는 선의의 비판자 노릇을 하는 악마의 변호인이다. 그래서 빠르게 정치적 자산을 잃을지도 모른다. 마지막으로 중립적인 관점을 활용할 수 있는 외부 조력자에 기대는 조직도 있다(하지만 외부 조력자는 내부 지식과 비용 측면에서 불리한 위치에 있다).

이러한 편향 제거 노력이 효과적이려면 결정 관찰자는 어느 정도 훈련을 받고 도구가 제공되어야 한다. 그들에게 제공되어야 하는 도구 중 하나가 그들이 찾고자 하는 편향 점검표다. 점검표를 활용하는 이유는 분명하다. 점검표가 중대한 이해관계가 걸린 상황에서 결정의 질을 개선한 사례가 많이 존재하고,[11] 특히 이것은 과거 오류의 반복을 미연에 방지하는 데 적합하다.

사례를 살펴보자. 미국에서 연방 기관들은 대기질이나 수질을 개선하거나, 직장 사망 건수를 줄이거나, 식품 안전을 강화하거나, 공중 보건 위기에 대응하거나, 온실가스 배출량을 줄이거나, 국가 안보를 강화하는 비싼 규제를 도입하기 전에 공식적인 규제 영향을 분석해야 한다. 무려 50쪽에 달하는 기술적인 용어가 빼곡하게 적힌, 이름마저 매력적이지 않은 문서(OMB 순환 A-4)가 분석을 진행할 때 따라야 하는 조건들을 제시한다. 그 조건들은 확실히 편향을 제거하거나 예방하기 위해 세워졌다. 연방 기관들은 규제가 왜 필요한지를 설명하고 더 엄한 규제와 덜 엄한 규제를 모두 고려해야 한다. 그리고 비용과 효익을 검토하고 편향되지 않기 위해 필요한 정보를 제시하고 적절하게 미래를 무시해야 한다. 하지만 여러 연방 기관에서 공무원들은 이 두꺼운 문서의 조건을 준수하지 않았다. (그들은 심지어 문서를 읽지도 않았을 것이다.) 이에 연방 공무원들은 연방 기관들이 주요 조건들을 무시하거나 준수하지 않을 가능성을 줄이고자 간단한 점검표를 작성했다.[12]

편향 점검표가 어떻게 생겼는지 확인하고 싶다면 부록B를 참고하길 바란다.[13] 그것은 일반적인 편향 점검표로 그저 예시에 불과하다. 모든 결정 관찰자는 조직의 니즈에 맞춰 관련성을 높이고 쉽게 적용할 수 있는 점검표를 개발하고 싶을 것이다.[14] 하지만 점검표가 결정에 영향을 줄 수 있는 모든 편향이 적힌 리스트라고 생각해선 안 된다. 편향 점검표는 가장 자주 나타나고 결정에 가장 지대한 영향을 주는 편향들을 중심으로 작성되어야 한다.

적절한 편향 점검표를 갖춘 결정 참관은 편향의 영향을 제한하는 데 도움이 될 수 있다. 비록 편향을 줄이기 위한 비공식적으로 진행된 소규모의 결정 참관 과정에서 고무적인 결과를 확인했지만, 우리는 그것들의 효과를 체계적으로 분석하여 이해하거나 실제로 활용됐을 때의 장단점을 제대로 파악하지 못하고 있다. 그래서 실제로 편향을 줄이기 위해서 노력하는 사람들과 연구원들이 결정 관찰자가 실시간으로 편향을 제거하는 사례에 대해서 더 많은 실험을 시도하길 바란다.

잡음 축소: 결정 위생

편향은 우리가 자주 목도하며 심지어 설명할 수 있는 오류다. 편향은 방향성을 지닌다. 넛지가 편향의 해로운 영향을 제한할 수 있거나 판단을 개선하는 노력이 특정한 편향을 제거하는 데 도움이 될 수 있는 것은 편향의 방향성 때문이다. 편향은 눈에 보인다. 그래서 결정 관찰자가 결정 과정이 진행되는 동안 실시간으로 편향을 진단할 수 있기를 기대할 수 있다.

반면에 잡음은 우리가 쉽게 보거나 설명할 수 없는 예측할 수 없는 오류다. 그래서 잡음이 자주 간과된다. 심지어 잡음이 중대한 손해를 일으킬 때조차도 우리는 잡음을 등한시한다. 이런 이유로 잡음 축소 전략과 편향 제거의 관계는 예방적 위생과 직접 치료의 관계와 유사하다. 잡음 축소의 목적은 잡음이 발생하기 전에 잠재적으로 발생할 수 있는 오류를 예방하는 것이다.

우리는 잡음 축소에 대한 이러한 접근법을 **결정 위생**decision hygiene이라 부른다. 손 씻기가 어떤 종류의 세균 감염을 예방하는지 아는 사람은 거의 없다. 그냥 손 씻기가 다양한 세균 감염을 예방하는 데 효과적이라는 것만 안다(팬데믹 시기에만 그런 것이 아니다). 마찬가지로 결정 위생을 준수한다는 건 피하고 싶은 기저 오류가 무엇인지 모르는 상태에서 잡음을 줄이는 기법을 채택했다는 뜻이다.

의도적으로 결정 위생을 손 씻기에 비유했다. 위생 수칙을 따르는 것은 지루할 수 있다. 그것들의 혜택은 직접 눈에 보이지 않는다. 그래서 위생 수칙을 준수하여 어떤 문제를 예방했는지 알 수가 없다. 역으로 문제가 생겼을 때 위생 수칙의 어느 부분을 위반했는지 알 방도가 없다. 이런 이유로 손 씻기 준수 여부를 확인하는 것이 쉽지 않다. 심지어 그것의 중요성을 잘 알고 있는 보건 전문가들을 대상으로도 손 씻기를 잘 실천하고 있는지 확인하기가 어렵다.

손 씻기 등 다른 위생 수칙들처럼, 결정 위생은 눈에 보이지 않지만 시행하기 어렵고 눈에 띄는 보상이 없다. 제대로 식별해낸 편향을 수정하면 최소한 뭔가 이뤄내고 있다는 느낌이 든다. 하지만 잡음을 줄이는 절차는 그렇지 않을 것이다. 통계적으로 잡음 축소는 많은 오류를 예방한다. 하지만 **어느** 오류를 예방했는지 결코 알 수 없을 것이다. 잡음은 눈에 보이지 않는 적이다. 그러니 눈에 보이지 않는 적의 공격을 막아내는 것은 눈에 보이지 않는 승리를 거둘 수밖에 없다.

잡음 때문에 발생할 손해를 고려하면, 그 보이지 않는 승리는 그래도 싸워서 얻어낼 가치가 있다. 다음 장에서는 과학수사, 예측, 의료, 인적 자원 등 여러 분야에서 사용되는 결정 위생 전략들을 살펴본다. 25장에서는 이 전략들을 검토하고, 잡음 축소를 위해 이를 종합적으로 활용할 방법을 살펴볼 것이다.

편향 제거와 결정 위생에 대하여 ──────────────

"구체적으로 어떤 편향과 싸우고 있고 그 편향이 어느 방향으로 결정에 영향을 주고 있는지를 알고 있나? 그렇지 않다면 여러 편향이 작동하고 있는 것이다. 그리고 그것들 중에서 어느 편향이 지배적인 것인지 예측하는 것은 어렵다."

"이 결정에 대한 논의를 시작하기에 앞서, 결정 관찰자를 지정하자."

"우리는 이 결정 과정에서 결정 위생을 잘 유지해왔다. 그래서 실제로 좋은 결과가 나올 가능성이 높다."

20장

과학수사와
정보의
순차적 제시

2004년 3월 마드리드의 어느 통근 기차에서 연쇄 폭탄이 터져 192명이 사망하고 2,000명 이상이 다치는 일이 벌어졌다. 범죄 현장에서 발견된 비닐 봉투로부터 채취한 지문은 인터폴을 통해 전 세계 수사기관으로 전송됐다. 며칠 뒤 미국 연방수사국(이하 FBI)의 범죄 연구소는 결정적으로 그 지문이 오리건주에 살고 있는 미국 시민 브랜던 메이필드Brandon Mayfield의 지문과 일치한다는 사실을 알아냈다.

메이필드는 유력한 용의자처럼 보였다. 미국 육군 장교 출신인 그는 이집트 여성과 결혼해 이슬람교로 개종했다. 또 변호사인 그는 탈레반에 들어가기 위해 아프가니스탄으로 가려 한 혐의로 기소된 사람들을 변호했다(그들은 나중에 유죄판결을 받았다). 그래서 그는 FBI의 감시 대상이 되었다.

메이필드는 감시받았고, 그의 집엔 도청장치가 설치됐다. 그는 가택 수색을 당했으며 전화 통화도 도청됐다. 이렇듯 치밀하게 감시했는데도 그가 범인이라는 물리적인 정보는 발견되지 않았다. FBI는 그를 체포했으나, 공식적으로 그는 기소되지 않았다. 메이필드는 지난 10년 동안 미국 땅을 떠난 적이 없었다. 그가 구금되어 있는 동안, 이미 FBI에 메이필드의 지문과 범죄 현장에서 채취한 지문이 일치하지 않는다고 알렸던 스페인 수사당국은 그 지문과 일치하는 다른 용의자를 지목했다.

메이필드는 2주 뒤에 풀려났다. 결국 미국 정부는 그에게 사과했고 200만 달러의 합의금을 지급했다. 그리고 이런 실수의 원인을 밝히기 위해 광범위한 조사에 착수했다. 조사에서 내린 결론은 이것이었다. "오류는 인적 오류였지, 방법적 오류나 기술적 오류가 아니었다."[1]

다행히 이러한 인적 오류는 드물다. 그럼에도 인적 오류는 교훈을 준다. 어떻게 미국 최고의 지문 감식관들이 범죄 현장 근처에 가본 적 없는 사람의 지문과 일치한다고 판단하는 실수를 저질렀을까? 이를 확인하기 위해, 먼저 지문감식이 어떻게 이뤄지는지 그리고 다른 전문적인 판단의 사례들과 어떻게 관련되는지 알아보도록 하자. 정밀과학으로 간주되는 과학수사의 지문감식은 실제로 지문 감식관들의 심리적 편향에 취약하다. 이러한 편향은 우리가 생각한 것보다 더 많은 잡음을 일으킬 수 있다. 그래서 더 많은 오류를 낳는다. 지금부터 과학수사에 몸담은 전문가들이 모든 환경에 적용할 수 있는 결정 위생 전략을 실행하여 이런 문제를 해결하기 위해 어떤 조치를 취하고 있는지 살펴보자. 이 조치는 판단에 사용되는 정보의 흐름을 엄격히 통제하는 것이다.

지문

지문이란 손가락 끝이 어떤 물체의 표면에 닿아 그 표면에 남는 흔적이다. 옛날부터 지문이 식별 인자로 사용됐다는 것을 보여주는 증거들이 존재한다. 하지만 지문감식은 19세기 후반으로 거슬러 올라간다. 스코틀랜드 내과 의사 헨리 폴즈Henry Faulds는 지문을 식별 기법으로 활용하고 제안하는 최초의 학술논문을 발표했다.

수십 년 뒤에 지문은 범죄 기록의 식별 인자로 인기를 끌었고 프랑스 경찰관 알퐁스 베르티옹Alphonse Bertillon이 개발했던 인체 측정 기법을 서서히 대체했다. 베르티옹은 1912년 지문을 비교하는 시스템을 공식적으로 명문화했다. 군중의 지혜를 발견한 프랜시스 골턴은 영국에서 유사한 시스템을 개발했다. (아직까지 이 발견의 아버지들을 아는 사람이 거의 없는 이유는 분명하다. 골턴은 지문이 인종에 따라서 개인을 식별해내는 데 유용하다고 믿었다. 베르티옹은 전문가로서 반유대주의 때문에 알프레드 드레퓌스의 1894년과 1899년 재판에서 결정적이고 결함이 있는 증언을 했다.)

경찰관들은 지문이 상습범을 식별해내는 데 훨씬 더 유용한 도구가 될 수 있음을 금방 깨달았다. 1892년 아르헨티나 경찰관 후안 부세티치Juan Vucetich는 범죄 현장에 남겨진 용의자의 엄지손가락 잠재 지문을 비교한 최초의 인물이었다. 그 이후로 **잠재 지문**(범죄 현장에 누군가가 남기고 간 지문)을 채취하여 표본 지문(통제된 환경에서 신분을 아는 사람으로부터 채취한 지문)과 비교하기 시작했고, 이런 방식은 과학수사에서 널리 사용됐다.

전자 지문 판독기(예를 들어 전 세계 여러 국가의 출입국 관리소에서 사용되는 기기)를 우연히 본 적이 있다면, 지문 비교가 간단하고 기계적이며 쉽게 자동화된 작업이라고 생각할지도 모른다. 하지만 범죄 현장에서 채취한 잠재 지문을 표본 지문과 비교하는 것은 깨끗한 지문 두 개를 비교하는 것보다 훨씬 더 섬세한 작업이다. 지문을 기록하기 위한 목적으로 만들어진 판독기에 손가락을 꾹 누르면 깔끔한 표준적인 지문을 얻을 수 있다. 하지만 잠재 지문은 지문의 일부분이거나 불명확하거나 뭉개져 있거나 왜곡되어 있다. 잠재 지문은 의도적으로 통제된 환경에서 수집된 지문과 같은 질과 양의 정보를 제공하지 않는다. 잠재 지문이 같은 사람이나 다른 누군가의 다른 지문들과 중복되는 경우도 자주 발생한다. 그리고 잠재 지문에는 지문을 채취한 표면에 존재하는 먼지와 기타 물질들이 뒤섞여 있다. 잠재 지문이 용의자의 표본 지문과 일치하는지를 확인하려면 전문가의 판단이 필요하다. 이것은 인간 지문 감식관들의 역할이다.

지문 감식관들은 잠재 지문을 받으면 ACE-V라 불리는 과정을 일상적으로 따르는데, 이것은 분석analysis, 비교comparison, 평가evaluation, 검증verification을 뜻한다. 우선 지문 감식관들은 제공된 잠재 지문이 비교할 가치가 충분한지를 판단한다. 비교할 수 있다고 판단되면, 그들은 잠재 지문과 표본 지문을 비교한다. 이 비교 단계는 평가 단계로 이어진다. 평가 단계에서 **식별**(같은 사람에게서 나온 지문), **제외**(같은 사람에게서 나오지 않은 지문) 또는 불확정의 결정이 생성된다. 식별 결정이 나오면 4번째 단계로 이어진다. 바로 다른 지문 감식관의 검증이다.

수십 년 동안 이 지문 감식 과정의 신뢰성은 아무 의심 없이 받아들여지고 있다. 비록 목격자의 증언이 위험할 정도로 믿을 수 없고 심지어 자백이 거짓일 수 있지만, 지문은 가장 믿을 수 있는 증거로 간주됐다. 적어도 DNA 분석이 등장하기 전까지는 그랬다. 2002년까지 미국 법정에서 그 누구도 증거로 제출된 지문을 반박할 수 없었다. 당시 FBI 웹사이트에는 "지문은 **오류 없는** 신원 확인 수단"이라는 단호한 메시지가 게재됐다.[2] 오류가 발생하는 아주 드문 경우에는 무능이나 사기가 그 원인으로 지목됐다.

지문은 오랫동안 반박할 수 없는 증거로 자리매김했다. 한편으로는 그것이 틀렸음을 입증하는 것이 어려웠기 때문이다. 지문의 참값, 다시 말해서 누가 실제로 범죄를 저질렀느냐에 대한 진실은 알려지지 않는다. 메이필드 사례와 그와 유사한 사례에서 실수가 특히나 치명적이었다. 하지만 전반적으로 용의자가 지문 감식관의 분석 결과에 이의를 제기하면, 오히려 지문의 증거력이 더욱 신빙성 있게 받아들여질 것이다.

참값을 모르는 것은 이례적이지도, 잡음을 측정하는 데 장애가 되지도 않는다고 앞서 설명했다. 그렇다면 지문 감식에는 얼마나 많은 잡음이 존재할까? 아니, 좀 더 정확하게 말해서 형량을 선고하는 판사나 손해사정사와 달리 지문 감식관들이 결론으로 숫자를 제시하지 않지만 단정적인 판단을 내린다는 점을 고려할 때, 그들의 의견은 얼마나 자주 충돌하며 왜 서로 다른 것일까? 런던대학교 인지신경과학 연구원 이티엘 드로Itiel Dror가 이 질문에 대한 해답을 구하기 위해 최초로 연구를 시작했다. 그는 잡음 문제가 발생하지 않을 것으로 간주되는 분야에서 일련의 잡음 감사에 해당되는 실험을 실시했다.

지문 감식의 상황 잡음

인지 과학자, 즉 심리학자가 지문 감식관들에게 도전한다는 것이 이상하게 보일 수 있다. 결국 텔레비전 시리즈 〈CSI: 범죄 과학수사〉와 후속 시리즈에서 봤듯이 지문 감식관들은 라텍스 장갑을 끼고 현미경을 사용하는 자연 과학을 다루는 전문가이기 때문이다. 하지만 이티엘 드로는 지문 감식이 명확하게 판단의 문제란 사실을 깨달았다. 그리고 인지신경과학자로서 그는 판단이 내려지는 곳에 잡음이 반드시 존재한다고 추론했다.

이 가설을 검증하기 위해 드로는 우선 상황 잡음에 집중했다. 상황 잡음은 같은 증거를 두 번 본 **같은** 전문가들의 판단에서 발생하는 변산성이다. 드로의 말에 따르면, "전문가들이 스스로 모순된 판단을 내려서 자신의 신빙성을 훼손한다면, 그들의 판단과 전문성의 근거가 의심을 받는다."[3]

지문은 상황 잡음 감사의 완벽한 시험대다. 왜냐하면 내과 의사나 판사가 마주하는 사례들과 달리, 지문을 기억하기란 쉽지 않다. 그래서 충분한 시간 간격을 두면 지문 감식관들은 자신이 봤던 지문을 잊어버린다. (드로의 연구에서 용감하고 개방적인 전문가들은 **향후 5년 동안 언제든지** 봤던 지문을 다시 본다는 사실을 알지 못한 상태에서 연구에 참여하겠다고 말했다.) 추가적으로 실험은 전문가들이 일상적으로 진행하는 사례연구의 형태로 진행됐다. 그래서 그들은 자신들의 지문 감식 능력이 평가받고 있다는 사실을 알지 못했다. 만약 이런 환경에서 전문가의 판단이 테스트할 때마다 달라진다면, 상황 잡음이 있다고 확신할 수 있다.

과학수사의 확증 편향

드로는 연구를 진행하면서 의미 있는 반전 장치를 삽입했다. 두 번째로 지문을 볼 때 일부 지문 감식 전문가들에게 추가적으로 편향된 정보를 제공했다. 예를 들어 앞서서 지문이 용의자의 것과 일치한다고 말한 전문가들에게 '용의자에게 알리바이가 있다'라거나 '화기 증거에 따르면 그가 범인이 아니다'라는 편향된 정보를 제공했다. 첫 번째 지문 감식에서 용의자가 무고하다거나 지문이 결정적이지 않다고 판단한 전문가들에게는 '담당 형사가 용의자가 유죄라고 생각한다' '목격자가 그를 범인으로 지목했다' '그가 범죄를 자백했다' 같은 정보를 전달했다. 드로는 이 실험을 전문가의 '편향성'

을 검증하는 것이라고 말했다. 왜냐하면 그들에게 제공된 정황 정보가 심리적 편향(또는 확증 편향)을 야기하기 때문이다.

실제로 전문가들은 편향에 취약한 것으로 드러났다. 같은 전문가들이 지난번에 봤던 같은 지문을 검토하지만, 이번에는 편향된 정보가 제공됐다. 이 경우에 그들은 지난번과 다른 판단을 내렸다. 첫 번째 연구에서는 전문가 다섯 명 중 네 명이 제외를 나타내는 강력한 정황 정보를 받았을 때 앞선 일치 결정을 바꿨다.[4] 두 번째 연구에서는 여섯 명의 전문가가 네 쌍의 지문을 검토했는데, 그들에게 제공된 편향된 정보 때문에 24개의 결정 가운데 네 개의 결정이 바뀌었다.[5] 정확히 말하면 그들의 결정 대부분이 바뀌진 않았지만, 이런 종류의 판단에서 전문가 여섯 명 가운데 한 명이 의견을 수정했다는 것은 상당히 큰 수치다. 그 이후에 다른 연구자들도 이와 유사한 연구를 진행했다.

예상했겠지만 처음부터 결정을 내리기 어려울 때, 편향된 정보가 강력할 때, 그리고 확정적 결론에서 불확정적 결론으로 바꿀 때, 지문 감식관들이 자신의 판단을 바꿀 가능성이 더 높았다. 그런데도 "지문 감식관들은 지문이 포함된 실제 정보에 기초하기보다 정황에 기초해서 결론을 내렸다"는 문제점이 확인됐다.[6]

편향된 정보의 영향은 지문 감식관의 결론(일치, 불확정 또는 제외)에만 국한되지 않는다. 사실상 편향된 정보는 인식 정보를 어떻게 해석하느냐에 더해 그들이 **무엇을** 인식하느냐에도 영향을 준다. 별개의 연구에서 드로 연구진은, 편향된 환경에 노출된 지문 감식관들은 말 그대로 편향된 정보에 노출되지 않은 전문가들처럼 똑같은 것을 보게 되진 않음을 밝혀냈다.[7] 잠재 지문과 일치 여부를 확인해야만 하는 표본 지문이 존재할 때, 지문 감식관들은 잠재 지문만을 검토할 때보다 세부적인 요소들minutiae에 신경을 덜 쓴다. 이후 진행된 독립적인 연구가 이 연구 결과를 확인했고 "[잡음이] 어떻게 발생하는지는 분명치 않다"고 덧붙였다.[8]

드로는 지문 감식에서 확인한 편향된 정보의 영향을 **과학수사의 확증 편향**이라 불렀다. 이 편향은 그 이후로 혈흔 분석, 방화 수사, 유골 분석, 법의 병리학 등 다른 과학수사 기법들에서도 확인됐다. 심지어 과학수사에서 새로운 기준으로 간주되는 DNA 분석조차도 적어도 전문가들이 복잡한 DNA 혼합물을 분석해야 할 때 확증 편향의 영향을 쉽게 받을 수 있다.[9]

과학수사 전문가들의 확증 편향에 대한 취약성은 단지 이론적으로만 우려해야 할 현상이 아니다. 왜냐하면 실제로 과학수사 전문가들이 편향된 정보에 노출되지 않도록 미연에 방지하는 시스템이 마련되어 있지 않기 때문이다. 전문가들은 주로 자신들에게 전달되는 증거와 함께 동봉된 첨언장에서 그런 정보를 얻는다.[10] 또한 경찰, 검사 및 다른 검시관과 직접 대화를 나누기도 한다.

확증 편향은 또 다른 문제를 야기한다. ACE-V 절차에 삽입된 오류를 예방하는 주요한 안전장치는 지문 일치를 확정하기 전에 다른 전문가가 독립적으로 검증하는 것이다. 하지만 대개는 오직 일치한다는 판단이 내려진 지문만이 검증의 대상이 된다. 그리하여 확증 편향이 발생할 가능성이 높아진다. 검증을 맡은 지문 감식관은 일치한다는 결론이 내려졌음을 알고 있기 때문이다.[11] 그리하여 검증 단계는 독립적 판단으로 얻으리라 기대되는 혜택을 제공하지 않는다. 왜냐하면 사실상 검증이 독립적으로 진행되지 않기 때문이다.

폭포수처럼 쏟아진 확증 편향이 메이필드 사례에서 작동했던 것 같다. 두 명이 아닌 무려 세 명의 FBI 소속 지문 감식관이 잘못된 일치 판단에 동의했다. 나중에 오류의 원인을 파악하기 위해 진행된 조사의 결과에 따르면, 첫 번째 지문 감식관이 일치하는 지문을 찾기 위해서 지문 데이터베이스를 검색하는 자동 시스템이 내놓은 결과와 잠재 지문의 '상관관계'에 깊은 인상을 받았던 것 같다.[12] 그는 메이필드의 신상정보를 자세히 몰랐던 것으로 보였지만, "많은 이목이 집중된 사건이라는 압박감과 함께" 처음 잠재 지문과 일치하는 지문을 찾는 작업을 수행하는 컴퓨터 시스템이 제공한 결과는 확증 편향을 유발하기에 충분했다. 첫 번째 전문가가 잘못된 일치 판단을 내리자, 조사 결과 보고서는 "연이은 감식 결과가 오염됐다"는 결론을 내렸다. 첫 번째 전문가가 매우 존경받는 상관이었기 때문에[13] "같은 기관에 소속된 다른 전문가들이 그의 의견에 반하는 결론을 내리는 것이 갈수록 어려워졌다." 초기 오류는 복제되고 증폭됐고, 메이필드가 유죄라는 거의 확신에 가까운 판단으로 이어졌다. 심지어 메이필드의 편에서 증거를 분석하기 위해 법원이 임명한 해당 기관과 관계가 없는 굉장히 존경받는 외부 전문가도 일치한다는 결론을 내린 FBI의 의견에 동의했다.

같은 현상이 다른 과학수사 영역에서도 나타날 수 있다. 잠재 지문 일치는 가장 객관적인 과학수사 영역 중 하나라는 평을 받는다. 만약 지문 감식관들이 편향된 판단을 내릴 수 있다면, 다른 분야의 전문가들도 그럴 수 있다. 게다가 화기 전문가들이 지문이 일치한다는 사실을 안다면, 이 지식은 그들의 판단을 편향시킬지도 모른다. 그리고 법치의학자가 DNA 분석이 용의자를 특정했다는 사실을 안다면, 아마도 깨문 자국이 용의자의 것과 일치하지 않는다고 판단할 가능성은 떨어질 것이다. 이런 사례들은 편향 폭포수[14]의 망령을 상기시킨다. 8장에서 살펴본 그룹 결정과 마찬가지로 확증 편향으로 야기된 처음 오류가 두 번째 전문가에게 영향을 주는 편향된 정보가 된다. 그리고 그의 판단은 세 번째 전문가에게 편향된 정보가 된다. 이런 상황이 꼬리에 꼬리를 물고 이어진다.

편향된 정보가 변산성을 낳는다는 사실을 밝힌 드로 연구진은 상황 잡음의 더 많은 증거를 찾아냈다. 지문 감식관들이 편향된 정보에 노출되지 않을 때조차도 그들은 가끔 이전에 봤던 지문에 대해서 다른 결론을 내린다.[15] 예상했듯이 편향된 정보가 제공되지 않으면 이런 변화가 자주 발생하진 않지만, 그런데도 그들은 이전과 다른 판단을 내리기도 한다. FBI의 의뢰로 2012년 대규모 연구가 진행됐다.[16] 72명의 지문 감식관에게 대략 7개월 전 평가했던 25쌍의 지문을 다시 한 번 검토해달라고 요청한 것이다. 대규모 전문가 그룹과 진행한 이 연구는 지문 감식관들이 때때로 상황 잡음에 취약하다는 사실을 확인해주었다. 열 명 중 한 명은 이전과 다른 판단을 내렸다. 대부분의 변화는 불확정 범주에서 나타났고, 거짓 일치로 이어진 것은 없었다. 이 연구의 가장 우려스러운 함의는 유죄판결로 이어진 일부 지문 일치 사례에 대해서 다른 순간에는 불확정적이라는 판단이 내려질 수 있다는 것이었다. 같은 지문 감식관이

5부 판단 개선

같은 지문을 검토할 때, 심지어 상황이 편향되지 않고 최대한 일관성을 유지할 때에도 그들의 결정에 불일치가 존재한다.

잡음이 얼마간 존재한다면 오류는 얼마나 존재할까?

이러한 연구 결과를 바탕으로 실질적인 질문을 던질 수 있다. 그렇다면 사법적 오류 가능성은 어느 정도나 될까? 우리는 법정에서 증언하는 전문가들의 신뢰성에 대한 의구심을 무시할 수 없다. 타당성은 확실성이 요구된다. 아주 간단히 말해, 자기 의견에 스스로 동의할 수 없다면 현실에 동의하는 것은 어렵다.

잘못된 과학수사로 정확히 얼마나 많은 오류가 발생할까? 억울하게 유죄판결을 받은 이들을 위해 일하는 비영리 조직 '이너슨스 프로젝트Innocence Project'가 무죄를 입증한 350개의 사례를 검토한 결과, 잘못된 유죄판결의 45퍼센트는 과학수사의 오용에서 기인했다.[17] 이 통계가 나쁘게 들리지만, 판사와 배심원에게 중요한 질문은 다르다. 그들이 증인석에 서서 증언을 한 전문가를 얼마나 신뢰할 수 있는지 알기 위해, 판사와 배심원은 지문 감식관을 포함해서 과학수사 전문들이 중대한 오류를 만들어낼 가능성이 얼마나 되는지를 알아야 한다.

이 질문에 대한 가장 탄탄한 답변들은 대통령 과학기술 자문위원회PCAST, President's Council of Advisors on Science and Technology가 발

표한 보고서에서 찾을 수 있다. 대통령 과학기술 자문위원회는 미국의 저명한 과학자들과 엔지니어들로 구성된 자문 단체로 2016년 형사 법원의 과학수사에 대하여 상세한 검토 보고서를 발표했다.[18] 보고서는 지문 감식 결과의 증거 효력과 특히 메이필드 사례처럼 틀린 일치(거짓 양성)가 나올 가능성을 요약한다.

지문 감식 결과가 잘못됐다는 증거는 놀라울 정도로 희박하고 대통령 과학기술 자문위원회에 따르면 최근까지 지문 감식에서 거짓 양성이 나올 가능성에 대한 연구가 진행되지 않았다는 것은 '괴로운 일'이다. 가장 신뢰할 수 있는 데이터는 2011년 FBI 과학수사관들이 실시했던 지문 감식의 정확도에 관한 대규모 연구에서만 구할 수 있다.[19] 이 연구에 169명의 지문 감식관이 참여했고, 각각의 감식관은 대략 100쌍의 잠재 지문과 표본 지문을 비교했다. 잘못된 일치는 극소수에 불과하다는 결과가 나왔다. 거짓 양성률은 약 600분의 1이었다.

이것은 낮은 오류율이지만, 보고서가 지적했듯이 "지문 감식의 정확도를 둘러싼 오랜 주장에 대한 일반 대중(더 나아가 대부분의 배심원들)의 믿음과 비교하면 **매우 높은 수치**"다.[20] 게다가 이 연구에는 편향된 정황 정보가 포함되지 않았다. 그리고 연구에 참여한 지문 감식관들은 자신들이 연구에 참여한다는 사실을 알고 있었다. 연구가 실제 작업에서 오류가 발생할 가능성을 과소평가하는 결과를 낳았다. 플로리다주에서 진행된 후속 연구는 더 높은 거짓 양성률을 기록했다.[21] 이렇게 다양한 결과는 지문 감식관들의 분석의 정확도와 그들이 그러한 결과에 이르게 된 과정에 대한 더 많은 연구가 필요함을 보여준다.

하지만 모든 연구에서 일관적으로 안심할 만한 결과가 나왔다. 그것은 지문 감식관들이 지나치다 싶을 정도로 조심스럽게 분석 작업을 진행하는 듯 보인다. 그들의 정확도는 완벽하지 않지만, 그들은 자신들의 판단이 가져올 중대한 결과를 알고 있다. 그래서 그들은 발생 가능한 오류들이 초래할 엄청난 비용을 염두에 두고 분석 작업을 한다. 지문 감식에 대한 매우 높은 신뢰도 때문에, 틀린 일치는 비극적인 영향을 낳을 수 있다. 다른 과학수사 기법의 오류는 지문 감식에 비해 덜 치명적이다. 예를 들어 FBI는 "대부분의 사례연구에서 제외는 불확정과 기능적으로 같은 함의를 지닌다"는 사실을 관측했다.[22] 다시 말해, 살인 도구에서 발견된 지문은 용의자를 기소하기에 충분한 증거이지만 그 지문이 없다고 해서 용의자가 혐의에서 벗어날 수 있는 것은 아니다.

지문 감식관들이 신중한 태도를 견지하는 한편 두 번 이상 고민해 일치 판정을 내린다는 증거가 존재한다. FBI의 지문 일치 판정 정확도 연구에서 짝지어진 지문의 3분의 1 이하(잠재 지문과 표본 지문이 동일한 사람에게서 채취된 지문들)가 (정확하게) 일치한다는 판정을 받았다. 지문 감식관들도 거짓 제외 판정보다 거짓 일치 판정을 훨씬 덜 내린다.[23] 그들은 편향에 취약하지만, 그렇다고 어느 한쪽으로 치우쳐 판단을 내리지는 않는다. 드로가 지적한 대로, "지문 감식관들을 확정적인 '일치 판정'보다 어정쩡한 판단인 '불확정 판정'으로 편향시키는 편이 더 쉽다."[24]

지문 감식관들은 잘못된 일치 판정을 무슨 수를 써서라도 피해야 하는 대죄라 여긴다. 그들은 이 신념에 따라 움직이려고 애쓴다. 이러한 그들의 조심스러운 태도가 메이필드 사례나 기타 유명 사례에서 나타난 잘못된 일치 판정을 최소화하길 바라는 수밖에 없다.

잡음 청취

과학수사에 잡음이 있다는 주장이 과학수사관들에 대한 비난으로 여겨져선 안 된다. 이는 반복적인 연구의 결과에 지나지 않는다. 다시 말하지만 판단이 있는 곳에 잡음이 있고, 잡음 수준은 여러분이 생각하는 것보다 높다. 지문 감식 같은 작업은 매우 객관적으로 보여서 그 누구도 그것을 판단의 한 형태라 생각하지 못할 것이다. 하지만 여기에는 모순, 불일치 그리고 때론 오류의 여지가 있다. 지문 감식의 일치 판정 오류율이 아무리 낮더라도, 그 오류율은 0이 아니다. 그러므로 대통령 과학기술 자문위원회가 지적했듯이, 배심원들은 이 사실을 인식하고 있어야 한다.

잡음을 줄이는 첫 단계는 오류 가능성을 인정하는 것이어야 한다. 지문 감식관들은 이 가능성을 자연스럽게 인정하지 못했다. 그들 중 대부분은 드로의 잡음 감사에 대해서 처음에 회의적이었다. 지문 감식관이 자신도 모르게 사건 정보에 영향을 받을 수 있다는 생각이 많은 전문가의 심기를 불편하게 했다. 드로의 연구에 대해 지문감식협회Fingerprint Society의 협회장은 "의사결정 과정에서 어느 쪽으로든 영향을 받은 (…) 모든 지문 감식관은 (…) 디즈니랜드에서 일자리를 알아봐야 할 정도로 매우 미숙하다"라고 응수했다.[25] 어느 주요 과학수사 실험실의 책임자는, 지문 감식관들을 편향시킬 수 있는 사건 정보에 대한 접근성을 갖는 것은 "[지문 감식관들이] **실제로 자신들의 판단을 수정하지 않고** 자신들의 직업을 즐길 수 있도록 어느 정도의 개인적인 만족감을 제공한다"고 지적했다.[26] 심지어 메이필드 사건에 대한 내부 조사에서 FBI는 "잠재 지문 감식관들은 일상적으로 앞선 감식관의 감식 결과를 알고 있지만 **그 결과가 자신의 판단에 영향을 주지 않은 상태에서** 검증 작업을 진행한다"고 말했다.[27] 이런 발언은 기본적으로 확증 편향의 존재를 부정하는 것이나 다름없다.

심지어 편향의 위험성을 인지하고 있을 때조차 과학수사관들은 편향 맹점으로부터 자유롭지 못하다. 편향 맹점은 다른 사람들의 판단에서 편향은 잘 찾아내지만, 자신의 판단에서 편향을 인식하지 못하는 현상이다. 21개국의 400명의 전문적인 과학수사관을 대상으로 진행된 조사에서 71퍼센트가 "인지 편향이 전반적으로 과학수사에서 걱정거리"라고 답했지만, 오직 26퍼센트만이 자신들의 "판단이 인식 편향의 영향을 받는다"고 생각했다.[28] 다시 말해, 조사에 참여한 과학수사관들의 약 절반이 자신들의 동료의 판단에 잡음이 존재하지만 자신들의 판단에는 잡음이 없다고 생각한 것이다. 잡음은 심지어 눈에 보이지 않는 것을 찾아내는 일을 하는 사람들에게도 눈에 보이지 않는 문제일 수 있다.

정보의 순차적 제시

드로 연구진의 집요함 덕분에 태도가 서서히 변하고 있고 점점 많은 과학수사 연구실들이 분석 작업에서 오류를 줄이기 위해서 새로운 조치들을 취하기 시작했다. 예를 들어 대통령 과학기술 자문위원회 보고서에는 FBI 연구실이 확증 편향의 위험성을 최소화하기 위해 분석 절차를 다시 설계할 수 있도록 가이드라인이 실려 있다.

이와 관련하여 필요한 방법론적 단계는 상대적으로 단순하다. 그들은 많은 영역에 적용될 수 있는 결정 위생 전략을 제시했다. 바로 이른 시기에 직관이 형성되지 않도록 정보가 제시되는 순서를 조정하는 것이다. 모든 의사결정 과정에서 어떤 정보는 유의미하고 어떤 정보는 무관하다. 정보가 많다고 항상 좋은 것은 아니다. 특히 판단자로 하여금 때 이른 직관을 형성하도록 하여 판단을 편향시킬 가능성이 있는 정보일 경우에는 더욱 그렇다.

이런 맥락에서 과학수사 실험실에 도입된 새로운 절차는 과학수사관들에게 필요시 필요한 정보만을 제공하여 그들 판단의 독립성을 유지하는 것을 목표로 한다. 다시 말해서, 실험실은 가급적 과학수사관들이 맡은 사건에 대해 잘 알지 못하게끔 서서히 정보를 공개한다. 이를 위해 드로 연구진이 명문화한 접근법이 이른바 **정보의 선형적 순차 제시**linear sequential unmasking[29]다.

드로는 같은 결정 위생 전략을 보여주는 또 다른 제안을 했다. 그것은 지문 감식관들이 각 단계마다 자신들의 판단을 기록하는 것이다. 그들은 일치 여부를 판단하기 위해서 표본 지문을 보기에

앞서 잠재 지문의 분석 결과를 기록해야 한다. 이러한 일련의 단계들은 그들이 자신들이 보고자 하는 것만 보는 편협한 시각에서 벗어나게 돕는다. 그리고 지문 감식관들은 편향의 위험이 있는 정황 정보에 접근하기 전에 받은 증거에 대한 자신의 판단을 기록해야 한다. 정황 정보를 본 뒤에 생각이 바뀐다면, 어떻게 생각이 바뀌었는지와 그렇게 생각을 바꾼 이유를 기록해야 한다. 이것은 초기 직관이 전체 과정을 편향시킬 위험을 제한한다.

이와 같은 논리에서 결정 위생의 중요한 부분인 세 번째 제안이 나왔다. 제3의 지문 감식관이 첫 번째 감식관의 일치 판정을 검증할 때, 두 번째 감식관은 첫 번째 감식관이 어떤 판단을 내렸는지 몰라야 한다.

과학수사에서 잡음의 존재는 우려 사항이다. 그것이 삶과 죽음을 결정할 수 있는 중대한 결과로 이어질 수 있기 때문이다. 하지만 과학수사에 잡음이 존재한다는 것은 많은 것을 시사한다. 우리는 너무나 오랫동안 지문 감식에서 오류가 나올 가능성을 알지 못했다. 이것은 전문가의 판단에 대한 우리의 확신이 때로 지나치게 과장될 수 있고 잡음 감사가 예상치 못한 잡음 수준을 노출시킬 수 있음을 보여준다. 상대적으로 단순한 과정을 통해서 이러한 단점을 보완하는 작업이 판단의 질을 높이는 데 관심 있는 모두에게 권장되어야 한다.

이 사례가 보여주는 주된 결정 위생 전략인 정보의 순차적 제시는 상황 잡음에 대한 안전장치로 다양한 곳에 적용될 수 있다. 지적했듯이, 상황 잡음은 판단자의 기분과 심지어 외부 온도 등 무수한 요인에 의해서 야기된다. 이 모든 요인을 통제할 순 없지만, 가장 뚜렷한 요인들로부터 판단을 보호하려고 시도할 수는 있다. 예를 들어 여러분은 판단이 분노나 공포 등 여러 감정 때문에 바뀔 수 있다는 사실을 알고 있다. 그러므로 상황 잡음을 유발하는 요인이 다를 수 있을 때, 자신의 판단을 다시 검토해보는 것이다.

정보, 심지어 정확한 정보도 상황 잡음을 유발할 수 있다. 덜 명확하지만 정보에 의해서도 판단이 바뀔 수 있다. 지문 감식관들 사례에서 보듯 다른 사람들의 생각을 알자마자 확증 편향이 나타나, 주어진 사례에 대해 지나치게 일찍 전반적인 인상을 형성하고 자신의 인상과 모순되는 정보를 무시하게 될 수 있다. 앨프리드 히치콕의 영화 두 편이 이를 잘 요약해준다. 좋은 의사결정자는 "너무나 많은 것을 알고 있는 사람The Man Who Knew Too Much"이 되지 않기 위해서 "의혹의 그림자Shadow of a Doubt"를 유지해야 한다.

정보의 순차적 제시에 대하여 _____

"판단이 있는 곳 어디든 잡음이 있다. 지문 감식도 예외가 아니다."

"우리가 이 사건에 대해 더 많은 정보를 갖고 있다 하더라도, 전문가들이 판단을 내리기 전에는 그들에게 모든 것을 말해주진 말자. 전문가들에게 편견을 심어주지 않으려면 말이다. 그들이 무조건적으로 알고 있어야 하는 것들만 말해주도록 하자."

"두 번째 판단자가 첫 번째 의견을 알고 있다면, 그의 두 번째 의견은 독립적이지 않다. 정도는 조금 덜하겠지만 세 번째 의견도 마찬가지다. 이렇게 편향 폭포 현상이 발생할 수 있다."

"잡음을 퇴치하려면 먼저 잡음이 존재한다는 사실부터 인정해야 한다."

5부 판단 개선

NOISE

21장

예측의
선별과 집계

많은 판단에 예측이 수반된다. 다음 분기 실업률은 얼마나 될까? 내년에는 전기차가 몇 대나 팔릴까? 2050년 기후변화의 영향은 무엇일까? 새로운 빌딩을 준공하는 데 얼마나 걸릴까? 특정 기업의 연매출은 얼마일까? 신입 직원의 업무 능력은 어떨까? 새로운 대기 오염 규제의 비용은 무엇일까? 누가 당선될까? 이 질문들에 어떻게 대답하느냐에 따라 다음 행보가 결정된다. 민간 기관과 공공 기관은 위와 같은 질문에 대한 답을 기준으로 기본 정책을 결정한다.

예측이 언제 그리고 왜 잘못되는지를 분석하는 사람들은 (일관성이나 신뢰성이 없는) 편향과 잡음을 분명히 구분한다. 모두가 모종의 맥락에서 예측가들이 편향됐다고 본다. 가령 공공 기관들은 예산을 예측할 때 비현실적으로 낙관적이다.[1] 평균적으로 공공 기관은 비현실적으로 높은 경제 성장과 비현실적으로 낮은 적자를 추정한다.

21장 예측의 선별과 집계   371

그들의 비현실적인 낙관주의가 실용적인 목적을 달성하기 위한 인지 편향의 산물인지 아니면 정치적 고려의 결과인지는 중요하지 않다.

게다가 예측가들은 과신하는 경향이 있다.[2] 추정치 대신에 신뢰 구간으로 자신의 예측을 공식적으로 표현해보라는 요청을 받으면, 그들은 매우 좁은 신뢰 구간을 선택하곤 한다. 예를 들어 분기 조사 때마다 미국 CFO들은 내년도 S&P 500의 연매출을 추정해보라는 요청을 받는다.[3] 그들은 최저 추정값과 최고 추정값을 제시한다. 그들은 최저 추정값이 실제 연매출이 될 확률은 10퍼센트라고 생각하고, 실제 연매출이 최고 추정값을 초과할 확률은 10퍼센트라고 생각한다. 그러므로 최저 추정값과 최고 추정값은 80퍼센트 신뢰 구간에 존재한다. 하지만 이 조사를 진행했던 시점에 실제 연매출은 겨우 36퍼센트 신뢰 구간에 속했다. 여기서 CFO들이 자신들의 예측 정확도를 너무나 과신하고 있음을 알 수 있다.

예측가들에게는 잡음도 존재한다. J. 스콧 암스트롱J. Scott Armstrong의 《예측의 원칙Principles of Forecasting》에는, 심지어 전문가들 사이에서도 "비현실성은 판단적 예측에서 오류의 원천"이라고 적혀 있다.[4] 실제로 잡음은 오류의 주요 원천이다. 상황 잡음은 흔하며, 예측가들도 항상 자기 자신의 판단에 동의하는 건 아니다. 사람 간 잡음도 만연하다. 예측가들은 전문가임에도 서로 의견이 불일치한다. 법학 교수들에게 대법원 판결을 예측해보라고 요청한다면 상당한 양의 잡음을 확인하게 될 것이다.[5] 전문가들에게 대기 오염 규제의 연간 혜택을 추정해보라고 요청한다면 가령 30억~90억 달러에 이르는 변산성을 확인하게 될 것이다.[6] 경제학자들에게 실업률과 경제 성장률을 예측해보라고 요청한다면 상당한 변산성이 확인될 것이다. 우리는 이미 잡음 있는 예측의 많은 사례를 봤고,[7] 관련 연구를 통해 예측에서 더 많은 잡음을 찾아냈다.

예측 개선

그러한 연구는 잡음과 편향을 줄이는 방법들도 제안한다. 지금 여기서 그 방법들을 세세하게 살펴보진 않겠지만, 널리 적용될 수 있는 두 가지 잡음 축소 전략을 집중적으로 살펴볼 것이다. 하나는 18장에서 언급했던 원칙으로, 더 좋은 판단자가 더 좋은 판단을 내린다는 것이다. 다른 하나는 보편적으로 활용될 수 있는 결정 위생 전략들 가운데 하나로, 많은 독립적인 예측치를 집계하는 것이다.

여러 예측을 집계하는 가장 쉬운 방법은 그것들의 평균을 구하는 것이다. 평균은 잡음을 줄인다고 수학적으로 보장된 전략이다. 구체적으로 말해서 평균을 낸 판단 개수의 제곱근으로 나눈 만큼 줄어든다. 이것은 100개의 판단들의 평균을 구하면, 잡음을 90퍼센트 줄일 수 있고, 400개의 판단의 평균을 구하면 95퍼센트 줄일 수 있다는 뜻이다. 기본적으로 잡음을 제거할 수도 있다. 이러한 통계적 법칙이 7장에서 다뤘던 군중의 지혜 접근법의 동력이다.

평균화는 편향을 줄이는 데 소용없기 때문에 전체 오류에 대한 평균화의 영향은 편향과 잡음의 비중에 의해 결정된다. 이것이 판단이 독립적일 때 군중의 지혜가 가장 효과적이고 그리하여 공유된 편향을 수반할 가능성이 덜한 이유다. 경험적으로 말하건대, 다수의 예측을 평균화하면[8] 예를 들어 주식 분석의 경제 예측가들의 '합의된 예측'에서 정확도가 상당히 올라간다는 것을 보여주는 증거는 충분하다. 매출 예측, 일기예보 그리고 경제 전망에 대해서 예측가들의 비중가치 평균은 대부분의 개별적인 예측보다, 때론 모든 개별적인 예측보다 훨씬 더 정확하다.[9] 다른 방법을 통한 예측 평균화도 같은 효과를 낸다. 다양한 영역에서 30개의 실증적 비교사례의 분석에서 집계된 예측은 평균적으로 오류를 12.5퍼센트 줄였다.[10]

단순 평균화는 예측을 집계하는 유일한 방법이 아니다. 최근 판단의 정확도에 따라서 최고의 판단자들을 선별하고 소수의 (가령 다섯 명의) 판단자들의 판단을 평균화하는 **선택적 군중**select-crowd[11] 전략도 단순 평균화만큼 효과적이다. 전문성을 존중하는 의사결정자들에게는 집계뿐 아니라 선별에 기반한 전략을 이해하고 채택하는 것이 더 용이하다.

집계된 예측을 만들어내는 방법은 개인들이 나올 가능성이 있는 결과에 베팅하고 그들의 예측이 옳으면 그에 합당한 보상을 주는 **예측 시장**prediction markets을 이용하는 것이다. 대부분의 경우 예측 시장은 매우 효과적인 것으로 판명되었다.[12] 가령 예측 시장 가격을 통해 사건들이 일어날 가능성을 70퍼센트로 추정할 경우 실제로 사건들은 해당 시점에 약 70퍼센트 발생한다. 다양한 산업군의 많은 기업이 다양한 관점을 집계하기 위해서 예측 시장을 활용해왔다.[13]

다양한 관점을 집계하는 또 다른 공식적인 방식은 델파이 기법[14]으로 알려져 있다. 델파이 기법에는 참가자들이 서로 정체를 모르는 상태에서 여러 번 중재자에게 예측(혹은 투표용지)을 제시한다. 새로운 회기에 참가자들은 자신들의 예측에 대한 논리적인 이유를 제시하고 다른 사람들이 제시한 이유에 대응한다. 이때도 여전히 참가자들은 서로가 누구인지 모른다. 이 방식은 예측의 수렴을 유도한다(그리고 때때로 참가자들은 이전 회기의 판단 범위에 들어가는 새로운 판단을 강요받는다). 델파이 기법은 집계와 사회적 학습에서 도움을 받는다.

델파이 기법은 많은 상황에서 효과적이었지만, 실행하기 쉽지 않을 수 있다.[15] 정식 델파이 기법보다 단순한 버전인 **미니 델파이**mini-Delphi 기법[16]은 단일 회의 안에서 활용될 수 있다. **추정-대화-추정**estimate-talk-estimate 기법이라고도 불리는 미니 델파이 기법은 참가자들에게 우선 서로 다른 (그리고 묵시적인) 예측을 제시하도록 요구한다. 그리고 나서 그것을 설명하여 정당화하고 마지막으로 다른 사람들의 예측과 설명에 대응하여 새로운 예측을 제시하라고 요청한다. 여기서 합의된 판단은 두 번째 회기에서 획득된 개별적인 예측의 평균이다.

좋은 판단 프로젝트

예측의 질에 관한 혁신적인 연구가 2011년 진행됐다. 이 연구는 지금까지 살펴봤던 연구 범위를 훨씬 넘어선 것이었다. 세 명의 저명한 행동 과학자들이 '좋은 판단 프로젝트'를 만들었다. (11장에서 소개한 정치적 사건을 주제로 장기적인 예측에 관한 연구를 진행했던) 필립 테틀록과 아내 바버라 멜러스, 돈 무어Don Moore가 예측에 대한 이해도를 높이고 특히 어떤 사람들이 다른 사람들보다 더 정확한 예측을 하는지 그 이유를 찾아내기 위해서 힘을 합쳤다.

'좋은 판단 프로젝트'는 우선 수만 명의 지원자를 모집했다. 그들은 특정 분야의 전문가가 아니었고 각계각층에서 모인 사람들이었다. 지원자들은 다음과 같은 수백 개의 질문에 답해야 했다.

- 연말이 되기 전에 북한이 핵폭탄을 터뜨릴 것인가?
- 앞으로 3개월 뒤 러시아가 우크라이나 영토를 공식적으로 합병할 것인가?
- 앞으로 2년 뒤 인도나 브라질이 유엔 안전보장이사회의 상임이사국이 될 것인가?
- 앞으로 1년 뒤 어느 국가가 유로존에서 탈퇴할 것인가?

이 예시에서 알 수 있듯, 좋은 판단 프로젝트는 세계정세에 집중했다. 이런 질문에 답하려면 일상적인 일들을 예측할 때와 마찬가지로 여러 가지 예측 기술을 활용해야 한다. 변호사가 클라이언트의 승소 여부에 대해 질문을 받는다면, 또는 방송국이 제안한 텔레비전 쇼의 흥행 여부에 대해 질문을 받는다면, 각 질문에 답하기 위해서 예측 기술이 동원된다. 테틀록 연구진은 특별히 예측을 잘하는 사람들을 구분해내고 싶었다. 그리고 예측력을 가르치거나 최소한 개선할 수 있는지도 알고 싶었다.

주요 연구 결과를 이해하기 위해 테틀록 연구진이 예측가들을 평가하고자 채택한 방법들의 특징을 살펴볼 필요가 있다. 첫째, 그들은 운에 의해서 성공이나 실패가 결정되는 다수의 예측을 살펴봤다. 기량이 뛰어난 스포츠 팀이 다음 경기에서 승리할 것이라고 예측했고 실제로 승리했다고 해서, 여러분이 좋은 예측가가 되는 것은 아니다. 여러분은 경기력이 좋은 스포츠 팀이 경기에서 우승할 것이라고 **항상** 예측하는지도 모른다. 만약 이것이 여러분의 예측 전략이고 절반 정도는 그 예측이 맞아떨어진다고 해서, 여러분의 예측력이 매우 인상적인 것은 아니다. 여기서는 그저 운이 좋아서 예측이 맞아떨어졌을 뿐이다. 운의 역할을 줄이기 위해서 연구진은 참가자들이 여러 예측 과제를 수행할 때 평균적으로 어떻게 행동했는지를 살폈다.

둘째, 연구진은 참가자들에게 '일어날 것이다' 또는 '일어나지 않을 것이다'라는 양자택일이 아닌, 그 사건이 일어날 확률을 제시하라고 요구했다. 많은 사람들에게 예측은 전자를 의미한다. 어느 한쪽으로 입장을 분명히 밝히는 것이 예측이다. 하지만 미래 사건에 대한 객관적인 무지를 고려하면, 확률적 예측이 훨씬 더 적합하다. 누군가가 2016년에 '힐러리 클린턴의 대통령 당선 확률이 70퍼센트'라고 말했다고 해서, 그 사람을 굳이 나쁜 예측가라고 할 수는 없다. 당선될 확률이 70퍼센트라는 것은 돌려 말하면 낙선할 확률이 30퍼센트란 의미다. 누군가 예측을 잘하는지를 파악하려면, 그 사람이 제시한 확률을 현실에 대입시켜봐야 한다. 마거릿이란 예측가가 500개의 사건을 대상으로 일어날 확률이 60퍼센트라고 말했다고 치자. 그중에서 300개가 실제로 일어났다면, 마거릿의 확신은 잘 **계측됐다**는 결론이 나온다. 이처럼 정확한 계측은 정확한 예측의 필수 조건이다.

셋째, 연구진은 참가자들에게 예를 들어 12개월 안에 어떤 사건이 일어날 **확률 하나**만을 묻지 않았다. 그들은 참가자들에게 새로운 정보를 고려하여 예측을 수정할 수 있는 기회도 줬다. 예를 들어 여러분은 2016년에 영국이 2019년 말이 되기 전에 유럽연합에서 탈퇴할 확률을 30퍼센트라고 예측했다. 새로운 국민투표 결과가 발표됐고 '탈퇴' 여론이 강해지고 있음이 확인됐다. 이런 경우에 여러분은 영국의 유럽연합 탈퇴 확률을 상향 조정할 것이다. 국민투표 결과가 알려졌을 때도 주어진 기간 안에 영국이 유럽연합을 탈퇴할지는 여전히 불확실하지만, 탈퇴할 가능성이 더 커지긴 했다. (엄밀히 따지면 브렉시트는 2020년에 일어났다.)

연구진은 새로운 정보와 함께 프로젝트 참가자들이 자신의 예측을 업데이트할 수 있도록 했다. 점수를 매기기 위해서 이렇게 업데이트된 확률을 새로운 예측으로 간주했다. 이런 식으로 좋은 판단 프로젝트의 참가자들은 뉴스를 주의 깊게 살피고 계속해서 자신들의 예측을 업데이트할 동기부여를 받았다. 이러한 접근 방식은 정재계의 예측가들에 대해서 사람들이 기대하는 것이 무엇인지를 보여준다. 그들은 새로운 정보를 근거로 자주 자신들의 예측을 업데이트한다. 생각을 자주 바꾸는 그들을 누군가는 비난할 수도 있다. (하지만 누군가가 말을 바꿨다고 비난하면 존 메이너드 케인스의 말로 응수하면 된다. "사실이 바뀌면 저는 제 의견을 바꾼답니다. **여러분은** 어떻게 하십니까?")

넷째, 예측가가 얼마나 정확하게 예측했는지를 평가하기 위해서 좋은 판단 프로젝트는 글렌 W. 브라이어Glenn W. Brier가 1950년에 개발한 시스템을 이용했다. **브라이어 점수**Brier score는 예측과 실제 사건의 격차를 측정한다.

브라이어 점수를 활용하면 확률적 예측과 관련된 많은 문제를 피할 수 있다. 브라이어 점수는 예측가가 지나치게 과감한 예측을 하지 않도록 유도하고, 예측가는 예측 실패의 부담을 조금 덜 수 있다. 정확하게 계측된 예측가인 마거릿을 다시 생각해보자. 마거릿은 500개의 사건들이 실제로 일어날 확률을 60퍼센트라고 예측했고 300개의 사건이 실제로 일어났다. 만약 마거릿이 비가 올 확률이 60퍼센트라고 **항상** 예측하는 일기예보관이고 500일 중 300일 동안 비가 왔다면, 마거릿의 예측은 정확하게 계측됐지만, 실제로는 쓸모 없는 예측이다. 본질적으로 마거릿은 혹시나 모르니까 매일 우산을 들고 다니라고 말하고 셈이다. 반면에 니컬러스는 300일 동안 비가 올 확률이 100퍼센트고 200일 동안 비가 올 확률은 0퍼센트라고 예측했다. 니컬러스와 마거릿을 비교해보자. 니컬러스도 마거릿처럼 완벽하게 계측된 예측을 했다. 두 사람 모두 정해진 기간에서 비가 올 확률은 X퍼센트라고 예측하고 정확하게 X퍼센트의 날에 비가 내렸다. 하지만 니컬러스의 예측이 훨씬 더 값지다. 그는 자신의 예측이 실패할 가능성에 대비하는 대신 우산을 갖고 나가야 하는지를 정확하게 말해줬다. 엄밀히 말하면 니컬러스의 예측은 정확하게 계측됐고 **시간 해상도**resolution까지 나타난다.

브라이어 점수는 잘 계측되고 시간 해상도가 있는 예측에 보상을 제공한다. 좋은 점수를 받으려면 평균적으로 옳을 뿐만 아니라 (가령 잘 계측된 예측을 하거나) 입장을 분명히 밝혀서 차별화된 예측을 제시해야 한다(가령 높은 시간 해상도를 지녀야 한다). 브라이어 점수는 평균제곱 오류의 논리에 근거한다. 그래서 점수가 낮을수록 좋다. 브라이어 점수가 0이면, 그것은 완벽한 예측이다.

지금까지 예측을 어떻게 평가하는지를 살펴봤다. 그렇다면 좋은 판단 프로젝트의 참가자들은 얼마나 예측을 잘했을까? 연구 결과에 따르면, 절대다수가 예측을 잘하지는 못했지만, 그들 중에서 약 2퍼센트의 참가자들이 두드러졌다. 앞서 언급했듯, 테틀록은 예측을 잘하는 사람을 '슈퍼 예측가'라고 부른다. 슈퍼 예측가들의 예측이 정확하게 실제 결과와 일치하는 경우는 거의 없었지만, 분명히 우연보다는 실제 결과와 일치할 확률이 높았다. 어느 정부 관계자는 슈퍼 예측가들이 중간에서 가로챈 정보와 비밀 데이터를 읽을 수 있는 정보기관의 분석가들의 평균 예측보다 훨씬 더 정확한 예측을 했다고 말했다.[17] 이것은 잠깐 짚고 넘어갈 필요가 있다. 정보기관 분석가들은 정확한 예측을 하도록 훈련받는다. 그들은 아마추어가 아니다. 게다가 기밀정보에도 접근할 수 있다. 하지만 그들은 슈퍼 예측가들이 예측한 것만큼 예측을 잘하지는 못한다.

영원한 베타

무엇이 슈퍼 예측가들을 유능하게 만드는 것일까? 18장에서 주장한 바와 일관되게 우리는 그들이 몹시 지적일 것이라고 합리적으로 추정할 수 있다. 이러한 추정은 틀리지 않는다. 일반정신능력검사에서 슈퍼 예측가들은 좋은 판단 프로젝트의 일반적인 참가자들보다 더 높은 점수를 받았다(그리고 일반적인 참가자들의 일반정신능력 점수는 국가 평균보다 상당히 높았다). 하지만 그 차이는 그렇게 크지 않았다. 지능 테스트에서 매우 높은 점수를 받은 많은 참가자들이 슈퍼 예측가로서 자격을 갖추진 않았다. 여기서 일반지능과 별개로 슈퍼 예측가들이 숫자에 매우 강하다고 논리적으로 예상할 수 있다. 그리고 실제로 그들은 그러했다. 하지만 그들의 실제 강점은 수리력이 아니고, 분석적이고 확률적인 사고였다. 그들은 주어진 문제에 관해 분석적이고 확률적으로 사고하는 것을 편안하게 느꼈다.

슈퍼 예측가들은 문제를 구조화하고 분석할 의지와 능력을 갖추고 있다. 커다란 지정학적 문제(유럽연합 탈퇴 가능성, 특정 지역에서 전쟁 발발 가능성, 공직자의 암살 가능성 등)에 대해서 전체론적 판단을 내리는 대신에 그들은 문제를 구성 요소로 분해한다. 그리고 '그렇다고 답하려면 무엇이 필요할까?' 또는 '아니라고 답하려면 무엇이 필요할까?'란 질문을 스스로에게 던진다. 개인적인 직감이나 일종의 일반적인 예감을 이야기하는 대신에 여러 가지의 부수적인 질문들을 던지고 그에 답하려고 시도한다.

슈퍼 예측가들은 외부 관점도 잘 받아들인다. 그리고 기저율을 굉장히 신경 쓴다. 13장의 감바르디 문제에서 설명했듯이, 감바르디의 신상 내역을 세세하게 살피기 전에 2년 안에 신임 CEO가 해고되거나 퇴사하는 평균 확률부터 살펴보는 것이 좋다. 슈퍼 예측가들은 체계적으로 이러한 기저율을 살핀다. 내년에 국경 분쟁으로 인해 중국과 베트남 사이에서 무력 충돌이 일어날 가능성에 대한 질문을 받으면, 슈퍼 예측가들은 즉시 현재 중국과 베트남의 관계에만 집중해서 두 국가의 무력 충돌 발생 가능성을 예측하지 않는다. 설령 최근에 읽은 뉴스와 분석을 바탕으로 어떤 직감이 들더라도 말이다. 그들은 하나의 사건에 대한 자신들의 직감이 일반적으로 좋은 가이드라인이 아니라는 것을 알고 있다. 그들은 기저율부터 살핀다. 슈퍼 예측가들은 과거의 국경 분쟁이 무력 충돌로 어떻게 비화됐는지를 알아본다. 만약 그런 사례가 거의 없다면, 슈퍼 예측가들은 그 사실을 고려 사항으로 포함시키고 나서 중국과 베트남의 상황을 자세히 살필 것이다.

요컨대 슈퍼 예측가들과 일반인들을 구분하는 것은 순전히 그들의 지적 능력이 아니다. 지적 능력을 **어떻게** 활용하느냐가 슈퍼 예측가와 일반인을 구분하는 주요 차이였다. 그들의 예측 기술은 18장에서 더 좋은 결과로 이어질 가능성이 있다고 설명했던 인지 유형, 특히 '적극적인 열린 사고'를 보여준다. 적극적인 열린 사고를 측정하는 테스트를 다시 생각해보자. 해당 테스트에 따르면 "사람들은 자신들의 믿음에 반하는 증거를 검토해야 한다." 그리고 "자신과 같은 의견인 사람들보다 자신과 의견이 다른 사람들에게 집중하는 것이 더 유용하다." 정확히 말하면 이러한 테스트에서 높은 점수를 받은 사람들은 새로운 정보를 입수했을 때 (흥분하지 않고) 자신의 판단을 업데이트하는 것을 부끄러워하지 않는다.

슈퍼 예측가들의 사고방식의 특징을 설명하기 위해서 테틀록은 컴퓨터 프로그래머들이 사용하는 문구인 "영원한 베타perpetual beta"를 사용했다. 영원한 베타란 최종 버전으로 출시되진 않지만 끊임없이 사용되고 분석되며 개선되는 프로그램을 말한다. 테틀록은 "슈퍼 예측가의 반열에 오를 수 있는지를 예측하는 가장 강력한 예측변수는 영원한 베타, 즉 자신의 믿음을 업데이트하고 개선하려고 노력하는 의지"라고 말했다.[18] 그의 말을 빌리면, 슈퍼 예측가들이 매우 정확한 예측을 할 수 있는 이유는 그들이 누구인지보다 그들이 무엇을 하는지와 관련이 있다. 그들은 열심히 연구하고 주의 깊게 생각하고 스스로를 비판한다. 그리고 다른 관점을 모으고 종합하고 점진적으로 판단을 내리고 그 판단을 끊임없이 업데이트한다. 그들은 특정 사고 주기를 선호한다. 그들은 "시도하고, 실패하고, 분석하고, 조정하고, 다시 시도"한다.[19]

예측의 잡음과 편향

이쯤에서 사람들을 슈퍼 예측가로 훈련하거나 최소한 슈퍼 예측가에 근접하도록 교육하는 것이 가능하다고 생각할 수 있다. 테틀록 연구진도 일반인을 슈퍼 예측가로 육성하고자 시도했다. 이 시도를 통해 우리는 슈퍼 예측가들의 예측 성과가 우수한 이유와 평범한 예측가들의 예측 성과를 개선하는 방법을 이해할 수 있다.

테틀록 연구진은 슈퍼 예측가가 아닌 평범한 예측가들을 무작위로 세 그룹으로 나눴다. 그리고 그룹마다 다른 방식으로 개입했고, 그것이 그들의 예측 성과에 어떤 영향을 주는지를 살폈다. 다음의 세 가지 개입 방식은 판단을 개선하는 전략의 전형적인 사례가 된다.

1. **훈련**: 여러 예측가가 확률적 추론 튜토리얼 프로그램을 완수했다. 튜토리얼에서 예측가들은 다양한 편향(기저율 무시, 과신, 확증 편향 등)을 학습했다. 그리고 다양한 곳에서 확보한 많은 예측의 평균의 중요성과 준거 집단을 고려하는 것을 배웠다.

2. **팀 활동(집계의 한 형태)**: 일부 예측가들은 팀 단위로 활동했다. 팀에서 그들은 다른 팀원의 예측을 확인하고 토론할 수 있었다. 팀 활동은 예측가들이 반대 의견에 대응하고 적극적인 열린 사고를 하도록 격려하여 예측의 정확도를 높일 수 있었다.

3. **선별**: 모든 예측가가 정확도에 대해 평가를 받았다. 그중 상위 2퍼센트는 연말에 슈퍼 예측가로 임명됐으며 이듬해 엘리트 팀에 합류할 기회를 얻었다.

결과적으로 세 가지 개입 방식 모두 평범한 예측가들의 브라이어 점수를 향상시켰다는 점에서 효과가 있었다. 훈련은 차이를 만들어냈고, 팀 활동은 좀 더 큰 차이를 만들어냈으며, 선별이 훨씬 더 효과적이었다.

이 결과는 판단을 집계하고 좋은 판단자를 선별할 필요가 있다는 사실을 확인해주었다. 하지만 이게 전부가 아니었다. 각 개입 방식의 효과를 입증하는 증거로 무장한 빌 사토파Ville Satopää는 필립 테틀록, 바버라 멜러스와 협업하여 각각의 방식이 예측을 어떻게 향상시키는지를 이해하기 위해 정교한 통계 기법을 고안해냈다.[20] 원칙적으로 그는 어떤 예측가들이 다른 사람들보다 예측성과가 더 좋거나 더 나쁜 이유는 세 가지라고 판단했다.

1. 그들은 더 노련하게 예측 대상과 관련 있는 환경에서 유의미한 데이터를 찾아내고 분석할 수 있다. 이것은 예측에서 정보의 중요성을 강조하다.

2. 일부 예측가들은 일반적으로 예측 참값의 어느 한쪽으로 치우치는 판단을 내리는 경향이 있다. 수백 개의 예측들 중에서 현상에서 어떤 변화가 일어날 확률을 체계적으로 과대평가하거나 과소평가한다면, 여러분이 변화나 안정 쪽으로 어떤 편향에 시달리고 있다고 말할 수 있다.

3. 일부 예측가들은 잡음(또는 무작위 오류)에 덜 취약할지도 모른다. 모든 판단에서처럼 예측에서 잡음에는 많은 유발 요인이 존재한다. 예측가들은 특정 뉴스에 과민하게 반응할 수 있다(패턴 잡음의 한 사례다). 또는 그들은 상황 잡음을 경험하거나 그들이 사용하는 확률 척도에 잡음이 존재할 수도 있다. 이 모든 오류는 그 크기와 방향을 예측할 수 없다.

사토파, 테틀록, 멜러스 그리고 그들의 동료인 마라 살리코브Marat Salikhov는 자신들이 고안한 모델을 예측 빈BIN 모델이라 불렀다(여기서 'BIN'은 편향bias, 정보information, 잡음noise의 앞 글자를 딴 이름이다). 그들은 앞선 살펴본 세 가지 개입 방식이 편향, 정보 그리고 잡음을 어떻게 처리해서 예측 정확도를 높이는지 알고 싶었다.

그들이 확인한 답변은 단순했다. 세 가지 개입 방식은 주로 잡음을 줄였다. 연구진의 말을 빌리면, "각각의 개입 방식은 판단에서 무작위 오류를 억제하여 예측의 정확도를 높였다. 흥미롭게도 훈련의 원래 의도는 편향을 줄이는 것이었다."[21]

훈련은 편향을 줄이기 위해서 설계됐기 때문에 슈퍼 예측가가 아닌 사람들은 편향 감소가 훈련의 주요 효과일 것이라 예측했을 것이다. 하지만 훈련은 잡음을 줄여서 예측 정확도를 높였다. 이 놀라운 결과는 쉽게 설명된다. 테틀록의 훈련 프로그램은 **심리적 편향**에 대처하기 위해서 고안됐다. 알다시피 심리적 편향의 영향은 항상 통계적 편향이 아니다. 심리적 편향이 다른 판단을 내리는 다른 개인에게 다른 방식으로 영향을 줄 때, 심리적 편향은 잡음을 낳는다. 이것이 테틀록의 훈련 프로그램이 잡음을 줄인 이유다. 우선 예측 대상은 상당히 다양하다. 같은 편향이 예측 대상에 따라서 과도하게 반응하거나 미온적으로 반응하게 만들 수 있다. 그러므로 심리적 편향이 예측가가 사건이 일어나거나 일어나지 않을 것이라고 믿는 경향이라고 정의된 **통계적 편향**을 낳을 것이라고 기대해선 안 된다. 결과적으로 예측가들이 자신들의 심리적 편향에 맞서도록 훈련하는 것은 잡음을 줄이기 때문에 예측 정확도를 높이는 데 효과적이다.

팀 활동은 잡음 축소에 꽤 효과적이었지만, 정보를 추출해내는 팀의 능력도 상당히 개선시켰다. 이러한 결과는 판단 집계의 논리와 일맥상통한다. 여럿이 머리를 맞대면 혼자보다 필요한 정보를 더 잘 찾아낼 수 있다. 만약 앨리스와 브라이언이 협업하고 앨리스가 브라이언이 놓친 신호를 찾아냈다면, 그들이 함께 도출한 예측이 각자 개인적으로 도출한 예측보다 더 정확할 것이다. 그룹으로 일하는 슈퍼 예측가들은 집단 극화와 정보의 폭포가 발생할 위험을 피할 수 있는 것 같다. 그 대신에 그들은 데이터와 통찰을 한데 모으고 적극적인 열린 사고로 종합한 정보를 최대한 활용한다. 사토파 연구진은 이러한 장점을 다음과 같이 설명한다. "훈련과 달리 팀 활동은 (…) 예측가들이 정보를 활용할 수 있도록 한다."[22]

선별이 가장 효과적이었다. 선별로 발생한 개선 효과의 일부는 정보를 더 잘 활용한 데서 나왔다. 슈퍼 예측가들은 다른 사람들보다 유의미한 정보를 잘 찾아낸다. 그들이 평범한 예측가들보다 더 똑똑하고 더 많은 동기가 부여된 상태이며 이러한 예측을 하는 데 경험이 더 많기 때문인지도 모른다. 하지만 다시 한 번 말하거니와 선별의 주요 효과는 잡음을 줄이는 것이다. 슈퍼 예측가들은 평범한 예측가들이나 심지어 훈련된 팀들보다 잡음에 덜 시달린다. 이러한 연구 결과는 사토파 연구진에게 놀라운 사실이었다. "'슈퍼 예측가'들은 그 누구보다 뉴스를 날카롭게 읽어내고 분석하는 능력이 뛰어나다. 하지만 그들은 이런 능력보다 측정 오류를 억제하는 고도의 훈련을 받았기 때문에 성공적으로 예측할 수 있다"고 생각할지도 모른다.[23]

선별과 집계의 활용

슈퍼 예측가 양성 프로젝트의 성공은 **선별**(슈퍼 예측가들은 당연히 뛰어나다)과 **집계**(협업하면 예측가들이 더 정확한 예측을 내놓을 수 있다)라는 두 가지 결정 위생 전략의 가치를 여실히 보여준다. 이 두 가지 전략은 여러 판단 영역에 널리 적용될 수 있다. 가능하면 예측력이 뛰어나고 상호 보완적인 판단자들(예측가, 투자 전문가, 채용 담당자 등)로 팀을 조직하고 선별과 집계 전략을 적절히 결합하여 문제를 해결해야 한다.

지금까지 우리는 군중의 지혜 실험에서처럼 많은 독립적인 판단을 평균화하여 개선된 판단 정확도에 대해서 살펴봤다. 타당성이 높은 판단자들의 예측치를 집계하면 예측의 정확도를 더 개선할 수 있다. 하지만 독립적이고도 보완적인 판단을 결합하여 예측 정확도를 더 높일 수 있다.[24] 범죄의 목격자가 네 명 있다고 가정하자. 물론 그들이 서로에게 영향을 주지 않도록 하는 것은 기본이다. 게다가 그들이 다른 각도에서 범죄를 목격했다면, 네 명의 목격자가 제공하는 정보의 질은 훨씬 더 좋아질 것이다.

판단을 함께 내리도록 전문가 팀을 만드는 일은 학교나 직장에서 후보자들의 학업이나 업무 성과를 예측하기 위해서 여러 가지 테스트를 집계하는 일과 유사하다. 이런 작업에 일반적으로 사용되는 표준 도구가 (9장에서 소개한) 다중회귀다. 다중회귀에서는 연속적으로 변수들이 선택된다. 실제 결과를 가장 잘 예측하는 테스트를 먼저 선택해야 한다. 하지만 두 번째로 타당성이 높은 테스트를

5부 판단 개선

추가할 필요는 없다. 그 대신에 타당하면서 첫 번째 테스트와 중복되지 않아서 첫 번째 테스트의 예측도를 가장 잘 보완할 수 있는 테스트를 추가하는 편이 좋다. 예를 들어 미래 업무 실적과의 상관계수가 .50과 .45인 정신능력 테스트가 두 가지 있고, 미래 업무 실적과의 상관계수는 .30이지만 정신능력 테스트와는 상관관계가 없는 성격 테스트가 하나 있다고 가정하자. 최적의 조합은 타당성이 더 높은 정신능력 테스트를 먼저 선택하고 새로운 정보를 제공할 수 있는 성격 테스트를 추가하는 것이다.

마찬가지로 판단자들을 선별해서 팀을 구성한다면, 첫 번째 팀원은 최고의 판단자를 우선적으로 선택해야 한다. 두 번째 팀원은 첫 번째 팀원 수준의 판단 타당성을 보유한 판단자가 아닌 어느 정도의 판단 타당성을 유지하면서 새로운 판단 기술을 지닌 판단자여야 한다. 이런 식으로 구성된 팀은 우수할 것이다. 왜냐하면 판단이 중복될 때보다 서로 관련이 없을 때, 한데 모인 판단들의 타당성이 더 빠르게 개선되기 때문이다. 하지만 이런 형태의 팀에서 패턴 잡음은 상대적으로 높게 나타난다. 각각의 사례에 대한 개인의 판단이 서로 다르기 때문이다. 하지만 역설적이게도 이 잡음이 존재하는 그룹의 판단 평균이 합의된 그룹의 판단 평균보다 더 정확할 것이다.

여기서 중요한 경고의 메시지가 있다. 다양성과 상관없이, 집계는 판단이 진정 독립적인 경우에만 잡음을 줄일 수 있다. 그룹 잡음에 관한 논의에서 강조했듯, 그룹 숙려는 잡음에서 줄이는 오류보다 더 많은 오류를 편향에서 발생시킨다. 다양성을 적극적으로 활용하기를 원하는 조직은 팀원들이 독립적으로 판단을 내릴 때 발생할 의견 불일치를 환영해야 한다. 독립적이고 다양한 판단을 내리고 그것들을 집계하는 것은 가장 쉽고 저렴하며 널리 활용될 수 있는 결정 위생 전략일 것이다.

선별과 집계에 대하여

"네 가지 독립적인 판단의 평균을 활용해보자. 이렇게 하면 잡음을 분명 절반으로 줄일 수 있을 것이다."

"우리는 슈퍼 예측가들처럼 영원한 베타를 추구해야 한다."

"이 상황을 논의하기에 앞서, 유의미한 기저율은 무엇인가?"

"우리에겐 좋은 팀이 있다. 하지만 어떻게 해야 의견의 다양성을 좀 더 확보할 수 있을까?"

의료
가이드라인

몇 년 전 우리의 좋은 벗('폴'이라고 하자)이 1차 의료기관 의사('존스 박사'라고 하자)로부터 고혈압 진단을 받았다. 존스 박사는 폴에게 약물로 이뇨제를 처방했다. 하지만 효과가 없었다. 폴의 혈압은 떨어지지 않았다. 일주일 뒤 존스 박사는 칼슘 통로 차단제를 처방했지만, 그 효과 역시 미미했다.

이 결과는 존스 박사를 당황스럽게 했다. 매주 외래 진료를 받은 지 3개월이 지났음에도 폴의 혈압은 아주 살짝 떨어졌을 뿐, 여전히 높았다. 다음엔 어떤 처방을 해야 할지 분명치 않았다. 폴은 불안했고, 존스 박사는 고전했다. 무엇보다 폴은 건강하고 젊은 축에 드는 사람이었다. 존스 박사는 세 번째 약물을 시도할지 말지 고민했다.

그즈음 폴은 다른 도시로 이사해 새로운 의사('스미스 박사'라고 하자)로부터 진료를 받았다. 폴은 스미스 박사에게 고혈압으로 계속 고생하고 있다는 이야기를 들려줬다. 스미스 박사는 곧바로 이렇게 말했다. "가정용 혈압기로 혈압을 확인해봅시다. 고혈압이 아닌 것 같네요. '화이트 코트 신드롬' 같군요. 그러니 진료실에서 혈압이 높게 나오는 거죠."

폴은 스미스 박사가 시키는 대로 했고, 집에서 그의 혈압은 정상이었다. 그 뒤로도 폴의 혈압은 죽 정상이었다(그리고 스미스 박사가 폴에게 화이트 코트 신드롬이라고 말하고 한 달 뒤에 진료실에서 혈압을 측정했을 때도 그의 혈압은 정상 수치였다.)

의사의 주요 업무는 진단을 내리는 것이다. 환자가 병을 앓고 있는지 판단하고 그 병의 정체를 밝히는 것이다. 진단은 어떤 종류의 판단을 요구한다. 많은 경우에 진단은 일상적이고 대체로 기계적이다. 규칙과 절차가 마련되어 있어서 진단에서 잡음은 최소화된다. 의사가 환자의 어깨가 탈구됐는지 또는 발가락이 부러졌는지를 판단하는 것은 쉽다. 더 전문적인 기술이 요구되는 몇몇 상황도 마찬가지다. 힘줄 퇴화를 정량화하는 과정에선 잡음이 거의 발생하지 않는다.[1] 병리학자들은 유방 병변의 중심부바늘생검을 분석하고 평가하는데, 이는 상대적으로 간단해서 잡음이 거의 발생하지 않는다.[2]

여기서 중요하게 짚고 넘어갈 부분이 있다. 일부 진단에는 판단이 전혀 개입되지 않는다. 보건 분야는 판단의 요소를 제거하면서 진보한다. 판단 영역을 계산 영역으로 바꾸는 것이다. 패혈성 인두염의 경우, 의사는 환자의 목에서 채취한 시료를 대상으로 신속항원검사를 실시한다. 짧은 시간에 이 검사로 연쇄상구균을 검출할 수 있다. (신속항원검사 결과가 없을 경우, 그리고 검사를 한 경우라도 패혈성 인두염의 진단엔 잡음이 있다.)[3] 공복혈당 수치가 126mg/dL이거나 이보다 높거나 HbA1c가 최소 6.5라면, 당뇨병 진단이 내려진다 (HbA1c는 3개월 동안 혈당의 평균치다).[4] 코로나19 팬데믹 초기에 몇몇 의사는 증상을 살펴서 내린 판단의 결과로 진단을 내렸다. 팬데믹이 지속되자 검사는 훨씬 더 흔해졌고, 판단은 불필요해졌다.

많은 사람이 의사가 판단을 내릴 때 잡음이 생길 수 있음을 안다. 의사도 실수할 수 있다. 그래서 일반적으로 환자들에게 다른 의사로부터 소견을 한 번 더 구할 것을 권고한다. 일부 병원에서는 이것이 심지어 의무 사항이다.[5] 두 번째 소견이 첫 번째 소견과 다를 때마다, 우리는 의사의 판단에서 잡음의 존재를 확인할 수 있다. 물론 어느 의사가 옳은지는 분명치 않다. (우리의 친구 폴을 비롯해) 어떤 환자들은 첫 번째 의사 소견과 두 번째 의사 소견이 너무 달라서 놀라곤 한다. 하지만 의료계에 잡음이 존재한다는 사실 때문에 놀라는 건 아니다. 두 소견의 간극에 놀라는 것이다.

이번 장에서는 이러한 주장을 자세히 살피고 의료 전문인들이 사용하는 잡음 축소 전략을 일부 소개하고자 한다. 우리는 하나의 결정 위생 전략을 집중적으로 살펴볼 것이다. 그것은 진단 가이드라인의 발전이다. 의료계의 잡음과 의사, 간호사, 병원 등 의료진이 잡음을 줄이기 위해 도입한 다양한 방법을 주제로 책 한 권이 금방 쓰일 수 있다. 무엇보다도 의료계의 잡음은 이 장에서 집중적으로 살펴볼 진단적 판단의 잡음에만 국한되지 않는다. 치료 방법에도 잡음이 존재할 수 있고 이 주제를 다루는 문헌도 방대하다. 심장에 문제가 있는 환자가 있다면, 최선의 치료 방법에 대한 의사들의 판단은 충격적일 만큼 다양하다. 옳은 약물 치료가 무엇인지, 옳은 외과적 치료가 무엇인지 또는 외과적 치료가 전부인지 등을 의사들은 고민한다. '다트머스 아틀라스 프로젝트Dartmouth Atlas Project'는 20년 이상 "미국의 다양한 의료 자원 분포도와 이용률"을 연구했다.[6] 여러 국가에서도 비슷한 결론을 내릴 수 있다.[7] 하지만 여기서는 이 책의 목적에 맞게 진단적 판단의 잡음을 간략하게 살펴보는 것만으로 충분할 것이다.

잡음 둘러보기

의료계의 잡음에 관해서는 방대한 문헌이 존재한다. 대부분의 문헌이 잡음의 존재를 연구로써 확인한 실증적 문헌이지만, 규범적인 문헌도 많다. 보건 분야에 종사하는 사람들은 계속해서 잡음 축소 전략을 찾는다. 덕분에 보건 분야에는 다양한 형태의 전략들이 존재하며, 여러 분야에서 잡음 축소와 관련하여 이를 검토할 가치가 있다.

잡음이 있으면, 의사 한 명의 판단은 분명 옳고 다른 한 명은 분명 틀렸을 수 있다. 늘 그렇듯 기술이 아주 중요하다. 예를 들어 방사선 전문의의 폐렴 진단에 관한 연구에서 상당한 잡음이 확인됐다.[8] 대부분이 기술의 차이에서 온 것이었다. 더 구체적으로 말하면, 기술의 차이로 진단 차이의 44퍼센트가 설명된다. 그리고 기술을 개선하는 정책들이 획일적인 결정 가이드라인보다 더 낫다. 다른 분야와 마찬가지로 의료계에서도 훈련과 선별은 오류를 줄이고 잡음과 편향을 완전히 제거하는 데 분명 중요하다.[9]

방사선학이나 병리학 같은 일부 전문 분야의 의사들은 잡음의 존재를 잘 인지하고 있다. 예를 들어 방사선 전문의들은 진단 결과의 차이를 자신들의 '아킬레스건'이라고 부른다.[10] 방사선학과 병리학의 영역에서 잡음이 더 주목받는 이유가 다른 영역보다 잡음이 실제로 더 많기 때문인지 또는 단순히 잡음이 상대적으로 쉽게 확인되기 때문이지는 분명치 않다. 아마도 확인의 용이성이 더 중요할 것이다. 방사선학에서는 잡음(그리고 때때로 오류)에 대한 분명하고 단순한 테스트가 더 쉽게 진행될 수 있다. 예를 들어 방사선 전문의들은 이전 진단을 다시 검토하기 위해서 스캔이나 슬라이드를 다시 확인할 수 있다.

의료계에서 사람 간 잡음 또는 **평가자 간 신뢰도**는 보통 **카파 통계** kappa statistic[11]로 측정한다. 카파 계수가 높을수록 잡음이 낮다. 카파 계수가 1이면, 완벽한 합의를 의미한다. 반대로 0이면 원숭이들이 의심되는 병명이 적힌 목록을 향해 다트를 던져서 같은 병명을 맞히는 것과 같은 수준의 합의 상태를 의미한다. 의료 진단의 일부 영역에서 카파 계수로 측정되는 신뢰도는 '경미한 수준'이거나 '저조한 수준'으로 확인됐다. 이것은 잡음이 매우 높다는 의미다. 신뢰도가 '상당한 수준'으로 확인되기도 한다. 이것이 나쁘지는 않지만, 여전히 잡음이 상당하다는 의미다. 약물상호작용이 임상적으로 중요한가에 대해서 일반의들은 무작위로 선택된 100여 개의 약물상호작용을 검토한 뒤 '일치 수준이 저조한' 판단들을 내놓았다.[12] 다른 과 의사들을 포함해서 외부인에게 이미 정해진 단계에 따라서 신장병을 진단하는 과정이 단순하게 보일 수 있다. 하지만 신장병 전문의들이 환자의 신장병 단계를 평가하는 데 사용되는 표준검사의 결과를 해석하고 내린 판단에서 의견 일치 수준은 경미한 수준부터 중간 수준으로 나타난다.[13]

어느 연구에서 유방 병변이 종양인가를 판단할 때, 병리학자들의 의견 일치도가 '상당한 수준'이라고 확인됐다.[14] 유방 증식 병변 진단에서 의견 일치도 역시 '상당한 수준'으로 나타났다.[15] 의사들이 척추관 협착증 MRI 스캔을 보고 내린 진단도 '상당히' 일치했다.[16] 이러한 결과들은 잠시 살펴보고 넘어갈 가치가 있다. 일부 영역에서 의료계의 잡음 수준이 매우 낮다고 말해왔다. 하지만 꽤나 전문적인 일부 분야에서 의사들은 잡음으로부터 전혀 자유롭지 않다. 어떤 환자에게 암과 같은 심각한 병에 걸렸다고 진단을 내릴 가능성은 일종의 복권에 당첨될 가능성과 유사하다. 순전히 어떤 의사에게 진료를 받게 되느냐에 따라 진단명이 달라질 수 있는 것이다.

잡음의 양이 특히나 눈에 띄는 영역에서 진행된 연구들의 결과 일부를 한번 살펴보자. 이런 결과들이 의료 관행의 현 상태를 정확하게 보여준다고 말할 수는 없다. 다만 현재 의료계는 계속해서 진화하며 개선되고 있으나(일부 영역에서는 진화와 개선이 빠르게 진행되고 있다), 가까운 과거와 현재의 의료계에 잡음이 상당히 만연한 것 같다.

1. 심장병은 미국에서 여성과 남성 모두의 주요 사망 원인이다.[17] 심장병을 진단하는 주된 방법인 관상동맥 조영사진은 급성과 비급성 상태에서 심장 동맥의 폐색도를 평가한다. 환자가 반복적인 가슴 통증을 호소하는 비급성 상태에서 심장 동맥의 폐색도가 70퍼센트 이상이라면, 스텐트 시술과 같은 치료방법이 사용된다. 하지만 관상동맥 조영사진을 해석할 때 상당한 수준의 차이가 목격됐고, 이것이 불필요한 절차로 이어질 가능성이 있다. 초기 연구에 따르면, 관상 동맥 조영 사진을 보고 주요 혈관의 폐색도가 70퍼센트 이상이라고 판단하는 의사들의 의견이 일치하지 않는 경우가 31퍼센트에 달했다.[18] 심장병 전문의들은 관상동맥 조영사진을 의사마다 다르게 해석할 수 있다는 사실을 인정한다. 그리고 이를 개선하기 위해서 계속 노력하고 시정 조치를 취한다. 그런데도 이 문제는 아직 해결되지 않았다.

2. 자궁 내막증은 자궁 안에 있어야 할 자궁 내막 조직이 자궁 밖으로 증식하는 질환이다. 자궁 내막증은 통증을 유발할 수 있고 임신에 문제를 일으킬 수 있다. 자궁 내막증은 주로 복강경 검사를 통해 진단된다. 복강경 검사는 작은 카메라를 몸속에 집어넣어서 하는 검사다. 세 명의 환자를 대상으로 복강경 검사를 실시했더니, 두 명은 심각성은 달랐지만 자궁 내막증이 확인됐고 나머지 한 명은 자궁 내막증이 아니었다. 그들의 검사 영상을 108명의 부인과 외과의에게 보여주고, 자궁 내막증 병변의 수와 위치를 판단해줄 것을 요청했다. 그 결과, 부인과 의사들의 의견은 극적으로 갈렸고, 병변 수와 위치의 연관성은 약했다.[19]

3. 결핵은 전 세계적으로 사람들이 가장 많이 걸리는 치명적인 질환 중 하나다. 2016년에만 1,000만 명이 넘는 사람들이 결핵에 걸렸고 거의 200만 명이 결핵으로 목숨을 잃었다. 결핵 진단에 널리 사용되는 방법은 흉부 엑스레이다. 흉부 엑스레이로 결핵균 때문에 폐에 생긴 빈 공간을 찾는다. 거의 70년 동안 결핵 진단의 변산성이 잘 기록되어 있다. 지난 수십 년 동안 많은 개선과 발전이 이루어졌지만 여러 연구에서 결핵 진단에 상당한 변산성이 있음이 계속 확인됐고, '중간'이나 '상당한' 평가자 간 일치도가 확인됐다.[20] 다른 국가의 방사선 전문의들 사이에서도 결핵 진단에서 변산성이 발견됐다.[21]

4. 병리학자들은 흑색종의 존재를 확인하기 위해 피부 병변을 분석했다. 흑색종은 가장 위험한 피부암이다. 그들의 의견 일치도는 '중간' 정도였다. 각각의 사례를 검토한 여덟 명의 병리학자가 완전히 합의에 이르렀거나 어느 한 사람만 의견이 일치하지 않은 경우는 62퍼센트 정도였다.[22] 종양 센터에서 진행된 어느 연구에 따르면 흑색종의 진단 정확도는 겨우 64퍼센트였다.[23] 이것은 의사들이 피부 병변 세 개 중 한 개꼴로 흑색종이라는 오진을 내린다는 의미다. 세 번째 연구에 따르면 뉴욕대학교의 피부과 전문의들은 피부조직검사의 36퍼센트에서 흑색종을 진단해내지 못했다. 이 연구의 저자들은 "흑색종 진단의 임상적 실패는 치명적일 수 있는 흑색종이란 질환을 앓는 환자들의 생존율을 고려하면 통탄할 일"이라고 결론 내렸다.[24]

5. 선별유방촬영사진으로 유방암을 진단할 때 방사선 전문의들

의 판단에서 변산성이 목격된다. 대규모 연구에 따르면 방사선 전문의들이 거짓 음성을 판정할 확률은 0퍼센트(매번 정확한 진단을 내림)부터 최대 50퍼센트 이상(두 번에 한 번꼴로 정상이라는 잘못된 진단을 내림)이었다. 마찬가지로 거짓 양성률은 1퍼센트 미만부터 64퍼센트(세 번에 두 번꼴로 종양이 없는데 유방암이라고 진단을 내림)에 이르렀다.[25] 방사선 전문의들의 거짓 음성 진단과 거짓 양성 진단은 잡음의 존재를 보여주는 증거다.

기존 연구에서는 이렇게 사람 간 잡음이 지배적으로 확인됐다. 하지만 상황 잡음도 존재한다. 방사선 전문의들은 같은 이미지를 다시 검토할 때 다른 진단을 내려서 자기 자신의 의견과도 불일치하는 경우가 종종 있다(물론 다른 사람과 의견이 맞지 않는 경우보다는 적다).[26] 관상동맥 조영사진에서 혈관 폐색도를 판단할 때, 63퍼센트와 92퍼센트의 경우에 22명의 심장병 전문의가 자신과 의견이 맞지 않았다.[27] 모호한 기준과 복잡한 판단이 연루된 영역에서 평가자 내 신뢰도는 저조하게 나타날 수 있다.[28]

이러한 연구들은 상황 잡음이 나타나는 원인을 분명히 설명하지 못했다. 하지만 진단과 관련 없는 다른 연구가 의료계에서 상황 잡음이 나타나는 원인을 밝혀냈다.[29] 이것은 환자와 의사가 모두 기억해 둘 가치가 있다. 간단히 말해 의사들은 늦은 오후보다 이른 아침에 암 검사를 지시할 가능성이 높았다. 대규모 샘플에서 유방암과 대장암 검사는 오전 8시에 가장 많이 진행됐고, 그 비율은 63.7퍼센트였다. 하지만 시간이 지나면서 오전 11시에 비율은

48.7퍼센트로 하락했다. 하지만 정오에 다시 56.2퍼센트로 상승했고 오후 5시에 47.8퍼센트로 하락했다. 이로 인해서 오후에 진료 예약을 한 환자들은 가이드라인에서 권고하는 암 검사를 받을 가능성이 떨어졌다.

이 결과를 어떻게 설명할 수 있을까? 아마도 증상이 너무나 복잡해서 정확한 진단을 내리는 데 20분 이상이 소요되는 환자 진료 때문에 의사들이 시간에 쫓겼기 때문인지도 모른다. 스트레스와 피로감이 상황 잡음의 유발 요인이라고 앞서 말했다(7장 참고). 그리고 스트레스와 피로감이 의료계에서도 잡음을 유발하는 것 같다. 일정을 제대로 소화하기 위해서 일부 의사들은 예방 조치를 생략하기도 한다. 피로감 때문에 의사들은 손을 잘 씻지 않았다.[30] (손 씻기에도 잡음이 있는 것으로 확인됐다.)

잡음이 덜한 의사: 가이드라인의 가치

각각 다른 의료 문제와 관련하여 잡음의 존재와 규모를 종합적으로 고려하고 분석하는 것은 의료계뿐만 아니라 인간의 지식에도 주요한 기여가 될 것이다.[31] 우리가 알기로 의료계의 잡음에 대해 충분한 설명을 제공하는 연구는 없다. 때가 되어 그러한 연구가 진행되길 바랄 뿐이다. 하지만 현존하는 연구들도 몇 가지 실마리를 제공한다.

극단적인 경우에 어떤 문제와 질환에 대한 진단은 기본적으로 기계적으로 이뤄지며, 판단의 여지를 허락하지 않는다. 진단이 기계적이지 않지만 복잡하지 않은 경우도 있다. 이는 의학을 공부한 사람이라면 같은 결론에 이를 가능성이 매우 높은 경우다. 폐암 전문의처럼 전문화 덕분에 잡음이 최소한으로 존재하는 경우도 있다.

또 다른 극단적인 경우도 있다. 판단의 여지가 상당한 사례들도 있다. 그래서 진단을 내릴 때 사용하는 기준들에 제한이 없어서 잡음의 양이 상당하고 잡음을 줄이는 것이 어려울 것이다. 지금부터 확인하게 되겠지만, 정신의학이 이런 경우에 해당된다.

과연 무엇이 의료계에서 잡음을 줄이는 데 효과적일까? 앞서 언급했듯, 훈련이 기술을 향상시킬 수 있고, 기술은 확실히 잡음을 줄이는 데 도움이 된다.[32] 그리고 다양한 전문적 판단을 집계하는 것 (다른 의사의 소견을 구하는 것 등)도 마찬가지로 잡음 축소에 유용하다.[33] 알고리즘이 특히나 유망한 방안이다. 의료계는 잡음을 줄이기 위해 딥러닝 알고리즘과 인공지능을 사용하고 있다. 예를 들어 유방암 환자에게서 림프절 전이를 확인하기 위해 이러한 알고리즘이 이용되어왔다. 최고의 알고리즘이 최고의 병리학자보다 우월하다는 사실이 확인됐으며,[34] 물론 알고리즘에는 잡음이 없다. 딥러닝 알고리즘도 사용되어왔고, 상당히 성공적이었다.[35] 특히 당뇨병과 연관된 안과 질환을 알아내는 데 효과적이다. 그리고 인공지능은 현재 유방조영상에서 암을 발견하는 데 적어도 방사선 전문의만큼 정확성을 보이고 있으며,[36] 앞으로 더 발전한다면 전문의들보다 우월해질 것이다.

의료계는 앞으로 알고리즘에 점점 더 의지할 것이다. 알고리즘은 편향과 잡음을 동시에 줄이고 그 과정에서 생명을 살리며 비용을 절약한다. 하지만 여기서는 인적 판단 가이드라인에 집중할 것이다. 의료계의 사례는 이런 가이드라인이 왜 어떤 경우에는 좋은 결과 또는 심지어 훌륭한 결과로 이어지고, 어떤 경우에는 나쁜 결과로 이어지는지 그 이유를 설명해준다.

아마도 가장 유명한 사례는 '아프가 점수'일 것이다. 1952년 마취과 전문의 버지니아 아프가Virginia Apgar가 아프가 점수를 고안했다. 과거에 신생아가 위험한 상태인지는 의사와 조산사가 내리는 임상 판단의 문제였다. 아프가 점수가 그들에게 표준 가이드라인이 됐다. 평가자는 신생아의 상태를 A, P, G, A, R 등 다섯 가지 항목으로 평가한다. A는 피부색깔appearance, P는 맥박 수pulse, G는 반사 흥분도grimace, A는 활동성activity, R은 호흡respiration이다. 각각의 항목은 0점, 1점, 2점으로 평정된다. 최고점은 10점이고 잘 나오지 않는다. 7점 이상이면 건강 상태가 양호한 것으로 간주된다(표3 참고).

눈에 띄는 부분은 맥박 수만이 철저하게 정량적으로 평가되는 유일한 항목이란 것이다. 그 밖의 다른 항목에는 판단의 요소가 포함되어 있다. 하지만 판단이 개별적인 요소로 분해되기 때문에 평가하기에 복잡하지 않고, 경험이 부족한 사람들이 서로 다른 의견을 내놓을 가능성이 낮다. 그래서 아프가 점수는 잡음을 거의 야기하지 않는다.[37]

아프가 점수는 가이드라인이 어떤 효과를 내고 왜 잡음을 줄이는지 보여주는 대표적인 예다. 규칙이나 알고리즘과 달리, 가이드라인은 판단의 필요성을 제거하지 않는다. 결정은 단순명료한 연산

표3 | 아프가 점수[38]

항목	점수
피부색깔	0: 온몸이 파랗거나 창백하다 1: 몸은 피부색깔이 좋지만 손이나 발이 파랗다 2: 완전히 핑크빛이거나 정상적인 색깔이다
맥박 수	0: 맥박이 없다 1: 분당 100회 이하 2: 분당 100회 이상
반사흥분도	0: 자극에 반응이 전혀 없다 1: 자극을 주면 얼굴을 찡그린다 2: 자극을 주면 얼굴을 찡그리고 기침이나 재채기를 한다
활동성	0: 축 처진다 1: 팔과 다리를 구부린다 2: 활동적으로 움직인다
호흡	0: 호흡이 없다 1: 힘없이 운다(징징대거나 낑낑댄다) 2: 힘차게 운다

이 아니다. 각각의 항목에서 의견이 다를 수 있다. 그래서 최종 결론도 다를 수 있다. 하지만 가이드라인은 복잡한 결정 사항을 미리 정해진 기준에 따라서 더 쉬운 하위 판단 여러 개로 분해하기 때문에 잡음을 성공적으로 줄인다.

9장에서 살펴본 단순한 예측 모델과 비교하면 아프가 점수의 장점은 분명하다. 신생아의 건강 상태를 판단해야 하는 임상의는 여러 가지 예측 단서를 보고 판단을 내린다. 그래서 상황 잡음이 있을 수 있다. 시기나 기분에 따라 임상의는 상대적으로 중요하지 않은 예측 변수에 집중하거나 중요한 예측 변수를 무시할 수 있다. 아프가 점수 때문에 임상의는 경험적으로 중요하다고 알려진 다섯 가지 항목에 집중한다. 그리고 아프가 점수는 각 항목을 어떻게 평가해야 하는지에 관해 분명한 설명을 제공한다. 각 항목에서 판단을 단순하게 만들어서 결과적으로 잡음을 줄인다. 마지막으로 아프가 점수는 종합적인 판단을 위해서 각각의 예측 변수에 어떻게 가중치를 부여해야 하는지에 대해서 분명한 기준을 제시한다. 그렇지 않으면 임상의는 각각의 예측 변수에 서로 다른 가중치를 부여할 것이다. 이처럼 아프가 점수는 유의미한 예측 변수에 집중하고 예측 모델을 단순화하고 기계적으로 결과를 종합하여 잡음을 줄인다.

이와 비슷한 방식들이 의료계에 많이 사용됐다. 패혈성 인두염 진단에 사용되는 센토 점수가 있다. 각각의 항목에 따라서 환자에게 1점씩 주어진다(아프가 점수처럼 센토 점수를 고안한 로버트 센토Robert Centor의 이름을 본떠 '센토 점수'라 명명됐다). 센토 점수는 **기침**, **삼출액**, **림프절**, **체온**의 네 가지 항목으로 평가된다. 기침은 없지만 삼출액이 있고(참고로 삼출액은 염증으로 인해서 목의 뒤편에 고여 있는 하얀 액체다), 목의 림프절이 부드럽거나 부었고 체온이 38.7도 이상이면 패혈성 인두염이다. 환자의 센토 점수에 따라서 패혈성 인두염을 진단하기 위해 인후 면봉으로 검사를 진행할지 말지가 결정된다. 센토 점수를 이용하면 평가와 점수 매기기가 상대적으로 단순해지기 때문에, 패혈성 인두염 때문에 불필요한 검사나 치료를 받는 사람의 수가 줄어든다.[39]

마찬가지로 유방암 진단 가이드라인도 마련됐다. 이때 유방 조영상 해석에서 잡음을 줄이는 '유방 영상 보고 및 자료 체계 BI-RADS, Breast Imaging Reporting and Data System'가 활용됐다. 어느 연구에 따르면 유방 영상 보고 및 자료 체계는 유방조영상의 평가에서 평가자 간 의견 일치도를 높였다.[40] 이것은 변산성이 상당한 의료 분야에서 가이드라인이 잡음을 줄이는 데 효과적일 수 있음을 보여준다. 병리학에서도 같은 목적으로 가이드라인을 활용해 성공을 거둔 사례가 많다.[41]

암울한 정신의학

잡음과 관련해 정신의학은 극단적인 경우다. 같은 기준으로 같은 환자에게 진단을 내릴 때, 정신과 전문의들은 곧잘 서로 다른 의견을 내놓는다. 이런 이유로 최소한 1940년대 이후 잡음 축소는 정신의학계가 우선적으로 달성하고자 하는 주요 과업이 됐다.[42] 끊임없이 개선하고는 있지만, 가이드라인은 정신의학계에서 잡음을 줄이는 데 그렇게 큰 도움이 되지 못하는 실정이다.

1964년 91명의 환자와 19명의 경험이 풍부한 정신과 전문의를 대상으로 연구가 진행됐다.[43] 이 연구에 따르면 두 전문의의 의견이 일치한 경우는 고작 57퍼센트였다. 두 명의 정신과 전문의가 각각 독립적으로 진단을 내린 426명의 주립 병원 환자가 참여한 또 다른 연구에서도 그들이 같은 진단을 내린 경우는 겨우 50퍼센트였다. 153명의 외래 환자를 대상으로 진행된 또 다른 초기 연구에서는 의견 일치도가 54퍼센트로 확인됐다. 이 세 가지 연구에서 잡음의 원천은 구체적으로 확인되지 않았다. 하지만 흥미롭게도 일부 정신과 전문의들에게서 환자들을 특정 진단 범주로 분류하는 경향이 발견됐다. 예를 들어 일부는 우울증 진단을 내릴 가능성이 높았고, 다른 일부는 불안증 진단을 내릴 가능성이 높았다.

정신의학계에서 잡음의 수준은 지속적으로 높게 나타난다. 왜 그럴까? 정신과 전문의들이 내릴 수 있는 분명한 단 하나의 진단이 없다(그래서 정신의학의 잡음에 대한 설명에서도 잡음이 존재한다). 정신의학이라는 거대한 진단 범주는 의심의 여지없이 단 하나의 요소다. 하지만 정신의학 내 잡음의 존재를 설명하기 위한 사전 단계로 연구진은 정신과 전문의 한 명에게 먼저 환자를 진료해달라고 요청했고, 잠깐 휴식을 가진 뒤에 두 번째 정신과 전문의가 그 환자를 또다시 진료했다. 각자 진료를 마친 뒤에 그 둘이 만났고, 서로의 의견이 다르다면 의견이 일치하지 않은 이유를 두고 토론했다.[44]

자주 언급되는 이유는 다른 학파, 다른 교육 과정, 다른 임상 경험, 다른 진료 방식 등 '진단을 내린 의사들 간의 차이'였다. 현재 발전하고 있는 학파를 공부한 정신과 전문의는 환각 경험을 과거 학대의 외상 후의 경험의 일부로 설명할 수 있다. 하지만 생체 의학을 공부한 정신과 전문의는 그것은 조현병의 일부라고 설명할지도 모른다.[45] 이러한 의견 차이는 패턴 잡음의 사례다.

하지만 진단을 내린 의사들 사이에 존재하는 차이보다 정신의학에 잡음이 존재하는 이유는 '명명법의 부적합'이었다. 많은 정신과 전문의들은 정신의학적 명명법에 불만족스러웠다. 이런 배경에서 1980년《정신장애 진단 및 통계 편람Diagnostic and Statistical Manual of Mental Disorders》의 세 번째 개정판이 나왔다. 최초로 정신질환을 진단하는 분명하고 자세한 기준이 제시된 것이다. 이것은 정신의학계에서 진단 가이드라인을 도입하는 첫 단계였다.

《정신장애 진단 및 통계 편람》덕분에 정신의학계의 진단 잡음에 대한 연구가 급증했고,[46] 이는 잡음을 줄이는 데에도 도움이 됐다. 하지만《정신장애 진단 및 통계 편람》은 완전한 성공과는 거리가 멀었다.[47] 2000년에 이 편람의 네 번째 개정판이 나왔지만(초판은 1994년 출간됐다), 연구에 따르면 정신의학계의 진단 잡음 수준은 여전히 높았다.[48] 한편 아메드 아보라야Ahmed Aboraya 연구진은 정신질환에 진단적 기준을 이용하여 진단을 내리면 정신 진단의 신뢰도가 올라갔다는 결론을 내렸다.[49] 그러나 정신과 전문의들이 입원 환자 한 명에게 여러 가지 진단을 내릴 심각한 위험은 여전히 존재한다고 덧붙였다.[50]

다섯 번째 개정판이 2013년 출간됐다.[51] 미국정신의학협회는 더 객관적이고 분명한 척도로 수립된 기준에 근거에서 나온 이번 개정판이 정신의학계에서 잡음을 줄이는 데 상당한 도움이 되기를 바랐다.[52] 하지만 정신과 전문의들은 계속해서 상당한 잡음을 보여주고 있다.[53] 예를 들어 새뮤얼 리블리히Samuel Lieblich 연구진은 "정신과 전문의들이 누가 우울장애가 있고 누가 없는지에 대해서 의견 일치에 이르는 것이 어렵다"는 것을 확인했다.[54] 다섯 번째 개정판에 대한 현장검증에서 그들의 의견은 '최소한으로만 일치'했다. 이는 연구에 참여한 많은 현장 경험을 지닌 정신과 전문의들이 같은 환자에게 우울장애가 있다고 진단하는 경우가 4~15퍼센트에 불과했다는 의미다.[55] 일부 현장검증에 따르면, 다섯 번째 개정판은 오히려 상황을 악화시켰다. 혼합불안우울장애 같은 정신질환을 진단할 때는 잡음이 증가하고 편람의 신뢰도가 너무 떨어져 현장에서 무용지물로 보였다.[56]

정신의학계에서 가이드라인이 잡음을 감소시키는 데 제한적인 성공만 거둔 주된 이유는 일부 정신질환에 대한 진단 기준이 여전히 모호하고 운용하기 어려워서인 것 같다.[57] 일부 가이드라인은 판단을 의견 불일치를 줄일 수 있는 기준으로 분해하여 잡음을 줄였지만, 그런 기준조차도 어느 정도 주관적이어서 정신의학계 내 잡음은 여전히 발생할 수 있다. 이러한 상황을 놓고 더 표준화된 진단 가이드라인을 요구하는 목소리가 정신의학계에서 커지고 있다. (1) 모호한 표준에서 벗어나 진단 기준을 명확하게 하고, (2) "정신과 전문의들이 증상의 존재 여부에 대해서 동의할 때, 그들이 진단 결과에 대해서 동의할 가능성이 더 높다"는 이론을 근거로 정신질환의 증상과 심각성에 대한 기준 정의를 제공하고, (3) 진솔한 대화와 함께 환자 면담을 체계화하는 것이다. 불안증, 우울증, 식이장애 등의 정신질환에 대해서 더 신뢰할 수 있는 진단을 내릴 수 있도록 24개의 선별 질문을 제안한 경우도 있다.[58]

이러한 조치를 취하는 정신의학계의 전망은 밝은 듯 보이지만, 이것이 잡음을 줄이는 데 얼마나 효과적일지는 두고 봐야 한다. 어느 관찰자의 말을 빌리면, "환자가 주관적으로 자신의 증상을 설명하고 정신과 전문의가 그런 증상들을 해석하고 객관적인 검사(혈액

검사 등)를 진행하지 않고 진단을 내리는 것은 정신질환의 진단적 비신뢰도의 씨앗을 심는 것"이다.[59] 이런 의미에서 정신의학이 잡음 축소의 시도에 유난히 저항력이 있는 것으로 드러난 것인지도 모른다.

그래서 정신의학계에서 잡음을 줄이는 것이 힘들다고 단정하기에는 너무 이르다. 하지만 한 가지는 분명하다. 전반적인 의료계에서 가이드라인은 편향과 잡음을 모두 줄이는 데 매우 성공적이었다. 가이드라인은 의사, 간호사와 환자에게 도움이 됐고, 그 과정에서 공중 보건을 크게 개선했다. 이것이 의료계에 더 많은 가이드라인이 도입되어야 하는 이유다.[60]

의료 가이드라인에 대하여 _____

"의사들에게서 나타나는 잡음의 수준은 우리가 생각했던 것보다 훨씬 높다. 암과 심장병을 진단할 때, 심지어 엑스레이 사진을 해석할 때 전문의들은 때때로 서로 다른 의견을 내놓는다. 이것은 환자가 받는 치료가 복권 추첨 결과나 다름없다는 의미다."

"의사들은 월요일이든 금요일이든, 이른 아침이든 늦은 오후든 자신이 같은 결정을 내린다고 생각한다. 하지만 의사들의 피로도가 의사들의 말과 행동에 영향을 미친다는 사실이 확인됐다."

"의료 가이드라인은 의사들이 실수를 덜 하게 만들어 환자의 피해를 줄여준다. 이런 가이드라인은 변산성을 줄이기 때문에 전반적으로 의료계에 도움이 될 수 있다."

23장

근무평정의
척도

연습문제를 하나 풀어보자. 여러분이 아는 사람을 세 명만 꼽아보라. 친구여도 좋고, 직장 동료여도 좋다. 그리고 친절, 지적 능력, 근면성실이라는 세 가지 항목에서 1~5점으로 그들에 대해 점수를 매겨보라. 여기선 최저점이 1점이고 최고점이 5점이다. 이제 그들을 잘 알고 있는 배우자, 절친한 친구, 가장 가까운 동료에게 똑같이 세 가지 항목에서 그들에 대해 점수를 매겨보라고 하자.

어떤 항목에서 여러분과 그 사람의 점수가 분명 다를 것이다. 의지가 조금 더 있다면, 그 사람과 그 항목에서 왜 서로 다른 점수를 줬는지를 토론해보라. 아마도 척도를 사용하는 방식에서의 차이 때문에 점수 차이가 생겼을 수 있다. 이것이 앞서 말한 수준 잡음이다. 여러분은 주어진 항목과 관련해서 진심으로 엄청나게 뛰어난 무언가가 있어야 5점을 받을 수 있다고 생각했다면, 다른 평정자는 매우 우수한 무언가가 있다면 5점을 받을 수 있다고 생각했을지도 모른다. 아니면 피평정자에 대한 서로의 관점이 다르기 때문에 점수 차이가 나타났는지도 모른다. 피평정자가 친절한지, 친절이란 덕목을 어떻게 정의할지는 서로 다를지도 모른다.

평정 결과에 따라서 피평정자에게 승진이나 보너스가 제공된다고 생각해보자. 예를 들어 친절(협동력), 지적 능력과 근면성실을 중요시하는 기업에서 직원의 업무 성과를 평가하게 되었다고 생각해보자. 그렇다면 여러분과 다른 평정자의 점수 차이가 생겼을까? 그 점수 차이가 앞선 사례만큼 아니면 훨씬 더 클까? 앞선 질문에 어떤 식으로 답을 하든, 정책과 척도의 차이는 잡음을 낳을 수 있다. 실제로 여러 조직의 실적 평가에서 이런 현상이 목격된다.

판단 과제

거의 모든 대형 조직은 구성원들을 대상으로 정기적으로 근무평정을 실시한다. 피평정자는 근무평정을 반기지 않을 것이다. 심지어 '연구 결과, 기본적으로 모두가 근무평정을 싫어해'라는 제목의 기사도 있었다.[1] 그리고 모두가 근무평정이 편향과 잡음에 취약하다는 사실도 안다. 하지만 대부분의 사람들이 얼마나 많은 잡음이 어떻게 존재하는지는 알지 못한다.

이상적인 상황이라면 근무평정은 판단 과제가 아닐 것이다. 객관적인 사실만으로 사람들이 얼마나 일을 열심히 잘 했는지를 결정하기에 충분할 것이다. 하지만 대부분의 현대 조직과 모든 노동자가 측정 가능한 성과를 내는 애덤 스미스의 핀 공장 사이에는 공통점이 거의 없다. 최고재무책임자나 연구책임자의 측정 가능한 성과란 도대체 무엇일까? 오늘날의 지식 노동자들은 다수의, 때때로 상충하는 목표들을 균형 있게 추구한다. 근무평정을 실시할 때 그중에 어느 한 가지만 집중적으로 살핀다면, 잘못된 평가로 이어지고 부정적인 영향을 유발하게 된다. 예를 들어 매일 의사 한 명이 진료하는 환자의 수는 병원 생산성의 주요 동인이다. 하지만 우리는 의사들이 오로지 그 요인에만 집중하길 원치 않고, 그들이 진료한 환자의 수를 기준으로 평가를 받고 보상이 제공되기를 바라지도 않는다. 심지어 영업사원의 영업 실적이나 프로그래머의 코드 작업처럼 정량화할 수 있는 업무 실적도 상황을 고려해서 평가되어야 한다. 모든 고객이 다루기 어렵지 않고, 모든 소프트웨어 프로그램 프로젝트가 같지 않다. 이런 요소들을 고려하면 많은 사람을 객관적인 근무평정표를 기준으로 평가할 수는 없다. 그런 이유로 어디서나 판단에 근거한 근무평정이 실시되는 것이다.[2]

4분의 1은 신호요, 4분의 3은 잡음이다

근무평정 시스템에 대하여 수천 건의 연구 논문이 쏟아졌다. 대부분의 연구자들은 근무평정에 굉장한 수준의 잡음이 존재한다는 사실을 발견했다.[3] 이렇게 번쩍 정신이 들게 하는 연구 결과는 대체로

5부 판단 개선

다면평가에서 나왔다. 다면평가는 다수의 평정자가 여러 항목에 걸쳐 동일한 피평정자를 평가하는 근무평정 방법이다. 다면평가 연구의 결과는 그리 예쁘지 않다. 연구에 따르면 진변량, 즉 개인의 업무 실적에 영향을 주는 변량은 전체 변량의 20~30퍼센트 이상을 차지했다. 나머지 70~80퍼센트는 제도 잡음이었다.[4]

도대체 이 잡음은 어디서 오는 것일까? 근무평정의 변량에 대한 여러 연구 덕분에, 제도 잡음을 구성하는 모든 요소가 근무평정에도 존재한다는 사실이 밝혀졌다.[5] 실제로 근무평정을 해보면 그 구성요인들이 무엇인지 쉽게 이해할 수 있을 것이다. 린과 메리라는 두 명의 평정자가 있다. 린은 관대하고 메리는 엄격하다. 그래서 평균적으로 린은 메리보다 모든 피평정자에게 높은 점수를 준다. 여기서 수준 잡음이 확인된다. 판단자에 관한 논의에서 지적했듯이, 수준 잡음은 린과 메리가 어느 피평정자에 대해서 완전히 다른 인상을 받았거나 같은 인상을 받았지만 평정 척도를 다르게 사용했다는 의미다.

이제 린이 여러분을 평가하게 됐다고 가정하자. 그런데 그녀는 여러분에 대해서 좋지 않은 의견을 갖고 있다. 이 경우에 그녀의 관대함이 여러분에 대한 부정적인 의견에 의해서 상쇄될 수 있다. 이것은 안정적 패턴이다. 특정 인물에 대한 특정 평정자의 생각이 판단에 영향을 주고 있다. 이 안정적 패턴은 린에게서만 (그리고 여러분에 대한 그녀의 판단에만) 나타나기 때문에 패턴 잡음의 원천이 된다.

마지막으로 메리는 평정서를 작성하기 전에 누군가가 회사 주차장에 세워둔 자신의 차에 흠집을 냈다는 사실을 알게 됐다. 또는 린이 놀라울 만큼 두둑한 보너스를 받아서 여러분을 평가할 때 너무나 기분이 좋았다. 이러한 사건들은 상황 잡음을 낳는다.

다른 연구는 제도 잡음을 세 가지 구성 요소(수준 잡음, 패턴 잡음, 상황 잡음)로 분해하는 것에 대해서 다른 결론에 도달했다. 조직마다 평정제도가 다를 수밖에 없는 이유를 이해할 수 있다. 하지만 모든 형태의 잡음은 바람직하지 않다. 이 연구가 전달하는 기본적인 메시지는 단순하다. 대부분의 근무평정은 피평정자의 업무 실적과 거의 상관이 없이 이뤄진다. 어느 검토 보고가 요약했듯이, "업무 실적과 근무평정의 관계는 약하거나 기껏해야 불확실할 것"이다.[6]

게다가 여러 이유 때문에 조직의 근무평정이 피평정자의 업무 실적에 대한 평정자의 실제 평가를 반영하지 못한다.[7] 예를 들어 평정자들은 실제로 업무 실적을 정확하게 평가하려고 시도하지 않거나, 피평정자들을 '전략적으로'[8] 평가하고 싶을지도 모른다. 무엇보다도 평정자들은 평가 이후에 피평정자들과의 불편한 대화를 피하기 위해서 의도적으로 평점을 부풀릴 수도 있다. 또는 오랫동안 승진을 기다린 사람들에게 유리하도록 의도적으로 높은 점수를 주거나, 심지어 역설적이게도 업무 실적이 나쁜 사람에게 좋은 점수를 주기도 한다. 평점이 높아야 그 사람을 다른 부서로 보낼 수 있기 때문이다.

이러한 전략적인 계산이 분명 근무평정에 영향을 준다. 하지만 그것이 잡음의 유일한 원천은 아니다. 자연실험 덕분에 다른 원천이 있음을 우리는 안다. 다면평가는 발전적 목적을 위해서만 사용된다. 다면평가에서 사람들은 자신들의 피드백이 평가를 위해 사용되지 않을 것이라는 말을 듣는다. 평정자들이 이 말을 믿으면서, 자연스럽게 평점을 부풀리거나 낮출 가능성을 줄일 수 있다. 발전적 검토는 피드백의 질에 차이를 만들어낸다. 하지만 제도 잡음은 여전히 높고 피평정자의 업무 실적보다 훨씬 더 많은 변량을 차지한다. 심지어 피드백이 순수하게 발전을 위한 것이라 하더라도,[9] 근무평정에는 잡음이 존재한다.

오랫동안 알고 있었으나 해결되지 않은 문제

근무평정 시스템이 형편없이 망가졌다면, 평정자들이 이를 알아차리고 개선해야만 한다. 실제로 지난 수십 년 동안 조직들은 근무평정 시스템을 개선하기 위해서 무수한 실험을 했다. 일부는 개략적으로 살펴봤던 잡음 축소 전략들을 사용했다. 하지만 더 많은 노력이 필요하다.

거의 모든 조직은 **집계**aggregation라는 잡음 축소 전략을 사용한다. 평점 집계는 1990년대 이후 대기업에서 주로 사용하는 다면평가와 연관된다. (1993년《인적 자원 관리 Human Resources Management》저널은 다면평가에 관한 특집 기사를 실었다.)

다수의 평정자의 업무 평점을 평균 내는 것이 제도 잡음을 줄이는 데 도움이 될 것이다. 하지만 다면평가 시스템은 이 문제에 대한 해결책으로 고안된 시스템이 아니다. 다면평가의 주된 목적은 직속 상사가 보는 것 이상의 요소들을 평가하는 것이다. 상사뿐만 아니라 동료와 부하직원도 여러분의 업무평가에 참여한다. 하지만 다면 평가의 본질이 변했다. 이론적으로 이것은 더 좋아지기 위한 변화 였다. 요즘에 사람들은 다면평가에서 좋은 점수를 받기 위해서 직장에서 상사를 만족시키는 것을 넘어서 많은 이해관계자들을 만족 시켜야 한다. 유연한 프로젝트 단위의 조직이 일반화되면서 다면평 가가 널리 사용되고 있다.

다면평가가 객관적으로 측정 가능한 업무 실적을 예측하는 데 유용한 도구라는 증거가 있다.[10] 하지만 유감스럽게도 다면평가의 사용이 그 자체로 문제를 초래했다. 전산화 덕분에 다면평가에 질 문을 쉽게 추가할 수 있게 됐고, 기업의 목적과 제약이 폭발적으로 증가하면서 직무기술서에 많은 항목이 추가됐다. 이로 인해서 다면 평가 질문지가 말도 안 될 정도로 복잡해졌다. 과도하게 재설계된 다면평가 질문지가 차고 넘친다(예를 들어 각각의 평정자와 피평정자가 11개 항목에 대해 46개의 평점을 매겨야 하는 경우도 있다).[11] 많은 항목들 을 평가하기 위해서 수많은 피평정자들에 관해 정확하고 유의미한 사실을 기억해내고 처리하려면 평정자는 초인적인 능력을 발휘해 야 될지도 모른다. 그러므로 이렇게 복잡한 다면평가는 쓸모없을 뿐만 아니라 위험하다. 지금까지 살펴봤듯이, 후광 효과는 개별적 으로 평가해야 하는 항목들이 실제로 개별적으로 처리되지 않을 것임을 시사한다. 첫 번째 질문에서 강한 긍정이나 강한 부정은 뒤 에 이어지는 질문에 대한 답에 영향을 준다. 그래서 첫 번째 질문에 대한 답이 긍정적이면 끝까지 긍정적인 답이 이어지는 경향이 있 다. 물론 첫 번째 질문에 대한 답이 부정적이면 후속 질문에 대한 답도 대체로 부정적이다.

훨씬 더 중요한 부분이 있다. 다면평가 시스템이 진화하면서 근무평정에 쏟는 시간이 기하급수적으로 증가했다. 중간관리자들은 모든 직급의 동료에 대해서 수십 개의 다면평가 질문지를 작성해야 한다. 그리고 때로는 다른 조직의 상대방에 대한 다면평가도 실시해야 되는 경우도 있다. 왜냐하면 많은 기업들이 고객, 협력사 그리고 업무 관계자에게 직원에 대한 평가를 요구하기 때문이다. 의도가 아무리 좋아도 이것은 시간에 쫓기면서 많은 업무를 처리해야 하는 평정자들에게 큰 부담이 된다. 그래서 그들이 제공하는 정보의 질이 근무평정 시스템을 개선하는 데 도움이 되리라고 기대하기 어렵다. 이런 경우에 대가를 치르고 잡음 축소를 시도한 의미가 없다. 이 부분은 6부에서 좀 더 자세히 살펴보도록 하자.

마지막으로 다면평가 시스템은 '평점 인플레'로부터 자유롭지 못하다. 평점 인플레는 거의 모든 근무평정 시스템에서 나타나는 문제다. 대형 산업 기업에서 관리자의 98퍼센트가 '기대를 완전히 만족시킴'이란 평가를 받았던 것으로 확인됐다.[12] 거의 모두가 최고 평점을 받는다면, 근무평정을 실시하는 가치와 목적에 의문을 제기해봐야 한다.

상대평가

평점 인플레와 관련해 이론적으로 효과적인 해결책이 있다. 그건 바로 점수 주는 방식을 어느 정도 표준화하는 것이다. 가장 널리 사용되는 방법이 **강제 등급**forced ranking[13]이다. 강제 등급 시스템을 도입하면, 평정자는 모두에게 최고점을 줄 수 없을 뿐 아니라, 이미 정해진 평점 분포를 준수해야 한다. 전 제너럴일렉트릭 CEO 잭 웰치Jack Welch는 강제 등급 시스템을 옹호했다. 그는 강제 등급 시스템으로 평점 인플레를 막고 '진솔한' 근무평정이 가능하다고 생각했다. 많은 기업들이 강제 등급 시스템을 도입했지만, 이후에 사기와 팀워크에 부정적이라는 이유로 폐지했다.

강제 등급의 결점이 무엇이든지, 등급이 평점보다 잡음이 덜 존재한다. 절대 판단보다 상대 판단에 잡음이 덜하다는 것이 앞서 살펴본 징벌적 손해배상제도의 사례에서 확인됐다. 그리고 이것은 근무평정에도 적용된다.[14]

근무평정의 절대 척도와 상대 척도를 보여주는 그림17을 보면 강제 등급 시스템이 폐지된 이유가 이해된다. 절대 척도로 직원을 평가하는 패널A에서는 이른바 '매칭 작업'이 필요하다. 피평정자의 '근무 태도'에 대해 여러분이 느낀 점과 가장 가까운 점수를 선택해야 한다. 반면에 패널B에서는 '안전성'이라는 항목에서 다른 구성원들과 각각의 피평정자를 비교해야 한다. 상사는 백분율 척도를 사용하여 정해진 인원에서 해당 피평정자의 순위(또는 백분율)를 매겨야 한다. 그림17에서 상사가 세 명의 직원에게 등급을 매긴 것을 확인할 수 있다.

패널B 같은 접근법은 두 가지 장점이 있다. 첫째, 모든 직원을 하나의 항목에 대해서 동시에 평가할 수 있다(그림17에서는 그 항목은

그림17 | 절대평가와 상대평가의 사례[15]

패널A

직원A의 근무 태도

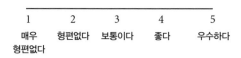

1	2	3	4	5
매우 형편없다	형편없다	보통이다	좋다	우수하다

패널B

부하직원의 안전성에 대해서 평가하시오. 안전성은 그/그녀가 적합한 규칙과 규제를 얼마나 잘 준수하는지, 업무를 안정적으로 처리하는지, 그리고 안전한 업무 관행을 인지하고 이해하고 있는지를 말한다.

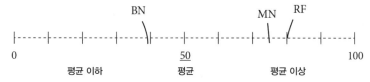

안전성이다). 이것은 잡음 축소 전략에서 복잡한 판단을 여러 세부 항목으로 **구조화하는** 전략의 사례다. 이 전략은 다음 장에서 더 자세히 살펴볼 것이다. 구조화는 후광 효과를 억제하려는 시도다. 복잡한 판단을 여러 작은 항목으로 분해하면, 서로 다른 항목에 대한 피평정자의 평점을 일관성 있게 유지할 수 있다. (물론 등급이 각각의 항목에 대해서만 매겨지는 경우에만 이러한 구조화 전략이 효과가 있다. '근무 태도'라는 제대로 정의되지 않은 애매한 항목에 대해 피평정자의 순위를 매긴다면 후광 효과가 줄어들지 않을 것이다.)

둘째, 15장에서 다뤘듯이 등급은 패턴 잡음과 수준 잡음을 줄인다. 피평정자를 개별적으로 평가하고 등급을 줄 때보다 두 명의 팀원을 비교하여 등급을 줄 때 모순이 생길 가능성이 줄어든다(패턴 잡음도 마찬가지다). 더욱 중요한 점은 등급이 기계적으로 수준 잡음을 없앤다는 것이다. 린과 메리가 같은 직원 20명에 대해 근무평정을 진행하고 린이 메리보다 더 관대하다면, 두 사람의 평균 평점은 다르겠지만 평균 등급은 그렇지 않을 것이다. 관대한 평정자와 엄격한 평정자는 같은 등급표를 사용하기 때문이다.

실제로 잡음 축소는 강제 등급 시스템의 주요 공식 목적이다. 강제 등급 시스템은 모든 평정자가 같은 등급 방식과 평점 분포를 사용하도록 만든다. 평점 분포가 의무이면 등급이 '강제'된다. 예를 들어 상위 범주에 속하는 피평정자 비율은 전체의 20퍼센트를 넘어선 안 되고 하위 범주에 속하는 피평정자 비율은 15퍼센트를 넘어선 안 된다는 규칙을 수립할 수 있다.

비강제 등급

그러므로 원칙적으로 강제 등급 시스템은 근무평정 시스템을 상당히 개선할 수 있어야 한다. 하지만 이것은 자주 역효과를 낳는다. 여기서 강제 등급 시스템으로 인해 생길 수 있는 원치 않은 효과를 모두 검토할 생각은 없다(부정적인 효과는 대체로 원칙보다 미숙한 시행으로 인해서 야기되기 때문이다). 하지만 강제 등급 시스템이 지닌 문제 가운데 두 가지는 어디에나 적용할 수 있는 교훈을 제공한다.

첫 번째 문제는 절대 업무와 상대 업무의 구분이다. 어느 기업이든 관리자의 98퍼센트가 근무평정에서 상위 20퍼센트, 50퍼센트 또는 80퍼센트에 들어가는 것은 분명 불가능하다. 하지만 직원에게 기대하는 바가 모두 사전에 **절대적으로** 정의가 된다면 모든 직원이 '기업의 기대치를 충족시키는 것'이 불가능하지 않다.

하지만 많은 임원진은 거의 모든 직원이 기대치를 충족시킬 수 있다고 생각하지 않는다. 만약 그럴 수 있다면, 무사 안일주의 때문에 직원들에 대한 기대치가 너무 낮아서 그런 일이 발생한다고 그들은 생각한다. 물론 이러한 해석이 타당할 수 있다. 하지만 실제로 대부분의 직원이 **높은** 기대치를 정말로 충족시킬 수도 있다. 실적이 우수한 조직에서 이런 상황이 나타나기도 한다. 예를 들어 우주 비행을 성공적으로 수행한 모든 비행사가 기대치를 충분히 충족시켰다는 말을 듣는다면, 미국항공우주국NASA의 관대한 근무평정 시스템을 비웃지 않을 것이다.

요점은 상대평가에 기초한 근무평정 시스템은 조직이 상대적인 업무 실적을 중요하게 여기는 경우에만 적절하다는 것이다. 예를 들어 대령이 장군으로 승급되는 것처럼 개인의 절대적인 업무와 상관없이 정해진 비율만이 승진할 수 있는 조직에선 상대평가가 말이 된다. 하지만 절대적인 업무 실적을 평가하기 위해서 상대평가를 도입하는 것은 비논리적인 결정이지만, 많은 기업에서 이렇게 한다. (절대적) 기대치를 충족시키지 못한 것으로 평가되는 피평정자의 비율을 미리 정하는 것은 잔인할 뿐 아니라 불합리하다. 엘리트 부대의 10퍼센트에 반드시 '기준 미달'이라는 평가를 내려야 한다는 건 어리석은 소리다.

두 번째 문제는 강제 평점 분포가 근본적인 업무의 분포, 일반적으로 정규분포에 가까운 분포를 반영한다고 가정하는 것이다. 하지만 근무평정 결과의 분포가 정해지더라도, 단일 평가자가 근무평정을 실시하는 소규모 집단에서 같은 분포가 나온다는 보장이 없다. 다시 말해서 직원 수천 명 중에서 무작위로 열 명을 뽑았을 때, 그 열 명 중에 두 명이 전체 근무평정 결과의 상위 20퍼센트에 든다는 보장이 없다. ('보장이 없다'는 것은 절제된 표현이다. 이런 경우가 나타날 확률은 고작 30퍼센트다.) 실제로 문제는 더 심각하다. 팀이 무작위로 구성되지 않기 때문이다. 일부 부서는 실적이 우수한 직원들로 구성되고, 업무 실적이 평균 이하의 직원들로 구성되는 부서도 있다.

불가피하게 이러한 환경에서 강제 등급 시스템은 오류와 불공평의 원천이 된다. 어느 평정자의 팀이 업무 실적을 구분할 수 없는 다섯 명의 사람으로 구성된다고 가정하자. 구분할 수 없는 업무를 근거로 정해진 분포에 따라서 근무평정을 실시하도록 강제하는 것은 오류를 줄이는 것이 아니라 증가시킨다.

강제 등급 시스템을 비판하는 사람들은 등급의 원칙을 집중적으로 공격했다. 그들은 등급의 원칙이 잔인하고 비인간적이며 궁극적으로 역효과를 낳는다고 매도한다. 이러한 주장을 인정하든 인정하지 않든, 강제 등급 시스템의 치명적인 결함은 '등급을 매기는 것'이 아니라 '강제하는 것'이다. 부적절한 척도에 대한 판단을 강제할 때마다, 척도의 선택은 기계적으로 잡음을 높인다. 평정자가 상대적 척도로 절대적 업무 실적을 평가하거나 구분할 수 없는 업무 실적을 구분해내라고 평정자에게 강요하기 때문이다.

다음 단계는?

수많은 조직이 근무평정 시스템을 개선하기 위해서 노력했다. 그들의 노력을 고려하면, 그 노력의 결과들이 실망스러웠다고 말하는 것은 절제된 표현이다. 근무평정 시스템을 개선하려는 노력 때문에 근무평정 비용이 천정부지로 치솟았다. 2015년 회계법인 딜로이트Deloitte는 매년 직원 6만 5,000명의 근무평정을 실시하는 데 200만 시간을 썼다.[16] 근무평정은 조직이 가장 두려워하는 의식이 되었다. 피평정자만큼이나 평정자도 근무평정을 싫어한다. 어느 연구에 따르면 관리자, 직원과 인사 책임자의 무려 90퍼센트가 근무평정 시스템이 기대하던 결과를 도출하는 데 실패했다고 생각했다.[17] 이 연구를 통해, 대부분의 관리자가 경험한 바가 다시금 확인된 것이었다. 직원의 역량 개발 계획과 관련될 때 근무평정은 개선 효과를 가져올 수 있지만, 근무평정 자체가 대체로 직원의 사기를 진작시키기보다는 일할 의욕을 꺾는다. 어느 연구 결과에 따르면 "지난 수십 년 동안 [근무평정] 프로세스를 개선하고자 많은 노력을 했으나, 프로세스는 부정확한 정보를 생산했고 사실상 업무 실적을 높이는 것과 아무 상관이 없었다."[18]

이에 절망하여 소수이지만 점점 많은 기업들이 근무평정을 완전히 없애버리는 급진적인 선택을 고려하고 있다. 많은 기술 기업과 일부 전문 서비스 기업을 포함한 이른바 '성과 관리 혁명'[19]의 지지자들은 사후적인 평가 시스템보다 발전적이고 미래지향적인 피드백을 제공하는 시스템에 집중하고자 한다. 근무평정에서 숫자를 없앤 조직도 소수지만 존재한다. 이런 조직은 전통적인 근무평정 시스템을 버린 것이나 다름없다.

전통적인 근무평정 시스템을 포기하지 않은 기업을 위해서(절대다수의 기업들이 전통적인 시스템을 유지하고 있다), 근무평정 시스템을 개선하기 위해서 무엇을 할 수 있을까? 잡음 축소 전략은 옳은 척도를 사용해야 효과적이다. 목표는 **공통 준거틀**을 보장하는 것이다. 연구에 따르면, 평가 구성과 평정자 교육으로 평정자가 척도를 더욱 일관되게 사용하도록 할 수 있다.

적어도 근무평정 척도는 일관되게 해석될 수 있도록 충분히 구체적으로 서술되어야 한다. 많은 기업에서 **행위기준 평정 척도**를 사용한다. 행위기준 평정 척도에서 척도의 각 단계는 구체적인 행동에 부합된다. 그림18의 왼쪽 패널은 행위기준 평정 척도의 사례다.

하지만 행위기준 평정 척도는 잡음을 제거하기에 충분하지 않다는 증거가 있다.[20] 그리하여 **준거틀 훈련**이 도입됐다. 준거틀 훈련은 평정자 간 일관성을 보장한다. 준거틀 훈련에서 평정자는 업무의 서로 다른 측면을 알아보는 훈련을 받는다. 그들은 단편적인 영상을 보며 근무평정을 실습하고 자신들의 평점과 전문가들의 '진짜' 평점을 비교한다.[21] 각각의 영상이 근무평정 척도에서 기준이 된다. 이것은 그림18의 오른쪽 패널에 나온 것과 같은 **사례 척도**case scale가 된다.

사례 척도로 새로운 피평정자에 대한 평점을 기준 사례와 비교해본다. 이로 인해 근무평정은 상대적 판단이 된다. 비교 판단은 평점보다 잡음에 덜 취약하다. 그래서 사례 척도는 숫자, 형용사 또는

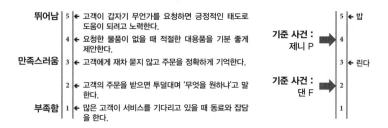

그림18 | 행위기준 평정 척도(왼쪽)와 사례 척도(오른쪽) [22]

고객 관계: 고객을 공손하고 정중하게 대한다. 고객의 선택을 돕기 위해서 식품에 대한 지식을 적절히 사용한다. 고객의 말을 경청하고, 활기차고 긍정적이며 도움이 되려고 노력한다

뛰어남 5 ← 고객이 갑자기 무언가를 요청하면 긍정적인 태도로 도움이 되려고 노력한다.

4 ← 요청한 물품이 없을 때 적절한 대용품을 기분 좋게 제안한다.

만족스러움 3 ← 고객에게 재차 묻지 않고 주문을 정확하게 기억한다.

2 ← 고객의 주문을 받으면 투덜대며 '무엇을 원하냐'고 말한다.

부족함 1 ← 많은 고객이 서비스를 기다리고 있을 때 동료와 잡담을 한다.

기준 사건 : 제니 P

기준 사건 : 댄 F

5 ← 밥

4

3 ← 린다

2

1

행동 서술보다 더 신뢰가 간다.

준거틀 훈련은 수십 년 동안 알려진 방법이고 분명 잡음을 줄이고 근무평정의 정확도를 높인다. 하지만 준거틀 훈련이 아직 널리 사용되지 않고 있다. 그 이유는 추측하기 쉽다. 준거틀 훈련, 사례 척도와 같은 목표를 추구하는 다른 도구들은 복잡하고 시간을 많이 잡아먹는다. 그래서 유용하게 사용하려면 근무평정을 진행하는 조직의 니즈에 맞게 조정되어야 한다. 그리고 직업 요건이 진화하는 데 맞춰서 이러한 전략들도 자주 업데이트되어야 한다. 기업은 성과관리 시스템에 이미 많은 투자를 한다. 하지만 이러한 전략을 이용하려면 추가적인 투자가 필요하지만, 현재 추세는 정반대로 가고 있다. (6부에서 잡음 축소 비용에 대해 더 자세히 살펴보도록 하자.)

게다가 조직이 평정자 때문에 발생한 잡음을 억제하면, 평정자가 자신의 목표에 맞춰 피평점자에게 점수를 주지 못하게 된다. 어떤 조직은 관리자들이 근무평정 시스템에 더 많은 노력을 투자하게

만들고 평정 결과에 대한 그들의 영향력을 줄이기 위해서 추가적으로 평정자 교육을 받게 한다. 하지만 이런 조치는 상당한 저항에 부딪힌다. 정확하게 말하면, 준거틀 훈련에 관한 대다수 연구는 실제 관리자가 아닌 학생을 대상으로 지금까지 진행됐다.[23]

근무평정은 광범위한 연구 주제다. 그래서 실용적이고 철학적인 의문이 많이 제기된다. '개인의 업무 성과'라는 개념이 사람들이 서로 상호작용하며 성과를 만들어내는 오늘날의 조직에서 어느 정도까지 의미가 있는지 묻는 사람들도 있다. 개인의 업무 성과라는 개념이 정말 의미가 있다고 믿는다면, 해당 조직에서 개인의 업무 성과가 직원들에게 어떻게 배분되는지가 분명 궁금해진다. 예를 들어 업무 성과가 정규분포를 따르는지 아니면 업무 성과에 지나치게 많은 기여를 하는 '최고의 인재'[24]가 존재하는지 궁금해진다. 여러분의 목표가 직원들이 최선을 다할 수 있도록 돕는 것이라면, 개인의 업무 성과를 평가하고 그들이 두려움과 욕심을 극복하여 조직을 위해 일하려는 동기를 부여하기 위해서 평가 결과를 사용하는 것이 최선의 방법(또는 효과적인 방법)인지 물어볼 수 있다. 이것은 합리적인 의문이다.

근무평정 시스템을 설계하고나 개정하고 있다면, 이러한 질문에 대한 답을 찾아야 한다. 여기서 이 질문에 대한 답을 구하지 않고 소소한 제안을 하고자 한다. 근무평정을 실시한다면, 여러분의 평점에는 제도 잡음이 깊이 스며들어 있을 것이다. 이런 이유 때문에 여러분의 평점 결과는 기본적으로 쓸모없고 역효과를 낳을 수 있다. 제도 잡음은 단순한 기술적 해결책으로 줄일 수 없다. 평정자의 판단에 대해서 명확하게 생각해볼 필요가 있다. 그러면 평점 척도를 명확하게 만들고 척도를 일관되게 사용하도록 평정자를 훈련시켜서 근무평정의 질을 개선할 수 있다는 것을 깨닫게 될 것이다. 이러한 잡음 축소 전략은 다른 많은 분야에도 적용될 수 있다.

척도 정의에 대하여

"우리는 근무평정에 많은 시간을 쓴다. 하지만 근무평정의 4분의 1이 성과이고, 4분의 3이 제도 잡음이다."

"근무평정에서 제도 잡음을 줄이기 위해 다면평가와 강제 등급을 시도했다. 하지만 오히려 상황을 더 악화시켰던 것 같다."

"수준 잡음이 너무 많다면, 평정자들이 '좋다'라든지 '우수하다'를 완전히 다르게 사용했기 때문일지도 모른다. 평점 척도에 기준점이 될 수 있는 구체적인 사례를 제공한다면, 그들은 척도를 거의 일관되게 사용할 것이다."

24장

채용 시스템의
구조화

직장 생활을 해본 사람이라면 '면접'이란 단어를 듣고 이내 스트레스 가득한 기억을 생생히 떠올리게 될 것이다. 입사 지원자가 미래의 상사나 인사 전문가와 처음 마주하는 면접은 조직의 일원이 되기 위해 거쳐야 하는 일종의 통과의례다.

대개 면접은 미리 마련된 루틴대로 진행된다. 가벼운 농담을 주고받은 뒤에, 면접관은 지원자에게 경력을 전반적으로 설명하거나 경력의 특정 요소를 상세히 말해보라고 요청한다. 면접 질문은 성취와 도전, 지원 동기 또는 회사를 개선할 아이디어 등에 관한 것들이다. 면접관은 지원자에게 본인의 성격이 어떤지 자주 묻고, 그런 성격이 지원한 직무나 회사의 문화에 왜 적합하다고 생각하는지도 묻는다. 면접관은 때때로 취미와 관심사에 대해서 묻기도 한다. 막바지에 이르면서, 지원자는 업무 유관성과 통찰력 평가를 위한 질문 몇 가지를 받게 된다.

채용 담당자는 앞에서 대략적으로 서술한 루틴에 따라서 직원을 채용할 것이다. 어느 조직심리학자가 지적했듯이, "어떤 식으로든 면접을 거치지 않고 누군가가 채용되는 것은 드물고 심지어 상상조차 할 수 없는 일"이다.[1] 그리고 거의 모든 채용 전문가가 면접에서 누구를 선발할지 결정할 때 어느 정도 직관적인 판단에 의지한다.[2]

어느 조직이든 채용 면접을 진행한다. 이는 우리가 함께 일할 사람을 뽑을 때 인적 판단이 제대로 내려질 것이라고 깊이 믿고 있음을 보여준다. 판단 과제로서 인재 선발은 큰 장점을 지닌다. 인재 선발은 너무나 흔하고 너무나 중요하기 때문에 조직심리학자들은 인재 선발을 매우 자세하게 연구했다. 1917년 발행된《응용심리학 저널Journal of Applied Psychology》창간호에서는 "인간 능력은 주된 국가 자원"이기 때문에 채용은 "가장 중요한 문제"라고 했다.[3] 그로부터 100년 뒤 다양한 선발 기법(표준화된 면접 등)의 효과가 확인됐다. 대부분의 현장 연구는 복잡한 판단 과제를 집중적으로 다루지는 않았다. 그래서 인재 선발은 완벽한 시험 사례가 됐고, 여러 선택지 가운데 어느 하나를 선택해야 하는 수많은 판단에도 적용될 수 있는 교훈을 제공한다.

면접의 위험 요소

면접에 관한 연구가 낯선 사람이라면 지금부터 하는 이야기에 놀랄 수도 있다. 면접의 목적이 직무를 잘 수행할 지원자와 그렇지 못할 지원자를 가려내는 것이라면, 표준화된 면접이 그렇게 유익하지는 않다(구조화 면접과 구분하기 위해 이른바 비구조화 면접에 대해서도 곧 살펴볼 것이다). 더 분명하게 말하자면, 대체로 표준화된 면접은 쓸모가 없다.

면접관이 입사 지원자에게 준 점수와 최종 선발된 지원자의 업무 수행도의 상관관계를 밝히는 연구가 많이 진행됐고, 위와 같은 결론에 도달했다. 면접관의 점수와 최종 선발된 지원자의 업무 수행도의 상관관계가 높다면, 면접이 입사 지원자의 업무 수행도를 예측하는 데 유용한 예측 변수라고 볼 수 있다. 이는 면접뿐만이 아니라 같은 방식으로 두 요소의 상관관계를 확인할 수 있는 모든 채용 기법에 해당된다.

여기서 주의할 일이 있다. 성공 정의는 중대한 문제다. 일반적으로 직원의 업무 수행도는 상사의 근무평정 결과를 기초로 평가된다. 지표가 근무 연수인 경우도 있다. 앞에서 지적했던 근무평정의 의심스러운 타당성을 고려하면 이러한 지표에 의구심이 생길 것이다. 하지만 직원 선발과 관련해 고용인의 판단의 질을 평가하기 위해서, 직원을 채용할 때 그가 했던 판단을 이용하는 것은 합리적인 것 같다. 채용 결정을 분석할 때는 이러한 가정이 반드시 필요하다.

이러한 분석의 결론은 무엇일까? 11장에서 확인한 일반적인 면접 점수와 근무평정의 상관계수는 .28이었다. 다른 연구에서 두 요소의 상관계수는 .20과 .33사이에 분포했다.[4] 사회과학 기준에서 보면 이건 매우 높은 상관계수다. 하지만 결정의 기초로 삼기에 아주 좋은 지표는 아니다. 3부에서 소개한 일치 백분율을 사용해 확률을 계산할 수 있다. 여러분이 두 직원을 평가한다고 치자. 두 직원에 대해 아는 것이라곤 한 명이 다른 한 명보다 면접 점수가 더 높았다는 것뿐이다. 면접 점수가 더 높은 직원이 근무평정에서 더 좋은 점수를 받을 확률은 대략 56~61퍼센트다. 물론 이는 동전 던지기보다 높은 확률이지만, 중요한 결정을 내릴 때 사용하기에 문제가 전혀 없는 방법은 아니다. 솔직히 말하면, 면접에는 지원자가 업무를 잘 해낼지 판단하는 것 외에 다른 목적도 있다. 유능한 지원자에게 회사를 적극적으로 홍보하고 앞으로 함께 일하게 될 동료와 친밀한 관계를 맺을 기회를 제공하는 것도 면접의 목적이다. 하지만 인재 선발에 시간과 노력을 투자하는 조직의 관점에서 면접의 주된 목적은 분명 선발이다. 안타깝게도 면접은 선발이라는 목적을 훌륭하게 이행하지 못한다.

면접에서 일어나는 잡음

전통적인 면접법이 업무 능력을 예측하는 과정에서 오류를 낳는 이유는 쉽게 이해할 수 있다. 일부 오류는 객관적인 무지[5]와 관련된다(11장 참고). 업무 능력은 신입 사원이 새로운 직무에 얼마나 빨리 적응하느냐 또는 얼마나 다양한 인생 경험이 그의 업무에 영향을 주느냐 등 많은 것에 의해 좌우된다. 대부분은 채용 시점에는 예측할 수 없다. 이러한 불확실성이 면접과 여타 인재 선발 방법의 예측 타당성을 제한한다.

면접은 심리적 편향의 지뢰밭이다. 최근 몇 년 동안 사람들은 면접관이 유사한 조직 문화가 몸에 배어 있거나 성별, 인종, 교육 배경 같은 면에서 자신과 공통점이 있는 지원자에게 의도치 않게 좋은 점수를 준다는 사실을 알게 됐다.[6] 많은 기업이 편향의 위험성을 인지하고 채용 담당자와 직원을 대상으로 구체적인 교육을 실시하여 이 문제를 해결하려고 시도한다. 면접에 심리적 편향 이외 다른 편향도 존재한다는 것이 수십 년에 걸쳐 밝혀졌다. 예를 들어 신체적 특징은 후보자의 평가에서 큰 역할을 한다. 심지어 외모가 거의 중요하지 않은 업무를 맡을 사람을 채용할 때도 마찬가지다. 이러한 편향은 모든 또는 대부분의 채용 담당자에게서 나타난다. 그리고 이러한 편향이 어떤 지원자에게 적용되면, 그에 대한 평가에서 부정적이거나 긍정적인 공유된 오류가 발생할 수 있다.

면접에서도 잡음이 존재한다는 말에 놀랄 사람은 없을 것이다. 면접관들은 같은 지원자에게 저마다 다르게 반응하고 다른 결론에 이른다. 두 명의 면접관이 같은 지원자를 면접하고 나서 그에게 준 점수의 상관계수는 .37과 .44 사이다(일치 백분율＝62~65%).[7] 지원자가 다른 면접관 앞에서 정확하게 똑같이 행동하지 않았을 수도 있다. 하지만 다수의 면접관이 같은 지원자의 같은 행동에 노출되는 패널 면접에서 그들의 면접 점수의 상관계수는 전혀 완벽하지 않다. 어느 메타 분석에 따르면, 상관계수는 .74였다(일치 백분율＝76%). 이것은 **같은** 패널 면접에서 **같은** 지원자 두 명을 본 면접관 두 명이 어느 지원자가 업무 능력이 우수한가에 대해 의견이 일치하지 않을 가능성이 25퍼센트라는 의미다.

이 변산성은 패턴 잡음의 산물이다. 눈앞에 있는 지원자에 대한 각 면접관 특유의 반응 차이 때문에 발생한 것이다. 대부분의 조직이 이 변산성을 완전히 예측한다. 이런 이유로 다수의 면접관이 같은 지원자를 평가하도록 하고 그 결과를 어떤 식으로 종합하여 최종 결정을 내린다. (일반적으로 집계된 의견은 어떤 식으로든 합의에 도달하는 논의 과정에서 나온다. 하지만 이런 과정도 그 자체로 문제를 낳는다.)

더 놀라운 사실은 면접에 많은 상황 잡음이 존재한다는 것이다. 지원자의 긴장을 풀어주기 위해 가벼운 농담을 주고받으며 처음 친밀한 관계를 형성하는 2~3분의 시간 동안 누군가의 추천이 지원자의 인상에 상당한 영향을 준다. 면접에서 첫인상은 매우 중요하다.[8]

첫인상을 근거로 판단을 내리는 게 뭐가 문제냐고 생각할 수도 있다. 적어도 우리는 첫인상을 통해 의미 있는 정보를 얻어낼 수 있고, 누군가와의 첫 만남에서 몇 초 만에 그 사람에 관한 무언가를 알아낼 수 있다. 그러므로 당연히 노련한 면접관이라면 지원자의 첫인상에서 많은 것을 알 수 있을 것이다. 하지만 면접이 시작되고 몇 초 동안엔 첫인상과 연관된 피상적인 자질만이 드러난다. 그래서 면접관은 대체로 지원자의 외향성과 언변에 기초해서 평가한다. 심지어 악수의 질도 채용 결과의 중요한 예측 변수가 된다.[9] 모두가 손을 꽉 잡고 악수하는 것을 좋아할지도 모른다. 하지만 의식적으로 악수를 주요 채용 기준으로 삼는 채용 담당자는 거의 없을 것이다.

면접관의 심리

왜 첫인상이 결국에 남은 면접을 좌지우지하는 것일까? 전통적인 면접에서 면접관은 스스로 적합하다고 생각하는 방향으로 면접을 자유롭게 이끌어갈 수 있다. 그래서 첫인상을 확인하는 질문을 연이어할 가능성이 있다. 예를 들어 지원자가 수줍어하고 내성적인 것 같으면, 면접관은 팀원으로서 일한 경험에 대해서 공격적으로 질문을 할지도 모른다. 하지만 활기차고 에너지가 넘치는 지원자에게는 같은 질문을 하지 않을 가능성이 있다. 그래서 면접을 통해서 두 명의 지원자에게서 수집한 증거는 같지 않을 것이다. 어느 연구에 따르면 이력서를 보고 해당 지원자에 대해서 일단 긍정적이거나 부정적인 판단을 내린 면접관의 행동을 추적했고 첫인상이 면접 진행 과정에 지대한 영향을 준다는 것이 면접 점수를 통해서 확인됐다. 예를 들어 긍정적인 첫인상[10]을 받은 면접관은 질문을 적게 하고 지원자에게 회사를 '세일즈'하는 경향이 있다.

첫인상의 힘이 면접에서 문제가 되는 유일한 요소가 아니다. 면접관은 앞에 앉아 있는 지원자를 이해하기를 바란다. (13장에서 다뤘던 일관성을 추구하고 다른 무언가에서 일관성을 찾으려는 과도한 경향이 면접에서 발현된다.) 이와 관련하여 굉장한 실험이 진행됐다.[11] 연구진은 학생들에게 면접자와 피면접자 역할을 할당했고 폐쇄적인 '네/아니오'로 답하는 질문만으로 면접 질문을 마련했다. 그리고 나서 피면접자에게 제멋대로 질문에 답하도록 했다. (피면접자 역할을 맡은 학생들이 질문의 첫 번째 글자만 보고 네/아니오로 대답해야 하는 질문인지 아닌지를 판단할 수 있도록 했다.) 연구진은 "피면접자 가운데 일부는 처음에 무작위 면접이 실패하고 아무 의미 없을 것이라고 걱정했지만, 그런 문제는 일어나지 않았고 면접은 진행됐다"며 냉소했다. 이 글을 제대로 읽었다면, 지원자가 멋대로 대답하고 있다는 것을 깨달은 면접관이 단 한명도 없었다는 것을 눈치챘을 것이다. 설상가상으로 '함께 보낸 시간을 고려해서 피면접자에 대해서 많은 것을 추론해낼 수 있었는지'를 물었을 때, 이 '무작위 면접'에서 면접자 역할을 맡은 학생들은 정직하게 질문에 답한 피면접자를 만났던 학생들과 동일하게 일관성을 찾아냈다고 대답을 했다. 일관성을 만들어내는 능력 때문이다. 우리는 무작위로 주어지는 데이터에서 상상의 패턴을 찾아내거나 구름 모양을 보고 어떤 것을 상상해낼 수 있다. 이런 능력 때문에 우리는 완전히 의미가 없는 답변들 속에서 논리를 찾아낼 수 있다.

덜 극단적인 사례를 살펴보자. 이전에 중소기업의 재무책임자였던 지원자와 만난 면접관이 있다. 그는 지원자가 몇 달 만에 이전 직장에서 퇴사했다는 사실을 확인하고 그 이유를 물었다. 지원자는 "CEO와의 전략적인 의견 불일치" 때문이었다고 설명했다. 다른 면접관도 그 지원자를 면접했고 같은 질문을 하면 같은 답을 들었다. 면접이 끝난 뒤에 면접관 두 명은 그 지원자에 대해서 완전히 다른 의견을 갖고 있었다. 그 지원자를 긍정적으로 평가했던 면접관은 그의 퇴사 결정을 진실성과 용기를 보여주는 행동이라고 생각했다. 반면에 지원자에게서 부정적인 첫인상을 받은 면접관은 같은 사실을 융통성이 없고 심지어 미성숙한 행동이라고 생각했다. 이 사례는 사실에 기초해서 지원자를 판단한다고 굳게 믿더라도 그 사실에 대한 해석은 기존 태도에 의해 영향을 받는다는 것을 보여준다.

전통적인 면접의 제한 때문에 면접을 통해서 의미 있는 결론을 이끌어 내는 면접관의 능력에 심각한 의구심이 생긴다. 면접하는 동안 형성된 인상이 생생하게 머릿속에 남기 때문에 면접관은 보통 그것을 확신한다. 면접에서 도달한 결론과 그 지원자에 대한 다른 정보를 종합할 때 면접관은 면접에 지나친 가중치를 두고 시험 점수와 같은 더 정확한 예측 변수는 별로 신경 쓰지 않는다.

지금 들려줄 이야기가 이해에 도움이 될 것이다. 교수 후보자는 면접에서 그들의 교수법이 기관의 기준에 부합하는지를 평가하기 위해서 동료 교수 앞에서 가상으로 강의를 진행하게 된다. 물론 이것은 교실에서 하는 평범한 수업보다 더 많은 이해관계가 걸려 있는 것이다. 이런 상황이 주는 스트레스와 압박감 때문에 시연 강의에서 나쁜 인상을 남긴 후보자가 있었다. 그의 이력서에는 우수한 강의 평가 결과와 많은 수상경력이 적혀 있었다. 하지만 시연 강의에서 받은 부정적인 인상이 너무나 생생했고, 그것이 그의 우수한 경력을 증명하는 추상적인 데이터보다 최종 결정에 더 많은 영향을 줬다.

면접이 지원자에 대한 정보를 얻을 수 있는 유일한 창구가 아닐 때, 예를 들어 시험 성적, 참고 자료 등 다른 데이터도 주어질 때, 이렇게 다양한 인풋을 종합하여 전반적인 판단이 나와야만 한다. 여기서 '판단(임상적 집계)이나 공식(기계적 집계)을 이용해 인풋을 종합해야 하는 걸까?' 하는 궁금증이 생길 수 있다. 9장에서 봤듯이 기계적 접근법은 일반적으로 그리고 업무 능력 예측과 같은 구체적인 사례에서 임상적 접근법보다 우월하다. 안타깝게도 조사에 따르면 인사 전문가의 절대다수가 임상적 집계를 선호한다.[12] 이런 관행이 이미 잡음이 존재하는 인사 프로세스에 또 다른 잡음의 원천을 추가하는 셈이다.

구조화를 통한 인재 선발 방식의 개선

만약 전통적인 면접과 판단에 기초해서 내린 채용 결정이 예측 타당성을 제한했다면, 이를 개선하기 위해서 무엇을 할 수 있을까? 다행히도 일부 연구를 통해서 인재 선발을 개선하는 방법에 대한 조언을 얻고, 몇몇 기업은 이에 관심을 기울이고 있다.

내부 인재 선발 관행을 개선해 그 결과를 발표했던 기업이 있다. 바로 구글이다. 구글 최고인적자원책임자 라즐로 복Laszlo Bock은 그 이야기를 저서《구글의 아침은 자유가 시작된다Work Rules!》에서 공개했다. 최고의 역량을 갖춘 인재를 채용하는 데 집중하고 옳은 인재를 찾기 위해 상당한 자원을 투입했지만, 구글은 고전했다. 채용 면접의 예측 타당성에 대한 감사 결과는 "연관성 없음 (…) 무작위 채용"이었다.[13] 이 상황을 해결하기 위해서 구글이 시도한 변화는 수십 년의 연구에서 나온 원칙들을 보여준다. 그리고 결정 위생 전략과도 관련된다.

그 전략들 중 하나는 지금쯤이면 분명 익숙해야 한다. 그것은 다름 아닌 판단 집계다. 인재 선발에서 이 전략을 사용한다는 건 놀랄 일이 아니다. 거의 모든 기업이 같은 지원자에 대한 여러 면접관의 판단을 집계한다. 다른 기업에 뒤지지 않으려는 듯 구글 지원자는 가끔 스물다섯 번의 면접을 거치는 고통을 감내해야 한다. 복은 면접 단계를 네 번으로 줄였다. 추가 면접이 첫 번째 네 번의 면접에서 나온 판단의 예측 타당성을 개선하지 않았기 때문이다. 하지만 타당성 수준을 보장하기 위해서 구글은 모든 기업이 준수하지 않는 규칙을 가혹할 정도로 엄격하게 이행한다. 다른 면접관과 의견을 주고받기 전에 면접관은 반드시 개별적으로 지원자를 평가해야 한다. 그러고 나서 모든 판단을 집계한다. 이처럼 모든 판단이 독립적일 경우에만 집계 전략은 효과가 있다.

구글은 이 책에서 아직 자세히 다루지 않은 결정 위생 전략도 도입했다. 바로 복잡한 판단을 구조화하는 것이다. 구조화란 단어는 많은 의미를 지닐 수 있다. 여기서는 "분해, 독립성과 전체론적 판단의 지연"이라는 세 가지 원칙으로 정의된다.

첫 번째 원칙인 **분해**는 결정을 구성 요소 또는 **매개 평가** 항목으로 나눈다. 판단 문제를 하위 판단 문제로 분해하는 것은 가이드라인을 여러 하위 영역으로 나눈 것과 추구하는 목적이 같다. 여기서 판단자는 중요한 단서에 집중하게 된다. 분해는 무슨 데이터가 필요한지 구체화하는 로드맵 역할을 하여 무관한 정보를 걸러낸다.

구글은 분해에서 네 번의 매개 평가를 진행한다. 일반적인 인지력, 리더십, 문화 적합성(이른바 '구글스러움') 그리고 역할 관련 지식이다. (이것들 중에서 일부는 더 작은 단위로 분해된다.) 구조화되지 않은 면접에서 면접관이 알아차릴 수 있는 지원자의 잘생긴 외모, 유려한 말솜씨, 흥미로운 취미와 긍정적이거나 부정적인 특징은 매개 평가의 대상이 아니다.

인재 선발에 대하여 이런 종류의 구조를 수립하는 것이 상식처럼 보일 수 있다. 실제로 신입 회계사나 행정 직원을 채용한다면, 표준적인 직무기술서에 직무 수행에 필요한 역량이 구체적으로 명시되어 있을 것이다. 하지만 채용 전문가는 핵심 평가사항을 정의하는 것이 일반적이지 않은 업무나 상위 직무의 경우에 어렵다는 것을 안다. 그래서 이러한 정의 단계는 자주 간과된다. 어느 유명한 헤드헌터는 직무 수행에 필요한 역량을 구체적으로 기술하는 것은 어렵고, 자주 간과된다고 했다. 그는 "의사결정자가 문제를 규정하는 데 투자하는 것이 중요하다"고 강조한다.[14] 지원자를 만나기 전에 분명하고 자세한 직무기술서를 작성하기 위해 사전에 필요한 시간을 써야 한다. 여기서 문제는 많은 면접관이 합의와 타협을 통해서 부풀려진 직무기술서를 사용한다는 것이다. 그 직무 기술서는 이상적인 지원자가 갖출 모든 특성이 적힌 애매한 희망 사항일 뿐이다. 그래서 해당 직무를 수행하는 데 반드시 필요한 자질을 분명하게 특정하지 못하거나 그런 특성들을 절충하여 작성한다.

구조화된 판단의 두 번째 원칙은 **독립성**이다. 독립성은 각각의 평가에 대한 정보가 독립적으로 수집되어야 한다는 의미다. 직무기술서에 필요한 자질을 서술하는 것으론 충분하지 않다. 전통적인 면접을 실시하는 대부분의 채용 담당자도 지원자에게서 자신들이 확인해야 하는 자질 네다섯 가지는 알고 있다. 문제는 면접과 달리 그들은 이런 요소들을 개별적으로 평가하지 않는다는 것이다. 그래서 각각의 평가가 다른 평가에 영향을 주고, 각각의 평가에 잡음이 생기게 된다.

이 문제를 극복하기 위해서 구글은 사실에 기초하여 독립적으로 평가하는 방법을 조직했다. 가장 뚜렷한 행보가 **구조화된 행동 면접**[15]을 도입한 것이었다. 행동 면접에서 면접관의 임무는 해당 지원자가 전반적으로 마음에 드느냐를 결정하는 것이 아니다. 각각의 평가에 대해서 데이터를 수집하고 각 평가에 맞춰 지원자에게 점수를 주는 것이다. 이렇게 하기 위해서 면접관은 과거 상황에서 지원자의 행동에 대하여 미리 정의된 질문을 해야 한다. 그리고 대답을 기록하고 통일된 지시문을 이용하여 미리 결정된 평가 척도에 따라서 점수를 준다. 지시문은 각각의 질문에서 보통, 좋음 또는 우수함이 무엇을 의미하는지 구체적인 사례를 제공한다. 이렇게 공유된 척도(앞 장에서 소개한 '행위기준 평가척도' 등)는 판단에서 잡음을 줄이는 데 도움이 된다.

이런 접근법이 전통적인 '수다스러운' 면접과 다르게 들린다면, 이는 진짜 다르기 때문이다. 실제로 이것은 업무적인 만남이라기보다 시험이나 취조에 더 가깝게 느껴진다. 그리고 면접자와 피면접자 모두 구조화된 면접을 싫어한다는 증거가 있다(또는 적어도 구조화되지 않은 면접을 선호한다는 증거가 있다). 구조화된 면접이 어떤 특성을 지녀야 하는가에 대한 논의는 계속되고 있다.[16] 하지만 면접에 관한 연구 문헌에서 발견되는 가장 일관된 결론은, 구조화된 면접이 전통적이고 구조화되지 않은 면접보다 지원자의 업무 능력을 훨씬 더 잘 예측한다는 것이다.[17] 구조화된 면접과 업무 능력의 상관계수는 .44와 .57 사이다. 일치 백분율을 사용하면 구조화된 면접으로 더 유능한 지원자를 선택할 가능성은 65퍼센트와 69퍼센트 사이다. 반면에 구조화되지 않은 면접은 56퍼센트와 61퍼센트 사이다. 그러므로 구조화된 면접이 구조화되지 않은 면접보다 유능한 인재를 예측할 확률이 더 높다고 할 수 있다.

구글은 중요하게 생각하는 사항에 대해서 판단할 때 다른 데이터도 사용한다. 업무 관련 지식을 시험하기 위해서 구글은 지원자에게 어떤 코드를 작성하는 프로그래밍 작업을 수행하게 하는 등 **작업 표본 검사**work sample test[18]를 사용한다. 연구에 따르면 작업 표본 검사는 현장 업무 능력을 예측하는 최선의 예측 변수 가운데 하나다. 구글은 또한 지원자가 제공한 참고인이 아니라 구글 직원이 인맥을 동원해 지원자에 대해 알게 된 '뒷구멍 참고자료'를 사용한다.

구조화된 판단의 세 번째 원칙은 **전체론적 판단의 지연**이다. 이것은 간단하게 설명할 수 있다. 판단에서 직관을 완전히 배제하지 말고, 잠시 미뤄둬라. 구글에서는 채용 위원회가 합의제로 최종적인 채용 권고를 한다. 채용 위원회는 지원자들의 면접 결과와 관련 정보를 종합적으로 검토한다. 그러한 정보를 기초로 위원회는 채용 권고 여부를 결정한다.

구글의 유명한 데이터 기반 문화와 데이터의 기계적 집계가 임상적 집계보다 더 정확한 판단을 도출한다는 증거가 있음에도 최종 결정은 기계적으로 내려지지 않는다. 채용 위원회가 모든 증거를 고려하고 전체적인 관점에서 저울질한 뒤에 최종 판단을 내린다. 그들은 '이 지원자가 구글에서 성공할 것인가?'라는 질문에 대한 답을 구한다. 이렇게 내려진 결정은 전혀 기계적이지 않다.

다음 장에서 이렇게 최종 결정을 내리는 것이 합리적인 이유에 대해서 자세히 살펴볼 것이다. 하지만 구글에서 채용에 관한 최종 결정이 기계적으로 내려지지는 않지만, 그것은 네 명의 면접관의 면접 점수의 평균에 단단히 기초한다. 그리고 지원자에 관한 겉으로 잘 드러나지 않는 근본적인 증거의 영향도 받는다. 다시 말해 구글은 모든 증거가 수집되고 분석된 뒤에 판단과 직관을 허용한다. 그리하여 직관적으로 지원자에 대한 인상을 정의하고 급하게 판단을 내리는 면접관(그리고 채용 위원회 위원)의 성향이 억제된다.

분해, 각 항목의 독립적 평가 그리고 전체론적 판단 지연이라는 세 가지 원칙에 근거하는 구글의 채용 프로세스가 인재 선발 프로세스를 개선하려는 모든 조직에게 본보기를 제공하진 않는다. 하지만 그것들은 몇 년 동안 조직심리학자들이 주장했던 것들과 전체적으로 일관된다. 실제로 그것들은 우리 중 한 사람(대니얼 카너먼)이 1956년 초에 이스라엘 군대에서 시행했고 저서 《생각에 관한 생각》에서 설명했던 선발 방법[19]과 어느 정도 유사하다. 구글이 도입한 채용 프로세스처럼 그것은 평가 구조(평가해야 하는 성격과 업무 역량 목록)를 공식화했다. 면접관은 차례대로 각 항목에 유의미한 객관적인 증거를 찾아내고 다음 항목을 평가하기 전에 해당 항목에 대해 점수를 매겨야 한다. 그리고 나서 판단과 직관을 사용해서 최종 결정을 내리게 된다. 구조화된 평가를 하고 난 뒤에 최종 결정이 이뤄지는 것이다. 채용 과정에서 구조화된 판단 프로세스(구조화된

5부 판단 개선

면접 등)의 우월성을 보여주는 증거는 많이 존재한다. 아울러 이를 채택하고 싶어 하는 임원들에게 가이드라인이 될 만한 실용적인 조언[20]도 있다. 구글의 사례와 다른 연구가 말해주듯이, 구조화된 판단법은 비용도 덜 발생한다. 왜냐하면 대면만큼 비용을 많이 발생시키는 요소는 거의 없기 때문이다.

그런데도 대부분의 임원은 비공식적인 면접 기반 채용 프로세스의 대체할 수 없는 가치를 확신한다. 놀랍게도 많은 지원자 역시 면접을 통해서 미래의 고용주에게 자신의 패기를 보여줄 수 있을 것이라고 믿는다. 연구진은 이를 "환상의 지속"[21]이라 불렀다. 한 가지는 분명하다. 채용 담당자와 지원자는 채용 판단의 잡음을 심각하게 과소평가한다.

채용 과정의 구조화에 대하여 _____

"전통적인 비공식적 면접에서 우리는 지원자를 이해하고 해당 직무에 적합한 사람인지 안다고 느낀다. 이것은 거부할 수 있는 직감이다. 우리는 이러한 직감을 불신하는 법을 배워야 한다."

"전통적인 면접은 편향뿐만 아니라 잡음 때문에도 위험하다."

"우리는 면접 시스템을 구조화해야 한다. 더 포괄적으로 인재 선발 과정을 구조화해야 한다. 먼저 지원자에게서 바라는 것들을 더 명확하고 구체적으로 규정하자. 그리고 각 항목별로 지원자를 독립적으로 평가하도록 하자."

25장

매개 평가
프로토콜

얼마 전 우리 중 두 사람(대니얼 카너먼과 올리비에 시보니)은 동료 댄 로발로Dan Lovallo와 함께 조직의 의사결정 방법을 하나 고안해냈다. 우리는 그것을 **매개 평가 프로토콜**MAP, Mediating Assessments Protocol[1]이라 불렀다. 이것의 주요 목표는 잡음 완화다. 매개 평가 프로토콜에는 앞선 장에서 살펴봤던 결정 위생 전략들이 포함되어 있다. 매개 평가 프로토콜은 널리 적용될 수 있다. 그리고 다수의 항목을 따져보고 계획이나 선택지를 평가할 때마다 사용될 수 있다. 매개 평가 프로토콜은 기업, 병원, 대학교, 정부 기관 등 모든 종류의 조직에서 다양한 방식으로 사용될 수 있다.

이 장에서는 실제 사례로 구성된 정형화된 사례로 매개 평가 프로토콜을 살펴볼 것이다. 먼저 '맵코'라는 가상의 기업이 있다고 치자. 맵코는 업계 판도를 완전히 바꿔놓을 수 있는 인수 결정을 앞두고 있다. 기업의 일반적인 인수 결정 과정과 맵코의 인수 결정 과정이 어떻게 다른지 살펴보자. 둘의 차이는 상당하면서도 미묘하다. 그래서 자세히 들여다보지 않으면 그 상당한 차이를 알아차리지 못할 수도 있다.

첫 번째 회의: 접근법에 대한 합의

맵코는 경쟁사인 '로드코' 인수를 고민했고, 어느 정도 결심이 선 경영진이 이를 논의하기 위해 이사회를 열었다. 맵코 CEO 조앤 모리슨은 인수 가능성에 대해서 예비 논의를 하고 이사회 심의방식을 개선하고자 이사회의 전략위원회를 소집했다. 이른 아침 조앤 모리슨은 다음과 같은 제안으로 위원회를 깜짝 놀라게 했다.

"로드코 인수 여부를 결정할 이사회 회의를 새로운 절차에 따라 진행할 것을 제안합니다. 이 새로운 절차는 매개 평가 프로토콜이라 불립니다. 그다지 매력적인 이름은 아니죠. 방법은 간단합니다. 전략적 선택의 평가 방식과 입사 지원자의 평가 방식은 유사합니다. 매개 평가 프로토콜은 두 방식의 유사성에서 영감을 받아 탄생했습니다.

구조화된 면접이 구조화되지 않은 면접보다 더 좋은 결과를 내놓는다는 연구 결과를 잘 알고 있을 겁니다. 그리고 채용 결정을 구조화하는 것이 채용 과정의 결과를 개선했다는 것도 알고 있죠. 아시다시피 인사부서에서도 채용 결정과 관련하여 이러한 원칙을 도입했습니다. 방대한 연구에 따르면 면접의 구조화는 채용 결과의 정확성을 크게 개선합니다. 우리가 사용했던 구조화되지 않은 면접으로는 얻을 수 없는 정확성이죠.

입사 지원자의 평가와 전략적 선택의 평가는 유사하다고 생각합니다. **선택할 전략 후보가 입사 지원자와 다를 바 없죠.** 그리고 이 유사성 때문에 저는 입사 지원자를 평가하는 방법을 전략적 선택지를 평가하는 데 도입해야 한다고 생각합니다."

전략위원회는 처음에는 그녀의 비유에 당황했다. 위원들은 채용 프로세스는 기름칠이 잘된 기계라고 말했다. 비슷한 결정이 무수히 내려지고 심각한 시간 압박은 존재하지 않는다고 덧붙였다. 반면에 전략적인 결정은 즉석에서 처리해야 되는 일이 많고 반드시 빨리 이뤄져야 하는 것이라고 그들은 말했다. 일부 위원은 인수 결정을 늦추는 제안은 그게 무엇이든 수용하지 않겠다고 조앤 모리슨에게 분명히 밝혔다. 그들은 맵코의 로드코 인수팀이 의사결정 과정에 실사 조건을 추가한 것에 대해서도 우려를 표했다.

조앤 모리슨은 그들의 반대 의견에 직접적으로 응수했다. 그녀는 구조화된 과정이 의사결정을 지연시키지 않을 것이라고 말하며 그들을 안심시켰다. 그러곤 다음과 같이 설명했다.

"로드코 인수를 논의하게 될 이사회의 회의 어젠다를 정하는 것이 목적입니다. 우리는 로드코 인수와 관련하여 고려하고 평가해야 되는 여러 사항들을 미리 고민하여 목록으로 작성해둘 필요가 있습니다. 이것은 면접관이 우선 지원자가 갖추어야 할 자질이나 역량을 점검할 점검표 역할을 하게 될 직무기술서를 작성해보는 것과 같습니다. 구조화된 면접에서 면접관이 개별 항목에 대해서 지원자를 차례차례 평가하는 것처럼, 이사회도 로드코 인수와 관련하여 고려사항을 각기 별도로 살펴볼 것입니다. 그러고 나서 인수 제안을 받아들일지 또는 거절할지에 대해서 논의할 것입니다. 이러한 절차가 이사회의 집단 지혜를 활용하는 훨씬 더 효과적인 방법일 것입니다."

그녀는 이어서 말했다. "우리가 이러한 접근 방식에 동의한다면 말이죠. 물론 이것은 정보가 제시되는 방법과 인수팀이 회의를 준비하는 방법에 영향을 줄 것입니다. 그래서 제가 지금 여러분의 생각을 듣고 싶었던 것입니다."

여전히 회의적인 위원 한 명이 채용 과정이 구조화한 덕분에 의사결정이 어떻게 개선되었는지 그리고 전략적 결정도 구조화되면 그렇게 개선되리라 생각하는지를 조앤 모리슨에게 물었다. 조앤 모리슨은 논리를 차근차근 설명했다. 매개 평가 프로토콜을 사용하면 평가 항목의 독립성이 보장되어 정보의 가치가 극대화된다고 그녀는 설명했다.

"지금까지의 이사회 논의는 구조화되지 않은 면접과 비슷했습니다. 우리 모두는 최종 결정을 내리는 것이 이사회의 최종 목표라고 생각하고, 그 목표를 달성하기 위해 모든 정보를 처리합니다. 처음부터 종결을 향해 달리기 때문에 얼마 지나지 않아서 목표에 도달하죠. 구조화되지 않은 면접을 진행하는 채용 담당자처럼, 첫인상이 정확했음을 확인하기 위해 모든 논의가 진행될 위험이 있습니다.

구조적으로 접근한다면 모든 평가를 끝내기 전에는 최종 결론에 도달하지 못할 겁니다. 각각의 항목을 평가하고 판단을 내리는 것이 중간 목표가 될 것입니다. 이런 방식을 통해 우리는 가용할 수 있는 모든 정보를 검토할 것이고, 이번 인수 건의 한 조건에 대한 결정이 다른 관련 없는 조건을 분석하는 데 영향을 미치지 않도록 할 것입니다."

마침내 위원회는 한번 시도해보기로 했다. 하지만 그들은 매개 평가가 무엇이며 생각하고 있는 미리 정의된 점검표가 있느냐고 물었다. 그녀는 '없다'고 답했고, 이어서 말했다. "일상적인 의사결정에 매개 평가 프로토콜을 적용한다면, 미리 정의된 점검표가 있을 수 있겠죠. 하지만 이 경우에는 우리가 직접 매개 평가 항목을 정의해야 합니다. 이것은 매우 중요합니다. 우리가 직접 인수 결정과 관련하여 반드시 평가해야 할 사항을 결정하게 될 것입니다." 그녀의 말을 들은 전략위원회는 매개 평가 항목을 결정하기 위해 다음 날 다시 만나기로 했다.

두 번째 회의: 매개 평가 항목의 정의

"제일 먼저, 포괄적으로 인수 결정과 관련해서 독립적으로 평가해야 할 사항을 목록으로 작성해보죠. 제프 슈나이더의 인수팀이 그 항목들에 따라서 이번 인수 건을 평가할 겁니다. 오늘 우리가 할 일은 평가 항목의 목록을 작성하는 것입니다. 여러분이 생각했을 때 이번 인수 결정에 유의미한 사항들을 해당하는 항목에 작성하세요.

참고로 각 사항들은 하나의 항목에만 해당되어야 합니다. 제가 말한 '독립적으로'는 유의미한 사항이 오직 하나의 평가 항목에만 반영되어 중복을 피한다는 뜻입니다."

위원회는 곧장 작업을 시작했고 관련 있어 보이는 사항과 데이터를 한데 모아서 긴 목록을 작성했다. 그러고 나서 그것들을 평가 항목에 따라 정리했다. 위원회는 곧 난관에 봉착했다. 포괄적이고 중복되는 내용이 없도록 목록을 짧게 줄여야만 했다. 그들은 성공적으로 목록을 줄일 수 있었다. 실제로 위원회는 일곱 개의 평가 항목을 최종적으로 정리해냈고, 그 내용은 정기적으로 이사회에 보고되는 인수 제안서의 목차와 비슷했다. 자금 조달 방법에 더해서 목록에는 인수 대상 기업의 경영진에 대한 평가와 기대하는 시너지 효과를 얻을 가능성에 대한 평가가 포함됐다.

전략위원회의 일부 위원은 평가 항목을 마련하는 회의에서 로드코에 대해 새로운 정보를 얻지 못해서 실망했다. 하지만 조앤 모리슨은 새로운 정보를 얻는 것은 이 회의의 목표가 아니라고 설명했다. 당장 달성해야 할 목표는 인수 제안을 검토하는 인수팀에 회의의 결과를 알려주는 것이었다. 그녀는 각각의 평가 항목은 인수팀의 보고서에서 서로 다른 장의 주제가 될 것이고, 이사회가 개별적으로 살펴볼 것이라고 말했다.

조앤 모리슨의 생각대로 인수팀의 임무는 인수 제안을 종합적으로 검토하여 이사회에 최종 보고하는 것이 아니었다. 최소한 아직까지는 아니었다. 매개 평가 항목을 개별적으로 분석해서 객관적이고 독립적인 평가 결과를 보고하는 것이었다. 궁극적으로 인수팀의 보고서의 각 장은 다음의 간단한 질문에 대한 답으로 마무리돼야 한다고 조앤 모리슨은 설명했다. "최종 결정에 각 항목이 얼마나 중요하게 고려되어야 하는가는 지금 고민할 문제가 아닙니다. 이 항목을 평가한 결과, 인수를 진행하는 것이 옳은지 아니면 포기하는 것이 옳은지를 판단하세요."

인수팀

인수 제안을 평가할 팀의 리더는 제프 슈나이더였다. 그는 인수위원회가 만든 항목을 각각 평가하기 위해서 그날 오후 팀을 소집했다. 작업방식에 많은 변화는 없었지만, 제프 슈나이더는 작업의 중요성을 강조했다.

먼저 그는 최대한 객관적으로 분석을 진행하라고 팀원들에게 지시했다. 평가는 철저히 사실에 기초해야 했다. 사실에 기초하여 분석하는 것은 당연한 일이었지만, 그는 가능하다면 언제든지 **외부 관점**을 활용하라고 팀원들에게 주문했다. 팀은 그가 말하는 '외부 관점'이 무엇을 의미하는지 이해하지 못했다. 그래서 제프 슈나이더는 조앤 모리슨이 말했던 두 개의 매개 평가 항목을 사용해서 그들에게 두 가지 사례를 들려줬다. 그는 규제 당국이 해당 인수를 승인할 확률을 평가하기 위해서 기저율, 다시 말해서 비슷한 인수건이 규제 당국으로부터 승인을 받았던 비율을 찾아보라고 말했다. 이를 위해 그들은 유관한 **준거 집단**reference class, 다시 말해서 비교할 만한 인수 사례를 정의해야 했다.

그리고 나서 제프 슈나이더는 로드코의 제품 개발 부서의 기술력을 평가하는 방법을 설명했다. 로드코의 제품 개발 부서의 기술력은 조앤 모리슨이 꼽은 중요한 매개 평가 항목이었다. "사실에 기초해서 로드코의 최근 성과를 설명하되 그것을 '좋다' 또는 '훌륭하다'로 평가하는 것으론 부족합니다. '로드코의 제품 개발 부서는 비슷한 제품 개발 부서들을 5분위로 나눌 때 2분위에 속함' 같은 평가를 내리길 바랍니다." 그는 상대적 판단이 절대적 판단보다 더 좋기 때문에 최대한 포괄적으로 평가하는 것이 이번 작업의 목표라고 설명했다.

제프 슈나이더는 또 다른 요청을 했다. 조앤 모리슨의 지시에 따르면서 가능하면 각각의 평가 항목을 독립적으로 분석하고 평가하라고 지시했다. 하나의 평가 항목이 다른 평가 항목에 영향을 줄 위험을 줄이기 위해서였다. 이에 따라서 그는 각각의 팀원에게 다른 평가 항목을 맡겼고 독립적으로 작업하라고 지시했다.

그 말에 몇몇 팀원은 놀라움을 금치 못했다. "협업이 더 좋지 않을까요?"라며 그들이 제프 슈나이더에게 물었다. "팀원이 서로 소통하는 것을 원치 않는다면 팀을 꾸리는 게 무슨 소용인가요?"

제프 슈나이더는 독립성이 왜 필요한지 팀원들에게 설명해줄 필요가 있음을 깨달았다. "채용 과정에서 후광 효과에 대해 들어봤을 겁니다. 지원자에게서 받은 전반적인 첫인상이 특정 항목에서 지원자의 역량을 평가하는 데 영향을 미치는 현상이죠. 이러한 후광 효과를 피하는 것이 목표입니다." 몇몇 팀원은 이런 후광 효과가 큰 문제가 되진 않는다고 생각했다. 그래서 제프 슈나이더는 또 다른 예를 들어 설명했다. "네 명의 목격자가 있다고 칩시다. 증언을 하기 전에 그들이 서로 이야기를 나누도록 허락할 건가요? 분명 그렇게 하지 않을 겁니다. 목격자 한 명이 다른 목격자에게 영향을 주는 것을 원치 않기 때문이죠." 제프 슈나이더는 팀원들이 그 비유를 그렇게 적절하다고 여기진 않더라도 무슨 의미인진 이해했을 거라고 생각했다.

공교롭게도 제프 슈나이더에게는 완벽하게 독립적으로 평가를 진행할 팀원들이 부족했다. 그래서 노련한 팀원인 제인이 두 항목에 대한 평가를 맡게 됐다. 제프 슈나이더는 서로 관련이 없는 항목 두 개를 선택했고, 제인에게 두 번째 항목에 대한 평가를 시작하기 전에 첫 번째 항목에 대한 평가를 마무리하고 보고서를 끝내라고 지시했다. 또 다른 문제는 로드코 경영진에 대한 평가였다. 제프 슈나이더는 팀원들이 로드코 경영진의 내재적 자질과 로드코의 최근 성과를 완전히 분리해서 평가하지 못할까 봐 걱정했다(인수팀은 로드코의 최근 성과도 별도의 항목으로 자세히 분석할 계획이었다). 이 문제를 해결하기 위해 제프 슈나이더는 외부 인사 전문가에게 로드코 경영진을 평가해달라고 요청했다. 그는 이렇게 하면 더 객관적인 평가 결과를 얻을 수 있을 거라 생각했다.

제프 슈나이더는 팀에 다소 특이한 지시를 또 내렸다. 보고서의 각 장은 하나의 평가 항목에 대해서만 작성되어야 하고, 조앤 모리슨이 요청했던 대로 점수로 평가 결과를 나타내라고 팀원들에게 지시했다. 하지만 제프 슈나이더는 팀원들에게 각 장에 해당 항목을 평가하고 분석할 때 사용했던 모든 사실적 정보를 포함시키라고 지시했다. "아무것도 숨기지 마세요. 물론 각 장의 전체 어조는 평가 점수와 일관성을 유지해야 할 겁니다. 하지만 최종 점수와 일치하지 않거나 심지어 모순되는 정보가 있더라도, 그 정보를 숨기지 마십시오. 여러분이 할 일은 상대방이 여러분 제안을 받아들이도록 설득하는 것이 아닙니다. 그저 진실을 보여주는 것입니다. 그게 복잡하다면, 복잡한 대로 내버려두십시오. 이런 일은 항상 복잡한 법이죠."

이 같은 맥락에서 제프 슈나이더는 팀원들에게 각 항목의 평가 결과에 대해서 얼마나 확신하는지 분명히 밝힐 것을 주문했다. "이사회는 여러분이 완벽한 정보를 갖고 있지 않다는 것을 압니다. 얼마의 정보를 갖고 평가를 진행했는지를 이사회가 안다면 많은 도움이 될 것입니다. 그리고 주저하게 만드는 무언가와 마주한다면, 다시 말해서 인수를 포기해야 될 무언가를 발견한다면, 그 즉시 보고하세요."

인수팀은 지시대로 평가를 진행했다. 다행히도 인수를 철회할 만한 사실을 발견되지 않았다. 그들은 조앤 모리슨과 이사회를 위해서 모든 평가 항목을 검토하고 분석한 뒤에 보고서를 종합했다.

결정 회의

조앤 모리슨은 이사회 회의를 준비하기 위해 인수팀의 보고서를 읽었다. 그녀는 그 보고서에서 즉시 중요한 무언가를 알아차렸다. 대부분의 평가 결과가 인수를 지지했지만, 간단하고 낙관적이며 지금 당장 인수에 착수해야 한다는 메시지를 주지는 않았다. 일부 항목의 점수는 좋았지만, 점수가 좋지 않은 항목도 있었다. 그녀는 각각의 항목에 대한 평가를 독립적으로 진행했기에 이런 차이가 발생한 것임을 알았다. 평가 과정에서 지나친 일관성이 억제되면서, 그 결과는 지금까지 이사회에 보고됐던 대부분의 결과만큼 일관적이지 않았다. 그녀는 생각했다. '좋아. 각 항목의 평가 결과의 차이 때문에 이사들은 의문을 제기할 것이고, 그로 인해서 토론이 시작될 거야. 그 덕분에 이사회가 양질의 심의를 진행할 수 있어. 물론 다양한 평가 결과 때문에 의사결정을 내리는 것이 쉽지 않겠지만, 더 좋은 결정을 내리게 될 거야.'

조앤 모리슨은 보고서를 검토하고 결론을 내리기 위해 이사회를 소집했다. 그녀는 인수팀의 분석 방식에 대해 설명했고, 이사회에도 같은 방식으로 보고서를 검토해달라고 요청했다. "인수팀은 각각의 평가 항목이 서로 영향을 주지 않도록 독립성을 유지하면서 평가를 진행하려고 노력했습니다. 지금부터 우리도 독립적으로 각 항목의 평가 결과를 검토했으면 합니다. 그래서 최종 결정을 논의하기에 앞서 각각의 평가 항목을 개별적으로 살펴볼 것입니다. 각각의 항목에 대한 평가 결과를 개별적인 회의 어젠다로 생각하고 살펴보시죠."

이사회는 이렇게 구조적인 방식에 따라서 보고서를 검토하는 것이 어렵다는 사실을 알고 있었다. 조앤 모리슨은 그들에게 모든 항목에 대해서 논의하기 전에 인수에 대하여 전체적인 판단을 내리지 말아달라고 요청했다. 하지만 그들 중 대다수가 업계 내부자들이었다. 그들은 로드코에 대해서 각자 나름의 의견을 **갖고 있었다.** 그래서 로드코의 인수 여부에 관해서 전체적인 관점에서 논의하지 않는다는 것은 다소 인위적으로 느껴졌다. 그런데도 그들은 조앤 모리슨이 이런 접근법을 통해서 무엇을 얻고자 하는지를 이해하고 있었다. 그래서 그들은 그녀의 규칙에 따라 보고서를 검토하기로 했고, 자신들의 전반적인 의견에 대해서 논의하는 것을 자제하기로 했다.

이사회는 이런 접근 방식이 꽤나 가치 있다는 사실에 스스로 놀랐다. 회의가 진행되는 동안 그들 중 일부는 인수에 대해 생각이 바뀌었다(모두가 자신의 생각을 비밀에 부쳤기 때문에 누가 의견을 바꿨는지는 아무도 알 수 없었다). 조앤 모리슨이 이사회 회의를 진행하는 방식이 큰 역할을 했다. 그녀는 **추정-대화-추정**[2] 방법을 사용했다. 이것은 심의의 장점과 독립적인 선택의 평균화의 장점을 합친 접근법이었다.

그녀는 이렇게 이사회 회의를 진행했다. 인수팀을 대표해서 제프 슈나이더가 각각의 항목에 대한 평가 결과를 핵심적으로 요약해서 이사회에 설명했다(이사회는 사전에 보고서를 자세히 읽어서 자세한 내용을 알고 있었다). 그러고 나서 조앤 모리슨이 이사회에 평가 항목에 대해 휴대폰의 투표앱을 사용해서 점수를 매기라고 요청했다. 이사회는 각각의 항목에 대해서 인수팀과 같거나 다른 점수를 눌렀다. 투표가 완료되는 즉시 화면에 점수 분포가 표시됐다. 누가 어떤 점수를 줬는지는 비공개였다. 논의를 시작하기 전에 조앤 모르슨이 설명했다. "이것은 투표가 아닙니다. 각 항목에 대한 의견을 대략적으로 알아보기 위해서 이런 단계를 진행하는 겁니다." 이사회의 독립적인 의견을 대략적으로 파악함으로써 조앤 모리슨은 사회적 영향과 정보의 폭포의 위험을 줄였다.

일부 항목에서는 즉각적인 합의에 도달했지만, 반대 의견이 드러난 항목도 있었다. 자연스럽게 조앤 모리슨은 후자에 더 많은 시간을 할애하여 논의를 이끌었다. 그녀는 찬성 측과 반대 측 모두가 충분히 발언할 수 있도록 했다. 그녀는 사실과 논거를 갖고 미묘한 차이까지 잘 전달할 수 있도록 의견을 밝혀달라고 요청했다. 이사 한 명이 인수를 너무나 강하게 밀어붙이며 흥분하자, 그녀는 말했다. "우리는 합리적인 사람이고 어떤 문제에 대해서 동의하지 않을 수 있습니다. 그러니 이것은 합리적인 사람들이 동의하지 않을 수도 있는 사안입니다."

논의가 막바지에 이르자, 조앤 모리슨은 이사들에게 다시 한 번 점수를 눌러달라고 요청했다. 대부분의 경우에 처음보다 논의를 끝낸 뒤에 다시 한 번 더 투표했을 때 점수가 어느 한 방향으로 수렴됐다. 추정하고 논의하고 다시 추정하는 과정이 각각의 평가 항목에 대해서 반복됐다.

마지막으로 인수 여부에 대한 최종 결정을 내릴 시간이 됐다. 원활한 논의를 위해서 제프 슈나이더는 화이트보드에 평가 항목의 목록을 작성해서 이사들에게 보여줬다. 그리고 각 항목에 대한 이사회의 평점도 함께 공개했다. 이사들은 인수의 개요를 다시 살폈

5부 판단 개선

다. 그들은 어떻게 결정을 내렸을까?

이사 한 명이 간단한 제안을 했다. 평점의 단순 평균을 구하는 것이었다. (그는 전체론적인 임상적 판단보다 9장에서 다뤘던 판단의 기계적인 집계가 더 우월하다는 것을 알고 있었는지도 모른다.) 하지만 또 다른 이사가 그의 의견에 반대했다. 그녀는 평가 항목 중에서 어떤 항목에 더 많은 가중치를 둬야 한다고 생각했다. 세 번째 이사가 항목들의 체계가 다르다는 이유로 그녀의 의견에 반대했다.

조앤 모리슨이 논의를 중단시켰다. "단순히 평가 점수를 집계하는 것이 목적이 아닙니다. 직관적 판단을 잠시 미뤘지만, 이제 여러분의 직관을 발휘할 시간이에요. 지금 우리가 필요한 것은 판단이죠."

조앤 모리슨은 자신의 논리를 설명하지 않았지만, 그녀는 그 교훈을 어렵게 깨달았다. 그녀는 특히 중요한 결정에 관해서 사람들이 자신들이 원하는 대로 판단을 내리지 못하는 상황을 견디지 못한다는 것을 알았다. 그녀는 의사결정자들이 어떤 공식이 사용되는지를 알면 시스템을 어떻게 조작하는지를 봐서 익히 알고 있었다. 그들은 스스로 바람직하다고 생각하는 결론에 도달하기 위해서 점수를 바꿨다. 이것은 매개 평가 프로토콜을 도입한 목적에 반하는 행위였다. 게다가 이번에 해당되지는 않지만, 그녀는 평가 항목을 정의할 때 예상치 못했던 결정적인 요소(10장에서 다뤘던 '부러진 다리' 현상)가 등장할 가능성을 경계했다. 그러한 인수를 포기할 수 있는 예상치 못한 요소(또는 인수를 단행할 결정적인 요소)가 등장하면, 평가 점수의 평균에 기초한 기계적 결정 과정은 심각한 실수로 이어질 수 있었다.

　그리고 조앤 모리슨은 이 단계에서 이사들이 직관을 사용하면 처음부터 직관에 의지할 때와는 완전히 다른 결과가 나올 것임을 알고 있었다. 이제 평가 결과를 모두가 알고 있기 때문에, 최종 결정은 사실에 기초하여 철두철미하게 검토를 통해서 나온 점수에 단단히 기초를 두게 됐다. 매개 평가 결과는 대체로 인수를 지지하고 있었다. 만약 인수에 반대하는 이사가 있다면, 그는 인수를 반대하는 강력한 논거를 제시해야 했다. 이런 논리에 따라서 이사회는 인수 여부에 대해서 논의했고 모든 이사회가 그렇게 하듯이 결정을 표결에 붙였다.

반복적인 결정에 적용하기

지금까지 단발성의 단일 결정 과정에서 매개 평가 프로토콜에 대해 살펴봤다. 하지만 매개 평가 프로토콜은 반복적인 결정 과정에도 적용될 수 있다. 맵코가 단일 인수 결정을 내리지 않고 스타트업에 대한 투자 결정을 반복적으로 내리는 벤처 캐피털이라고 생각해보자. 이런 경우에도 매개 평가 프로토콜이 사용될 수 있고 그 과정은 단일 인수 결정을 내릴 때와 똑같이 흘러갈 것이다. 차이가 있다면, 두 가지 반전 덕분에 그 과정이 좀 더 간단해진다.

　첫째, 매개 평가 항목을 정의하는 첫 단계는 단 한 번만 진행하면 된다. 벤처 캐피털은 투자 기준을 갖고 있고, 모든 잠재적인 투자 대상에 그 기준을 적용한다. 그 기준에 따라 투자 대상을 평가하는 것이다. 그러니 매번 투자 대상을 평가하기 전에 어떤 항목에 대해서 살펴볼지를 다시 정의할 필요가 없다.

둘째, 벤처 캐피털이 같은 유형의 결정을 많이 내린다면, 그런 경험을 이용해서 판단의 정확도를 조율할 수 있다. 예를 들어서 모든 벤처 캐피털이 진행하는 평가를 생각해보자. 그들은 경영진의 질을 평가한다. 이것은 준거 집단과 비교해서 평가되어야 한다. 구체적인 항목을 평가하는 것뿐만 아니라 비교할 만한 기업들에 관한 데이터를 수집하는 것은 힘들다고 했던 맵코 인수팀의 말에 동의할지도 모르겠다.

비교 판단은 반복적인 결정에서 훨씬 더 쉬워진다. 수십 개의 혹은 수백 개의 기업의 경영진을 평가했다면, 그 과정에서 쌓은 경험을 준거 집단으로 사용할 수 있다. 실용적인 방법은 준거 사례로 정의된 사례 척도를 만드는 것이다. 예를 들어 평가 대상인 경영진이 '인수 결정을 내렸던 ABC기업의 경영진만큼 우수하지만 DEF기업의 경영진만큼 우수하진 않다'고 말할 수 있다. 물론 준거 사례는 평가 과정에 참여하는 모든 사람에게 공개되어야 한다(그리고 주기적으로 업데이트되어야 한다). 사례 척도를 정의하려면 미리 시간을 투자해야 한다. 이렇게 시간을 미리 투자하여 사례 척도를 정의하면 상대적 판단(인수 대상인 기업의 경영진을 ABC기업과 DEF기업의 경영진과 비교하는 것)이 가능해진다. 상대적 판단은 숫자나 형용사로 정의된 척도에 따라서 진행되는 절대적 판단보다 훨씬 더 신뢰할 수 있다.

매개 평가 프로토콜에 따른 변화

참고하기 편하도록 매개 평가 프로토콜을 도입하면 어떤 것들이
바뀌는지를 표4에 정리했다.

표4 | 매개 평가 프로토콜의 주요 단계

---

1. 의사결정 과정 초반의 결정을 매개 평가 항목으로 체계적으로 분해한다. (반복적인 판단
    의 경우에 이 단계는 단 한 번만 진행하면 된다.)
2. 가능할 때마다 매개 평가에서 외부 관점을 활용한다. (반복적인 판단: 가능하면 사례 척
    도를 기준으로 상대적 판단을 사용하라.)
3. 분석 단계에서 평가 항목을 다른 항목들과 분리하여 최대한 독립적으로 분석한다.
4. 의사결정 단계에서 각각의 매개 평가 결과를 별도로 검토한다.
5. 각각의 매개 평가 항목에서 참가자들은 개별적으로 판단을 내려야 한다. 그리고 나서 추
    정-대화-추정의 방법을 이용한다.
6. 최종 결정을 내리기 위해서 직관은 잠시 미뤄둔다. 그렇다고 직관적인 판단을 완전히 포
    기하진 말라.

여기서 정보의 순차적 제시, 결정을 독립 평가 항목으로 분해하
기, 외부 관점에 근거한 공통 준거틀의 사용, 다수의 독립적 판단의
집계 등 앞선 장에서 다뤘던 다수의 결정 위생 기법이 사용됐다는
사실을 눈치챘을지도 모르겠다. 이러한 결정 위생 기법을 사용함으
로써 매개 평가 프로토콜은 의사결정 과정을 변화시켜서 가능한
많은 결정 위생 효과를 발휘한다.

분명 결정의 내용이 아니라 결정 과정에 집중하는 것을 비난할
수 있다. 위에서 살펴본 인수팀과 이사회의 반응이 특이한 것이 아
니다. 내용은 구체적이지만, 과정은 포괄적이다. 직관과 판단을 사

용하는 것은 재미있지만, 정해진 과정을 따르는 것은 재미있지 않다. 일반적 통념에 따르면 좋은 결정, 특히 최선의 결정은 위대한 리더의 통찰력과 창의력에서 나온다. (자신이 문제의 리더인 경우에 이러한 통념이 진실이기를 절실히 바란다.) 그리고 많은 사람들에게 '과정'은 관료주의, 불필요한 요식행위, 그리고 지연을 떠오르게 하는 단어다.

온갖 프로토콜을 도입하여 따르는 기업과 정부 기관을 상대한 경험이 있을 것이다. 그런 경험을 가만히 떠올려보면 이런 우려를 할 필요가 없다는 것을 알게 될 것이다. 분명 이미 관료주의적인 조직의 의사결정 과정을 더 복잡하게 만드는 것은 상황을 악화시킬 수 있다. 하지만 결정 위생은 의사결정 과정을 늦추거나 관료주의를 더 강화하지 않는다. 그 반대로 관료주의의 특징이 되는 합의를 억압하지 않고 도전과 논의를 촉진한다.

결정 위생을 시도해야 할 이유는 분명하다. 모든 조직의 리더는 가장 크고 중요한 결정에 잡음이 존재한다는 것을 보통 인식하지 못한다. 그래서 그들은 잡음을 줄이려고 구체적인 조치를 도입하지 않는다. 이런 맥락에서 조직의 리더는 인재 선발 도구로 구조화되지 않는 면접에만 의존하는 채용 담당자와 같다. 자신들의 판단에 존재하는 잡음은 알지 못하고 지나치게 자기 판단을 확신하며, 판단을 개선할 절차를 알지 못하는 것이다.

손 씻기로 모든 질병을 예방할 수 없다. 마찬가지로 결정 위생이 모든 실수를 예방하진 않을 것이며, 모든 결정을 탁월한 것으로 만들어주지도 않을 것이다. 하지만 손 씻기처럼 결정 위생은 눈에 보이지 않지만 곳곳에 스며들어 있는 심각한 문제를 해결하는 데 도움이 된다. 판단이 있는 곳에는 잡음이 있다. 그러므로 결정 위생을 잡음을 줄이는 도구로 사용할 것을 제안하는 바다.

매개 평가 프로토콜에 대하여 _____

"채용 결정을 내리기 위해 구조화된 채용 과정을 마련했다. 전략적 결정을 위해서 구조적인 의사결정 과정을 마련하는 것은 어떨까? 어쨌든 선택지가 입사 지원자와 다를 것 없지 않은가."

"이것은 어려운 결정이다. 매개 평가 프로토콜에 따라서 결정을 내려보는 것은 어떨까?"

"이 계획에 대한 우리의 직관적인 전체론적 판단은 중요하다. 하지만 아직 직관적인 전체론적 판단을 내릴 때가 아니다. 여러 항목을 개별적으로 평가하고 결론을 내린 뒤에 직관을 발휘하는 편이 훨씬 좋다."

최적의
잡음

NOISE

NOISE

1973년 마빈 프랑켈 판사는 양형에서 잡음을 줄이기 위해 꾸준히 노력해야 한다고 주장했다. 이 주장은 옳았다. 비공식적인 직관적 잡음 감사를 통해, 그는 같은 피의자에게 다른 형량이 선고되는 부당한 상황을 확인했다. 이런 격차는 너무나 충격적이었고 아주 놀라웠다. 프랑켈 판사의 노력은 이후 더 공식적이고 제도적인 노력으로 이어졌다.

이 책이 프랑켈 판사의 주장을 일반화하고 심리적 기반을 이해하는 데 많은 부분을 할애하고 있다고 볼 수도 있다. 어떤 사람들에겐 형사사법제도에 나타나는 잡음이야말로 특히나 견디기 어렵고 가증스럽기까지 한 모양이다. 하지만 다른 숱한 상황에서도 잡음은 참기 어려운 것이다. 민간 영역과 공공 영역에서 상호 대체 가능한 사람들이 자신들의 직무와 관련하여 서로 다른 판단을 내린다고 생각해보라. 보험, 채용과 근무평정, 의학, 과학수사, 교육, 비즈니스, 정부 등 여러 조직과 상황에서 사람 간 잡음은 오류의 주된 원천이다. 무관해 보이는 요소들 때문에 우리도 오전과 오후 또는 월요일과 목요일에 다른 판단을 내릴 수 있다. 우리 역시 상황 잡음에 취약하다.

하지만 법조계가 양형 가이드라인에 격렬히 반대한 데서 보듯,

잡음을 줄이려는 노력은 곧잘 심각하고 극렬한 반대에 부딪힌다. '가이드라인은 저마다 융통성 없고, 비인간적이며, 부당하다'고 주장하는 이가 많았다. 회사, 고용주 또는 정부에 합리적인 요구를 했다가 고작 이런 답변을 들은 경험이 거의 누구에게나 있을 것이다. "우리도 정말 도와주고 싶지만 어쩔 도리가 없네요. 규칙이 정해져 있거든요." 문제의 규칙은 어리석고 심지어 잔인해 보이지만, 아마도 좋은 의도로, 다시 말해서 잡음(그리고 편향)을 줄이기 위해 도입됐을 것이다.

그렇긴 해도 잡음을 줄이려는 몇몇 노력은 심각한 우려를 낳는다. 무엇보다 잡음을 줄이려는 노력 때문에 사람들이 정당한 발언 기회를 얻기 어렵거나 얻지 못하는 경우가 생긴다면 특히나 그럴 것이다. 알고리즘과 머신러닝의 등장은 그런 반대 여론을 새로운 관점에서 바라볼 수 있게 해줬다. 그 누구도 '알고리즘을 당장 도입하자!'라는 기치를 내걸고서 잡음 축소를 밀어붙이진 않는다.

예일 로스쿨의 케이트 스티스와 연방 판사 호세 카브라네스의 비판적 입장은 상당한 영향력을 발휘했다. 그들은 양형 가이드라인을 거세게 공격한 바 있는데, 어떤 의미에서 그 공격은 이 책의 핵심 아이디어를 겨냥하고 있기도 하다. 그들의 주장은 양형에 국한

되지만, 교육·경영·스포츠 등 온갖 곳에서 시도되고 있는 잡음 축
소 전략에 대한 반박으로도 해석될 수 있다. 스티스와 카브라네스
는 양형 가이드라인이 "재량 행사에 대한 공포, 즉 판단에 대한 공
포에 의해서, 그리고 전문가 및 중앙계획에 대한 기술관료적 신념
에 의해서" 작동된다고 주장했다. 또한 "판단에 대한 공포" 때문에
"주어진 개개 사건의 세부 사항"을 고려하지 못하게 된다고 주장했
다. 그들이 보기에 "그 어떤 기계적인 해결책도 정의에 대한 요구를
만족시킬 수는 없다."[1]

　이러한 반론은 충분히 검토해볼 만하다. 온갖 판단이 개입되는
상황에서 사람들은 '정의에 대한 요구'를 모든 기계적인 해결책을
금지하자는 주장으로, 그리하여 결국 잡음을 보장하는 프로세스 및
접근법을 허용하거나 심지어 의무화하자는 주장으로 간주한다. 많
은 이가 '주어진 개개 사건의 세부 사항'에 주목할 것을 요구한다.
병원·학교·기업 등 크고 작은 조직에서 이러한 요구는 심오한 직
관적 호소력이 있다. 우리가 보았듯 결정 위생에는 다양한 잡음 축
소 전략이 포함돼 있고, 대부분의 잡음 축소 전략에는 기계적인 해
결책이 포함돼 있지 않다. 사람들이 문제를 구성 요소들로 분해하
여 살펴볼 때, 그들의 판단이 기계적일 필요는 없다. 그럼에도 불구

하고 많은 이가 결정 위생 전략의 사용을 환영하지 않을 것이다.

우리는 잡음을 '원하지 않은 변산성'으로 정의했다. 만약 원치 않는 무언가가 있다면, 그것은 아마도 제거돼야 할 것이다. 하지만 분석은 그보다 복잡하고 흥미롭다. 다른 조건들이 동일하다면 그 누구도 잡음을 원치 않는다. 하지만 다른 조건들이 동일하지 않을 수 있고, 잡음을 제거하는 비용이 편익을 초과할 수도 있다. 심지어 비용 및 편익을 분석한 결과, 잡음 때문에 많은 비용이 초래될 경우 잡음을 제거하는 것은 공공 조직과 민간 조직 모두에게 끔찍하거나 용납 불가한 결과를 초래할 수 있다.

그럼 지금부터 잡음을 줄이거나 제거하려는 노력에 대한 일곱 가지 주된 반박을 살펴보도록 하자.

첫째, 잡음 축소는 많은 비용을 초래할 수 있다. 이 말은 곧 애써 잡음을 줄이는 게 의미 없을 수도 있다는 얘기다. 잡음을 줄이는 데 필요한 조치는 큰 부담이 될 수도 있다. 어떤 경우에는 그런 조치가 아예 실현 불가능할 수도 있다.

둘째, 잡음을 줄이기 위해 도입한 일부 전략이 오히려 오류를 낳을 수도 있다. 때때로 잡음 축소 전략은 제도적 편향을 발생시킬 수 있다. 정부 기관의 모든 예측가가 똑같이 비현실적으로 낙관적인 추정을 제시한다면, 그들의 예측에 잡음은 없겠지만 틀린 예측일 것이다. 모든 의사가 모든 병에 아스피린을 처방한다면, 잡음은 없을지 모르나 엄청난 실수를 저지르는 것이 될 것이다.

26장에서는 이상의 두 가지 반박을, 27장에서는 나머지 다섯 가지 반박을 살펴볼 것이다. 이 다섯 가지 반박은 잡음 축소 노력을 둘러싸고 흔히 제기되는 반론이며, 특히 규칙과 알고리즘 및 머신러닝에 대한 의존도가 커짐에 따라 앞으로 여러 곳에서 듣게 될 얘기다.

셋째, 존경과 존엄으로 대우받는다는 느낌을 사람들에게 주려면 어느 정도의 잡음은 감내해야 할지도 모른다. 잡음은 사람들이 결국 포용하게 된 불완전한 프로세스의 부산물일 수 있다. 왜냐하면 그 프로세스는 직원, 고객, 지원자, 학생, 범죄 피의자 등 모두에게 개별적으로 발언하고 재량을 행사할 기회를 제공하며, 자기 의견이 반영된다는 느낌을 주기 때문이다.

넷째, 잡음은 새로운 가치를 수용하고 도덕적·정치적 평가를 허용하는 데 필수적일 수 있다. 잡음을 제거하면, 도덕적·정치적 헌신이 예상치 못한 새로운 방향으로 나아갈 때 대응할 수 있는 능력이 줄어들 수 있다. 잡음 없는 제도가 기존 가치를 동결시킬지도 모른다.

　다섯째, 잡음을 줄이기 위해 설계된 일부 전략은 사람들이 편법을 쓰거나 금지 규정을 회피하게 만들어서 기회주의적 행동을 조장할지도 모른다. 약간의 잡음, 어쩌면 상당한 잡음이 범법 행위를 막는 데 반드시 필요할지도 모르겠다.

　여섯째, 잡음 있는 판단 과정이 상당한 억제력을 발휘할 수 있을지 모른다. 사람들은 자신이 크고 작은 처벌을 받을 수 있다는 사실을 알게 되면, 잘못을 저지르지 않으려고 노력할 것이다. 적어도 그들이 위험을 회피하려 한다면 말이다. 추가적인 억제력을 발휘하는 수단으로 제도가 잡음을 용인할 수도 있다.

　마지막으로, 사람들은 하찮은 존재로 취급받거나 어떤 기계의 톱니처럼 취급받는 것을 원치 않는다. 일부 잡음 축소 전략은 사람들의 창의력을 억압하고 사기를 저하시키기도 한다.

　우리는 이러한 반박들을 가급적 호의적으로 다룰 것이다. 그렇다고 해서 우리가 이 입장을 지지하는 건 결코 아니다. 적어도 이런 반론이 잡음 축소의 일반적인 목표를 부정하는 근거로 사용될 경우에는 말이다. 앞으로 우리가 되풀이할 요지는 이렇다. 반론이 설득력을 갖느냐 마느냐는 그 주장이 공박하고 있는 바로 그 잡음 축소 전략에 달려 있다. 예를 들어 잡음을 줄이기 위해 독립적인 판단을 집계하는 것에는 동의하지만, 융통성 없는 가이드라인을 도입하는 것에는 반대할 수 있다. 또 외부 관점에 바탕을 둔 공유 척도를 사용하는 것에는 강력히 찬성하지만, 매개 평가 프로토콜을 사용하는 것에는 반대할 수도 있다. 이런 부분을 염두에 두자. 하지만 우리가 전반적으로 내린 결론은, 반론을 인정하더라도 잡음 축소는 여전히 시도할 가치가 있으며 심지어 시급하게 달성해야 할 목표라는 것이다. 28장에서는 일상생활에서 사람들이 (늘 인지하지는 못할지언정) 마주하는 딜레마를 통해, 잡음 축소가 왜 필요한지 다시금 살펴볼 것이다.

26장

잡음 축소 비용

사람들에게 잡음을 제거할 것을 요청하면, 잡음 축소에 꼭 필요한 조치를 도입하는 데 너무나 많은 비용이 소요된다며 그 요청을 받아들이려 하지 않을지도 모른다. 극단적인 경우에는 잡음을 줄이는 것이 그냥 불가능하다. 기업, 교육기관, 정부 등 여러 곳에서 비용을 이유로 잡음 축소에 반대하곤 한다. 합당한 우려이지만, 쉽게 과장된다. 그리고 대부분의 경우 그저 핑계에 불과하다.

이러한 반론이 설득력 있는지 한번 살펴보자. 학기 동안 매주 10학년이 제출한 에세이 25편을 읽고 등급을 매기는 고등학교 교사가 있다고 가정하자. 에세이 한 편을 읽는 데 15분 정도 할애한다면, 그의 등급에는 잡음이 있을 수 있다. 그래서 그의 판단이 부정확하고 부당할 수도 있다. 그는 결정 위생을 고려해서 동료 교사에게 에세이를 읽고 평가해달라고 요청했다. 그래서 두 사람이 매번 모든 에세이를 같이 읽고 평가하여 잡음을 줄였을지도 모른다. 또는 시간을 더 할애하여 에세이를 읽거나, 상대적으로 복잡한 평가 과정을 만들거나, 다른 순서로 에세이를 한 번 더 읽어서 잡음을 줄였을지도 모른다. 점검표로 자세한 등급 가이드라인이 도움이 됐을지도 모른다. 또는 하루 중 같은 시간대에 각각의 에세이를 읽어서 상황 잡음을 줄였을 수도 있다.

하지만 그의 판단이 상당히 정확하고 잡음이 그렇게 심하지 않았다면, 이렇게 잡음을 줄이려는 여러 가지 시도를 하지 않는 것이 합리적일지도 모른다. 굳이 힘들게 잡음을 줄이려고 시도할 필요가 없을지도 모른다. 그리고 그는 점검표를 사용하거나 동료 교사에게 같은 에세이를 읽어봐 달라고 요청하는 것이 너무 지나치다고 생각할 수 있다. 이를 판단하기 위해서 적절한 분석이 필요할지 모르겠다. 그가 얼마나 정확한지, 정확도를 높이는 것이 얼마나 중요한지 그리고 잡음을 줄여서 판단의 정확도를 높이는 데 얼마의 시간과 돈을 들여야 하는지에 대해서 고민해야 한다. 잡음 축소에 투자할 수 있는 자원의 양이 한정되어 있다고 생각하기 쉽다. 그리고 9학년이나 대학 입학 여부가 결정되고 더 큰 이해관계가 걸린 졸업생이 제출한 에세이였다면 투자되는 자원의 양이 달라졌을 것임도 안다.

이러한 간단한 분석은 온갖 종류의 민간조직과 공공조직이 경험하는 좀 더 복잡한 상황에 확대 적용될 수 있다. 병원과 의사는 일부 질병에 대해서 진단의 변산성을 제거하는 간단한 가이드라인을 수립하려고 노력할지도 모르겠다. 같은 증상에 대해서 다른 진단이 내려지는 경우에 잡음을 줄이려는 노력은 특히 매력적이다. 그러한 노력은 생명을 구할 수 있다. 하지만 잡음을 줄이려는 노력의 실현 가능성과 비용을 고려할 필요가 있다. 검사가 진단에서 잡음을 제거할지도 모른다. 하지만 검사가 외과적이고 위험하며 비싸다면, 그리고 진단의 변산성이 보통 수준이고 가벼운 영향만 준다면, 모든 의사가 모든 환자에게 그 검사를 처방하는 것은 의미가 없다.

근무평정이 누군가의 생사를 결정하진 않는다. 하지만 근무평정에서 잡음은 직원에게는 부당한 상황을 낳고 회사에 비용을 초래할 수 있다. 근무평정에서 잡음을 줄이려는 노력은 실현 가능해야 한다. 그러한 노력을 시도할 가치가 있나? 분명 잘못된 평가가 개입된 사례는 눈에 띄고 그 존재가 당혹스럽거나 수치스러울 수 있다. 그런데도 조직은 자세한 시정 조치를 취할 필요가 없다고 생각할지도 모른다. 하지만 이런 결론은 단순하고 이기적이며 틀렸다. 심지어 조직에 끔찍한 영향을 미친다. 어떤 유형의 결정 위생은 시도할 가치가 있을 것이다. 하지만 비용이 너무 많이 발생해서 잡음을 줄일 수 없다는 생각이 항상 틀린 것만은 아니다.

간략하게 말하면 우리는 잡음 축소의 편익과 비용을 비교해야 한다. 이렇게 하는 것이 타당하고 잡음 감사가 중요한 이유이기도 하다. 많은 상황에서 잡음 감사를 통해 밝혀진바, 잡음으로 인해 말도 안 될 정도로 심각한 부당함이나 매우 높은 비용이 발생하고 있었다. 심지어 이 두 가지가 동시에 발생하기도 한다. 그렇다면 잡음 축소에 드는 비용 때문에 잡음 축소 노력을 하지 않겠다는 얘기는 설득력이 별로 없는 셈이다.

잡음은 덜한데, 실수가 많다면?

잡음 축소 노력에 대한 다른 반론은 그런 노력 자체가 용납할 수 없을 정도로 높은 수준의 오류를 발생시킬 수 있다는 것이다. 잡음을 줄이기 위해서 사용되는 도구가 조악하다면, 이 반론은 설득력이 있을 수 있다. 실제로 잡음을 줄이고자 하는 일부 노력은 심지어 편향을 높일 수 있다. 페이스북이나 트위터와 같은 소셜미디어 플랫폼이 외설적인 단어가 포함된 게시글은 무조건 삭제한다는 엄격한 가이드라인을 도입한다면, 결정에서 잡음이 덜할 수 있지만 삭제할 필요가 없는 게시글 마저도 삭제하게 될 것이다. 이러한 거짓 양성은 방향성 오류, 즉 편향이다.

인생은 잡음을 일으키는 사람의 재량과 관행을 줄이기 위해서 설계된 제도 개선으로 가득하다. 대부분이 좋은 동기를 갖지만, 치료법이 병보다 더 나쁜 경우도 있다. 저서 《보수는 어떻게 지배하는가The Rhetoric of Reaction》에서 경제학자 앨버트 허시먼Albert Hirschman은 개선 노력을 반대할 때 흔히 등장하는 주장 세 가지를 소개한다.[1] 첫째, 그러한 노력이 잘못되었을 수 있다. 해결하고자 했던 문제를 악화시키기도 하기 때문이다. 둘째, 제도 개선 노력은 부질없을 수 있다. 그것이 아무것도 바꾸지 못할 수 있기 때문이다. 셋째, 다른 중요한 가치를 위태롭게 만들 수 있다(노동조합과 노동조합을 구성할 권리를 보호하기 위한 노력이 경제 성장을 저해하기도 한다). 잘못된 노력, 무용지물과 가치 훼손이 잡음 축소에 대한 반론으로 제시될 수 있다. 이것들 중에서 노력이 잘못되었고 다른 중요한 가치

6부 최적의 잡음

를 위험에 빠트릴 수 있다는 주장이 가장 효과적이다. 이런 반론이 그저 말뿐인 주장으로 끝나기도 하지만, 실제로 잡음을 줄이는 데 큰 도움이 될 개선 노력을 수포로 돌아가게 만들 수 있다. 잡음을 줄이는 전략의 일부는 중요한 가치를 위태롭게 할 수 있고, 제도 개선 노력이 잘못될 위험은 쉽게 무시될 수 있을지도 모른다.

양형 가이드라인에 반대했던 판사들은 그러한 위험을 지적했다. 그들은 프랑켈 판사의 노력을 알고 있었고, 재량이 잡음을 낳는다는 것을 부인하지 않았다. 하지만 그들은 재량을 줄이는 것이 실수를 줄이는 것이 아니라 더 많은 실수로 이어질 것이라고 생각했다. 바츨라프 하벨Vaclav Havel의 말을 인용해 그들은 이렇게 말했다. "우리는 이 세상이 풀어야 하는 퍼즐이고 쓰이기 위해서 발견되길 기다리는 설명서가 있는 기계이며 머지않아 보편적인 해결책을 얻기를 바라며 컴퓨터에 입력하는 정보에 불과하다는 오만한 믿음을 버려야 한다."[2] 보편적인 해결책을 부정하는 이유는 인간의 상황은 매우 다양하고 좋은 판사는 그러한 차이를 다룰 수 있다는 고집스러운 믿음이다. 이것은 잡음을 감내하거나 최소한 일부 잡음 축소 전략을 거부하는 것을 의미할 수 있다.

컴퓨터 체스 게임이 나온 지 얼마 안 됐을 때, 대형 항공사는 국제선 승객들에게 체스 게임을 제공했다. 국제선 승객들은 말 그대로 컴퓨터를 상대로 체스를 뒀다. 체스 게임은 여러 단계로 구성됐다. 최저 단계에서는 단순한 규칙이 적용됐다. 할 수 있을 때마다 상대방의 킹을 노리는 것이다. 컴퓨터 프로그램에는 잡음이 없었다. 컴퓨터는 매번 같은 방법으로 체스 말을 움직였다. 컴퓨터는 항상 이 단순한 규칙에 따랐다. 하지만 규칙에 상당한 오류가 수반됐다. 컴퓨터의 체스 실력은 형편없었다. 심지어 체스를 잘 모르는 사람도 컴퓨터를 이길 수 있었다(이것이 항공사가 승객들에게 체스 게임을 제공하는 목표였다. 컴퓨터와의 대결에서 승리한 승객들은 행복한 여행자가 될 것이다).

미국의 일부 주에서 '삼진아웃'[3]이라는 양형 정책이 도입됐다. 중범죄를 세 번 저지르면, 무기징역이 선고된다. 이러한 정책은 재판을 어느 판사가 맡느냐에 따라 형량이 달라지는 판결의 변산성을 줄인다. 이러한 정책을 지지하는 사람들은 수준 잡음과 상습범에게 지나치게 관대한 판사가 있다는 것을 특히 걱정했다. 잡음 제거가 이 삼진아웃제의 핵심이다.

설령 삼진아웃제가 성공적으로 잡음을 줄인다 하더라도, 이러한 성공에 따르는 대가가 너무 크다는 이유로 이 제도를 반대할 수 있다. 중범죄를 세 번 저지른 사람들 가운데 평생 사회와 격리돼서는 안 되는 사람도 있을 수 있다. 그들이 저지른 범죄가 폭력적이지 않았을지도 모른다. 아니면 그들이 너무나 끔찍한 삶을 살고 있어서 어쩔 수 없이 죄를 저질렀을지도 모른다. 그들에게서 갱생의 가능성이 보일 수도 있다. 많은 사람들이 개인의 특정한 처지를 고려하지 않고 무조건 무기징역을 선고하는 것은 너무나 가혹하고 참을 수 없을 만큼 경직된 제도라고 생각한다. 이런 이유로 잡음 축소 전략의 비용은 너무 높다.

우드슨 대對 노스캐롤라이나 사건[4]을 생각해보자. 미국 대법원은 이 사건에서 의무적인 사형 선고가 너무나 잔혹하기 때문이 아니라 단지 규칙이기 때문에 헌법에 위배된다고 선고했다. 특정 상황에서 살인자는 반드시 사형에 처한다는 의무적인 사형 선고 제도를 도입한 목적은 잡음을 없애기 위해서였다. 개인의 상황에 맞게 형을 선고할 필요가 있다고 생각한 대법원은 "비슷한 법률 범주에 속하는 모든 범법 행위에 대해서는 그가 과거에 어떤 삶을 살았고 어떤 습관을 갖고 있느냐에 상관없이 똑같은 처벌이 내려져야 한다는 믿음은 더 이상 유효하지 않다"고 판결했다. 대법원의 판결에 따르면, 의무적인 사형 선고는 헌법적으로 심각한 결점이 있다. 이 제도는 "지명된 범법 행위를 저지른 모든 사람을 나름의 사정이 있는 개인이 아니라 사형에 처해야 하는 구분되지 않는 얼굴 없는 대중의 일원으로 취급한다."

물론 사형에는 특히나 중대한 이해관계가 걸려 있다. 하지만 미국 대법원의 분석은 많은 다른 상황에도 적용될 수 있다. 그것들 중 대부분이 사법제도와는 전혀 상관없는 상황이다. 학생을 평가하는 교사, 환자를 진찰하는 의사, 근무평정을 실시하는 고용주, 보험료를 산정하는 보험심사역, 선수를 평가하는 코치 등 이 모든 사람이 잡음을 줄이기 위해서 과도하게 경직된 규칙을 활용하면 실수를 저지를 수 있다. 고용주가 단순한 규칙에 따라서 근무평정을 진행하거나 누군가를 승진시키거나 누군가에게 정직 처분을 내린다면, 그 규칙은 직원의 업무 능력의 중요한 요소들을 무시한 채 잡음만을 제거할지도 모른다. 중요한 변수를 고려하지 않는 잡음 없는 평정 시스템은 (잡음 있는) 개별적인 판단에 의존하는 것보다 더 나쁠지도 모른다.

27장에서는 사람들을 '구분되지 않는 얼굴 없는 대중의 일원'이 아니라 '각자 나름의 사정이 있는 개인'으로 취급해야 한다는 주장을 살펴볼 것이다. 지금은 더 지루한 주제를 집중적으로 보고 있다. 잡음을 줄이는 전략의 일부에는 너무나 많은 실수가 수반된다. 그것들은 앞서 살펴본 멍청한 체스 게임과 다를 바 없다.

여전히 반론이 실제보다 훨씬 더 설득력 있게 들리는 것 같다. 하나의 잡음 축소 전략이 오류에 취약하다고 해서, 높은 수준의 잡음에 만족해선 안 된다. 그 대신에 더 좋은 잡음 축소 전략을 고안해내야 한다. 예를 들어 어리석은 규칙을 도입하는 대신에 판단을 집계하거나, 기존의 멍청한 가이드라인이나 규칙 대신 현명한 새 방법을 고안해내는 것이다. 예를 들어 잡음을 줄이기 위해서 고득점자들만 입학할 수 있다고 정한 대학교가 있다. 이 규칙이 너무나 조악하다면, 대학교는 시험 점수, 성적, 연령, 운동 능력, 가정환경 등 다양한 요소를 고려하는 규칙을 만들 수 있다. 관련 있는 여러 요소들을 고려하여 만들어진 복잡한 규칙이니 더 정확할지 모른다. 마찬가지로 의사는 일부 병을 진단할 때 복잡한 규칙을 활용한다. 전문가들이 사용하는 가이드라인과 규칙은 항상 단순하거나 조악하지 않다. 대다수가 용인할 수 없는 높은 비용(또는 편향)을 발생시키지 않고 잡음을 줄이는 데 도움이 된다. 그리고 가이드라인이나 규칙이 효과적인 않다면, 판단 집계나 매개 평가 프로토콜 등 구조화된 프로세스처럼 특정 상황에 적합한 다른 형태의 결정 위생을 도입할 수 있을 것이다.

잡음은 없으나 편향된 알고리즘

대체로 알고리즘을 활용하여 잡음을 줄일 때 높은 비용이 발생한다. 그리고 '알고리즘 편향성'에 대한 거센 반대 여론도 존재한다. 살펴봤듯이 알고리즘은 잡음을 제거하고 그 때문에 매력적인 잡음 축소 도구로 여겨진다. 실제로 이 책은 잡음이 없는 알고리즘을 활용하여 잡음을 줄이는 데 많은 부분을 할애한다. 하지만 확인했듯이, 잡음을 줄이기 위해서 도입한 알고리즘으로 인해서 인종차별, 성차별 또는 사회 취약 계층에 대한 차별이 심해질 수 있다. 따라서 잡음을 줄이기 위해서 막대한 대가를 치러야 될 수 있다.

실제로 알고리즘은 중대한 차별로 이어질 것이란 우려가 널리 퍼져 있다. 이것은 확실히 알고리즘을 도입할 때 고려해야 하는 심각한 위험 요소다. 저서 《대량살상 수학무기 Weapons of Math Destruction》에서 캐시 오닐Cathy O'Neil은 빅데이터와 알고리즘적 판단에 대한 의존이 선입견을 심어주고 불평등을 심화시키고 민주주의를 위협한다고 강력하게 주장했다.[5] 이와 관련해 또 다른 회의적인 주장도 있다. "잠재적으로 편향된 수학적 모형이 우리의 삶을 다시 만들고 있다. 그것을 만들어낸 기업과 정부는 이런 문제를 해결하는 데 관심이 없다."[6] 독립 탐사보도 기구 '프로퍼블리카ProPublica'에 따르면, 재범 위험 평가에 널리 사용되는 알고리즘은 소수 인종에 대해서 강한 편견을 갖고 있다.[7]

잡음이 없고 인종차별, 성차별로부터 자유로우며 편향되지 않은 알고리즘을 만들 수 있다고, 심지어 그러한 알고리즘을 만들기 쉽다고 자신해선 안 된다. 보석 여부를 판단할 때 피고의 인종을 노골적으로 고려하는 알고리즘은 차별적이다(그리고 많은 국가에서 이런 알고리즘의 사용은 불법일 것이다). 입사 지원자의 임신 가능성을 채용 조건으로 고려하는 알고리즘은 여성에게 차별적이다. 많은 경우에 알고리즘은 판단에서 원하지 않는 변산성(잡음)을 없앨 수 있지만 부당한 편향을 심어줄 수 있다.

원칙적으로 인종이나 성별을 판단의 조건으로 삼지 **않는** 알고리즘을 설계할 수 있어야 한다. 그리고 실제로 인종이나 성별을 완전히 무시하여 판단을 내리는 알고리즘을 설계할 수 있다. 현재 많은 관심이 쏟아지고 있는 더 어려운 문제가 있다. 알고리즘은 노골적으로 인종과 성별을 예측 변수로 사용하지 않더라도 차별적일 수 있고, 그래서 편향됐다.

말했듯이 알고리즘은 크게 두 가지 이유에서 편향될 수 있다. 첫째, 의도적이든 아니든 알고리즘이 인종이나 성별과 높은 상관관계를 지닌 예측 변수를 사용할 수 있다. 예를 들어 키와 몸무게는 성별과 상관되고, 어디서 성장했는지 또는 어디에 사는지는 인종과 상관될 수 있다.

둘째, 차별은 소스 데이터에서도 나올 수 있다. 알고리즘이 편향된 데이터 세트를 학습한다면, 알고리즘도 편향될 것이다. '예측 치안' 알고리즘은 경찰 자원을 합리적으로 할당하기 위해서 범죄를 예측하는 알고리즘이다.[8] 기존 범죄 데이터가 특정 지역에서 과도한 치안 활동이 진행되고 있다거나 특정 유형의 범죄에 대한 신고가 상대적으로 높다는 것을 보여준다면, 이런 데이터를 학습한 알

6부 최적의 잡음

고리즘은 차별을 영구화하거나 심화할 것이다. 학습 데이터에 편향이 있으면, 의도와 상관없이 차별을 코드화하는 알고리즘이 나올 수 있다. 여기서 알고리즘이 특별히 인종이나 성별을 예측 변수로 활용하지 않더라도, 그것은 인간만큼 편향된 것으로 드러날 수 있다. 이런 관점에서 보면 알고리즘이 더 나쁠 수 있다. 알고리즘은 잡음을 제거하지만, 인적 판단보다 더 **믿음직스럽게** 편향된 판단을 내릴 수 있기 때문이다.[9]

알고리즘이 확실히 구별되는 그룹에 서로 전혀 다른 영향을 주는지를 자세히 따져봐야 한다. 알고리즘의 이질적인 영향을 어떻게 정확하게 테스트하느냐,[10] 그리고 알고리즘의 차별, 편향 또는 공정성을 구성하는 요소를 어떻게 결정하느냐는 이 책의 범위를 훨씬 넘어서는 매우 복잡한 주제다.

하지만 이러한 질문이 제기될 수 있다는 것 역시 인적 판단과 비교하여 알고리즘이 갖는 분명한 장점이다. 우선, 알고리즘이 부적합한 예측 변수를 고려하지 않도록 만들고 알고리즘이 무례하게 차별적인지를 테스트하기 위해서는 세심한 평가가 필요하다. 하지만 알고리즘처럼 불명확한 판단을 자주 내리는 인간을 자세히 평가하는 일은 훨씬 더 어렵다. 사람들은 무의식적으로 차별을 자행하며, 사법제도 등 외부 관찰자들 눈에는 그런 행동이 잘 보이지도 않기 때문이다. 그러니 어떤 면에서 알고리즘이 인간보다 더 투명할 수 있다.

무잡음이나 편향된 규칙을 살펴봤듯이, 잡음이 없지만 편향된 알고리즘의 비용에 주목해야 한다. 정확도와 잡음 축소, 그리고 무차별성과 공정성 등 중요한 기준을 근거로 실제 인적 판단보다 더 좋은 판단을 내리는 알고리즘을 설계할 수 있는지에 대해 고민해 봐야 한다. 어떤 기준을 선택하든 간에 알고리즘이 인간보다 훨씬 더 좋은 판단을 내릴 수 있음을 보여주는 강력한 증거가 많다. (더 **좋은 판단을 내릴 수 있다**는 것이지 **내릴 것**이라는 뜻은 아니다.) 예를 들어 10장에 설명했듯이 알고리즘은 보석 판정에 대해서 판사보다 더 정확한 판단을 내릴 수 있다. 인종차별적 요소도 덜하다. 이와 마찬가지로 이력서 검토 알고리즘은 채용 담당자보다 더 좋은 그리고 **더 다양한** 인재를 선별해낼 수 있다.

이런 사례들은 불가피한 결론에 이른다. 바로 불확실한 세상에서 예측 알고리즘이 완벽할 수는 없지만, 잡음 있고 자주 편향된 인적 판단보다는 훨씬 덜 불완전한 판단을 내릴 수 있다는 것이다. 알고리즘은 타당성(좋은 알고리즘은 거의 항상 더 좋은 예측을 내놓는다)과 변별성(좋은 알고리즘은 인간 판단자보다 덜 편향된 판단을 내릴 수 있다) 면에서도 인간보다 우월할 수 있다. 알고리즘이 인간 전문가보다 실수를 덜 함에도 우리에게 직관적으로 사람이 무언가를 판단하기를 선호하는 경향이 있다면, 그러한 경향은 주의 깊게 점검되어야 한다.

여기서 우리는 포괄적인 결론을 내릴 수 있다. 그 결론은 알고리즘이란 주제 너머까지 적용될 수 있다. 잡음 축소 전략은 비쌀 수 있다. 하지만 대부분의 경우에 비용이 많이 들어서 잡음 축소 전략을 시도할 수 없다는 것은 한낱 핑계에 불과하다. 물론 잡음을 줄이려는 노력이 그 자체로 편향의 형태로 오류를 낳을 수 있다. 그렇다면 심각한 문제이지만, 그렇다고 그 해결책은 잡음 축소 노력을 포기하는 것이 아니다. 더 좋은 전략을 생각해내는 것이다.

잡음 축소 비용에 대하여 ───────────

"교육에서 잡음을 없애려면 많은 돈을 투자해야 할 것이다. 교사가 학생을 평가할 때, 그 판단에는 잡음이 존재한다. 그렇다고 다섯 명의 교사에게 같은 시험지를 평가하라고 시킬 수는 없다."

"인적 판단에 의존하는 대신, 소셜미디어 플랫폼이 어떤 경우라도 특정 단어를 사용해선 안 된다고 결정한다면, 잡음은 없애겠지만 상당한 오류가 발생할 것이다. 치료법이 병보다 더 나쁠 수 있다."

"편향된 규칙과 알고리즘은 존재한다. 하지만 사람도 편향을 갖고 있다. 여기서 고민해야 하는 부분은 잡음이 없고 편향이 덜한 알고리즘을 설계할 수 있느냐다."

"잡음을 제거하는 데 많은 비용이 초래될 수 있다. 하지만 치를 만한 가치가 있는 비용인 경우가 많다. 잡음은 지독하게 불공정한 판단을 낳을 수 있다. 잡음을 줄이려는 노력이 너무나 조악하더라도, 다시 말해 용인할 수 없을 만큼 경직되거나 필연적으로 편향을 초래하는 가이드라인 또는 규칙을 만들어냈더라도, 잡음 축소를 포기해선 안 된다. 다시 한 번 시도해야 한다."

27장

존엄

여러분의 주택담보대출 신청이 거절됐다. 그 결정은 누군가가 여러분의 신청서를 자세히 검토하고 내린 판단이 아니라, 여러분과 같은 신용등급을 지닌 사람들에겐 주택담보대출을 허가하지 않는다는 은행의 엄격한 규칙 때문이었다. 또는 여러분은 화려한 경력을 갖고 있고 면접도 잘 봤지만, 15년 전 마약 사범으로 기소된 이력 때문에 취업에 실패했다. 여러분이 지원한 회사는 범죄 이력이 있는 사람은 절대 채용하지 않는다는 엄격한 규정을 갖고 있었기 때문이다. 여러분은 범죄를 저질러서 기소됐고 보석 신청을 했지만, 개인 심리가 아닌 어떤 알고리즘을 통해서 내린 결과를 근거로 거절됐다. 그 알고리즘은 여러분과 같은 특성을 지닌 사람의 도주 가능성이 보석 허용 수준을 훨씬 넘어선다고 판단했다.

이런 경우에 많은 사람들이 결과에 반발할 것이다. 사람들은 자신들이 독립적인 인격체로 대우받기를 원한다. 사람들은 자신들만의 독특한 사정을 누군가가 자세히 들여다보고 평가하여 판단을 내리기를 원한다. 사람들은 이러한 개인적인 대우가 잡음을 낳는다는 것을 알고 있거나 모르고 있을 것이다. 잡음이 독립적인 인격체로서 대우받기 위해서 치러야 하는 대가라면, 사람들은 그것은 치를 가치가 있는 대가라고 주장한다. 사람들은 미국 대법원의 말을 빌려 자신들이 '각자 나름의 사정이 있는 개인이 아니라 무조건 처벌을 받아야 하는 구분되지 않는 얼굴 없는 대중의 일원으로' 대우받는다고 불평한다(26장 참고).

많은 사람들은 규칙의 폭압에서 벗어나 각자의 사정이 고려되며 심리가 진행될 때 하나의 독립된 인격체로서 대우받고 존중받고 있다고 느낀다. 적벌한 절차에 따라서 어느 정도의 재량을 행사할 수 있는 사람이 사람들의 다양한 처지를 고려하고 그들과 상호작용하면서 그들에 대해서 판단을 내리는 것이 당연한 것 같다.

많은 문화에서 각자가 처한 사정을 고려하면서 개별적으로 판단을 내리는 것이 도덕적인 행위로 간주된다. 정치, 법, 신학 그리고 심지어 문학에서도 이러한 개별적인 판단을 옹호하는 주장을 찾을 수 있다. 셰익스피어의 《베니스의 상인》은 잡음 없는 규칙에 기초한 판단에 반대하고 법과 인간 판단에서 자비의 역할을 애원한다. 다음은 포샤의 최종변론이다.

자비심은 본질상 강요되는 것이 아니다.
그건 단비처럼 하늘에서 땅 위에

떨어지는 것으로, 이중의 축복이다.

그것은 주는 자와 받는 자를 모두 축복한다.

(…)

그것은 군왕의 가슴깊이 군림하며

하나님 자신의 특성이기도 하다.

자비심으로 정의가 누그러질 때

현세의 권력은 하나님의 군세에 가장 가까워진다.

자비는 규칙에 얽매여 있지 않기 때문에 잡음이 존재한다. 그런 데도 많은 상황과 조직에서 포샤처럼 자비를 간청할 수 있다. 그런 애원은 사람들의 심금을 울린다. 직원은 승진을 바라고, 예비 집주 인은 대출이 간절하고, 학생은 대학에 들어가고 싶다. 이럴 때 의사 결정자는 어떤 잡음 축소 전략(특히 엄격한 규칙을 기초로 판단을 내리는 것)을 거부할 수도 있다. 포샤처럼 자비심이란 본질상 강요되는 것 이 아니라고 생각한다면, 의사결정자는 개인의 처지를 고려하며 판 단을 내릴 것이다. 그 의사결정자는 개인 사정을 고려하여 내린 판 단에 잡음이 존재한다는 것을 알고 있을지도 모른다.[1] 하지만 그렇 게 함으로써 사람들이 존중받았다는 느낌, 누군가 자신들에게 귀 기울여 주었다는 느낌을 받게 된다면, 의사결정자는 자비를 베풀어 개인의 사정을 고려하여 판단을 내릴지도 모른다.

일부 잡음 축소 전략에 대해서는 이러한 반론이 제기되지 않는 다. 단 한 명이 판단을 내리는 것이 아니라 세 명이 판단을 내린다 면, 판단 대상이 되는 사람들에게 개인적으로 발언할 기회가 주어

6부 최적의 잡음

질 수도 있다. 의사결정 가이드라인은 의사결정자에게 상당한 재량을 허용할지도 모른다. 하지만 경직된 규칙 등 잡음을 줄이려는 몇몇 노력은 그러한 재량을 없앤다. 그런 경우에 사람들은 잡음을 줄이기 위해서 도입한 규칙이 자신들의 존엄을 훼손한다며 반대할 것이다.

그들의 생각은 옳은 것일까? 확실히 사람들은 자신들이 놓인 상황에 맞게 자신들의 일이 개별적으로 고려되고 평가됐는지를 중요하게 생각한다. 여기에는 의심할 여지가 없는 명백한 인간적 가치가 있다. 하지만 개인의 사정을 고려하여 내린 판단 때문에 더 많은 사람들이 목숨을 잃고 부당한 대우를 받고 각종 비용이 많이 발생한다면, 이것은 옹호되어선 안 된다. 직원 채용, 대학 입학, 의료 진단 등의 상황에서 일부 잡음 축소 전략이 대충 만들어졌을 수도 있다. 그래서 개별적으로 주어진 사례를 검토하는 것이 불가능할 수 있다. 이것이 잡음은 있지만 오류를 덜 발생시키는 방법인데도 말이다. 하지만 잡음 축소 전략이 대충 만들어졌다면, 앞서 말했듯이 더 좋은 전략을 생각해내려고 노력해야 한다. 많은 유의미한 변수들을 고려하여 잡음을 줄이는 데 더욱 효과적인 전략을 고민해야 한다. 그렇게 만들어진 더 좋은 전략이 잡음을 없애고 오류를 줄인다면, 그러한 전략을 도입하는 것이 개별적으로 사례를 검토하고 판단하는 것보다 확실히 효과적일 것이다. 그 전략 때문에 개인의 사정에 맞춰 자비를 발휘할 기회가 줄어들거나 없어진다고 하더라도 말이다.

그렇다고 개인의 사정을 고려해서 판단을 내리는 것이 중요하지 않다는 것은 아니다. 하지만 그러한 판단이 억울한 상황을 초래하는 등 끔찍한 결과로 이어진다면, 막대한 대가를 치러야 할 것이다.

변하는 가치

공공 기관이 잡음을 제거하는 데 성공했다고 상상해보자. 어떤 대학교는 위법 행위를 구체적으로 정의해서 모든 교수진과 학생이 무엇이 위법 행위인지 그리고 무엇이 위법 행위가 아닌지 정확하게 알도록 했다. 어떤 대기업에서는 **부패**를 정확하고 구체적으로 정의하여, 모두가 허용되는 것과 금지되는 것을 확실하게 이해하고 있다. 어떤 민간 기관은 특정 학과를 전공한 사람은 절대 채용하지 않는다는 규칙으로 잡음을 줄이는 데 성공했다. 여기서 조직의 가치가 변하면 어떤 일이 일어날까? 일부 잡음 축소 전략은 가치 변화를 받아들일 여유가 없는 것 같다. 이러한 불가변성이 문제가 될 수 있다. 이러한 문제는 개별적인 대우와 존엄과 깊은 관련이 있다.

　미국 헌법이 헷갈리는 판결을 내렸던 사건이 있다.[2] 이 유명한 판결이 이 장의 요지를 이해하는 데 도움이 될 것이다. 1974년 임신한 여교사는 예정일 5개월 전에 무급 휴가를 떠나야 하는 규정이 있었다. 조 캐롤 라플뢰르Jo Carol LaFleur는 임신했지만 수업을 계속할 정도로 건강하기 때문에 그 규정이 차별적이며, 출산 예정일 5개월 전부터 무급 휴직에 들어가는 것은 너무 과도하다고 주장했다.

　미국 대법원은 그녀의 주장에 동의했다. 하지만 그 규정이 성차별적이고 5개월은 너무 지나치기 때문에 그 규정이 잘못됐다고 판결했던 것은 아니었다. 미국 대법원은 조 캐롤 라플뢰르에게 수업을 계속할 수 없는 신체적 이유가 존재하지 않는다는 것을 보여줄 기회가 그녀에게 제공되지 않았기 때문에 그 규정을 공정하지 않다고 판결했다. 대법원의 말을 빌리면,

교사의 주치의나 학교 이사회가 그녀가 수업을 계속 진행할 수 있는지를 개별적으로 판단하지 않았던 것이다. 그 규정은 신체적 무능이라는 반론할 수 없는 가정을 내세웠다. 그리고 그 가정은 심지어 한 여성의 신체적 상태에 대한 의학적 증거가 그 가정에 완전히 반대되는 경우에도 적용됐다.

의무적으로 출산 예정일 5개월 전에 무급 출산휴가에 들어가도록 하는 것은 터무니없는 규정인 것 같다. 하지만 대법원은 이 부분을 지적하지 않고, 대신에 '반론할 수 없는 가정'과 '개별적인 판단'의 부재를 지적했다. 대법원은 포샤처럼 '자비심은 본질상 강요되는 것이 아니고' 누군가가 조 캐롤 라플뢰르의 개인 사정을 살펴봤어야 했다고 주장했다.

하지만 결정 위생이 수반되지 않으면, 판단에서 자비심은 잡음을 발생시키는 지름길이 된다. 누가 조 캐롤 라플뢰르의 상황을 보고 결정을 내릴까? 똑같은 결정이 그녀와 비슷한 처지에 있는 여교사들에게도 내려질까? 모든 경우에 많은 규정이 반박할 수 없는 가정에 해당된다. 구체적인 제한 속도는 받아들일 수 없는 규정인가?

투표나 음주의 최저 연령은 어떤가? 음주 운전을 엄격히 금지하는 규정은 어떠한가? 이런 사례를 염두에 두고 비평가들은, 특히 목적과 효과가 잡음을 줄이는 것이기 때문에 '반박할 수 없는 가정'에 대한 반대 의견은 이해할 수 없다고 주장했다.

당시 영향력 있는 논평가들은 도덕적 가치는 시간이 지나면 변하기 때문에 경직된 규정을 피해야 한다고 말하면서 대법원의 결정을 옹호했다.[3] 그들은 사회에서 여성의 역할에 관해 사회규범이 요동치고 있다고 주장했다. 그들은 개인의 사정을 고려한 개별적인 판단은 변하는 사회규범을 받아들이는 기회가 되기 때문에 주어진 상황에서 특히나 적합하다고 주장했다. 규칙에 얽매인 제도는 잡음을 제거할지도 모른다. 이건 좋은 일이다. 하지만 기존 규범과 가치를 동결시킨다. 이건 그다지 좋은 일이 아니다.

요컨대 혹자는 잡음 있는 제도를 통해서 새로운 가치를 받아들일 기회를 얻을 수 있다고 주장한다. 가치가 변하고 판사들이 재량을 행사할 수 있다면, 판사들은 가령 과거와 달리 마약 사범에게 더 낮은 형량을 선고하거나 강간범에게 더 높은 형량을 선고하기 시작할 수 있다. 지금까지 우리는 관대한 판사가 있고 그렇지 않은 판사가 있을 경우 부당한 판결이 내려질 가능성이 어느 정도 존재한다는 점을 강조했다. 비슷한 상황에 놓인 사람들이 다르게 처벌받을 수 있는 것이다. 하지만 이로써 참신하거나 새로운 사회적 가치를 받아들일 기회가 생긴다면, 이러한 부당함은 용인될 것이다.

이 문제는 사법제도나 법에만 국한되지 않는다. 기업은 판단과 결정에 어느 정도의 융통성을 허용할 수 있다. 설령 그렇게 하면 잡

음이 생기더라도, 융통성이 새로운 신념과 가치에 따라서 회사의
정책을 바꿀 기회가 될수 있다. 개인적인 사례가 있다. 몇 년 전에
동료 한 명이 대형 컨설팅 회사에 입사하면서, 만들어진 지 좀 오래
된 웰컴 패키지를 받았다. 거기에는 회사에 청구하면 돌려받을 수
있는 출장 경비(안전하게 도착했다고 집에 건 전화 비용, 양복 다림질 비용,
벨보이 팁 등)가 구체적으로 명시되어 있었다. 규정은 잡음이 없지만
확실히 시대에 뒤쳐져 쓸모가 없었다(그리고 성차별적이었다). 이 패
키지는 시간이 지나면서 진화할 수 있는 기준으로 대체됐는데, 예
를 들어 '출장 경비는 적절하고 합리적이어야 한다'로 규정이 수정
됐다.

이러한 융통성을 위해 어느 정도의 잡음은 용인돼야 한다고 주
장할 수도 있다. 하지만 잡음 축소 전략 중에는 이런 융통성이 전혀
존재하지 않는 것들도 있다. 사람들이 외부 관점에 기초를 둔 공유
된 척도를 사용한다면, 그들은 시간에 따라 변하는 가치에 대응할
수 있다. 어떤 경우든지 잡음을 줄이려는 노력은 영구적일 필요가
없고 영원해서도 안 된다. 그러한 노력이 엄격한 규정의 모습을 하
고 있다면, 그 규정을 만든 사람들은 때에 따라 그것을 기꺼이 바꿔
나가야 한다. 사람들은 매년 규정을 다시 검토하고 개정해야 할 것
이다. 아니면 새로운 가치 때문에 새 규정이 필요하다고 판단하고,
새로운 가치를 수용하는 새 규정을 수립할 것이다. 형사사법제도에
서 규칙을 만드는 사람들은 특정 범죄에 대한 형량을 줄이고 또 다
른 범죄에 대한 형량을 늘릴 수도 있다. 그들은 어떤 행위를 기소
대상에서 아예 제외시킬지도 모른다. 그리고 이전에는 완전히 용인

됐던 행위를 범죄로 규정할지도 모른다.

잠시 생각해보자. 잡음 있는 제도는 새롭게 떠오르는 도덕적 가치를 받아들일 여지를 줄 수 있다. 그리고 이것은 좋은 일이다. 하지만 많은 영역에서 이런 주장으로 높은 수준의 잡음을 옹호하는 것은 가당치 않다. 판단 집계 등 가장 중요한 잡음 축소 전략 가운데 일부도 새로운 가치를 허용한다. 노트북 오작동에 불만을 토로하는 서로 다른 고객들이 각기 다른 대접을 받을 수 있다. 이런 차이는 새롭게 떠오르는 가치 때문에 생겨나는 게 아니다. 다른 환자가 다른 진단을 받는 것이 새로운 도덕적 가치 때문은 아닐 것이다. 우리는 진화하는 가치를 허용하는 제도를 설계하면서 잡음을 줄이거나 없애려고 최선을 다해야 한다.

잡음 축소 전략의 부작용: 편법

잡음이 존재하는 제도에서 모든 판단자는 상황이 요구하는 대로 행동하고 예기치 않은 전개에 대응할 수 있다. 어떤 잡음 축소 전략은 이러한 적응력을 없애서 의도치 않게 편법을 쓰도록 부추길 수도 있다. 이런 편법이 민간 조직과 공공 조직이 이를 막기 위해서 도입한 각종 장치들의 부산물일 수 있다는 것이 잡음을 감수해야 한다는 주장으로 제기되기도 한다.

익숙한 사례는 세법이다. 조세제도에는 잡음이 존재해선 안 된다. 명확하고 예측할 수 있어야 한다. 같은 납세자가 다르게 처리되어선 안 된다. 하지만 조세제도에서 잡음을 없앤다면, 똑똑한 납세자들은 필연적으로 세법 규정을 피할 방법을 찾게 될 것이다. 세금 전문가들은 잡음을 없애서 명확한 규정을 두는 것이 최선인지 아니면 예측 불가능성을 허용하고 명확한 규정으로 인해서 기회주의적이거나 이기적인 행위가 발생할 위험을 줄이는 것이 최선인지에 대해서 활발히 논의하고 있다.

일부 기업과 대학은 구체적인 정의 없이 조직 구성원들의 '위법 행위'를 금한다. 그래서 잡음이 불가피하게 발생한다. 이것은 좋지는 않지만 그렇다고 매우 나쁜 것만은 아니다. 무엇이 위법 행위에 해당하는지를 구체적으로 정의하면, 그 목록에서 빠진 끔찍한 행위는 결국에는 용인될 것이기 때문이다.

규칙은 경계가 명확해서 사람들은 엄격하게 규칙에서 제외된 행동을 하여 교묘하게 규칙을 피해갈 수도 있다. 이것은 규칙을 어긴 것에 준하는 피해를 초래할 수 있다. (십대 자녀를 둔 모든 부모라면 알 것이다!) 금지해야 할 모든 행동을 금하는 규칙을 수립하기가 쉽지 않을 때, 잡음을 용인할 나름의 분명한 이유가 있어야 한다. 그렇지 않으면 저항은 계속될 것이다.

어떤 환경에서는 잡음을 제거하는 분명하게 정의된 규칙이 규칙 회피 위험을 낳는다. 이것이 판단 집계 등 또 다른 잡음 축소 전략을 도입하고 일부 잡음을 발생시키는 규칙을 감내하는 이유가 된다. 여기서 '그럴 수도 있다'는 부분이 중요하다. 회피 행동이 얼마나 많이 발생할지 그리고 잡음이 얼마나 존재하는지에 대해서 고민할 필요가 있다. 회피 위험은 거의 없고 잡음이 많이 존재한다면, 잡음을 줄이는 전략을 쓰는 편이 낫다. 28장에 이 부분에 대해서 다시 고민해보자.

억제력과 위험 회피

직원, 학생 그리고 일반 시민의 비행을 억제하는 것이 목표라고 가정하자. 약간의 예측 불가능성 또는 심지어 상당한 예측 불가능성이 최악의 결과는 아닐 것이다. 고용주는 이렇게 생각할 수 있다. '어떤 비행을 저지르면 벌금, 정직 또는 해고 처벌이 내려진다면, 직원들은 그런 비행을 저지르지 않을 것이다.' 또 형사사법제도를 운영하는 사람이라면 이렇게 생각할 수 있다. '잠재 범죄자들이 자신들이 받게 될 처벌을 어느 정도 예측할 수 있다고 해서 그것이 문제가 된다고 생각하지 않는다. 그것 때문에 그들이 선을 넘지 않는다면, 그 결과로 인한 잡음은 용인될 수 있다.'

이런 주장을 무시할 순 없지만, 그렇다고 그것들이 엄청나게 설득력이 있는 것은 아니다. 언뜻 보기에 중요한 것은 처벌의 기댓값인 것 같다. 5,000달러 벌금형이 선고될 50퍼센트 가능성은 2,500달러 벌금형이 선고될 확실성에 상응한다. 물론 최악의 시나리오에 집중하는 사람들도 있을 것이다. 위험 회피형은 5,000달러 벌금형이 선고될 가능성 50퍼센트 때문에 비행을 저지르지 않을 가능성이 더 높다. 하지만 위험 추구형에 대한 억제력은 덜 할 것이다. 잡음이 있는 제도가 더 많은 억제력을 발휘하는가를 파악하기 위해서는 제도의 영향을 받는 사람들이 위험 회피형인지 위험 추구형인지 알아야 한다. 억제력을 높이고 싶다면, 처벌 수준을 강화하고 잡음을 제거하는 것이 더 낫지 않을까? 이렇게 하면 불공평함도 제거될 것이다.

창의성, 사기 그리고 신선한 아이디어

일부 잡음 축소 노력이 의욕과 적극성을 억누를까? 과연 창의성에 영향을 줘서 사람들이 혁신적인 아이디어를 생각해낼 의욕을 꺾어버릴까? 많은 조직이 그렇게 생각한다. 그런 경우도 있다. 잡음을 줄이기 위해서 시도한 노력이 그러한 부정적인 효과를 내는지를 파악하기 위해서 조직이 반대하는 잡음 축소 전략들을 구체적으로 알고 있어야 한다.

많은 연방 판사가 양형 가이드라인에 대해 굉장히 부정적으로 반응했던 사실을 떠올려보자.[4] 어느 판사의 말을 빌리면, "우리는 법정에서 행사되는 판단력을 신뢰하는 법을 다시 한 번 배워야 한다." 일반적으로 권한을 행사하는 사람들은 재량을 침해받거나 빼앗기는 것을 싫어한다. 그들은 억압받고 있다고 느낄 뿐만 아니라 자신의 권위가 떨어졌다고 느낄 것이다. 심지어 모욕감마저 느낄수도 있다. 그들의 재량을 줄이는 조치가 취해질 때, 많은 사람들이 거부할 것이다. 그들은 판단력을 행사하는 기회를 귀중하게 생각한다. 심지어 애지중지하는지도 모른다. 재량이 제거되어 모두가 하는 일과 다를 바 없는 일을 하게 되면, 그들은 자신들이 하찮은 존재에 불과하다고 느끼게 된다.

간략하게 말하면 잡음 있는 제도는 사기 진작에 도움이 될 수 있다. 잡음이 있기 때문이 아니라 사람들이 독립적으로 결정을 내릴 수 있기 때문에 그렇다. 직원이 고객 불만에 각자 나름대로 대응하거나, 자신이 생각했을 때 최선의 방법으로 부하직원을 평가하거나, 적정하다고 생각되는 할증료를 자유롭게 설정할 수 있다면, 그들은 자기 일을 조금 더 즐길 수 있을 것이다. 회사가 조직 차원에서 잡음을 없애는 조치를 취하면, 직원은 자신의 주체성이 침해받았다고 생각할 수 있다. 그래서 창의력을 발휘하기보다 그저 규칙을 따를 것이다. 이렇게 되면 그들의 일은 더 기계적으로 보이고, 심지어 로봇이 하는 일처럼 보이기도 한다. 독립적으로 판단을 내릴 수 있는 역량을 억압하는 일터에서 누가 일하고 싶겠나?

조직은 이런 의견에 동조한다. 구성원들을 존중할 뿐만 아니라 새로운 아이디어를 생각할 수 있도록 여유를 주고 싶기 때문이다. 규칙이 마련되면, 독창성과 창의성이 줄어들 수 있다.

이것은 물론 전부는 아니지만 많은 조직 구성원들에게 적용된다. 업무가 다르면 다르게 평가받아야 한다. 가령 패혈성 인두염이나 고혈압을 진단하는 제도에는 잡음이 존재하지만 그렇다고 창의력을 발휘하기에 좋은 분야는 아니다. 하지만 더 행복하고 더 많은 영감을 주는 직장을 만들 수 있다면, 잡음을 기꺼이 감내할 수 있을지도 모른다. 사기 저하도 잡음 축소에 대한 비용이지만, 그것은 실적 저하와 같은 다른 비용을 낳는다. 그러므로 새로운 아이디어를 적극 수용하면서 잡음을 줄일 수 있어야 한다. 복잡한 판단의 구조화 등 일부 잡음 축소 전략이 이 두 마리 토끼를 잡는다. 의욕을 높이면서 잡음을 줄이고 싶다면, 그러한 결과로 이어지는 결정 위생 전략을 선택해야 한다. 책임자는 엄격한 규칙이 마련되면 사례별 재량을 행사하여 규칙을 무너뜨리기 위해서가 아니라 그것을 수정하고 개선하기 위해서 적당한 프로세스를 마련해야 한다.

유명한 변호사이자 사상가인 필립 하워드Philip Howard는 여러 저서에서 더 유연한 판단을 허용하는 것을 지지하는 비슷한 주장을 했다.[5] 그는 잡음을 제거하는 규범적 규칙이 아니라 '타당하다' '신중하게 행동하다' '과도한 위험을 전가하지 않는다' 등 일반적 원칙으로 정책을 수립해야 한다고 주장했다.

하워드의 관점에서 현대 정부 규제는 어불성설이다. 그냥 너무나 경직되어 있기 때문이다. 교사, 농부, 개발자, 간호사, 의사 등 전문가라 불리는 모든 사람이 뭘 해야 하고 어떻게 해야 하는지 꼬치꼬치 알려주는 규제 때문에 부담을 느낀다. 하워드는 사람들이 각자 창의력을 발휘해서 교육 성과 개선, 사고 예방, 수질 개선, 환자의 건강 증진 등 주어진 목표를 달성하는 방법을 찾도록 하는 편이 훨씬 낫다고 생각한다.

하워드는 호소력 있는 주장을 했지만, 그가 선호한 접근 방식의 결과에 대해선 고민해봐야 한다. 그런 방식이 잡음과 편향을 높일 수 있기 때문이다. 일반적으로 대부분의 사람들이 경직성을 좋아하지 않는다. 하지만 경직성이 잡음을 줄이고 편향과 오류를 없애는 최선의 방법일 수 있다. 일반적 원칙만이 마련되면, 그 원칙의 해석과 실행에서 잡음이 생길 것이다. 그러한 잡음은 견딜 수 없고, 심지어 터무니없을 수 있다. 최소한 잡음의 비용은 조심스럽게 따져봐야 한다. 하지만 잡음의 비용을 보통 검토하지 않는다. 잡음이 불공평함을 확산시키고 높은 비용을 발생시키면, 우리는 이는 용인될 수 없고 중요한 가치를 훼손하지 않는 잡음 축소 전략을 찾아야 한다고 결론 내릴 것이다.

존엄에 대하여 ──────────────────

"사람들은 대면 상호작용을 소중하게 여기고 심지어 필요로 한다. 그들은 상황을 개선할 힘이 있는 실제 인간이 자신들의 걱정과 불만을 들어주길 원한다. 물론 이러한 상호작용은 필연적으로 잡음을 낳을 것이다. 하지만 인간의 존엄은 가치를 매길 수 없다."

"도덕적 가치는 끊임없이 진화하고 있다. 만약 모든 것에 제재를 가한다면 변하는 가치를 받아들일 여유가 없어질 것이다. 잡음을 줄이려는 일부 노력은 너무나 경직되어 있다. 그래서 도덕적 변화를 막는다."

"비행을 억제하고 싶다면, 어느 정도의 잡음을 용인해야 한다. 학생들이 표절을 하면 어떤 처벌을 받게 될지 궁금해하도록 내버려두자. 그럼 그들은 표절을 피할 것이다. 잡음의 형태를 띤 약간의 불확실성은 억제력을 확대할 수 있다."

"잡음을 제거하면, 명확한 규칙을 얻게 될 것이다. 하지만 사람들은 그 규칙을 피할 방법을 찾아낼 것이다. 잡음이 전략적이거나 기회주의적인 행동을 예방할 방도를 제공한다면 이때 잡음은 치러야 할 가치가 있는 대가다."

"창의적인 사람에겐 여백이 필요하다. 사람은 로봇이 아니다. 어떤 직업이건 간에 어느 정도 운신의 폭이 보장되어야 한다. 옴짝달싹 못하게 잡아두면, 잡음은 없겠지만 일에 흥미가 사라지고 창의적인 아이디어가 떠오르지 않을 것이다."

"결론적으로 잡음을 옹호하는 주장들은 설득력이 없다. 잡음의 불공평함과 비용을 감수하지 않고도 인간의 존엄을 존중하고 도덕적 가치가 진화할 여유를 충분히 마련하면서 사람들이 창의력을 발휘하게끔 할 수 있다."

28장

규칙이냐
기준이냐

목표가 잡음을 줄이거나 잡음을 줄이는 방법을 결정하고 실행할지를 (그리고 어느 수준까지 실행할지를) 결정하는 것이라면, 규칙과 기준이라는 두 가지 규제 행위를 명확히 구분해야 한다. 종류를 막론하고 조직은 잡음을 줄이기 위해서 규칙이나 기준 또는 둘을 적절히 결합하여 활용한다.

회사는 구체적으로 정해진 시간 동안 직원들이 사무실에서 일해야 한다는 규칙을 정할 수 있다. 또는 2주 이상 휴가를 써서는 안 된다거나 기밀을 언론에 유출한 직원은 이유 여하를 불문하고 해고된다는 규칙을 정할 수도 있다. 이러한 규칙 대신에 직원들은 '합리적인 근무 일' 동안 사무실에 나와야 한다거나, 휴가 기간은 회사의 필요에 따라 상황별로 결정된다거나, 정보를 유출한 직원은 적절한 처벌을 받는다는 기준을 설정할 수도 있다.

법으로 그 누구도 숫자로 정해진 제한 속도를 어겨선 안 된다거나, 노동자는 발암물질에 노출되어선 안 된다거나, 모든 처방약에는 구체적인 경고문이 명시되어야 한다는 규칙이 마련될 수 있다. 이와 반대로 사람들은 '신중하게' 운전해야 한다거나, 노동자에게 '실행 가능한 범주까지' 안전한 작업장을 제공해야 한다거나, 제약사는 처방약의 경고문을 작성할 때 '합리적으로' 행동해야 한다는 기준을 마련할 수도 있다.

이 사례들은 규칙과 기준의 핵심적인 차이를 보여준다. 규칙은 적용 대상자의 재량을 없애고자 한다. 반면에 기준은 재량을 적용 대상자에게 부여한다. 규칙이 마련될 때마다, 잡음이 급격하게 줄어들게 된다. 운전자가 얼마나 빨리 달렸나? 노동자가 발암물질에 노출됐나? 약물에 경고가 필요했나? 규칙을 해석하는 사람들은 이러한 사실 여부를 판단해야 한다.

규칙에 따라 사실을 찾는 행위에는 판단이 수반되고 잡음을 낳거나 편향의 영향을 받는다. 지금까지 많은 사례들과 마주했다. 하지만 규칙을 설계하는 사람들은 이러한 위험을 줄이고자 한다. 그리고 규칙이 숫자로 구성되면, 잡음은 반드시 줄어들어야 한다(예를 들면 '18세가 되기 전까지 그 누구도 투표를 할 수 없다'라거나 '제한 속도는 시속 65마일이다' 같은 규칙이 해당된다). 규칙에는 중요한 특징이 있다. 규칙은 판단의 역할을 줄인다. 이런 관점에서 최소한 판단자들은 할 일이 줄어든다(판단자는 규칙의 영향을 받는 모든 사람을 이해하고 있어야 한다). 그들은 규칙을 따를 뿐이다. 좋든 싫든, 그들의 운신의 폭은 훨씬 줄어든다.

기준은 완전히 다르다. 기준이 마련될 때, 판단자들은 여러 가지로 해석될 수 있는 용어의 의미를 구체화해야 한다. 그들은 무엇이 (예를 들어) '합리적이고 실행 가능한지'를 결정하는 수많은 판단을 내려야 한다. 사실을 찾는 것에 더해서 그들은 상대적으로 애매한 문구에 살을 붙여 말이 되게 만들어야 한다. 기준을 세우는 사람들은 사실상 의사결정 권한을 다른 사람들에게 전달한다. 그들은 권력을 위임한다.

22장에서 살펴본 가이드라인은 규칙이나 기준에 해당될지도 모르겠다. 가이드라인이 규칙이라면, 이는 급격하게 판단을 억제한다. 반대로 기준이라면 훨씬 다양하게 해석될 수 있다. 아프가 점수는 가이드라인이지 규칙이 아니다. 가이드라인은 재량의 행사를 금지하지 않는다. 가이드라인이 엄격해져서 재량을 없앨 때, 가이드라인은 규칙이 된다. 알고리즘은 기준이 아니라 규칙으로 작동한다.

분열과 무시

기업, 조직, 사회 또는 집단이 극심하게 분열될 때마다 규칙보다 기준을 마련하는 것이 훨씬 더 쉬울지도 모른다. 경영진은 관리자들이 모욕적으로 행동해선 안 된다고 생각한다. 하지만 경영진은 어떤 행동이 모욕적이고 그래서 금지되어야 하는지 정확하게 알지 못한다. 관리자들은 시시덕거리는 것이 용인되는지를 결정하지 않고 직장에서 성희롱을 반대할지도 모른다. 대학은 표절의 정확한 의미를 정의하지 않고 학생들의 표절 행위를 금지할지도 모른다. 사람들은 상업 광고나 위협적인 발언이나 외설도 보호해야 하는지 판단하지도 않으면서 표현의 자유가 헌법으로 보호되어야 한다고 주장할 수 있다. 사람들은 신중함을 제대로 정의하지도 않고 환경 규제 당국이 온실가스를 줄이기 위해서 신중한 규정을 마련해야 한다고 주장할지도 모른다.

세부 내용을 구체적으로 정하지 않고 기준을 마련하는 것은 잡음으로 이어질 수 있다. 이것은 판단 집계와 매개 평가 프로토콜 등 앞서 다뤘던 잡음 축소 전략을 통해서 통제될지도 모른다. 리더는 규칙을 마련하고 싶을지 모르지만, 실질적으로 그런 규칙에 동의하지 않을지도 모른다. 헌법에는 많은 기준이 포함되어 있다(예를 들면 종교의 자유를 보호하는 것이다). 세계 인권 선언도 마찬가지다("모든 인간은 존엄과 권리에서 자유롭고 동등하게 태어난다").

다양한 사람들을 잡음 축소 규칙에 동의하도록 만드는 것은 대단히 어렵다. 이것이 규칙이 아니라 기준이 마련된 이유다. 경영진은 직원이 고객을 어떻게 대해야 하는지를 정확하게 설명하는 규칙에 동의하도록 만들 수 없을 것이다. 기준을 마련하는 것이 경영진이 할 수 있는 최선인지도 모른다. 공공 부문에서 유사한 사례를 살펴보자. 입법자들은 법을 집행하는 대가라면 어떤 기준에 대해서 타협할지도 모른다(그리고 그 기준으로 인해 야기된 잡음을 용인할지도 모른다). 의사들은 질병 진단 기준에 동의할지도 모른다. 반면에 진단 규칙을 수립하려는 시도는 해소할 수 없는 의견 차이로 이어질 수 있다.

하지만 사회적 그리고 정치적 분열이 사람들이 규칙 대신에 기준에 의지하는 유일한 이유는 아니다. 때때로 실제 문제는 사람들이 합리적인 규칙을 마련하는 데 필요한 정보가 부족하다는 것이다. 대학교는 교수의 승진 여부를 결정하는 규칙을 마련하지 못할지도 모른다. 고용주는 직원을 유지하거나 징계하는 결정을 내릴 때 영향을 주는 모든 상황을 예측할 순 없을 것이다. 입법부는 미세먼지, 오존, 이산화질소, 납 등 대기오염 물질의 적절한 수준을 모른다. 그래서 최선은 설령 잡음이 생기더라도 일종의 기준을 마련하고 신뢰할 수 있는 전문가들에게 기준이 의미하는 바를 구체화하도록 하는 것이다.

규칙은 여러 방향으로 편향될 수 있다. 여성이 경찰이 되는 것을 금지하는 규칙이 있을 수 있다. 그 규칙은 아일랜드 사람들을 적용 대상에서 제외시킬지도 모른다. 이처럼 설령 규칙이 심각하게 편향되었더라도, (모두가 규칙을 따른다면) 그 규칙은 잡음을 급격히 줄일 것이다. 21세 이상만 주류를 구입할 수 있고 21세 미만은 주류를 구입할 수 없다고 규정하는 규칙이 있다고 가정하자. 사람들이 이 규칙을 준수하는 한, 규칙 덕분에 잡음은 거의 발생하지 않을 것이다. 하지만 이와 반대로, 기준은 잡음을 초래한다.

부하직원을 통제하는 상사

규칙과 기준의 차이는 공공 기관과 민간 기관 모두에 대단히 중요하다. 모든 유형의 기업도 마찬가지다. '주인'이 '대리인'을 통제하려 들 때마다, 주인은 규칙과 기준 가운데서 어느 하나를 선택해야 한다. 2장에서 보았듯 보험심사역은 회사에 이득이 되도록 최적의 보험료(너무 높지도 너무 낮지도 않은 보험료)를 산정하려고 노력한다. 그들의 상사가 가이드라인이 될 기준이나 규칙을 제공할까? 기업이라는 조직에서 리더라 불리는 사람들은 모두 부하직원들에게 아주 구체적으로 또는 좀 더 일반적으로 지시를 내릴 것이다('상식을 이용하라'거나 '최선의 판단력을 발휘하라'고 지시한다). 의사는 환자에게 처방을 내릴 때 규칙이나 기준 둘 중 어느 하나를 사용한다. '매일 아침과 밤에 한 알씩 복용하시오'는 규칙이다. 반면에 '필요하다 싶을 때 한 알씩 복용하시오'는 기준이다.

페이스북과 같은 소셜미디어는 잡음과 그것을 줄이는 방법에 관심을 가질 수밖에 없다. 명확하게 정의된 규칙(선정적인 게시물 금지 등)을 어기는 게시물을 서버에서 내리라고 지시할 수 있다. 또는 규정(약자를 괴롭히거나 특허권을 침해하는 게시물 금지 등)을 시행하도록 만들 수도 있다. 2018년 처음 공개된 페이스북의 커뮤니티 규정에는 규칙과 기준이 흥미롭게 혼재한다. 규정이 공개된 이후에 페이스북 이용자들의 불만이 쏟아졌다. 그들은 회사의 규정이 지나친 잡음을 발생시킨다고 주장했다(그리고 그로 인해서 오류와 불공평함도 초래됐다고 주장했다). 반복적으로 등장하는 우려 사항은 수천 명의 페이스북 검사자들이 판단을 내리기 때문에, 상당히 다른 결론이 나올 수 있다는 것이었다. 그들이 검토했던 게시물을 내릴지 말지를 판단하면서 검사자들은 허용되는 것과 금지되는 것에 대해서 다른 결정을 내렸다. 다음은 2020년에 발표된 페이스북의 커뮤니티 규정의 일부 내용을 발췌한 것이다. 이러한 판단의 변산성이 왜 발생하는지 살펴보자.

> 우리는 혐오 발언을 인종, 민족, 국적, 종교, 성적 성향, 계급, 생물학적 성, 사회학적 성, 성 정체성, 심각한 질병이나 장애 등 보호받아야 하는 특징들을 근거로 사람들에게 직접적으로 가해지는 공격으로 정의한다. 우리는 이민 신분에도 일부 보호 장치를 제공한다. 우리는 공격을 폭력적이거나 인간성을 말살하는 발언, 비하 발언 또는 배제나 분리 요구로 정의한다.[1]

검사자들이 이러한 정의를 해석하고 적용할 때 잡음이 생길 수밖에 없다. 도대체 '폭력적이거나 인간성을 말살하는 발언'은 무엇일까? 페이스북은 이러한 질문이 나올 수 있음을 알고 있었다. 그래서 잡음을 줄이기 위해서 직설적인 규칙을 도입했다. 《뉴요커》가 입수한 대략 12만 자로 구성된 실행 규정이라 불리는 비공개 문서에 그 규칙을 담았다.[2] 공개된 커뮤니티 규정에서 선정적인 콘텐츠를 정의하는 문구는 '우리는 폭력을 미화하는 콘텐츠를 제거한다'로 시작된다. (도대체 이게 무슨 말일까?) 이와 대조적으로 실행 규정은 선정적인 이미지를 목록으로 정리하고 직설적으로 콘텐츠 관리자에게 무엇을 해야 하는지를 알려줬다. 예를 들어 '그을리거나 불에 탄 사람'과 '절단된 사람의 신체 일부'가 선정적인 이미지 목록에 담겨 있다. 간단하게 요약하면, 커뮤니티 규정은 기준에 더 가깝지만, 실행 규정은 규칙에 더 가까운 것 같다.

같은 맥락에서 항공사는 조종사에게 규칙이나 기준을 준수하라고 요청할 것이다. 여기서 문제는 공항 활주로에 90분 머문 뒤에 게이트로 되돌아갈 것이냐 또는 좌석 안전띠 표시등을 정확하게 언제 켤 것이냐가 될 것이다. 항공사는 조종사의 재량을 제한해서 오류를 줄이기 위해서 규칙을 선호할 것이다. 하지만 어떤 상황에서 조종사가 최선의 판단력을 발휘해야 한다고도 믿는다. 이런 상황에서는 기준이 잡음은 발생시킬 수 있지만 규칙보다 훨씬 낫다.

이 모든 경우에 규칙과 기준 중에서 어느 하나를 선택하는 사람들은 잡음 문제, 편향 문제 또는 두 가지 모두에 집중해야 한다. 크기에 상관없이 기업은 항상 결정을 내려야 한다. 가끔은 정해진 틀 없이 아주 직관적으로 결정을 내리기도 한다.

기준은 그 형태와 범위가 다양하다. 기본적으로 기준에 내용이 없을 수 있다. 예를 들어 '주어진 상황에서 적절한 행동을 하라'는 기준이 있을 수 있다. 기준은 적절한 것을 구체적으로 정의하여 판단자의 재량을 제한할 때 규칙에 가까워진다. 예를 들어 인사과 직원은 기준('대학 학위 소지자 중에서 업무를 탁월하게 수행할 사람을 선택하라')을 적용하기 위해서 규칙('모든 입사 지원자는 대학 학위를 소지해야 한다')을 도입할지도 모른다.

규칙은 잡음을 줄이거나 심지어 잡음을 없앨 수도 있어야 한다. 반면에 (잡음 축소 전략이 도입되지 않는다면) 기준은 상당한 잡음을 초래한다. 민간 조직과 공공 조직에서 잡음은 규칙을 마련하지 못한 결과인 경우가 많다. 잡음이 심하면, 모두가 비슷한 처지의 사람들이 비슷하게 대우받지 못한다는 것을 알게 될 때, 규칙을 도입하려는 움직임이 나타난다. 양형에서 이러한 움직임은 격렬한 항의로 변할지도 모른다. 일반적으로 어떤 방식으로든 잡음 감사가 이러한 항의에 앞서 실시된다.

억압받은 자들의 귀환

여기서 고민해볼 중요한 질문이 있다. 누가 장애인으로 간주되나? 가령 일할 수 없는 사람들을 위해 마련된 경제적 혜택을 누릴 자격이 있는 사람이 장애인인가? 이런 식의 질문을 받은 판단자는 잡음이 존재하여 불공정한 임시 결정을 내리게 될 것이다. 미국에서는 이렇게 잡음이 있고 불공평한 결정들이 한 때는 규범이었다. 그래서 그 결과에 대해서 왈가왈부 시끄러웠다. 그래서 가령 조건이 똑같은 사람 두 명이 휠체어를 타거나 극심한 우울증을 앓고 있거나 만성 통증에 시달릴 때, 그들에 대한 처우가 달랐다. 이에 대한 대응으로 담당 공무원은 규칙에 가까운 무언가를 도입했다. 그것은 바로 **장애 매트릭스**disability matrix였다. 이 매트릭스에 따르면 교육 수준, 지리적 위치 그리고 남아 있는 신체 능력을 기초로 상대적으로 기계적인 판단을 내릴 수 있다. 목표는 결정에서 잡음을 줄이는 것이다.

법학 교수 제리 마쇼Jerry Mashaw는 이렇게 잡음 있는 판단을 제거하려는 노력에 **관료주의적 정의**라는 이름을 붙인다.[3] 이 용어는 기억해둘 만하다. 마쇼는 장애 매트릭스의 마련을 기본적으로 공정한 시도라며 환영했다. 그것을 활용하여 잡음을 제거할 수 있기 때문이었다. 하지만 어떤 상황에서는 관료주의적 정의가 잡음을 없애지 못할 수도 있다. 조직이 규칙에 얽매인 결정을 내리려 할 때마다 잡음이 다시 생길 위험이 존재한다.

특정한 경우에 규칙이 끔찍한 결과를 초래한다고 가정하자. 그렇다면 판단자는 규칙이 너무나 가혹하다고 생각하면서 간단하게 규칙을 무시할지도 모른다. 그런 이유로 판단자는 감시하거나 목격하기 어려울 정도로 미약한 수준의 시민 불복종을 통해 재량을 행사할지도 모른다. 기업에서 직원들은 엉터리 같은 엄격한 규칙을 무시한다. 이와 마찬가지로 공공 안전과 공중 보건을 보호하는 행정 기관은 너무 엄격하고 규칙에 가까운 법령의 집행을 간단하게 거부할 수 있다. 형사법에서 **배심원 무효판결**은 배심원이 분별없이 경직되고 가혹하다는 근거로 그냥 법을 따르는 것을 거부하는 상황을 의미한다.

공공 조직이나 민간 조직이 엄격한 규칙으로 잡음을 통제하려고 시도할 때마다, 규칙 때문에 은근히 재량 행사를 부추길 수 있는 가능성을 항상 경계해야 한다. 삼진아웃 정책으로 검사들은 두 번 기소된 사람에게 중범죄로 기소하기를 자주 꺼려했는데, 이런 반응을 통제하고 확인하는 것은 매우 어려웠다.

그런 일이 일어날 때, 거기엔 잡음이 있을 테지만 그 누구도 그 잡음을 눈치채지 못할 것이다. 우리는 의도대로 돌아가도록 규칙을 모니터링해야 한다. 규칙이 의도한 대로 작동하지 않으면 잡음이 발생하고, 그 규칙은 개정돼야 한다. 여기서 잡음의 존재가 해당 규칙이 의도대로 작동하지 않는다는 신호가 된다.

프레임워크

기업과 정부에서 규칙과 기준 가운데 어느 하나를 선택하는 일은 보통 직관적으로 이뤄진다. 하지만 이런 일도 더욱 체계적으로 진행될 수 있다. 우선 선택은 (1) 결정의 비용, (2) 오류의 비용에 따라 좌우된다.

기준의 경우, 결정의 비용은 모든 종류의 판단자에게 매우 높을 수 있다. 판단자가 기준을 해석하고 논리를 만들어서 판단을 내려야 하기 때문에 판단이 부담이 될 수 있다. 최선의 판단을 내리라는 요청을 받으면, 의사는 각각의 사례를 살펴보는 데 시간을 써야 할지도 모른다(이렇게 내린 판단에는 잡음이 존재할 수 있다). 환자가 패혈성 인두염인지를 판단하는 뚜렷한 가이드라인이 제공되면, 의사는 빠르고 상대적으로 간단하게 판단을 내릴 수 있을 것이다. 제한 속도가 시간당 65마일이면, 경찰은 어느 속도까지 운전할 수 있게 해야 하는지를 고민할 필요가 없다. 하지만 합리적이지 않게 과속으로 운전하면 안 된다는 기준은 경찰을 고민하게 만든다(그리고 기준의 집행에 분명 잡음이 발생할 것이다). 일반적으로 규칙으로 내린 결정의 비용은 훨씬 낮다.

그래도 규칙은 여전히 복잡하다. 규칙은 일단 도입되면 적용하는 것은 쉽다. 하지만 규칙이 도입되기 전에 누군가는 규칙을 결정해야만 한다. 규칙을 만드는 일이 어려울 수 있다. 때때로 말도 안 되게 많은 비용을 야기한다. 사법제도와 기업은 '합리적이다' '신중하다' '실행 가능하다' 같은 말을 자주 사용한다. 규칙을 수립하는 데 막대한 비용이 소요될 수 있기 때문에 이런 표현들이 의학과 공학과 같은 학문 분야에서도 똑같이 중요하게 사용되는 것이다.

오류의 비용은 실수의 횟수와 범위를 말한다. 과연 대리인은 아는 것이 많고 신뢰할 수 있을까? 그리고 그들은 결정 위생을 실천할까? 그들이 그러하고 그렇게 행동한다면, 그러면 기준으로도 충분하다. 잡음도 거의 발생하지 않을 것이다. '주인'은 대리인을 신뢰할 수 없는 이유가 있다면 규칙을 도입해야 한다. 만약 대리인이 무능하거나 편향되면 그리고 결정 위생을 실행할 수 없다면, 규칙으로 그들을 제약해야 한다. 합리적인 조직은 구성원에게 허용하는 재량의 범위가 구성원에 대한 조직의 신뢰 수준과 밀접하게 관련되어 있다는 것을 잘 안다.

물론 완벽한 신뢰부터 완전한 불신까지 신뢰의 정도는 연속적으로 존재한다. 기준은 덜 믿음직스러운 대리인 때문에 수많은 오류로 이어질 수 있다. 하지만 사소한 오류라면, 용인될 수 있을 것이다. 규칙은 실수를 거의 야기하지 않는다. 하지만 규칙이 야기한 실수가 파국을 몰고 온다면, 막대한 비용을 소요하여 규칙을 수립하느니 기준을 마련하는 편이 나을 수 있다. 일반적으로 규칙이 기준보다 더 큰 오류의 비용을 야기한다고 생각할 이유가 없다. 그 반대도 마찬가지다. 만약 규칙이 완벽하다면, 그것은 오류를 전혀 발

6부 최적의 잡음

생시키지 않을 것이다. 하지만 규칙이 완벽한 경우는 거의 없다.

법적으로 21세 이상이면 술을 살 수 있다고 가정하자. 이 법은 젊은이들을 음주와 연관된 많은 위험으로부터 보호하기 위해서 도입됐다. 이런 식으로 이해하면 이 법은 많은 실수를 낳을 것이다. 20세, 19세, 18세, 심지어 17세 중에도 술을 마셔도 괜찮은 사람들이 있다. 22세, 42세, 62세 중에도 술을 마실 수 없는 사람들이 있다. 적절한 표현을 사용하고 사람들이 정확하게 그 표현을 적용한다면, 기준이 있을 때 오류가 덜 발생할 것이다. 물론 이렇게 하는 것은 매우 어렵다. 그래서 나이를 기준으로 음주에 관한 간단한 규칙이 수립된다.

이 사례는 훨씬 큰 포인트를 보여준다. 수많은 결정을 내릴 때마다 많은 잡음이 발생할 수 있다. 이런 경우에 분명한 규칙을 마련해야 한다는 강력한 주장이 나온다. 피부과 전문의는 가려운 발진과 점이 있는 환자를 많이 진료한다. 합리적인 규칙에 따라 진단을 내린다면, 오류는 거의 나타나지 않을 것이다. 그러한 규칙이 없고 개방적인 기준이 있다면, 결정의 비용은 감당할 수 없을 정도로 커진다. 반복되는 결정의 경우에 임시 판단보다 기계적인 규칙을 도입하는 편이 낫다. 재량을 행사하는 부담이 상당해지고 잡음이나 그것이 초래한 불공평함의 비용이 감내하기 어려울 정도라면 말이다.

똑똑한 조직은 규칙과 기준의 단점을 잘 안다. 잡음을 줄이는 방법으로 규칙이나 규칙에 가까운 기준을 도입한다(편향도 마찬가지다). 그리고 오류의 비용을 최소화하기 위해서 조직은 사전에 상당한 시간과 관심을 규칙이 (충분히) 정확해지도록 보장하는 데 쓸 것이다.

잡음을 금한다?

많은 상황에서 잡음은 물의를 일으킨다. 사람들은 잡음과 함께 살아가지만 그래선 안 된다. 잡음을 줄이거나 없애기 위해서 개방적인 재량이나 애매한 기준에서 규칙이나 규칙에 가까운 무언가로 움직여야 한다. 우리는 이제 단순한 대응이 최고의 대응이 되는 때를 감각적으로 안다. 하지만 규칙을 실행할 수 없거나 규칙 도입이 좋은 생각이 아닌 때라 하더라도 우리는 잡음을 줄이는 온갖 전략들을 찾아냈다.

이 모든 것은 커다란 질문으로 이어진다. 사법제도가 잡음을 금지해야 할까? 잡음을 법적으로 금지해야 한다고 쉽게 대답하기에는 너무 어려운 질문이다. 하지만 법은 잡음을 통제하기 위해서 지금보다 더 많은 일을 해야 한다. 다음의 방법으로 이 질문에 대한 답을 생각해볼 수 있다. 독일 사회학자 막스 베버는 '카디 사법'에 대해 불평을 늘어놨다. 그는 카디 사법은 일반적인 규칙으로 통제되지 않은 비공식적이고 임시적인 판단이라고 생각했다. 베버는 카디 사법이 견딜 수 없을 만큼 개별적이라고 생각했다. 카디 사법은 법규의 위반이었다. 베버의 말을 빌리면, "판사는 정확하게 공식적인 규칙에 따라서 판결을 내리지 않았고 사람들을 고려하지 않았다. 정반대의 상황이 발생했다. 판사는 구체적인 상황을 고려하여 그들의 구체적인 자질에 따라서 또는 공평과 구체적인 결과의 적정성에 따라서 사람들을 판단했다."[4]

베버는 카디 사법은 결정의 합리적인 규칙을 전혀 이해하지 못한다고 주장했다. 베버가 카디 사법이 보장했던 견딜 수 없는 잡음에 대해서 불평하고 있다고 생각할 수 있다. 베버는 미리 통제된 관료주의적 판단의 부상을 환영했다. (관료주의적 정의라는 개념을 다시 생각해보라.) 그는 특화되고 전문적인 규칙에 얽매인 접근법을 법의 진화에서 최종 단계라고 생각했다. 하지만 베버의 글이 출간되고 오랜 시간 뒤에 카디 사법이나 이와 유사한 것이 사법제도에 깊이 스며들었다. 그렇다면 그것에 대해 무엇을 해야 할까?

잡음 축소가 세계 인권 선언의 일부가 되어야 한다고 주장하진 않을 것이다. 하지만 어떤 경우에 잡음은 인권 침해로 간주되며, 일반적으로 전 세계 사법제도는 잡음을 통제하기 위해 최대한 노력한다. 양형, 위법 행위에 대한 벌금 그리고 망명 승인이나 거부에 대해서 생각해보자. 그리고 교육의 기회, 비자 발급, 건축 허가, 직업 면허 등에 대해서도 생각해보자. 거대한 정부 기구가 수백 명 또는 심지어 수천 명의 사람을 고용하고 있고, 결정에 조리나 논리가 없다고 가정해보자. 그 조직에는 엄청난 잡음이 존재한다. 혹은 아동보호 기관에서 어느 직원이 사건을 맡느냐에 따라 어린아이들이 서로 아주 다른 대우를 받게 된다고 가정하자. 아이의 삶과 미래가 이런 추첨에 좌우된다는 사실을 어떻게 용납할 수 있을까?

많은 경우 이러한 판단의 변산성은 편향 때문에, 즉 식별할 수 있는 인지적 편향과 어떤 차별의 형태를 띤 편향 때문에 나타난다. 그런 경우에 사람들은 그 상황을 용납할 수 없다고 판단하고 새롭고 다른 관행을 요구하며 시정 수단으로 법을 요구한다. 전 세계적으로 조직은 편향을 악당으로 여긴다. 이는 옳은 판단이다. 하지만 조직은 잡음을 악당으로 보지 않는다. 잡음도 악당으로 간주해야 한다.

많은 영역에서 잡음의 현재 수준은 너무나 높다. 잡음은 큰 비용을 발생시키며 끔찍한 불공평을 초래하고 있다. 이 책에서 살펴본 사례는 빙산의 일각에 불과하다. 법은 이러한 비용을 줄이기 위해 훨씬 더 많은 일을 해야 한다. 법은 불공평에 맞서야 한다.

규칙과 기준에 대하여

"규칙은 삶을 단순하게 해주고 잡음을 줄인다. 하지만 기준은 사람들이 상황의 특수성에 적응하도록 한다."

"규칙이냐, 아니면 기준이냐? 먼저 어느 것이 더 많은 실수로 이어지는지를 생각해봐야 한다. 그리고 나서 어느 것이 만들거나 따르기 더 쉽거나 더 부담스러운지를 따져봐야 한다."

"규칙을 도입해야 되는 순간에 기준을 이용하는 경우가 많다. 이것은 우리가 잡음에 관심을 두지 않기 때문이다."

"잡음 축소는 세계인권선언의 일부여선 안 된다. 적어도 아직까지는 말이다. 하지만 잡음은 끔찍하게 불공평할 수 있다. 전 세계적으로 사법제도는 잡음을 줄이기 위해 강력한 조치를 취하는 방향을 고민해야 한다."

6부 최적의 잡음

NOISE

결론

잡음을 진지하게 고민하자

잡음이란 판단을 할 때 나타나는, 원하지 않은 변산성이다. 이런 잡음은 너무나 많이 존재한다. 이 책의 핵심 목표는 왜 잡음이 많이 존재하는지 그리고 잡음을 줄이거나 없애려면 어떻게 해야 하는지를 살펴보는 것이었다. 이 책에서 이미 많은 내용을 다뤘지만, 결론과 함께 요점을 간략하게 다시 한 번 살펴보고자 한다.

판단

판단이라는 단어를 사용할 때, '사고'와 헷갈려선 안 된다. 판단은 훨씬 더 협소한 개념이다. 판단은 일종의 측정이며, 판단의 측정 도구는 인간의 마음이다. 다른 측정처럼, 판단도 대상에 점수를 부여한다. 이때 점수가 반드시 숫자일 필요는 없다. '메리 존슨의 종양은 아마도 양성일 것이다'는 '나라 경제가 매우 불안정하다'란 말처럼 판단이다. '프레드 윌리엄스는 새로운 관리자로 최고의 인재일 것이다'와 '이 위험을 보장해주는 보험의 보험료는 1만 2,000달러다'란 말도 판단이다. 판단은 비공식적으로 다양한 정보를 통합하여 전반적인 평가를 내린다. 판단은 연산이 아니며 정확한 규칙을 따르지 않는다. 교사는 에세이를 평가할 때 판단을 내리지만, 다지선다형 시험을 채점할 때 판단을 내리진 않는다.

많은 사람이 전문적인 판단을 하면서 생계를 유지한다. 그리고 모두가 그런 판단에 영향을 받는다. 이 책에서는 그들을 **전문적인 판단자**라 부른다. 그들은 축구팀 코치, 심장병 전문의, 변호사, 엔지니어, 할리우드 영화제작자, 보험심사역 등으로 다양하다. 전문적인 판단은 이 책의 주요 관심사다. 전문적인 판단에 대한 연구가 광범위하게 진행되기도 했거니와, 전문적인 판단의 질이 우리 모두의 삶에 지대한 영향을 주기 때문이다. 전문적인 판단에 대해서 알게 된 점은 다른 사람들의 전문적인 판단에도 적용될 수 있을 것이다.

어떤 판단은 **예측적**이다. 또 어떤 예측적인 판단은 입증 가능하다. 그래서 그 판단이 정확했는지 여부를 끝내는 알게 될 것이다. 이것은 일반적으로 의약품의 효과, 전 세계적인 유행병의 경과, 선거 결과 같은 단기 예측에 해당한다. 하지만 장기 예측이라든지 가상의 질문에 대한 답 등 확인할 수 없는 판단도 많다. 이러한 판단의 질은 그 판단에 이르게 된 사고 과정을 통해서만 평가할 수 있다. 게다가 많은 판단이 예측적이지 않고 평가적이다. 판사의 형량 선고나 대회에 출품된 그림의 순위는 객관적인 참값에 쉽게 비교할 수 없다.

하지만 판단을 내리는 사람들은 마치 모든 판단에 참값이 존재하는 것처럼 행동한다. 그들은 자기 자신을 비롯해 모두가 놓쳐서는 안 되는 눈에 보이지 않는 표적이 존재하는 것처럼 생각하고 행동한다. **개인의 판단에 따른 결정**은 의견이 일치하지 않을 가능성과 그 판단이 제한적일 것이란 기대를 내포한다. 판단 문제는 **제한된 의견 불일치**에 대한 기대를 특징으로 한다. 판단 문제는 의견 불일치가 허용되지 않는 '연산의 문제'와, 극단적인 경우를 제외하곤 거의 의견이 일치하지 않는 '취향의 문제' 사이에 존재한다.

오류: 편향과 잡음

일련의 판단에서 나타난 대부분의 오류가 같은 방향을 향하고 있을 때 편향이 존재한다고 말한다. 예를 들어 사수들이 표적의 아래 그리고 표적의 왼쪽을 일관되게 맞히고, 경영진이 연매출에 너무나 낙관적이고, 기업이 실패를 인정해야 하는 실패 프로젝트에 다시 투자하는 경우가 있다. 이런 경우에 편향은 **평균 오류**다.

일련의 판단에서 편향을 없앤다고 모든 오류를 없앨 수 있는 것은 아니다. 편향이 제거된 뒤에 남아 있는 오류는 공유되지 않는다. 그것들은 원치 않게 분산된 판단, 즉 신뢰할 수 없는 현실의 측정 도구다. 다시 말해서 그것들은 잡음이다. 잡음은 똑같아야 하는 판단에서 나타나는 변산성이다. **제도 잡음**은 응급실 의사, 형량을 선고하는 판사, 보험회사의 보험심사역 등 서로 대체될 수 있는 전문가를 고용하는 조직에서 목격되는 잡음이다. 이 책의 대부분이 제도 잡음에 할애되어 있다.

편향과 잡음 측정

평균제곱 오류는 200년 동안 과학 분야에서 측정 정확도의 기준이었다. 평균제곱 오류는 모평균의 비편향 추정치로 표본 평균을 구하고, 정의 오류와 부의 오류를 똑같이 취급하고 큰 오류를 굉장히 불리하게 처리한다. 평균제곱 오류는 대체로 비대칭적인 판단 오류의 실제 비용을 반영하지 않는다. 하지만 전문적인 판단은 항상 정확한 예측을 요구한다. 허리케인을 앞두고 있는 도시의 경우 허리케인의 위협을 과소평가하고 과대평가한 비용은 분명 같지 않다. 하지만 이런 비용이 기상학자가 허리케인의 속도와 궤도를 예측하는 데 영향을 미치는 것을 아무도 원하지 않을 것이다. 평균제곱 오류는 객관적인 정확도가 목표인 예측 판단을 내리는 데 적절한 기준이다.

평균제곱 오류로 측정하면, 편향과 잡음은 오류의 독립적이고 가산적인 원천이다. 확실히 편향은 항상 나쁘고 편향을 줄이면 언제나 정확도는 개선된다. 물론 잡음도 똑같이 나쁘고 잡음을 줄이면 판단이 개선된다. 판단이 분명 편향됐을 때도 분산 정도가 0인

것이 가장 좋다. 물론 목표는 편향과 잡음 모두를 최소화하는 것이다.

확인할 수 있는 일련의 판단에서 편향은 어떤 사례의 평균 판단과 그에 상응하는 참값의 차이로 정의된다. 하지만 이런 비교는 확인할 수 없는 판단에선 불가능하다. 예를 들어 특정 위험에 대해 보험심사역이 산정한 보험료의 참값은 그 누구도 알 수 없을 것이다. 그리고 특정 범죄에 대한 공정한 양형의 참값 역시 쉽게 알 수 없다. 이처럼 지식이 부족한 상태에서는 '판단이 편향되지 않았고, 다수 판단의 평균이 참값의 최적 추정값'이라고 가정하는 것이 편하다. 그래서 (항상 옳은 건 아니지만) 이러한 가정을 자주 하게 된다.

제도에서 나타나는 잡음은 **잡음 감사**로 평가할 수 있다. 잡음 감사는 여러 전문가들이 같은 (진짜 또는 가상의) 사례에 대해서 독립적인 판단을 하는 일종의 실험이다. 우리는 참값을 몰라도 잡음을 측정할 수 있다. 과녁의 뒷면을 보고 총알 자국이 얼마나 분산되어 있는지 살펴보는 것과 같다. 잡음 감사는 방사선과와 형사사법제도 등 많은 제도에서 판단의 변산성을 측정할 수 있다. 잡음 감사를 통해서 기술이나 훈련의 부족함이 드러나기도 한다. 예를 들어 같은 팀의 보험심사역이 주어진 위험에 대해서 다르게 평가할 때, 잡음 감사는 제도 잡음을 수량화할 것이다.

편향과 잡음 중에서 어느 것이 더 큰 문제일까? 그건 상황에 따라 다르다. 하지만 이러한 답변 자체가 잡음일지도 모른다. 편향과 잡음은 오류 평균(편향)이 오류의 표준편차(잡음)와 같으면, 전체 오류(평균제곱 오류)에 똑같이 기여한다. 일련의 판단이 정상 분포(표적적인 종 모양의 곡선)를 보이면, 편향과 잡음의 영향은 판단의 84퍼센트가 참값의 위(또는 아래)에 있을 때 동일하다. 이것은 전문적인 상황에서 자주 발견될 수 있는 상당한 편향이다. 편향이 표준편차보다 작을 때, 잡음은 전체 오류의 더 큰 원천이 된다.

잡음이 문제다

엄밀히 말하면 변산성은 어떤 판단에서 전혀 문제가 되지 않는다. 심지어 환영받는다. 의견의 다양성은 아이디어와 선택지를 만들어내는 데 반드시 필요하다. 역행적 사고는 혁신에 필수적이다. 영화 평론가들의 많은 의견은 특색이지 고충이 아니다. 트레이더들의 의견이 다르기 때문에 시장이 형성된다. 하지만 우리가 판단의 문제라고 부르는 것에서 제도 잡음은 항상 문제가 된다. 두 명의 의사가 한 명의 환자에게 다른 진단을 내린다면, 최소한 둘 중에 한명의 진단은 틀린 것이다.

제도 잡음이 엄청나게 많이 존재하고 그로 인한 피해도 막대하다는 사실에 놀라서 이 책을 쓰게 됐다. 그 양과 피해는 상식 수준을 훨씬 넘어선다. 비즈니스, 의료, 사법제도, 지문 감식, 예측, 근무평정, 정치 등 여러 분야에서 다양한 사례를 살펴봤다. 그래서 내린 결론은 '판단이 있는 곳에 잡음이 있고, 잡음의 양은 우리가 생각했던 것보다 더 많다'였다.

오류에서 잡음의 큰 역할은 무작위로 발생하는 오류는 '상쇄되기 때문에' 중요하지 않다는 통념과 모순된다. 이러한 통념은 틀렸다. 표적 주변에 총알이 심하게 분산되어 박혀 있을 때, 평균적으로 표적을 맞혔다고 말하는 것은 무리가 있다. 입사 지원자 한 명이 마땅히 받아야 하는 점수보다 더 높은 점수를 받고 다른 지원자가 낮은 점수를 받았다면, 엉뚱한 사람이 채용될 수 있다. 어떤 보험료는 과하게 책정되고 어떤 보험료는 지나치게 낮게 책정되면, 두 경우 모두 보험회사에 손실을 입힌다. 하나는 보험계약을 놓치게 되고, 다른 하나는 금전적 손해를 입게 된다.

　요컨대 판단이 마땅한 이유 없이 다양하면 오류가 있다고 확신할 수 있다. 잡음은 심지어 판단을 확인할 수 없고 오류가 측정될 수 없는 경우에도 해롭다. 같은 처지의 사람들이 다른 취급을 받는 것은 부당한 일이다. 그리고 전문적인 판단이 내려지는 제도는 일관성이 없는 것 같아서 신뢰를 잃게 된다.

잡음의 유형

제도 잡음은 **수준 잡음**과 **패턴 잡음**으로 분해할 수 있다. 어떤 판사는 일반적으로 다른 판사보다 더 엄격하거나 더 관대하다. 어떤 예측가는 일반적으로 시장 전망을 더 낙관적이거나 더 비관적으로 내다본다. 어떤 의사는 다른 의사보다 더 많은 항생제를 처방한다. 수준 잡음은 서로 다른 개인이 내린 평균 판단의 변산성이다. 판단 척도의 애매성은 수준 잡음의 원천 중 하나다. '~할 수 있다' 같은 표현이나 숫자(최저점이 0점이고 최고점이 6점인 척도에서 4점)는 사람마다 의미하는 바가 다르다. 수준 잡음은 판단 시스템에서 오류의 중요한 원천이다. 그리고 잡음 축소의 중요한 목표이기도 하다.

제도 잡음을 구성하는 또 다른 큰 요소가 있다. 판단의 평균 수준과 상관없이 두 판사는 어느 범죄에 더 가혹한 처벌을 내리는 것이 마땅한가에 대해 다른 의견을 가지고 있을 수 있다. 그들의 형량 선고는 주어진 사례에 대한 서로 다른 **평가의 결과**다. 이런 변산성이 **패턴 잡음**(전문용어로 **통계적 상호작용**)이다.

패턴 잡음의 주된 원인은 고정적이다. 같은 사례에 대한 판단자의 개인적이고 고유한 반응의 차이다. 이러한 차이 중 일부는 개인이 의식적이거나 무의식적으로 따르는 원칙이나 가치를 보여준다. 예를 들어 좀도둑에게는 엄격하고 교통법규 위반자에게는 대체로 관대한 판사가 있을 수 있고, 그와 정반대 패턴을 보여주는 판사가 있을 수 있다. 이렇게 한 개인의 기본적인 원칙이나 가치 가운데 일부는 상당히 복잡할 수 있다. 그리고 판단자 본인이 그 점을 인지하지 못하고 있을 수 있다. 예를 들어 판사는 자기도 모르게 고령의 좀도둑에게 관대할 수 있다. 마지막으로 특정 사례에 대한 굉장히 개인적인 반응도 안정적일 수 있다. 판사의 딸과 닮은 피고는 판사의 동정심을 자극해서 관대한 형을 선고받을 수도 있다.

안정적인 패턴 잡음은 판단자의 독특성을 보여준다. 다시 말해서, 사례에 대한 그들의 반응은 그들의 성격만큼이나 지극히 개인적이다. 사람들에게서 나타나는 미묘한 차이는 즐거움을 제공하고 흥미롭다. 하지만 그러한 차이는 전문가들이 일관적일 것으로 가정하는

노이즈

시스템 안에서는 문제가 된다. 이 책에서 살펴본 연구에서 이러한 개인의 차이가 낳는 안정적인 패턴 잡음은 일반적으로 제도 잡음의 가장 큰 단일 원천이었다.

하지만 특정 사례에 대한 판단자의 고유한 반응도 완벽하게 안정적이진 않다. 패턴 잡음에도 **상황 잡음**이라는 일시적인 요소가 있다. 방사선 전문의가 같은 촬영 사진을 보고 다른 날에 다른 진단을 내리거나 지문 감식관이 어떤 때는 두 개의 지문이 일치한다고 판단하고 어떤 때는 일치하지 않는다고 판단하다면, 상황 잡음이 존재하는 것이다. 이러한 사례가 보여주듯이, 상황 잡음은 판단자가 주어진 사례를 이전에 봤던 것이라고 인지하지 못 하는 경우에 쉽게 측정할 수 있다. 상황 잡음을 보여주는 또 다른 방법은 판단과 전혀 무관한 상황적 조건의 영향을 살펴보는 것이다. 가령 판사가 자신이 좋아하는 축구팀이 경기에 우승한 뒤에 더 관대하다거나 의사가 오후에 마약성 약물을 더 많이 처방하는 것이다.

판단과 잡음의 심리

판단자의 인지적 오류만이 예측적 판단에서 오류를 발생시키진 않는다. **객관적인 무지**도 큰 역할을 한다. 일부 사실은 실제로 알 수가 없다. 어제 출생한 손자나 손녀 가운데 지금부터 70년을 살 사람이 몇 명이나 될까? 또는 내년에 열리는 추첨에서 당첨될 복권은 몇 개나 될까? 어떤 사실은 알 수 있지만, 판단자가 알 수 없는 사실도 분명 존재한다. 스스로의 예측적 판단에 대한 사람들의 과신은 자신의 편향뿐만 아니라 객관적인 무지도 과소평가한다.

예측의 정확도에는 한계가 있다. 그런데도 사람들은 자신의 판단이 정확하다고 스스럼없이 확신하고 만족감을 느낀다. 이것은 내재적 신호 때문이다. 주어진 사실과 판단을 종합해 논리적인 이야기를 만들어낸 것에 대한 스스로가 스스로에게 주는 일종의 보상이다. 자신의 판단에 대한 주관적인 확신이 반드시 객관적인 정확도와 연관되진 않는다.

대부분의 사람들이 자신의 예측적 판단 정확도가 낮을 뿐만 아니라 공식을 기반으로 도출한 예측적 판단보다 정확하지 않다는 사실을 알고 놀란다. 제한적인 데이터나 편지봉투 뒤에 간략하게 휘갈겨 쓴 간단한 규칙에 기초하여 만들어낸 단순한 선형 모형은 일관되게 인간 판단자보다 정확한 예측적 판단을 내놓는다. 규칙과 모형의 결정적인 장점은 잡음으로부터 자유롭다는 것이다. 판단은 미묘하고 복잡한 과정임을 모두가 주관적인 경험을 통해서 알고 있다. 하지만 이 미묘한 차이가 대체로 잡음임을 우리는 알지 못한다. 아무 생각 없이 간단한 규칙을 고수하면 훨씬 더 정확한 판단을 내릴 수 있다. 이것은 확고부동한 사실이다.

심리적 편향은 물론 제도적 오류나 통계적 편향의 원천이다. 덜 명확하지만, 심리적 편향도 잡음의 원천이다. 모든 판단자가 편향을 공유하지 않을 때, 편향이 다른 수준으로 존재할 때 그리고 그 영향이 외부 환경에 따라서 달라질 때, 심리적 편향은 잡음을 낳는다. 예를 들어 인사 책임자의 절반이 여성에 대해서 부정적인 편견을 갖고 있고 절반이 그렇지 않다면, 전반적인 인사 결정에서 편향은 나타지 않을 것이다. 하지만 제도 편향은 많은 인사 오류를 야기할 것이다. 또 다른 사례는 첫 인상의 영향이다. 첫 인상도 심리적 편향이다. 하지만 이것은 증거가 무작위로 제공될 때 상황 잡음을 낳을 것이다.

판단의 과정은 정해진 척도로 평가 결과를 나타내기 위한 일련의 단서를 비공식적으로 통합하는 행위이다. 그러므로 제도 잡음의 제거는 판단자에게 단서를 활용하고 주어진 단서에 가중치를 부여하고 척도를 사용할 때 획일성을 요구한다. 상황 잡음의 임의적인 영향을 차치하더라도 이렇게 하기란 쉽지 않다.

단일 영역에서는 합의된 판단이 나올 가능성이 높다. 예를 들어 두 명의 입사 지원자 중에서 누가 더 카리스마가 있는지 또는 부지런한지에 대해서는 인사 책임자들이 같은 평가를 내릴 것이다. GPA가 높으면 아주 어렸을 때부터 책을 읽기 시작했을 거고 사람들이 생각하는 것처럼 강도 척도를 기준으로 서로 상응하는 것을 짝짓는 직관적인 과정은 일반적으로 비슷한 판단을 낳을 것이다. 일반적으로 같은 방향을 가리키는 소수의 단서를 기초로 내려진 판단도 여기에 해당된다.

수많은 모순되는 단서를 감안하여 내려지는 판단에서 엄청난 개인 차이가 나타난다. 같은 후보자를 보면서 어떤 인사 담당자는 총명함이나 카리스마를 보여주는 증가에 더 많은 가중치를 줄 것이다. 반면에 근면성실함이나 압박을 받는 상황에서 침착함을 유지하는 능력에 더 많은 주안점을 주는 인사 담당자도 있다. 주어진 단서가 모순되고 일관된 이야기를 만들어낼 수 없을 때, 사람들은 불가피하게 어떤 단서에 더 많은 가중치를 주고 다른 단서는 무시하게 될 것이다. 그 결과 패턴 잡음이 생길 것이다.

눈에 보이지 않는 잡음

잡음은 눈에 띄는 문제는 아니다. 잡음을 논하는 경우는 거의 없고 확실히 편향보다 덜 중요한 문제다. 여러분도 잡음에 대해서 많이 고민하지 않았을 것이다. 잡음이 중요한 문제임을 감안하면 잡음이 눈에 보이지 않는 것은 그 자체로 흥미로운 현상이다.

인지적 편향과 감정이나 동기에 의한 사고의 왜곡은 빈약한 판단에 대한 설명으로 활용된다. 분석가는 과신, 기준점 효과, 손실 회피, 회상 용이성 편향 그리고 형편없는 결정을 설명하는 다른 편향을 원인으로 언급한다. 이러한 편향에 기초한 설명은 만족스럽다. 인간의 사고가 인과관계를 갈망하기 때문이다. 무언가 잘못 될 때마다, 우리는 원인을 찾고, 대체로 찾아낸다. 많은 경우에 원인은 편향으로 드러난다.

편향은 설명해내고 싶은 매력을 갖고 있다. 이런 매력이 잡음에는 부족하다. 생각해보니 특정 결정이 왜 틀렸는지를 설명하려고 시도했을 때, 편향은 쉽게 발견됐지만 잡음은 결코 찾지 못했다. 오직 통계적인 시각에서만 잡음을 볼 수 있다. 하지만 이런 시각이 자연스럽게 얻어지는 것은 아니다. 우리는 원인과 결과가 분명한 이

노이즈

야기를 선호한다. 우리의 직관에는 통계적 사고가 결여되어 있다. 이것이 잡음이 편향보다 관심을 덜 받는 이유다.

또 다른 이유는 전문가는 자신과 동료의 판단에서 잡음을 드러내서 제거할 필요성을 느끼지 못한다. 훈련 기간을 거치고 난 뒤에 전문가는 스스로 판단을 내린다. 지문 감식관, 노련한 보험심사역, 숙련된 특허청 관계자는 동료들이 자신의 의견에 얼마나 반대하는지에 대해서 신경 쓰지 않는다. 그들은 심지어 스스로가 스스로의 의견에 동의하지 않을 수 있다고 생각조차 안 한다.

대부분의 경우에 전문가들은 자신의 판단에 확신을 갖는다. 그들은 동료들도 자신과 같은 판단을 내릴 것이라고 기대하고 실제로 그러한지 확인하진 않는다. 대부분의 분야에서 판단은 참값과 비교하여 평가할 수 없을 것이다. 기껏해야 **존경-전문가**라 불리는 이의 면밀한 평가를 받는다. 아주 가끔 전문가들은 놀라운 정도의 불합의를 경험하게 된다. 그런 경우에 그들은 주어진 사례를 고립된 별개의 사례로 간주할 이유를 찾을 것이다. 조직은 일상적으로 전문가 사이에서 의견이 분산된다는 증거를 무시하거나 억압하는 경향이 있다. 이것은 이해할 수 있다. 조직의 관점에서 잡음은 당혹스럽다.

잡음과 편향을 줄이는 방법

어떤 사람들이 더 좋은 판단을 내린다고 믿을 이유가 있다. 임무에 특화된 기술, 지식과 인지 방식은 최선의 판단의 특징이다. **적극적으로 개방된 사고**를 하는 사람들은 그렇지 않은 사람들보다 더 좋은 판단을 내릴 수 있다. 좋은 판단자들은 얼토당토않은 실수를 거의 하지 않는다. 하지만 개인 차이가 많이 나타날 수 있다는 점을 감안하면 최고의 판단자들이 복잡한 판단 문제에 대해서 완벽한 합의에 이를 것이라고 기대해선 안 된다. 배경, 성격, 경험은 사람마다 다르고, 이것이 우리를 독특하고 유일무이한 존재로 만든다. 그래서 잡음은 불가피한 것이다.

오류를 줄이는 한 가지 전략은 편향을 없애는 것이다. 일반적으로 사람들은 사실을 확인하고 판단을 수정하거나 판단에 영향을 주기 전에 편향을 조정하여 판단에서 편향을 제거하려고 한다. 우리는 제3의 선택지를 제공하려 한다. 이는 그룹 결정에 적용할 수 있는 전략이다. 편향의 징후를 알아차리는 **결정 관찰자**를 지정하여 실시간으로 편향을 감지하는 것이다(부록B 참고).

판단에서 잡음을 줄이는 전략으로 우리가 적극 제안하는 것은 바로 **결정 위생**이다. 잡음 축소는 보건 위생처럼 확인할 수 없는 적의 공격을 미연에 방지는 것이기 때문에 이렇게 부르기로 했다. 예를 들어 손 씻기는 알 수 없는 병원균이 몸속으로 들어오는 것을 막는다. 같은 방식으로 결정 위생은 알지 못하는 오류를 방지할 것이다. 결정 위생은 이름만큼 따분한 작업이다. 그리고 예측할 수 있는 편향에 맞서 싸우는 것보다 덜 흥미로울 것이다. 정체불명의 피해를 막아내서 영광을 누릴 수 없을지도 모르지만, 충분히 노력할 가치가 있는 행위다.

조직에서 잡음 축소 노력은 항상 잡음 감사로 시작해야 한다(부록A 참고). 잡음 감사는 잡음에 진지한 태도로 임하겠다는 조직의 약속을 얻어낸다. 기본적인 혜택은 각각의 잡음을 개별적으로 평가하는 것이다.

다양한 영역에서 잡음 축소의 성공과 제약을 살펴봤다. 지금부터 간략하게 결정 위생을 정의하는 여섯 가지 원칙을 한 번 더 살펴볼 것이다. 그리고 잡음을 야기하는 심리적 기제를 다루는 법을 소개하고 그것이 우리가 살펴본 구체적인 결정 위생 기법과 어떻게 관련되는지를 살펴볼 것이다.

1. 판단의 목표는 개인적인 의견의 표현이 아니라 정확도다. 이것은 판단에서 결정 위생의 첫 번째 원칙이다. 여기서 이 책의 판단은 구체적이고 협소한 의미의 판단임을 알 수 있다. 안정적인 패턴 잡음은 제도 잡음을 구성하는 큰 요소다. 그리고 개인 차이, 즉 사람들이 같은 문제를 서로 다르게 평가하는 개인의 성격과 같은 판단의 직접적인 결과다. 여기서 달갑지 않으나 피할 수 없는 결론이 나온다. 판단에서 각자의 개성을 표현해선 안 된다.

개인의 가치, 개성과 창의성은 필요하다. 심지어 목표의 선택, 문제에 대한 참신한 접근법의 고안, 선택지의 생성 등 사고와 의사결정의 여러 단계에서 필수다. 하지만 이러한 선택지에 대해서 판단을 내릴 때는 개성의 표현은 잡음의 원천이다. 목표가 정확도이고 모두가 정확도가 목표라는 것에 동의할 때, 다른 유능한 판단자가 여러분의 입장이라면 어떤 요소를 고려할지도 고민해야 한다.

이 원칙의 급진적인 적용 사례는 판단을 규칙이나 알고리즘으로 대체하는 것이다. 알고리즘 평가는 잡음 제거를 보장한다. 실제로 잡음을 완전히 제거할 수 있는 유일한 방법이다. 알고리즘은 많은 중요한 분야에서 이미 사용되고 있고, 그 역할이 커지고 있다. 하지만 알고리즘이 중요한 결정의 최종 단계에서 인적 판단을 대체할 것 같지는 않다. 그리고 이것은 좋은 소식이다. 하지만 판단은 알고리즘을 적절히 사용하고 전문가만의 고유한 특성에 덜 의존해서 결정을 내릴 수 있는 시스템을 도입해서 개선될 수 있다. 결정 가이드라인이 판사들의 재량을 제한하거나 의사들의 진단에서 동질성을 촉진하여 잡음을 줄이고 결정의 질을 개선하는 사례를 많이 봤다.

2. 통계적으로 생각하고 외부 관점을 활용하자. 판단자는 주어진 사례가 고유한 문제라기보다는 유사한 사례들이 존재한다고 생각하면 외부 관점을 참고한다. 이것은 주어진 사례에만 오롯이 집중하고 인과관계를 밝혀내려는 사고의 디폴트 모드에서의 이탈이다. 사람들이 주어진 사례를 나름대로 이해하고 판단을 내리기 위해서 자신만의 경험을 활용하면, 패턴 잡음이 생기게 된다. 외부 관점은 이러한 문제의 해결책이다. 같은 준거 집단을 가진 전문가들이 내린 판단은 잡음이 덜 할 것이다. 게다가 외부 관점은 귀중한 통찰력을 제공한다.

외부 관점을 참고할 때, 비슷한 사례의 통계 자료를 기초하여 나온 예측을 활용하는 것이 좋다. 여기서 예측은 온건해야(기술적인 용어로는 회귀적이어야) 한다(부록C 참고). 다양한 과거의 성과와 제한된 예측성에 주목하면 의사결정자들은 자신들의 판단에 대한 확신 수준을 조정할 수 있다. 예측할 수 없는 일을 예측하지 못했다고 사람들을 비난할 수 없다. 하지만 겸손하지 못해 자신의 판단을 지나치게 확신한 것은 비난받을 수 있다.

3. 판단을 여러 개의 독립적인 과제로 구조화하자. 이것은 분할정복 원칙이라 부르자. 지나치게 일관성을 추구하는 우리의 심리적 기제 때문에 반드시 필요한 원칙이다. 사람들은 과도하게 일관성을 추구하기 때문에 이미 존재하거나 새롭게 만들어지는 이야기에 맞지 않는 정보를 왜곡하거나 무시하게 된다. 사례를 구성하는 개별 요소들에 대한 결론이 서로를 오염시켜서 판단의 전체 정확도가 훼손된다. 예를 들어 목격자들에게 의사소통을 허용했을 때 자칫 그들의 증언이 오염되어 증거로서 가치를 상실할 수 있다.

사람들은 판단 문제를 작은 과제로 분해해서 일관성에 대한 과도한 집착을 줄일 수 있다. 이 기법은 면접관들이 한번에 입사 지원자의 한 가지 특성을 평가하고 다음 특성으로 넘어가기 전에 점수를 부여하는 구조화된 면접과 유사하다. 구조화 원칙은 아프가 점수처럼 진단 가이드라인에 영감을 준다. 이것이 **매개 평가 프로토콜**의 핵심이다. 매개 평가 프로토콜은 복잡한 판단 문제를 사실에 기초하여 다수의 평가 항목으로 나누고 각 항목이 다른 항목과 별도로 독립적으로 평가되도록 한다. 가능하다면 서로 다른 팀이 서로 다른 항목을 평가하도록 하고 서로 의사소통을 제한하여 독립성을 보호한다.

4. 이른 직관을 참자. 의사결정자에게 자신의 판단에 확신을 주는 판단이 완료됐다는 내재적 신호에 대해 설명했다. 의사결정자는 이

런 보상 신호를 포기하려 들지 않는다. 이것이 가이드라인, 알고리즘 그리고 그들의 손발을 묶는 다른 수단을 사용하는 것에 저항하는 이유다. 의사결정자는 자신의 최종 선택을 편안하게 받아들이고 보상적 신호인 직관적인 확신을 느낄 필요가 있다. 하지만 너무 이르게 이런 보상 신호를 스스로에게 줘서는 안 된다. 주어진 증거를 균형적으로 주의 깊게 고려하여 내린 직관적인 선택은 성급한 판단보다 훨씬 더 우월하다. 직관은 금지돼선 안 되지만, 잘 이해하고 통제하고 잠시 직관적 판단을 미룰 줄 알아야 한다.

여기서 **증거를 순차적으로 제시하는 원칙**에 대한 영감을 받았다. 판단을 내리는 전문가들에게 필요 없고 그들을 편향시킬 정보가 제공돼선 안 된다. 설령 그 정보가 정확하더라도 말이다. 예를 들어 과학수사에서 검사자들에게 용의자에 대한 정보를 제공하지 않는 것은 좋은 관행이다. 매개 평가 프로토콜의 주요 요소인 논의 어젠다를 통제하는 것도 여기에 해당된다. 어젠다가 효율적으로 선정되면, 문제의 여러 가지 면들을 개별적으로 살펴볼 수 있고 각각의 평가가 완료될 때까지 전체론적인 판단을 잠시 미룰 수 있다.

5. **여러 판단자들로부터 나온 독립적인 판단을 집계하자.** 참가자들의 의견이 서로 공유되는 조직의 절차, 특히 회의에서 판단의 독립성이 위반되는 경우가 많다. 폭포 효과와 집단 극화 때문에 그룹 토의는 잡음을 증가시킨다. 토의에 앞서 참석자들의 판단을 모으는 간단한 절차는 잡음의 범위를 노출시키고 의견 차이를 건설적으로 해소하는 데 도움이 된다.

독립적인 판단을 평균화하면 제도 잡음을 줄일 수 있다(하지만 편향은 줄일 수 없다). 단일 판단은 모든 가능한 판단의 집단에서 선택한 하나의 표본이다. 이 표본의 크기를 키우면 추정의 정확도가 개선된다. 평균화의 장점은 판단자들이 다양한 기술을 보유하고 상호 보완적인 판단을 내릴 때 더욱 강화된다. 잡음 있는 그룹이 내린 판단들을 평균화하면 만장일치 판단보다 더 정확한 판단이 나올 수 있다.

6. 상대적 판단과 상대적 척도를 선호하자. 상대적 판단은 절대적 판단보다 잡음이 덜하다. 왜냐하면 척도에 따라 판단 대상을 철저하게 분류하는 데 한계가 있기 때문이다. 쌍별 비교가 훨씬 더 낫다. 비교를 요하는 판단 척도는 절대적 판단이 요구되는 척도보다 잡음이 덜할 것이다. 예를 들어 사례 척도는 판단자들에게 모두에게 익숙한 사례로 정의된 척도와 사례를 짝짓도록 한다.

◆ ◆ ◆

열거한 결정 위생 원칙들은 반복적인 판단뿐만 아니라 단 한 번뿐인 중요한 결정 즉, **일회적 결정**에도 적용될 수 있다. 일회적 결정에서 잡음의 존재는 반직관적인 것 같다. 원칙적으로 단 한 번만 내리는 결정이라면, 그 결정에서 변산성은 측정될 수 없다. 하지만 일회적 결정에도 잡음은 존재하고 오류가 목격된다. 첫 번째로 총을 쏜 사람만 본다면 사격장에서 총을 쏘는 사람들에게서 나타난 잡음은 눈에 보이지 않을 것이다. 하지만 모든 사람이 총을 쏘고 난 뒤에는 총알 자국이 흩어져 있는 것이 분명 눈에 들어올 것이다. 이와 마찬가지로 일회적 판단을 **오직 단 한 번만 내려지는 반복적인 판단**으로 보는 것이 좋다. 이것이 결정 위생이 일회적 판단도 개선하는 이유다.

결정 위생을 실천하는 것은 힘들기만 하고 좋은 소리도 못 듣는 일일 수 있다. 잡음은 눈에 보이지 않는 적이다. 눈에 보이지 않는 적과 싸워 얻은 승리도 눈에 보이지 않을 수밖에 없다. 하지만 보건 위생처럼 결정 위생은 중요하다. 수술이 성공적으로 끝난 뒤에 환자의 목숨을 구한 것은 외과 의사의 수술 실력이라고 생각할 수 있다. 물론 그것이 사실일 것이다. 하지만 외과 의사와 모든 의료진이 수술실에 들어가기 전에 손을 꼼꼼하게 씻지 않고 수술을 진행했다면, 환자는 수술대에서 목숨을 잃었을 수도 있다. 이와 마찬가지로 결정 위생을 실천해서 많은 영광을 누리진 못하겠지만, 명확하고 중요한 결과를 얻게 될 것이다.

잡음은 얼마나 될까?

잡음과의 전쟁은 의사결정자와 조직만 고민할 일이 아니다. 잡음은 너무 비용이 많이 발생해서 줄일 수 없을지도 모른다. 고등학교는 다섯 명의 교사에게 에세이를 하나도 빠짐없이 읽도록 해서 에세이 점수에서 잡음을 제거할 수 있을 것이다. 하지만 그 부담은 정당화되지 않는다. 어떤 잡음은 실제로 불가피할 것이다. 각각의 사례를 개별적으로 검토하고, 사람들을 기계의 톱니처럼 하찮게 다루지 않고, 의사결정자가 주체성을 발휘하도록 하는 정당한 절차의 부작용을 피할 수 없다. 반면 잡음으로 인한 변화 때문에 시스템이 서서히 진화할 수 있다면 어떤 잡음은 심지어 바람직할 수도 있다. 잡음이 변하는 가치와 목표를 보여주고 관행이나 법의 변화로 이어질 논의를 촉발할 수 있다.

하지만 잡음 축소 전략에는 용인할 수 없는 단점이 있을 수 있다. 알고리즘에 관한 많은 우려가 과장되어 있지만, 일부 적절한 우려도 있다. 알고리즘은 사람이라면 결코 하지 않을 바보 같은 실수를 저지를 수 있다. 그래서 알고리즘이 인간이 하는 많은 오류를 막는 데 성공할지라도 그 바보 같은 실수 때문에 신뢰를 잃는다. 알고리즘은 허접하게 설계되거나 부적당한 데이터를 학습해서 편향될 수 있다. 알고리즘의 익명성은 불신을 조장할 수 있다. 결정 위생 관행에도 나름의 단점이 있다. 허술하게 관리되면, 결정 위생 관행은 의사결정을 관료화하고 자신들의 자율성이 침해받고 있다고 느낀 전문가들의 사기를 꺾을 수 있다.

이 모든 위험과 제약은 충분히 고려되어야 마땅하다. 하지만 잡음 축소에 대한 반대가 합리적인가는 논의 중인 잡음 축소 전략에 달려 있다. 판단 집계에 대한 반대의견은, 가령 그것이 너무 많은 비용이 초래된다는 것이라면, 가이드라인 활용에는 적용될 수 없을 것이다. 잡음 축소의 비용이 혜택을 초과한다면, 잡음 축소를 추구해선 안 된다. 비용과 편익을 분석한 뒤에야 잡음의 최적 수준을 알 수 있다. 잡음의 최적 수준이 0은 아니다. 문제는 잡음 감사를 진행하지 않고는 판단에 잡음이 얼마나 존재하는지 알 수 없다는 것이다. 이런 경우에 잡음 축소가 어렵다고 무작정 반대하는 것은 잡음을 측정하지 않으려는 평계에 불과하다.

편향은 오류와 불공평으로 이어진다. 잡음도 마찬가지다. 하지만 우리는 잡음을 해결하려는 노력을 그다지 하지 않는다. 판단 오류가 어떤 원인에 따른 결과가 아니라 무작위로 발생한다면 좀 더 감내할 수 있는 것 같다. 하지만 그렇다고 잡음이 악영향을 덜 주는 것은 아니다. 중요한 사안에 대해서 더 좋은 결정을 내리길 원한다면, 잡음 축소를 진지하게 생각해야 한다.

NOISE

에필로그

잡음이
줄어든 세상

잡음을 줄이기 위해 다시 설계된 조직은 어떤 모습일지 상상해보자. 병원, 인사위원회, 경제 예측가, 정부 기관, 보험회사, 공중 보건기구, 형사사법제도, 로펌, 대학 등 모든 조직은 잡음 문제를 예민하게 경계하고 줄이려고 노력할 것이다. 잡음 감사는 일상이 되어매년 실행될지도 모른다.

조직 리더들은 인적 판단을 대체하거나 오늘보다 더 많은 분야에서 인적 판단을 보완하기 위해 알고리즘을 사용할 것이다. 사람들은 복잡한 판단을 소규모의 매개 평가 항목으로 분해할 것이다. 결정 위생에 대해 알고 그 처방대로 행동할 것이다. 독립적인 판단이 행해지고 집계될 것이다. 회의는 지금과는 굉장히 다른 모습일 것이다. 논의는 더욱 구조적으로 이뤄질 것이다. 외부 관점이 더욱체계적으로 결정 과정에 통합될 것이다. 의견 불일치가 공공연히 더 자주 발생하고, 더 건설적으로 해소될 것이다.

그 결과는 잡음이 덜한 세상일 것이다. 잡음이 덜한 세상에서는 불필요한 비용이 없어지고, 공공 안전과 공중 보건이 개선되고, 피할 수 있는 많은 오류가 미연에 방지될 것이다. 이 책을 쓴 목적은 그런 세상을 만들 기회로 이목을 집중시키는 것이었다. 독자 여러분이 그 기회를 잡는 주인공이 되었으면 한다.

부록A

잡음 감사를
시행하는 방법

이 부록에서는 잡음 감사를 시행하는 실질적인 가이드라인을 제공하려 한다. 잡음 감사를 실시함으로써 직원들의 전문적인 판단의 질을 점검하고자 하는 조직에 고용된 컨설턴트의 관점에서 읽어주길 바란다.

그 이름이 말해주듯, 잡음 감사는 판단에서 잡음이 얼마나 널리 퍼져 있는지를 집중적으로 살피는 일이다. 하지만 잡음 감사를 잘 시행하면, 직원 교육 및 관리 시 편향, 맹점 그리고 부족한 부분에 대한 귀중한 정보까지 얻을 수 있다. 성공적인 잡음 감사는 부서 운영 방식에서의 변화를 촉진해야 한다. 이것이 성공적으로 시행된다면 전문가들이 판단을 내릴 때 방향을 잡아줄 가이드라인, 전문가들을 대상으로 진행되는 교육, 전문가들이 자신들의 판단 근거를 확보할 도구 그리고 그들의 업무에 대한 일상적인 감시 등에 변화가 생길 것이다. 노력이 성공적이라고 여겨지면, 조직 내 다른 부서로까지 잡음 감사가 확대될 수 있다.

잡음 감사는 굉장히 수고스럽고 세세한 부분까지 신경 써야 한다. 잡음 감사의 결과에 상당한 결함이 존재하면, 잡음 감사의 신뢰도에 대해서 의문이 제기될 수 있기 때문이다. 그러므로 사례와 절차를 지나칠 정도로 낱낱이 살펴야 한다. 잡음 감사의 가장 중요한 비평가가 될 가능성이 있는 전문가들에게 잡음 감사의 설계와 시행을 맡겨서 잡음 감사에 대한 반대를 줄일 수 있다.

(외부 또는 내부) 컨설턴트와 함께, 잡음 감사에는 다음의 인물들이 필요하다.

- **프로젝트 팀:** 프로젝트 팀은 잡음 감사를 위한 연구를 책임질 것이다. 컨설턴트들이 잡음 감사를 요청한 조직의 내부인사라면, 그들이 이 프로젝트 팀의 중추가 될 것이다. 하지만 그들이 외부인사라면, 내부 프로젝트 팀은 그들과 면밀히 협업할 것이다. 이렇게 하면 조직 구성원들은 잡음 감사를 회사의 프로젝트로 여기고 컨설턴트들이 그 프로젝트를 지원해준다고 생각할 것이다. 컨설턴트들은 데이터를 수집하고 그 결과를 분석하고 최종 보고서를 준비하게 된다. 반면에 프로젝트 팀에는 판단자들이 평가할 사례를 구성할 현장 전문가들이 있어야 한다. 그러므로 프로젝트 팀에 소속된 모든 사람의 전문적인 신뢰도는 높아야 한다.
- **고객:** 잡음 감사가 현저한 변화로 이어질 수 있을 때, 그것은 유

용하다. 그래서 프로젝트의 '고객'이 되는 조직의 리더들이 잡음 감사의 초기 단계부터 개입해야 한다. 고객은 처음에는 조직 판단 내 잡음이 널리 퍼져 있다는 가정에 회의적인 반응을 보일 것이다. 이러한 회의적인 반응은 사실상 잡음 감사에 유리한 점이 된다. 그러한 반응에 개방적인 태도, 잡음 감사의 결과에 대한 호기심 그리고 컨설턴트들의 비관적인 예상이 사실로 확인 됐을 때 잡음을 제거하겠다는 의지가 수반된다면 말이다.

- **판단자:** 고객은 잡음 감사 대상으로 여러 부서를 지정할 것이다. 선정된 부서는 상당한 '판단자들'로 구성되어야 한다. 다시 말해서 회사를 대표해서 유사한 판단과 결정을 내리는 전문가들로 구성된 부서여야 한다. 판단자들은 사실상 교체될 수 있어야 한다. 예를 들어 누군가가 사례를 처리할 여력이 없다면, 다른 누군가가 그 사례를 맡아서 비슷한 판단을 내릴 수 있어야 한다. 이 책에서는 연방 판사들의 양형과 보험회사에서 보험료 산정과 보험청구 평가를 살펴봤다. 잡음 감사를 위해 (1) 서면 정보를 기초로 내려질 수 있고 (2) 수치적으로(달러, 확률이나 점수 등) 표현되는 판단 과제를 선택하는 것이 가장 좋다.

- **프로젝트 관리자:** 직급이 높은 관리자가 프로젝트 관리자로 지정되어야 한다. 프로젝트 관리자에게 요구되는 구체적인 전문성은 없다. 하지만 조직에서 높은 직급이 잡음 감사를 실시하는 동안 마주할 행정적인 장애를 넘는 데 실질적으로 중요하다. 그리고 직급이 높은 사람을 프로젝트 관리자로 지정하면, 조직이 잡음 감사를 얼마나 중요하게 생각하고 있는지를 보여줄 수도

있다. 프로젝트 관리자는 최종 보고서를 준비하고 조직의 리더들에게 보고하는 등 모든 단계가 수월하게 진행될 수 있도록 프로젝트 팀을 행정적으로 지원해야 한다.

잡음 감사의 대상

프로젝트 팀에 소속된 현장 전문가들은 잡음 감사를 받는 부서가 수행하는 업무의 전문성(보험료 산정이나 투자의 위험성 분석 등)을 인지해야 한다. 그들은 잡음 감사에서 사용될 사례를 마련하게 될 것이다. 전문가들이 현장에서 내리는 판단의 믿을 수 있는 시뮬레이션을 설계하는 것은 섬세하고 어려운 작업이다. 프로젝트 팀은 다음의 질문에 대해 고민해봐야 한다. 시뮬레이션의 결과 잡음 수준이 높게 나왔다면, 회사의 구성원들이 대상 부서가 내리는 실제 판단에 잡음이 있다고 인정할까? 이 질문에 그렇다고 확실히 답할 수 있다면, 잡음 감사를 실행할 가치가 충분하다.

긍정적인 반응을 끌어내는 방법은 여러 가지다. 1장에서 살펴본 양형의 잡음 감사는 유의미한 요소들의 도식적인 목록으로 각 사례를 요약했고, 90분 동안 16개 사례를 평가했다. 2장에서 살펴본 보험회사의 잡음 감사는 복잡한 실제 사례를 사용했다. 단순화된 사례에서 의견 불일치가 많이 발견되면, 실제 사례에서는 잡음이 더 심각할 수 있다. 그러므로 두 사례에서 높은 수준의 잡음이 발견 수준의 전문적 판단에 잡음이 존재할 수 있다는 믿을 만한 증거를 제시한다.

각각의 판단자가 주어진 사례에 그러한 판단을 내리게 된 근거를 깊이 이해하기 위해서 각 사례별로 질문지가 마련되어야 한다. 모든 사례에 대한 판단이 완료된 이후에 질문지로 조사를 시행해야 한다. 질문지에는 다음의 내용이 담겨 있어야 한다.

- 참가자가 답할 때 중요하게 고려한 요소들에 대한 질문을 포함시킨다.
- 사례에 관한 사실적인 정보를 열거하고 참가자가 그것들의 중요도를 평가할 수 있도록 한다.
- 해당 사례가 속한 범주의 '외부 관점'이 필요한 질문을 포함시킨다. 예를 들어 달러 가치가 필요한 사례라면, 참가자는 같은 범주의 사례들에 대한 가치 평가와 비교하여 해당 사례의 가치가 얼마나 낮거나 높은지를 추정한다.

사전 회의

잡음 감사에 사용될 자료가 갖춰지면, 프로젝트 팀이 회사 경영진에게 잡음 감사에 대해 사전에 설명할 수 있는 자리가 마련되어야 한다. 사건 회의에서는 용인할 수 없는 제도 잡음의 발견 등 잡음 감사의 결과를 예측해보는 시간을 갖는다. 이 회의의 목적은 계획된 잡음 감사에 대한 반대의견을 듣고 어떤 결과가 나오든지 그 결과를 받아들인다는 경영진의 약속을 받아내는 것이다. 이런 약속 없이 다음 단계로 넘어가는 것은 아무 의미가 없다. 심각한 반대의 견이 제기되면, 프로젝트 팀은 자료를 개선하고 다시 자리를 마련하여 잡음 감사 계획을 설명해야 한다.

경영진이 잡음 감사 계획을 받아들이면, 프로젝트 팀은 감사 결과가 어떻게 나올 것이라 예상하는지 미리 물어봐야 한다. 다음의 질문을 던질 수 있다.

- "각각의 사례에 대한 평가 중에서 무작위로 두 개씩 선택했을 때, 그 둘의 의견이 얼마나 다를 것이라고 예상하나?"
- "비즈니스 관점에서 받아들일 수 있는 불합의의 최대 수준은 어느 정도인가?"
- "어느 방향이든(너무 높거나 너무 낮게) 평가가 특정 수준(예를 들어 15퍼센트 정도)만큼 틀렸을 때 발생할 비용이 얼마나 될 것이라고 추정하나?"

잡음 감사의 실제 결과가 나왔을 때 그들이 어떻게 생각했었는지를 기억해내고 그 결과를 받아들일 수 있도록 이러한 질문에 대한 그들의 답변을 기록해두어야 한다.

잡음 감사 실시

잡음 감사를 받는 부서 관리자들은 처음부터 그들 부서가 특별한 연구를 위해 선택됐다는 사실을 알고 있어야 한다. 그들은 연구에 대해 개괄적인 설명을 들어야 한다. 하지만 그 프로젝트를 설명할 때 잡음 감사라는 용어를 사용해선 안 된다. **잡음**과 **잡음 있는 상태**는 피해야 할 표현이다. 특히 사람들을 표현할 때 말이다. 그 대신에 **의사결정 연구** 같은 중립적인 표현을 사용해야 한다.

잡음 감사 대상 부서의 관리자들은 그 즉시 데이터를 책임지고 수집하고 프로젝트 관리자와 프로젝트 팀이 있는 자리에서 부서 직원들에게 연구에 대해 간략하게 설명해야 한다. 그리고 그 연구의 목적을 **조직에서 [의사결정자들이] 결정에 도달하는 방법과 과정에 관심이 있다**는 식으로 일반적으로 전달해야 한다.

연구에 참여하는 전문가들은 누가 어떤 답을 했는지 프로젝트 팀을 포함해서 조직의 그 누구도 알지 못할 것이라고 안심시켜야 한다. 필요하다면 그들로부터 수집한 데이터를 익명화하기 위해서 외부 회사를 고용해야 할지도 모른다. 그리고 이 연구의 결과가 부서에 그 어떤 영향을 주지 않을 것이라고 반드시 알려줘야 한다. 그저 회사를 대표해서 판단 과제를 수행하는 부서의 대표로 선정되어 연구에 참여하게 되었다고 설명해줘야 한다. 잡음 감사 결과의 신빙성을 보장하기 위해서 부서의 자격을 갖춘 모든 전문가가 참여해야 한다. 그들의 업무 시간의 절반 정도를 잡음 감사에 할애할 수 있도록 한다면 직원들이 이 연구가 얼마나 중요한지 이해하는 데 도움이 될 것이다.

모든 참가자는 같은 시간에 작업을 완료해야 한다. 하지만 그들은 물리적으로 분리되어야 하고 연구가 진행되는 동안 서로 연구에 대해 말하는 것을 자제해달라고 요청해야 한다. 프로젝트 팀은 연구가 진행되는 동안 잡음 감사와 관련한 그들의 질문에 언제든지 답할 수 있어야 한다.

분석과 결론

프로젝트 팀은 각각의 참가자가 평가한 여러 사례들을 통계적으로 분석해야 한다. 잡음의 전반적인 양을 평가하고, 그 잡음이 무엇으로 구성됐는지 분석하고, 수준 잡음과 패턴 잡음의 존재를 확인해야 한다. 연구 자료가 허락한다면, 답변에서 통계적 편향도 확인해야 할 것이다. 그리고 프로젝트 팀은 참가자들이 판단의 근거를 설명하고 중요하게 고려한 요소를 설명한 질문지를 검토하여 판단에서 변산성의 원천을 이해해야 한다. 이것도 굉장히 중요한 작업이다. 분포의 양극단에 위치한 답변을 집중적으로 살펴보면서 프로젝트 팀은 그 데이터에서 패턴을 찾아낼 것이다. 그리고 교육 프로그램, 내부 절차와 내부 정보에서 부족한 것이 무엇인지도 파악하게 될 것이다.

컨설턴트와 내부 프로젝트 팀은 부서의 판단과 결정을 개선하기 위해서 결정 위생과 편향 제거를 실시하기 위해서 함께 필요한

노이즈

도구와 절차를 마련할 것이다. 잡음 감사에서 이 단계는 몇 개월 동안 진행될 수 있다. 이와 병행해서 컨설턴트와 프로젝트 팀은 잡음 감사의 결과를 경영진에게 보여주기 위해서 잡음 감사에 대한 보고서도 준비할 것이다.

지금까지 조직은 여러 부서 중에서 하나를 대상으로 간단한 잡음 감사를 실시했다. 이것이 상당히 성공적이라고 판단되면, 경영진은 조직에서 나오는 모든 판단과 결정의 질을 평가하고 개선하기 위해서 조직적인 차원에서 잡음 감사를 실시하는 결정을 내릴 수 있다.

부록B

결정 관찰자를
위한 점검표

이번에는 결정 관찰자가 사용한 점검표의 사례를 살펴보자(19장 참고). 다음 점검표는 중요한 의사결정으로 이어지는 논의를 순서대로 대강 열거한 것이다.

점검표의 각 항목에 제시된 질문을 통해 결정 관찰자는 더 명확한 판단을 내릴 수 있을 것이다. 결정 관찰자는 의사결정 과정을 관찰하면서 다음 질문에 스스로 답해봐야 한다.

이 점검표를 그대로 사용할 필요는 없다. 이 점검표는 참고용으로만 쓰고, 결정 관찰자들이 각자의 목적에 맞게 자기만의 점검표를 만들어 사용하길 바란다.

편향 관찰 점검표

1. 판단 접근법

1a. 대체

- "그룹이 선택한 증거와 집중적인 논의 대상을 살펴봤을 때, 그들은 주어진 어려운 문제를 더 쉬운 문제로 대체하여 최종 판단을 내렸나?"

- "그룹은 중요한 요소를 무시하지 않았나?(또는 무관한 요소에 가중치를 부여했나?)"

1b. 내부 관점

- "그룹은 심의 과정의 일부로 외부 관점을 절대적 판단 대신 상대적 판단에 적용했나?"

1c. 관점의 다양성

- "그룹 구성원들이 편향을 공유하고 있다고 의심할 만한 이유가 있나? 구성원들이 편향을 공유하고 있어서 각자의 오류가 서로 상관되어 있나? 아니면 반대로 이 그룹이 판단을 내릴 때 어떤 관점이나 전문성이 제대로 고려되지 않았다고 생각하나?"

2. 예단과 이른 결론

2a. 최초의 예단

- "의사결정자들은 다른 것보다 어느 하나의 결론에 더 많은 정보를 얻거나 의미를 부여하나?"

- "이미 최종 결론을 내린 사람이 있었나? 그들의 결론에 영향을 미친 선입견이 존재한다고 의심할 이유가 있나?"

- "반대자들이 자신들의 의견을 표출했나?"

- "잘못된 선택지에 지속적으로 몰입할 위험이 있나?"

2b. 이른 종결: 과도한 일관성

- "초기에 논의된 사항들을 선택할 때 우연히 편향이 존재했나?"

- "대안들을 충분히 고민했나? 그리고 어떤 대안을 적극적으로 추구했어야 했음을 보여주는 증거가 있었나?"

3. 정보 처리

3a. 회상 용이성과 핵심

- "참가자들이 진단적인 사건이 아닌데도 최근에 일어났다거나 극적인 효과라거나 개인적인 관련성 때문에 그 사건의 관련성을 과대평가하는가?"

3b. 정보의 질에 대한 부주의

- "일화, 이야기나 비유에 지나치게 의존하여 판단을 내렸나? 데이터가 판단의 근거를 제시했나?"

3c. 기준점

- "정확도나 관련성이 불확실한 숫자가 최종 판단에 중요한 역할을 했나?"

3d. 비회귀적 예측

- "참가자들이 비회귀적 추론, 추정 또는 예측을 했나?"

4. 결정

4a. 계획 오류

- "예측이 사용됐을 때, 사람들은 그것의 원천과 타당성에 의문을 제기했나? 예측에 이의를 제기하기 위해서 외부 관점이 사용됐나?"

- "불확실한 수치에 대해서 신뢰구간이 사용됐나? 신뢰구간의 간격은 충분이 넓은가?"

4b. 손실 회피성

- "위험에 대한 의사결정자의 성향이 조직과 일치하나? 의사결정팀이 지나치게 조심스러운가?"

4c. 현재 중시 편향

- "연산 과정(미래 가치의 할인율 사용을 포함해서)에서 조직의 단기적인 우선사항과 장기적인 우선사항이 균형 있게 반영됐나?"

예측 수정

매칭 예측은 사람들이 판단을 내릴 때 직관적인 매칭 과정에 의존하여 발생하는 오류다(14장 참고). 주어진 정보가 결과를 완벽하게 (또는 아주 정확하게) 예측하는 데 유의미하다고 생각할 때 우리는 매칭 예측을 한다.

우리는 앞서 줄리의 사례를 살펴봤다. 줄리는 '네 살에 책을 능숙하게 읽었던' 여성이며, 제시된 문제는 줄리의 GPA 점수를 예측하는 것이었다. 여기서 여러분은 줄리의 GPA 점수를 3.8점이라고 예측했다. 네 살의 줄리가 독서 연령을 기준으로 또래에서 (상위 3~5퍼센트는 아니지만) 상위 10퍼센트에 들어간다고 직관적인 판단했던 것이다. 그리고 나서 내심 줄리가 GPA 점수를 기준으로 그녀의 학급에서 90백분위수에 해당할 것이라고 추정했다. 이것은 GPA 3.7점 또는 3.8점에 상응한다.

이 추론 과정은 통계적으로 부정확하다. 줄리에 대해 주어진 정보의 진단값을 지나치게 과장했기 때문이다. 네 살 때부터 책을 읽기 시작한 조숙한 아이들이 항상 학업 성적이 우수하진 않다(그리고 다행히도 책을 늦게 읽은 아이가 학업 성취도가 낮은 것도 아니다).

사실 어렸을 때부터 영민했던 아이들이 클수록 학업 성취도가 떨어지는 경우가 많다. 그리고 반대로 어렸을 때 학업 성취도가 떨어졌던 아이들이 갈수록 좋은 성적을 올리기도 한다. 사회적, 심리적 또는 심지어 정치적 이유 때문에 이런 일이 일어난다고 생각할 수 있다. 하지만 이유는 분명하지 않다. 이러한 현상은 순수하게 통계적이다. 어느 방향으로 든 극단적인 상태는 갈수록 극단성이 줄어들게 된다. 과거의 성과가 미래의 성과와 완벽하게 상관되지 않기 때문이다. 이런 경향은 **평균 회귀**라 불린다(그래서 이런 현상을 제대로 고려하지 않는 매칭 예측은 비회귀적인 것이다).

정량적으로 말하자면, 줄리에 대해 여러분이 내린 판단은 독서 연령이 GPA 점수의 완벽한 예측 변수라면 정확할 것이다. 다시 말해 독서 연령과 GPA 점수의 상관계수가 1이라면 정확한 판단이다. 하지만 두 요소의 상관계수는 1이 아니다.

더 정확한 판단을 내리는 통계적 방법이 있다. 통계적 훈련을 받은 사람들에게도 그런 방법을 찾는 것은 직관적이지 않고 어렵다. 다음과 같은 절차를 통해서 통계적으로 판단을 내릴 수 있다. 그림 19는 줄리의 사례를 통계적으로 판단을 내린 것이다.

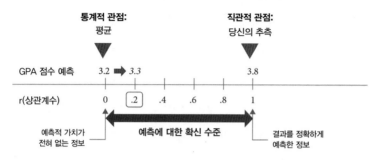

그림19 | 직관적 예측을 평균 회귀에 맞게 조정하기

1. 직관적으로 추측하자

줄리의 사례 등 여러분이 정보를 갖고 있는 어떤 사례에서든 여러분의 직관이 쓸모없진 않다. 여러분의 빠른 시스템1 사고는 보유한 정보를 적당한 예측 척도에 놓고 비교분석하여 줄리의 GPA 점수를 산출한다. 여러분이 갖고 있는 정보가 완벽하게 예측적이라면 이 추측이 여러분의 예측이 된다. 그러니 추측을 메모해두자.

2. 평균을 찾자

이제 한걸음 물러나, 줄리에 대해 알고 있는 사실들을 잠시 잊자. 만약 여러분이 줄리에 대해 전혀 모른다면, 줄리의 GPA 점수를 뭐라고 하겠는가? 이 질문에 대한 대답은 간단명료하다. 그 어떤 정보도 주어지지 않은 상황에서 여러분이 추측할 수 있는 줄리의 GPA 점수는 그녀와 같은 해에 졸업한 학생들의 GPA 평균점수가 될 것이다. 이 경우에는 아마도 3.2점 정도일 것이다.

이런 식으로 줄리의 GPA 점수를 예측하는 것은 앞서 살펴봤던 외부 관점이 활용된 사례다. 외부 관점을 활용할 때, 현재 검토하고 있는 사례가 준거 집단에 속한다고 생각한다. 그리고 통계적으로 준거 집단을 검토한다. 예를 들어 '감바르디 문제'를 풀 때 외부 관점을 어떻게 사용했는지 떠올려보자. 우리는 신임 CEO가 성공할 기저율을 참고했다(4장 참고).

3. 여러분이 보유한 정보의 진단값을 추정하자

이것은 어려운 단계다. 여기선 '내가 갖고 있는 정보의 진단값은 무엇이지?'라는 질문을 스스로에게 할 필요가 있다. 이 질문이 중요한 이유가 지금이면 분명하게 이해되어야 한다. 줄리에 대해서 알고 있는 것이 그녀의 신발 사이즈라면, 이 정보에는 가중치를 전혀 주지 않고 GPA 평균점수를 기초로 예측을 해야 한다. 반면 줄리의 과목별 점수를 안다면, 이 정보로 그녀의 GPA 점수를 완벽하게 예측해낼 수 있을 것이다(과목 접수의 합계의 평균이 그녀의 GPA 점수가 된다). 이 두 극단적 사례 사이에는 애매모호한 부분들이 많이 존재한다. 줄리의 뛰어난 고등학교 성적을 알고 있다면, 이 정보가 그녀의 독서 연령보다 훨씬 더 진단적 가치를 지닐 것이다. 하지만 그녀의 대학교 성적보다는 진단값이 낮다.

여기서는 여러분이 갖고 있는 데이터의 진단값을 정량화해야 한다. 진단값은 여러분이 예측한 결과와의 상관계수로 표현된다. 희귀한 사례들을 제외하고 이 경우에 상관계수는 편지봉투에 간단하게 계산하면 얻을 수 있는 수치일 것이다.

합리적인 추정을 하기 위해서 12장에서 열거했던 사례들을 떠올리면 도움이 된다. 사회과학에서 상관계수가 .50이상인 경우는 극히 드물다. 의미 있다고 판단한 많은 상관계수는 .20대이다. 줄리의 경우에 상관계수 .20가 아마도 상한값일 것이다.

4. 외부 관점에서 여러분이 지닌 정보의 진단값을 반영해 직관적 추정값을 조정하자

마지막 단계는 지금까지 산출한 숫자 세 개를 산술적으로 종합하는 것이다. 평균값을 여러분의 직관적 추정값으로 조정하고 상관계수로 표현한다.

이 단계는 바로 앞서 내린 결론을 확장한다. 상관계수가 0이면, 평균값을 고수해야 한다. 반면에 상관계수가 1이면, 평균값을 무시하고 매칭 예측을 해야 한다. 줄리의 경우 최선의 GPA 추정값은 그녀와 같은 해에 졸업한 학생들의 GPA 평균점수의 20퍼센트 이상을 넘지 않고 그녀의 독서 연령을 기초로 생각해낸 직관적 추정값에 가까울 것이다. 이를 통해서 그녀의 GPA 점수가 약 3.3점일 것이라는 결론을 내릴 수 있다.

줄리의 사례를 사용했지만, 이 방법은 이 책에서 살펴본 많은 판단 문제에 쉽게 적용할 수 있다. 예를 들어 새로운 영업사원을 채용하려고 하는 영업부 부사장이 가장 유력한 입사 지원자의 면접을 진행했다. 면접에서 받은 강한 인상을 기초로 면접관은 그가 입사 첫해에 새로운 거래를 통해서 100만 달러의 수익을 달성할 것이라고 추정한다. 이것은 신입 사원들이 입사 첫 해에 달성하는 평균 영업 이익의 두 배에 달하는 규모다. 면접관은 어떻게 이 추정값을 평균으로 회귀시킬까? 이것은 면접의 진단값에 달려 있다. 이 경우에 면접을 근거로 직무 성공률을 예측할 수 있을까? 우리가 검토했던 증거를 기초로 상관계수 .40은 매우 관대한 추정값이다. 이에 따라서 신입 사원의 입사 첫해 영업 실적을 평균으로 회귀하여 산출한 추정값은 기껏해야 '50만 달러 + (100만 달러 − 50만 달러) × .40 = 70만 달러'일 것이다.

이러한 과정은 전혀 직관적이지 않다. 사례들이 보여주듯이, 수정된 예측은 항상 직관적 예측보다 더 보수적일 것이다. 그것은 직관적 예측만큼 극단적이지 않을 것이다. 그 대신에 평균값에 훨씬 더 가까울 것이다. 예측을 수정한다면, 그랜드슬램에서 열 번 우승한 경력이 있는 테니스 선수가 열 번 더 우승할 것이라고 확신할 수 없다. 10억 달러 가치의 매우 성공적인 스타트업이 가치가 700배 성장하여 거대 기업으로 성장할 것이라고 예측할 수도 없을 것이다. 수정된 예측은 극단치outlier에 도박하지 않을 것이다.

사후적으로 볼 때 수정된 예측은 불가피하게 일부에서 눈에 띄는 예측 실패를 가져올 것이다. 그러나 예측은 사후적으로 이루어지지 않는다. 원칙적으로 극단치는 아주 드물다는 것을 기억하고 있어야 한다. 정반대의 오류가 훨씬 더 자주 발생한다. 극단치는 극단치로 남아 있을 것이라고 예상할 때, 평균 회귀 때문에 일반적으로는 그렇지 않다. 정확도의 극대화(평균제곱 오류의 최소화 등)가 목표일 때, 수정된 예측은 직관적인 매칭 예측보다 우월하다.

주

머리말

1. 1778년 스위스 수학자 다니엘 베르누이Daniel Bernoulli는 총 대신에 활과 화살을 사용해 이와 유사한 방식으로 추정 문제를 설명했다. Bernoulli, "The Most Probable Choice Between Several Discrepant Observations and the Formation Therefrom of the Most Likely Induction," *Biometrika* 48, no. 1-2 (June 1961): 3-18, https://doi.org/10.1093/biomet/48.1-2.3.

2. Joseph J. Doyle Jr., "Child Protection and Child Outcomes: Measuring the Effects of Foster Care," *American Economic Review* 95, no. 5 (December 2007): 1583-1610.

3. Stein Grimstad and Magne Jørgensen, "Inconsistency of Expert Judgment-Based Estimates of Software Development Effort," *Journal of Systems and Software* 80, no. 11 (2007): 1770-1777.

4. Andrew I. Schoenholtz, Jaya Ramji-Nogales, and Philip G. Schrag, "Refugee Roulette: Disparities in Asylum Adjudication," *Stanford Law Review* 60, no. 2 (2007).

5. Mark A. Lemley and Bhaven Sampat, "Examiner Characteristics and Patent

Office Outcomes," *Review of Economics and Statistics* 94, no. 3 (2012): 817–827. 또한 다음을 참고. Iain Cockburn, Samuel Kortum, and Scott Stern, "Are All Patent Examiners Equal? The Impact of Examiner Characteristics," working paper 8980, June 2002, www.nber.org/papers/w8980; 그리고 Michael D. Frakes and Melissa F. Wasserman, "Is the Time Allocated to Review Patent Applications Inducing Examiners to Grant Invalid Patents? Evidence from Microlevel Application Data," *Review of Economics and Statistics* 99, no. 3 (July 2017): 550–563.

1장

1. Marvin Frankel, *Criminal Sentences: Law Without Order*, 25 Inst. for Sci. Info. Current Contents / Soc. & Behavioral Scis.: This Week's Citation Classic 14, 2A-6 (June 23, 1986), http://www.garfield.library.upenn.edu/classics1986/A1986C697400001.pdf에서 확인 가능.

2. Marvin Frankel, *Criminal Sentences: Law Without Order* (New York: Hill and Wang, 1973), 5.

3. Frankel, *Criminal Sentences*, 103.

4. Frankel, 5.

5. Frankel, 11.

6. Frankel, 114.

7. Frankel, 115.

8. Frankel, 119.

9. Anthony Partridge and William B. Eldridge, *The Second Circuit Sentence Study: A Report to the Judges of the Second Circuit August 1974* (Washington, DC: Federal Judicial Center, August 1974), 9.

10. US Senate, "Comprehensive Crime Control Act of 1983: Report of the Committee on the Judiciary, United States Senate, on S. 1762, Together with Additional and Minority Views" (Washington, DC: US Government Printing Office, 1983). Report No. 98-25.

11. Anthony Partridge and Eldridge, *Second Circuit Sentence Study*, A-11.

12. Partridge and Eldridge, *Second Circuit Sentence Study*, A-9.

13. Partridge and Eldridge, A-5-A-7.

14. William Austin and Thomas A. Williams III, "A Survey of Judges' Responses to Simulated Legal Cases: Research Note on Sentencing Disparity," *Journal of Criminal Law & Criminology* 68 (1977): 306.

15. John Bartolomeo et al., "Sentence Decisionmaking: The Logic of Sentence Decisions and the Extent and Sources of Sentence Disparity," *Journal of Criminal Law and Criminology* 72, no. 2 (1981). (전체 논의는 6장 참고.) 또한 Senate Report, 44 참고.

16. Shai Danziger, Jonathan Levav, and Liora Avnaim-Pesso, "Extraneous Factors in Judicial Decisions," *Proceedings of the National Academy of Sciences of the United States of America* 108, no. 17 (2011): 6889-92.

17. Ozkan Eren and Naci Mocan, "Emotional Judges and Unlucky Juveniles," *American Economic Journal: Applied Economics* 10, no. 3 (2018): 171-205.

18. Daniel L. Chen and Markus Loecher, "Mood and the Malleability of Moral Reasoning: The Impact of Irrelevant Factors on Judicial Decisions," *SSRN Electronic Journal* (September 21, 2019): 1-70, http://users.nber.org/dlchen/papers/Mood_and_the_Malleability_of_Moral_Reasoning.pdf.

19. Daniel L. Chen and Arnaud Philippe, "Clash of Norms: Judicial Leniency on Defendant Birthdays," (2020) SSRN: https://ssrn.com/abstract=3203624에서 확인 가능.

20. Anthony Heyes and Soodeh Saberian, "Temperature and Decisions: Evidence from 207,000 Court Cases," *American Economic Journal: Applied Economics* 11, no. 2 (2018): 238-265.

21. Senate Report, 38.

22. Senate Report, 38.

23. Justice Breyer is quoted in Jeffrey Rosen, "Breyer Restraint," *New Republic*, July 11, 1994, at 19, 25.

24. United States Sentencing Commission, Guidelines Manual (2018), www.ussc.gov/sites/default/files/pdf/guidelines-manual/2018/GLMFull.pdf.

25. James M. Anderson, Jeffrey R. Kling, and Kate Stith, "Measuring Interjudge Sentencing Disparity: Before and After the Federal Sentencing Guidelines," *Journal of Law and Economics* 42, no. S1 (April 1999): 271–308.

26. US Sentencing Commission, *The Federal Sentencing Guidelines: A Report on the Operation of the Guidelines System and Short-Term Impacts on Disparity in Sentencing, Use of Incarceration, and Prosecutorial Discretion and Plea Bargaining*, vols. 1 & 2 (Washington, DC: US Sentencing Commission, 1991).

27. Anderson, Kling, and Stith, "Interjudge Sentencing Disparity."

28. Paul J. Hofer, Kevin R. Blackwell, and R. Barry Ruback, "The Effect of the Federal Sentencing Guidelines on Inter-Judge Sentencing Disparity," *Journal of Criminal Law and Criminology* 90 (1999): 239, 241.

29. Kate Stith and Jose Cabranes, *Fear of Judging: Sentencing Guidelines in the Federal Courts* (Chicago: University of Chicago Press, 1998), 79.

30. 543 U.S. 220 (2005).

31. US Sentencing Commission, "Results of Survey of United States District Judges, January 2010 through March 2010" (June 2010) (question 19, table 19), www.ussc. gov/sites/default/files/pdf/research-and-publications/research-projects-and-surveys/surveys/20100608_Judge_Survey.pdf.

32. Crystal Yang, "Have Interjudge Sentencing Disparities Increased in an Advisory Guidelines Regime? Evidence from Booker," *New York University Law Review* 89 (2014): 1268–1342; pp. 1278, 1334.

2장

1. 보험회사 경영진은 구체적으로 사례를 마련했다. 그 사례들은 보험심사역과 손해 사정사가 매일 처리하는 위험 및 보험청구건과 유사했다. 부동산과 손실을 다루는 부서의 손해사정사에게는 여섯 가지 사례가, 그리고 재무 위기에 특화된 보험심사 역에게는 네 가지 사례가 마련됐다. 그들에게는 각각 두세 개의 사례를 맡아 평가 하기 전에 반나절 휴가가 제공됐다. 그들은 독자적으로 사례를 평가했고, 그 목적 이 자신들 판단의 변산성을 검증하기 위함임을 알지 못했다. 종합적으로 우리는 48명의 보험심사역에게서 86개의 판단을, 68명의 손해사정사에게서 113개의 판

단을 얻어냈다.

2. Dale W. Griffin and Lee Ross, "Subjective Construal, Social Inference, and Human Misunderstanding," *Advances in Experimental Social Psychology* 24 (1991): 319–359; Robert J. Robinson, Dacher Keltner, Andrew Ward, and Lee Ross, "Actual Versus Assumed Differences in Construal: 'Naive Realism' in Intergroup Perception and Conflict," *Journal of Personality and Social Psychology* 68, no. 3 (1995): 404; 그리고 Lee Ross and Andrew Ward, "Naive Realism in Everyday Life: Implications for Social Conflict and Misunderstanding," *Values and Knowledge* (1997).

2부

1. 일련의 수치들의 표준편차는 **변량**이라 부르는 통계값에서 구할 수 있다. 변량을 계산하려면 우선 평균값을 중심으로 편차들이 어떻게 분포하는지 보여주는 값을 구하고, 각 값의 제곱값을 구한다. 변량은 이 제곱값의 평균이며, 표준편차는 변량의 제곱근이다.

4장

1. Judges at wine competitions: R. T. Hodgson, "An Examination of Judge Reliability at a Major U.S. Wine Competition," *Journal of Wine Economics* 3, no. 2 (2008): 105–113.

2. 의사결정을 공부하는 학생들은 결정을 주어진 옵션들 가운데 어느 하나를 선택하는 행위라 정의하고, 정량적 판단을 결정의 특별한 예로 본다. 정량적 판단에는 여러 선택지가 존재한다. 이런 맥락에서 판단 행위는 의사결정의 특별한 예다. 그런데 여기서 우리는 다른 접근 방식을 취한다. 어느 한 옵션을 선택해야 하는 의사결정은 주어진 각각의 옵션에 대한 평가적 판단의 결과다. 이로써 우리는 의사결정을 판단의 특별한 예로 간주한다.

5장

1. 최소 제곱법은 1805년 아드리앵 마리 르장드르Adrien Marie Legendre를 통해 대중에게 처음 알려졌다. 카를 프리드리히 가우스는 자신이 그보다 10년 빨리 최고 제곱법을 사용했다고 주장했으며, 이후 최소 제곱법을 오차론 그리고 본인 이름을 딴 정규오차곡선의 발명과 연결지었다. 누가 최소 제곱법을 최초로 만들어냈느냐를

두고 여전히 수많은 설전이 벌어지는 가운데, 역사학자들은 카를 프리드리히 가우스의 손을 들어주고 있다. Stephen M. Stigler, "Gauss and the Invention of Least Squares," *Annals of Statistics* 9 (1981): 465–474; 그리고 Stephen M. Stigler, *The History of Statistics: The Measurement of Uncertainty Before 1900* (Cambridge, MA: Belknap Press of Harvard University Press, 1986).

2. 우리는 **잡음**을 오류의 표준편차로 정의했다. 그러므로 잡음의 제곱값은 오류들의 변량이다. **변량**은 '제곱값들의 평균에서 평균의 제곱값을 뺀' 것이다. 평균 오류 때문에 '평균의 제곱값'은 편향의 제곱값이 된다. 그러므로 '잡음²=평균제곱 오류-편향²'이다.

3. Berkeley J. Dietvorst and Soaham Bharti, "People Reject Algorithms in Uncertain Decision Domains Because They Have Diminishing Sensitivity to Forecasting Error," *Psychological Science* 31, no. 10 (2020): 1302–1314.

6장

1. Kevin Clancy, John Bartolomeo, David Richardson, and Charles Wellford, "Sentence Decisionmaking: The Logic of Sentence Decisions and the Extent and Sources of Sentence Disparity," *Journal of Criminal Law and Criminology* 72, no. 2 (1981): 524–554; 그리고 INSLAW, Inc. et al., "Federal Sentencing: Towards a More Explicit Policy of Criminal Sanctions III-4" (1981).

2. 형량은 징역형과 보호관찰, 벌금이 어떤 조합으로든 같이 선고될 수도 있다. 그래서 사례를 단순화하고자 우리는 주된 형량인 징역형에만 주목했고 나머지 두 형량은 무시했다.

3. 5장에서 우리는 여러 사례와 여러 판사를 통해 오류 방정식의 확장판을 마련했는데, 여기에는 이런 변화를 반영하는 개념도 포함돼 있다. 구체적으로 말해서 만약 우리가 **전체 편향**을 모든 사례 전반에 나타나는 오류의 평균으로 규정할 경우, 그리고 이때 나타나는 오류가 사례들에서 동일하진 않을 경우 사례 편향의 변화가 존재하게 된다. 이에 따라서 '평균제곱 오류=전체 편향²+사례 편향의 변화+제도 잡음²'이란 방정식이 나온다.

4. 이 장에서 언급된 수치는 다음 연구에서 가져온 것들이다.
    우선 연구 저자들은 **범죄와 범죄자**가 판결에 주된 영향을 미쳤고, 이것이 전체 변량의 45퍼센트를 차지한다고 보고했다(John Bartolomeo et al., "Sentence Decisionmaking: The Logic of Sentence Decisions and the Extent and Sources of

Sentence Disparity," *Journal of Criminal Law and Criminology* 72, no. 2 [1981], table
6). 하지만 우리는 좀 더 포괄적으로 피고인이 범죄 이력이 있는지, 범죄에 어떤 무기를 사용했는지 등 모든 특징이 판결에 미치는 영향에 주목했다. 이는 우리가 의도적으로 심은 잡음이 아니라 **실제 사건에 포함된 사실들**이었다. 이에 우리는 주어진 사례에 조금씩 변화를 주고, 그에 따라서 선고된 형량이 어떻게 변하는지를 살폈다(이것은 전체 변량의 11퍼센트를 차지했다). 결과적으로 우리는 주어진 사례가 판결에 영향을 주고 그것이 전체 변량의 56퍼센트를 차지한다고 다시 규정했으며, 판사에 따른 형량 변화(수준 잡음)는 전체 변량의 21퍼센트를 차지한다고 판단했다. 사례의 내용을 조금씩 바꿀 경우엔 그로 인하여 다른 형량이 선고되고, 그것이 전체 변량의 23퍼센트를 차지한다고 판단했다. 그러므로 제도 잡음은 전체 변량의 44퍼센트다.

정당한 형량의 변량은, 각 사례에 대한 평균 형량을 표로 제시하고 있는 Bartolomeo et al., 89를 통해 계산할 수 있다. 형량 차이는 15년이었다. 이것이 전체 변량의 56퍼센트를 차지한다면, 전체 변량은 26.79년이고 제도 잡음의 변량은 11.79년이다. 이 변량의 제곱근은 각 사례의 표준편차인 3.4년이다.

판사에 따른 형량 변화 또는 수준 잡음은 전체 변량의 21퍼센트였다. 이 변량의 제곱근은 판사의 수준 잡음에 따른 표준편차다.

5. 3.4년은 16개 사건에 대해 선고된 형량의 변량 평균의 제곱근이다. 우리는 앞선 주석에서 설명한 대로 이 값을 계산했다.

6. 가산 가설은 사실상 판사의 가혹성이 수감 기간을 일정한 양으로 증가시킨다고 가정한다. 이 가설이 확실할 리는 없다. 판사의 가혹성은 평균 형량에 비례하여 수감 기간을 증가시킬 수 있다. 하지만 보고서 원본에서 이 문제는 무시됐고, 그래서 그 중요성을 평가할 방법이 전혀 없었다.

7. Bartolomeo et al., "Sentence Decisionmaking," 23.

8. '제도 잡음^2=수준 잡음^2+패턴 잡음^2'이다. 이 표에 따르면 제도 잡음은 3.4년, 수준 잡음은 2.4년이다. 이것은 패턴 잡음이 대략 2.4년이란 의미다. 오류 어림값 때문에 실제 값은 조금씩 차이가 있을 수 있다.

7장

1. http://www.iweblists.com/sports/basketball/FreeThrowPercent_c.html, consulted Dec. 27, 2020.

2. https://www.basketball-reference.com/players/o/onealsh01.html, consulted

Dec. 27, 2020.

3. R. T. Hodgson, "An Examination of Judge Reliability at a Major U.S. Wine Competition," *Journal of Wine Economics* 3, no. 2 (2008): 105-113.

4. Stein Grimstad and Magne Jørgensen, "Inconsistency of Expert Judgment-Based Estimates of Software Development Effort," *Journal of Systems and Software* 80, no. 11 (2007): 1770-1777.

5. Robert H. Ashton, "A Review and Analysis of Research on the Test-Retest Reliability of Professional Judgment," *Journal of Behavioral Decision Making* 294, no. 3 (2000): 277-294. 그런데 이어 저자는 검토한 41개 연구 가운데 상황 잡음을 평가하기 위해 설계된 연구가 단 한 건도 없었다는 데 주목한다. "모든 사례에서 신뢰도 측정은 몇몇 다른 연구 목적에서 나온 부산물이었다"(Ashton, 279). 이런 언급은 상황 잡음 연구에 대한 관심이 비교적 최근에 일어난 것임을 말해준다.

6. Central Intelligence Agency, *The World Factbook* (Washington, DC: Central Intelligence Agency, 2020). 여기서 말한 수치는 상공에서 눈으로 식별할 수 있는 모든 공항이나 비행장을 고려한 것이다. 활주로는 포장도로일 수도 비포장도로일 수도 있으며, 폐쇄되거나 유기된 시설을 포함할 수도 있다.

7. Edward Vul and Harold Pashler, "Crowd Within: Probabilistic Representations Within Individuals,"

8. James Surowiecki, *The Wisdom of Crowds: Why the Many Are Smarter Than the Few and How Collective Wisdom Shapes Business, Economies, Societies, and Nations* (New York: Doubleday, 2004).

9. 이 새로운 판단은 개별적인 판단보다 덜 편향되지 않더라도 잡음이 덜하다. 평균화된 판단의 표준편차(잡음 척도)는 판단 수의 제곱근에 비례하여 줄어든다.

10. Vul and Pashler, "Crowd Within," 646.

11. Stefan M. Herzog and Ralph Hertwig, "Think Twice and Then: Combining or Choosing in Dialectical Bootstrapping?," *Journal of Experimental Psychology: Learning, Memory, and Cognition* 40, no. 1 (2014): 218-232.

12. Vul and Pashler, "Measuring the Crowd Within," 647.

13. Joseph P. Forgas, "Affective Influences on Interpersonal Behavior," *Psychological Inquiry* 13, no. 1 (2002): 1-28.

14. Forgas, "Affective Influences," 10.

15. A. Filipowicz, S. Barsade, and S. Melwani, "Understanding Emotional Transitions: The Interpersonal Consequences of Changing Emotions in Negotiations," *Journal of Personality and Social Psychology* 101, no. 3 (2011): 541–556.

16. Joseph P. Forgas, "She Just Doesn't Look like a Philosopher . . . ? Affective Influences on the Halo Effect in Impression Formation," *European Journal of Social Psychology* 41, no. 7 (2011): 812–817.

17. Gordon Pennycook, James Allan Cheyne, Nathaniel Barr, Derek J. Koehler, and Jonathan A. Fugelsang, "On the Reception and Detection of Pseudo-Profound Bullshit," *Judgment and Decision Making* 10, no. 6 (2015): 549–563.

18. Harry Frankfurt, *On Bullshit* (Princeton, NJ: Princeton University Press, 2005).

19. Pennycook et al., "Pseudo-Profound Bullshit," 549.

20. Joseph P. Forgas, "Happy Believers and Sad Skeptics? Affective Influences on Gullibility," *Current Directions in Psychological Science* 28, no. 3 (2019): 306–313.

21. Joseph P. Forgas, "Mood Effects on Eyewitness Memory: Affective Influences on Susceptibility to Misinformation," *Journal of Experimental Social Psychology* 41, no. 6 (2005): 574–588.

22. Piercarlo Valdesolo and David Desteno, "Manipulations of Emotional Context Shape Moral Judgment," *Psychological Science* 17, no. 6 (2006): 476–477.

23. Hannah T. Neprash and Michael L. Barnett, "Association of Primary Care Clinic Appointment Time with Opioid Prescribing," *JAMA Network Open* 2, no. 8 (2019); Lindsey M. Philpot, Bushra A. Khokhar, Daniel L. Roellinger, Priya Ramar, and Jon O. Ebbert, "Time of Day Is Associated with Opioid Prescribing for Low Back Pain in Primary Care," *Journal of General Internal Medicine* 33 (2018): 1828.

24. Jeffrey A. Linder, Jason N. Doctor, Mark W. Friedberg, Harry Reyes Nieva, Caroline Birks, Daniella Meeker, and Craig R. Fox, "Time of Day and the Decision to Prescribe Antibiotics," *JAMA Internal Medicine* 174, no. 12 (2014): 2029–2031.

25. Rebecca H. Kim, Susan C. Day, Dylan S. Small, Christopher K. Snider, Charles A. L. Rareshide, and Mitesh S. Patel, "Variations in Influenza Vaccination by Clinic Appointment Time and an Active Choice Intervention in the Electronic Health Record to Increase Influenza Vaccination," *JAMA Network Open* 1, no. 5 (2018): 1-10.

26. 개선된 기억에 관한 언급은 Joseph P. Forgas, Liz Goldenberg, and Christian Unkelbach, "Can Bad Weather Improve Your Memory? An Unobtrusive Field Study of Natural Mood Effects on Real-Life Memory," *Journal of Experimental Social Psychology* 45, no. 1 (2008): 254-257 참고. 날씨에 관한 언급은 David Hirshleifer and Tyler Shumway, "Good Day Sunshine: Stock Returns and the Weather," *Journal of Finance* 58, no. 3 (2003): 1009-1032 참고.

27. Uri Simonsohn, "Clouds Make Nerds Look Good: Field Evidence of the Impact of Incidental Factors on Decision Making," *Journal of Behavioral Decision Making* 20, no. 2 (2007): 143-152.

28. Daniel Chen et al., "Decision Making Under the Gambler's Fallacy: Evidence from Asylum Judges, Loan Officers, and Baseball Umpires," *Quarterly Journal of Economics* 131, no. 3 (2016): 1181-1242.

29. Jaya Ramji-Nogales, Andrew I. Schoenholtz, and Philip Schrag, "Refugee Roulette: Disparities in Asylum Adjudication," *Stanford Law Review* 60, no. 2 (2007).

30. Michael J. Kahana et al., "The Variability Puzzle in Human Memory," *Journal of Experimental Psychology: Learning, Memory, and Cognition* 44, no. 12 (2018): 1857-1863.

8장

1. Matthew J. Salganik, Peter Sheridan Dodds, and Duncan J. Watts, "Experimental Study of Inequality and Unpredictability in an Artificial Cultural Market," *Science* 311 (2006): 854-856. 또한 다음을 참고하라. Matthew Salganik and Duncan Watts, "Leading the Herd Astray: An Experimental Study of Self-Fulfilling Prophecies in an Artificial Cultural Market," *Social Psychology Quarterly*

71 (2008): 338-355; Matthew Salganik and Duncan Watts, "Web-Based Experiments for the Study of Collective Social Dynamics in Cultural Markets," *Topics in Cognitive Science* 1 (2009): 439-468.

2. Salganik and Watts, "Leading the Herd Astray."

3. Michael Macy et al., "Opinion Cascades and the Unpredictability of Partisan Polarization," Science Advances (2019): 1-8. 또한 Helen Margetts et al., *Political Turbulence* (Princeton: Princeton University Press, 2015) 참고.

4. Michael Macy et al., "Opinion Cascades."

5. Lev Muchnik et al., "Social Influence Bias: A Randomized Experiment," *Science* 341, no. 6146 (2013): 647-651.

6. Jan Lorenz et al., "How Social Influence Can Undermine the Wisdom of Crowd Effect," *Proceedings of the National Academy of Sciences* 108, no. 22 (2011): 9020-9025.

7. Daniel Kahneman, David Schkade, and Cass Sunstein, "Shared Outrage and Erratic Awards: The Psychology of Punitive Damages," *Journal of Risk and Uncertainty* 16 (1998): 49-86.

8. David Schkade, Cass R. Sunstein, and Daniel Kahneman, "Deliberating about Dollars: The Severity Shift," *Columbia Law Review* 100 (2000): 1139-1175.

3부

1. 일치 백분율은 일치계수로도 알려진 켄들의 *W*와 깊은 관련이 있다.

2. Kanwal Kamboj et al., "A Study on the Correlation Between Foot Length and Height of an Individual and to Derive Regression Formulae to Estimate the Height from Foot Length of an Individual," *International Journal of Research in Medical Sciences* 6, no. 2 (2018): 528.

3. 일치 백분율은 결합분포가 이변량 정규분포라는 가정에서 계산된다. 표에 나온 값들은 이 가정에 근거를 둔 근사치다. 이 표를 만들어준 줄리언 패리스Julian Parris에게 고마움을 전한다.

노이즈

9장

1. Martin C. Yu and Nathan R. Kuncel, "Pushing the Limits for Judgmental Consistency: Comparing Random Weighting Schemes with Expert Judgments," *Personnel Assessment and Decisions* 6, no. 2 (2020): 1-10. 전문가들이 얻어 낸 상관계수 .15는 총 847개의 사례가 포함된 연구에서 살펴본 세 가지 표본자료 의 비가중 평균치다. 실제 연구는 여러모로 단순화된 설명과는 차이가 있다.

2. 가중 평균치를 구할 때 전제가 되는 것은, 모든 예측 변수가 비교 가능한 단위로 측정되어야 한다는 것이다. 이 필수 조건은 우리가 도입부에서 소개한 사례에서 충족되었는데, 여기서 모든 등급은 0점에서 10점까지의 범위에서 책정되었다. 하 지만 항상 그렇지는 않다. 예를 들어 업무 성과의 예측 변수들은 0점에서 10점의 범위로 내려지는 면접관의 평가, 유사한 업무를 수행한 기간, 그리고 능력시험 점 수일지도 모른다. 다중회귀는 모든 예측 변수를 결합하기 전에 그것들을 **표준 점 수**로 변환한다. 표준 점수는 표준편차를 단위로 사용해 모집단의 평균에서 관측값 이 얼마나 떨어져 있는지를 나타낸다. 예를 들어 능력시험 점수의 평균이 55점이 고 표준편차가 8이라면, 표준 점수 +1.5는 67점이라는 시험 결과에 상응한다. 특 히 개개인의 데이터 표준화는 개개인 판단의 변량이나 평균에서 오류의 흔적을 싹 없앤다.

3. 다중회귀의 중요한 특징은 각각의 예측 변수의 최적 가중치가 다른 예측 변수들에 달려 있다는 것이다. 만약 예측 변수가 다른 예측 변수와의 상관성이 지나치게 높 다면, 똑같이 큰 가중치를 부여해서는 안 된다. 이것은 일종의 '이중 계산'이 된다.

4. Robin M. Hogarth and Natalia Karelaia, "Heuristic and Linear Models of Judgment: Matching Rules and Environments," *Psychological Review* 114, no. 3 (2007): 734.

5. 이 맥락에서 광범위하게 사용되어온 연구 틀은 **판단에 관한 렌즈 모델**이며, 지 금 논의 역시 이 모델에 기초하고 있다. 이에 관해서는 다음을 참고. Kenneth R. Hammond, "Probabilistic Functioning and the Clinical Method," *Psychological Review* 62, no. 4 (1955): 255-262; Natalia Karelaia and Robin M. Hogarth, "Determinants of Linear Judgment: A Meta-Analysis of Lens Model Studies," *Psychological Bulletin* 134, no. 3 (2008): 404-426.

6. Paul E. Meehl, *Clinical Versus Statistical Prediction: A Theoretical Analysis and a Review of the Evidence* (Minneapolis: University of Minnesota Press, 1954).

7. Paul E. Meehl, *Clinical Versus Statistical Prediction: A Theoretical Analysis*

and a Review of the Evidence (Northvale, NJ: Aronson, 1996), preface.

8. "Paul E. Meehl," in Ed Lindzey (ed.), *A History of Psychology in Autobiography*, 1989.

9. "Paul E. Meehl," in *A History of Psychology in Autobiography*, ed. Ed Lindzey (Washington, DC: American Psychological Association, 1989), 362.

10. William M. Grove et al., "Clinical Versus Mechanical Prediction: A Meta-Analysis," *Psychological Assessment* 12, no. 1 (2000): 19-30.

11. William M. Grove and Paul E. Meehl, "Comparative Efficiency of Informal (Subjective, Impressionistic) and Formal (Mechanical, Algorithmic) Prediction Procedures: The Clinical-Statistical Controversy," *Psychology, Public Policy, and Law* 2, no. 2 (1996): 293-323.

12. Lewis Goldberg, "Man Versus Model of Man: A Rationale, plus Some Evidence, for a Method of Improving on Clinical Inferences," *Psychological Bulletin* 73, no. 6 (1970): 422-432.

13. Milton Friedman and Leonard J. Savage, "The Utility Analysis of Choices Involving Risk," *Journal of Political Economy* 56, no. 4 (1948): 279-304.

14. Karelaia and Hogarth, "Determinants of Linear Judgment," 411, table 1.

15. Nancy Wiggins and Eileen S. Kohen, "Man Versus Model of Man Revisited: The Forecasting of Graduate School Success," *Journal of Personality and Social Psychology* 19, no. 1 (1971): 100-106.

16. Karelaia and Hogarth, "Determinants of Linear Judgment."

17. 예측 변수의 불완전한 신뢰도 때문에 상관계수를 정정하는 것은 축소화의 교정이라고 알려져 있다. 약소화의 교정 공식은 '교정 $r_{xy}=r_{xy}/\sqrt{r_{xx}}$'이다. 여기서 r_{xx}는 신뢰도 계수(예측 변수의 관찰된 변량에서 진변량의 비중)다.

18. Yu and Kuncel, "Judgmental Consistency."

19. 우리는 동일가중치 모델과 무작위 가중치 모델을 다음 장에서 자세히 살펴볼 것이다. 가중치는 작은 수치로만 주어지고 옳은 부호를 갖고 있어야 한다.

10장

1. Robyn M. Dawes and Bernard Corrigan, "Linear Models in Decision Making," *Psychological Bulletin* 81, no. 2 (1974): 95-106. 도스와 코리건 역시 무작위 가중치를 사용할 것을 제안했다. 9장에서 설명한 관리직 성과 예측 연구가 이런 아이디어를 적용한 예다.

2. Jason Dana, "What Makes Improper Linear Models Tick?," in *Rationality and Social Responsibility: Essays in Honor of Robyn M. Dawes*, ed. Joachim I. Krueger, 71-89 (New York: Psychology Press, 2008), 73.

3. Jason Dana and Robyn M. Dawes, "The Superiority of Simple Alternatives to Regression for Social Sciences Prediction," *Journal of Educational and Behavior Statistics* 29 (2004): 317-331; Dana, "What Makes Improper Linear Models Tick?"

4. Howard Wainer, "Estimating Coefficients in Linear Models: It Don't Make No Nevermind," *Psychological Bulletin* 83, no. 2 (1976): 213-217.

5. Dana, "What Makes Improper Linear Models Tick?," 72.

6. Martin C. Yu and Nathan R. Kuncel, "Pushing the Limits for Judgmental Consistency: Comparing Random Weighting Schemes with Expert Judgments," *Personnel Assessment and Decisions* 6, no. 2 (2020): 1-10. 9장에서와 마찬가지로, 보고된 상관계수는 연구 대상인 세 가지 표본자료의 비가중 평균치다. 세 가지 표본 자료의 각 상관계수를 비교해보면, 임상 전문가의 판단 타당성은 .17, .16, .13이었으며 동일가중치 모델의 타당성은 .19, .33, .22였다.

7. Robyn M. Dawes, "The Robust Beauty of Improper Linear Models in Decision Making," *American Psychologist* 34, no. 7 (1979): 571-582.

8. Dawes and Corrigan, "Linear Models in Decision Making," 105.

9. Jongbin Jung, Conner Concannon, Ravi Shroff, Sharad Goel, and Daniel G. Goldstein, "Simple Rules to Guide Expert Classifications," *Journal of the Royal Statistical Society, Statistics in Society*, no. 183 (2020): 771-800.

10. Julia Dressel and Hany Farid, "The Accuracy, Fairness, and Limits of Predicting Recidivism," *Science Advances* 4, no. 1 (2018): 1-6.

11. 이 두 사례는 극히 소수의 변수들을 기반으로 설계된 선형 모델이다. (그리고 보석 모델의 경우, 해당 모델을 간단한 계산법으로 변환하여 얻어진 선형 가중치의 근사값을 기

초로 설계된다.) '잘못된 모델'의 또 다른 유형은 오직 하나의 예측 변수만을 고려하고 나머지는 무시하는 **단일 변수법**이다. Peter M. Todd and Gerd Gigerenzer, "Précis of Simple Heuristics That Make Us Smart," *Behavioral and Brain Sciences* 23, no. 5 (2000): 727-741 참고.

12. P. Gendreau, T. Little, and C. Goggin, "A Meta-Analysis of the Predictors of Adult Offender Recidivism: What Works!," *Criminology* 34 (1996).

13. 이 맥락에서 크기는 예측 변수 대비 관찰 건수의 비율로 이해해야 한다. 로빈 도스는 *Robust Beauty*에서 최적 가중치가 단일 가중치보다 교차 검증에 효과적이려면 비율은 20대 1 또는 15대 1이어야 한다고 제안했다. 제이슨 데이나와 로빈 도스는 훨씬 더 많은 사례연구를 동원한 *Superiority of Simple Alternatives*에서 비율을 100대 1로 높였다.

14. J. Kleinberg, H. Lakkaraju, J. Leskovec, J. Ludwig, and S. Mullainathan, "Human Decisions and Machine Predictions," *Quarterly Journal of Economics* 133 (2018): 237-293.

15. 머신러닝 알고리즘은 훈련 데이터를 기반으로 학습됐고, 무작위로 선택된 다른 하위 데이터를 기초로 결과를 예측할 수 있는지에 대한 평가를 받았다.

16. Kleinberg et al., "Human Decisions," 16.

17. Gregory Stoddard, Jens Ludwig, and Sendhil Mullainathan, 2020년 6월과 7월 본 저자들과 이메일 교환.

18. B. Cowgill, "Bias and Productivity in Humans and Algorithms: Theory and Evidence from Resume Screening," Smith Entrepreneurship Research Conference 에서 발표된 논문, College Park, MD, April 21, 2018.

19. William M. Grove and Paul E. Meehl, "Comparative Efficiency of Informal (Subjective, Impressionistic) and Formal (Mechanical, Algorithmic) Prediction Procedures: The Clinical-Statistical Controversy," *Psychology, Public Policy, and Law* 2, no. 2 (1996): 293-323.

20. Jennifer M. Logg, Julia A. Minson, and Don A. Moore, "Algorithm Appreciation: People Prefer Algorithmic to Human Judgment," *Organizational Behavior and Human Decision Processes* 151 (April 2018): 90-103.

21. B. J. Dietvorst, J. P. Simmons, and C. Massey, "Algorithm Aversion: People Erroneously Avoid Algorithms After Seeing Them Err," *Journal of*

Experimental Psychology General 144 (2015): 114-126. 또한 다음을 참고. A. Prahl and L. Van Swol, "Understanding Algorithm Aversion: When Is Advice from Automation Discounted?," *Journal of Forecasting* 36 (2017): 691-702.

22. M. T. Dzindolet, L. G. Pierce, H. P. Beck, and L. A. Dawe, "The Perceived Utility of Human and Automated Aids in a Visual Detection Task," *Human Factors: The Journal of the Human Factors and Ergonomics Society* 44, no. 1 (2002): 79-94; K. A. Hoff and M. Bashir, "Trust in Automation: Integrating Empirical Evidence on Factors That Influence Trust," *Human Factors: The Journal of the Human Factors and Ergonomics Society* 57, no. 3 (2015): 407-434; 그리고 P. Madhavan and D. A. Wiegmann, "Similarities and Differences Between Human-Human and Human-Automation Trust: An Integrative Review," *Theoretical Issues in Ergonomics Science* 8, no. 4 (2007): 277-301.

11장

1. E. Dane and M. G. Pratt, "Exploring Intuition and Its Role in Managerial Decision Making," *Academy of Management Review* 32, no. 1 (2007): 33-54; Cinla Akinci and Eugene Sadler-Smith, "Intuition in Management Research: A Historical Review," *International Journal of Management Reviews* 14 (2012): 104-122; 그리고 Gerard P. Hodgkinson et al., "Intuition in Organizations: Implications for Strategic Management," *Long Range Planning* 42 (2009): 277-297.

2. Hodgkinson et al., "Intuition in Organizations," 279.

3. Nathan Kuncel et al., "Mechanical Versus Clinical Data Combination in Selection and Admissions Decisions: A Meta-Analysis," *Journal of Applied Psychology* 98, no. 6 (2013): 1060-1072. 인사 결정에 관한 더 많은 논의는 24장 참고.

4. Don A. Moore, *Perfectly Confident: How to Calibrate Your Decisions Wisely* (New York: HarperCollins, 2020).

5. Philip E. Tetlock, *Expert Political Judgment: How Good Is It? How Can We Know?* (Princeton, NJ: Princeton University Press, 2005), 239 및 233.

6. William M. Grove et al., "Clinical Versus Mechanical Prediction: A Meta-

주   573

Analysis," *Psychological Assessment* 12, no. 1 (2000): 19-30.

7. Sendhil Mullainathan and Ziad Obermeyer, "Who Is Tested for Heart Attack and Who Should Be: Predicting Patient Risk and Physician Error," 2019. NBER Working Paper 26168, National Bureau of Economic Research.

8. Weston Agor, "The Logic of Intuition: How Top Executives Make Important Decisions," *Organizational Dynamics* 14, no. 3 (1986): 5-18; Lisa A. Burke and Monica K. Miller, "Taking the Mystery Out of Intuitive Decision Making," *Academy of Management Perspectives* 13, no. 4 (1999): 91-99.

9. Poornima Madhavan and Douglas A. Wiegmann, "Effects of Information Source, Pedigree, and Reliability on Operator Interaction with Decision Support Systems," *Human Factors: The Journal of the Human Factors and Ergonomics Society* 49, no. 5 (2007).

12장

1. Matthew J. Salganik et al., "Measuring the Predictability of Life Outcomes with a Scientific Mass Collaboration," *Proceedings of the National Academy of Sciences* 117, no. 15 (2020): 8398-8403.

2. 여기에는 4,242개 가구도 포함됐다. 취약 가정 연구에서 다룬 일부 가구는 사생활 문제로 이 분석에서 제외됐다.

3. 정확도를 평가하기 위해 경연 주최 측은 이 책 1부에서 소개한 '평균제곱 오류'를 사용했다. 비교가 쉽도록 주최 측은 '쓸모없는' 예측 전략에 대항하는 각 모델의 평균제곱 오류를 벤치마킹하기도 했다. 여기서 '쓸모없는' 예측 전략이란 개별 사례 각각이 학습 자료의 평균과 별반 다르지 않은, 모든 상황에 사용되는 예측 전략이다. 우리는 편의상 그 결과를 상관계수로 변환했다. 평균제곱 오류와 상관관계는 '$r^2 = (Var (Y) - MSE) / Var (Y)$'로 정리된다. 이 공식에서 Var (Y)는 결과 변수의 변량이고, (Var (Y) - MSE)는 예측 결과의 변량이다.

4. F. D. Richard et al., "One Hundred Years of Social Psychology Quantitatively Described," *Review of General Psychology* 7, no. 4 (2003): 331-363.

5. Gilles E. Gignac and Eva T. Szodorai, "Effect Size Guidelines for Individual Differences Researchers," *Personality and Individual Differences* 102 (2016): 74-78.

574   노이즈

6. 주의할 점이 있다. 이 연구는 의도적으로 기존의 기술적인 데이터 세트를 사용하고 있다. 이 데이터 세트는 굉장히 방대하지만, 구체적인 결과를 예측할 목적으로 정제되진 않았다. 이것이 테틀록의 연구에 참여한 전문가들과 보이는 중요한 차이점이다. 테틀록의 연구에서 전문가들은 자신들이 적합하다고 여기는 정보라면 그게 무엇이건 자유롭게 사용할 수 있었다. 그래서 데이터베이스엔 없지만 충분히 수집될 수 있는 강제 퇴거의 예측 변수를 확인하는 것도 가능했을지 모른다. 따라서 이 연구는 강제 퇴거 및 다른 결과를 예측하는 게 **본질적으로** 얼마나 불가능한 일인지를 증명하는 것이 아니라, 수많은 사회과학자가 사용하는 **주어진 데이터 세트를 근거로** 강제 퇴거라든지 다른 결과를 예측하는 일이 불가능하다는 사실을 증명할 따름이다.

7. Jake M. Hofman et al., "Prediction and Explanation in Social Systems," *Science* 355 (2017): 486-488; Duncan J. Watts et al., "Explanation, Prediction, and Causality: Three Sides of the Same Coin?," October 2018, 1-14, Center for Open Science, https://osf.io/bgwjc를 통해 확인 가능.

8. **외연적**extensional 사고와 **비외연적**non-extensional 또는 **내포적**intentional 사고의 차이를 강조하는 것도 이와 관련이 있다. Amos Tversky and Daniel Kahneman, "Extensional Versus Intuitive Reasoning: The Conjunction Fallacy in Probability Judgment," *Psychological Review* 4 (1983): 293-315.

9. Daniel Kahneman and Dale T. Miller, "Norm Theory: Comparing Reality to Its Alternatives," *Psychological Review* 93, no. 2 (1986): 136-153.

10. Baruch Fischhoff, "An Early History of Hindsight Research," Social Cognition 25, no. 1 (2007): 10-13, doi:10.1521/soco.2007.25.1.10; Baruch Fischhoff, "Hindsight Is Not Equal to Foresight: The Effect of Outcome Knowledge on Judgment Under Uncertainty," *Journal of Experimental Psychology: Human Perception and Performance* 1, no. 3 (1975): 288.

11. Daniel Kahneman, *Thinking, Fast and Slow*, New York: Farrar, Straus and Giroux, 2011.

13장

1. Daniel Kahneman, *Thinking, Fast and Slow* (New York: Farrar, Straus and Giroux, 2011).

2. 주의할 점이 있다. 판단 편향을 연구하는 심리학자들은 각 그룹의 참가자 다섯 명

에게 만족하지 않는데, 여기엔 그럴 만한 이유가 있다. 판단에는 잡음이 존재하므로, 각 실험군에서 얻어낸 결과가 그림12에서 제시하는 정도로 무리를 이룰 가능성은 거의 없을 것이다. 사람들은 각각의 편향에 대한 민감도가 저마다 다르며, 관련 있는 변수들을 **완전히** 무시하진 않는다. 예를 들어 참가자의 규모가 대단히 클 경우에는 범위 둔감이 불완전하다는 것을 거의 단언할 수 있다. 감바르디가 사직할 확률은 2년 차일 때보다 3년 차일 때 평균적으로 살짝 더 높다. 그러나 그 차이가 아주 미약하기 때문에, 여기서 범위 둔감이 나타난다고 말할 수 있다.

3. Daniel Kahneman et al., eds., *Judgment Under Uncertainty: Heuristics and Biases* (New York: Cambridge University Press, 1982), chap. 6; Daniel Kahneman and Amos Tversky, "On the Psychology of Prediction," *Psychological Review* 80, no. 4 (1973): 237–251.

4. 가령 Steven N. Kaplan and Bernadette A. Minton, "How Has CEO Turnover Changed?," *International Review of Finance* 12, no. 1 (2012): 57–87 참고. 또한 Dirk Jenter and Katharina Lewellen, "Performance-Induced CEO Turnover," Harvard Law School Forum on Corporate Governance, September 2, 2020, https://corpgov.law.harvard.edu/2020/09/02/performance-induced-ceo-turnover 참고.

5. Cass Sunstein, *The World According to Star Wars* (New York: HarperCollins, 2016).

6. J. W. Rinzler, *The Making of Star Wars: Return of the Jedi: The Definitive Story* (New York: Del Rey, 2013), 64.

7. 여기서 우리는, 판단이 시작되면서 예단 편향이 존재하는 간단한 사례를 강조하고 있다. 사실상 설령 예단 편향이 없더라도 특정 결론으로 생각이 기울어지는 편향이 발생할 수 있는데, 이것은 단순함과 일관성을 추구하는 성향 때문에 일어난다. 잠정적인 결론이 내려질 때, 확증 편향은 그 결론을 뒷받침할 수 있도록 새로운 정보를 수집하고 해석한다.

8. 이같이 관측된 바는 **신념 편향**belief bias이라 불려왔다. 다음을 참고. J. St. B. T. Evans, Julie L. Barson, and Paul Pollard, "On the Conflict between Logic and Belief in Syllogistic Reasoning," *Memory & Cognition* 11, no. 3 (1983): 295–306.

9. Dan Ariely, George Loewenstein, and Drazen Prelec, "'Coherent Arbitrariness': Stable Demand Curves Without Stable Preferences," *Quarterly Journal of*

Economics 118, no. 1 (2003): 73-105.

10. Adam D. Galinsky and T. Mussweiler, "First Offers as Anchors: The Role of Perspective-Taking and Negotiator Focus," *Journal of Personality and Social Psychology* 81, no. 4 (2001): 657-669.

11. Solomon E. Asch, "Forming Impressions of Personality," *Journal of Abnormal and Social Psychology* 41, no. 3 (1946): 258-290, 이 현상을 설명하기 위해 처음으로 일련의 형용사를 가지고 그 순서를 바꿔가며 사용했다.

12. Steven K. Dallas et al., "Don't Count Calorie Labeling Out: Calorie Counts on the Left Side of Menu Items Lead to Lower Calorie Food Choices," *Journal of Consumer Psychology* 29, no. 1 (2019): 60-69.

14장

1. S. S. Stevens, "On the Operation Known as Judgment," *American Scientist* 54, no. 4 (December 1966): 385-401. 우리는 **매칭**이라는 용어를 스티븐스가 비율 척도에 한해 사용한 의미보다 좀 더 확장된 의미로 사용하고 있다. 비율 척도에 관해서는 15장에서 다시 다룰 것이다.

2. 이 사례는 Daniel Kahneman, *Thinking, Fast and Slow* (New York: Farrar, Straus and Giroux, 2011)에서 처음 소개됐다.

3. Daniel Kahneman and Amos Tversky, "On the Psychology of Prediction," *Psychological Review* 80 (1973): 237-251.

4. G. A. Miller, "The Magical Number Seven, Plus or Minus Two: Some Limits on Our Capacity for Processing Information," *Psychological Review* (1956): 63-97.

5. R. D. Goffin and J. M. Olson, "Is It All Relative? Comparative Judgments and the Possible Improvement of Self-Ratings and Ratings of Others," *Perspectives on Psychological Science* 6 (2011): 48-60.

15장

1. Daniel Kahneman, David Schkade, and Cass Sunstein, "Shared Outrage and Erratic Awards: The Psychology of Punitive Damages," *Journal of Risk and*

Uncertainty 16 (1998): 49–86, https://link.springer.com/article/10.1023/A:1007710408413; 그리고 Cass Sunstein, Daniel Kahneman, and David Schkade, "Assessing Punitive Damages (with Notes on Cognition and Valuation in Law)," *Yale Law Journal* 107, no. 7 (May 1998): 2071-2153. 연구비는 엑손Exxon 과 단발성 협의를 통해 충당했지만, 엑손은 연구자들에게는 보수를 지급하지 않았다. 엑손은 데이터를 통제하지도 않았으며, 연구 결과로 얻은 지식을 학술지로 출판하기 전에는 미리 가져다 쓴 적도 없다.

2. A. Keane and P. McKeown, *The Modern Law of Evidence* (New York: Oxford University Press, 2014).

3. Andrew Mauboussin and Michael J. Mauboussin, "If You Say Something Is 'Likely,' How Likely Do People Think It Is?," *Harvard Business Review*, July 3, 2018.

4. *BMW v. Gore*, 517 U.S. 559 (1996), https://supreme.justia.com/cases/federal/us/517/559.

5. 도덕적 판단에서 감정이 하는 역할에 관한 논의는 다음을 참고. J. Haidt, "The Emotional Dog and Its Rational Tail: A Social Intuitionist Approach to Moral Judgment," *Psychological Review* 108, no. 4 (2001): 814-834; Joshua Greene, *Moral Tribes: Emotion, Reason, and the Gap Between Us and Them* (New York: Penguin Press, 2014).

6. 순위에서 상당한 잡음이 목격된다는 사실을 생각해보면, 분노와 처벌 의지의 상관계수(.98)가 매우 높다는 사실 때문에 혼란스러울 수 있다. 분노와 처벌 의지의 상관계수가 상당히 높다는 것은 분노 가설을 뒷받침하는 증거가 된다. 하지만 상관계수가 판단의 **평균**을 근거로 계산됐다는 사실을 떠올리면 이 혼란스러움은 사라진다. 판단 100개의 평균의 경우에 잡음(판단의 표준편차)은 열 배로 줄어든다. 많은 판단이 종합되면 잡음은 사라진다. 이 책 21장 참고.

7. S. S. Stevens, *Psychophysics: Introduction to Its Perceptual, Neural and Social Prospects* (New York: John Wiley & Sons, 1975).

8. Dan Ariely, George Loewenstein, and Drazen Prelec, "'Coherent Arbitrariness': Stable Demand Curves Without Stable Preferences," *Quarterly Journal of Economics* 118, no. 1 (2003): 73-106.

9. 순위로 변환하면 정보의 손실이 수반되는데, 이는 판단의 격차가 보존되지 않기

때문이다. 오직 세 가지 사건만 존재하고, 한 명의 배심원이 각 사건에 대해 손해
배상액 1,000만 달러, 200만 달러, 100만 달러를 권고했다고 가정해보자. 분명 그
배심원은 두 번째 사건과 세 번째 사건 간 처벌 의지의 차이보다 첫 번째 사건과
두 번째 사건 간 처벌 의지의 차이를 더 크게 전달하고자 한 것이다. 하지만 일단
순위로 전환하면, 그 차이는 한 단계 낮은 순위라는 동일한 격차로 나타나게 된다.
이런 문제는 판단을 표준 점수로 변환함으로써 해결될 수 있다.

16장

1. R. Blake and N. K. Logothetis, "Visual competition," *Nature Reviews Neuroscience* 3 (2002) 13-21; M. A. Gernsbacher and M. E. Faust, "The Mechanism of Suppression: A Component of General Comprehension Skill," *Journal of Experimental Psychology: Learning, Memory, and Cognition* 17 (March 1991): 245-262; 그리고 M. C. Stites and K. D. Federmeier, "Subsequent to Suppression: Downstream Comprehension Consequences of Noun/ Verb Ambiguity in Natural Reading," *Journal of Experimental Psychology: Learning, Memory, and Cognition* 41 (September 2015): 1497-1515.

2. D. A. Moore and D. Schatz, "The three faces of overconfidence," *Social and Personality Psychology Compass* 11, no. 8 (2017), article e12331.

3. S. Highhouse, A. Broadfoot, J. E. Yugo, and S. A. Devendorf, "Examining Corporate Reputation Judgments with Generalizability Theory," *Journal of Applied Psychology* 94 (2009): 782-789. 원본 데이터를 제공해준 스콧 하이하우스와 앨리슨 브로드풋, 또 몇몇 추가적인 분석을 행해준 줄리언 패리스에게 감사한다.

4. P. J. Lamberson and Scott Page, "Optimal forecasting groups," *Management Science* 58, no. 4 (2012): 805-10. 이 같은 패턴 잡음의 원천에 주목할 수 있게 해준 스콧 페이지에게 감사한다.

5. 성격 관련 영단어에 관한 올포트와 오드버트의 연구(1936)는 Oliver P. John and Sanjay Srivastava, "The Big-Five Trait Taxonomy: History, Measurement, and Theoretical Perspectives," in *Handbook of Personality: Theory and Research*, 2nd ed., ed. L. Pervin and Oliver P. John (New York: Guilford, 1999)에 인용되어 있다.

6. Ian W. Eisenberg, Patrick G. Bissett, A. Zeynep Enkavi et al., "Uncovering the

structure of self-regulation through data-driven ontology discovery," *Nature Communications* 10 (2019): 2319.

7.   Walter Mischel, "Toward an integrative science of the person," *Annual Review of Psychology* 55 (2004): 1-22.

17장

1.   편향과 잡음을 분해하는 데 일반적인 규칙이란 없다. 하지만 이 그림에 나타난 비율이 우리가 지금까지 검토해온 사례들의 일부를 대략적으로 대변할 수 있다. (굿셀의 매출 예측에서도 그랬듯) 구체적으로 말하자면 이 그림에서 편향과 잡음은 동일하다. (징벌적 배상 연구에서 그랬듯) 수준 잡음을 나타내는 사각형은 제도 잡음을 나타내는 사각형의 37퍼센트를 차지한다. 보이는 대로 상황 잡음을 나타내는 사각형은 패턴 잡음을 나타내는 사각형의 약 35퍼센트를 차지한다.

2.   이 책 도입부의 언급을 참고. Mark A. Lemley and Bhaven Sampat, "Examiner Characteristics and Patent Office Outcomes," *Review of Economics and Statistics* 94, no. 3 (2012): 817-827. 또한 Iain Cockburn, Samuel Kortum, and Scott Stern, "Are All Patent Examiners Equal? The Impact of Examiner Characteristics," working paper 8980, June 2002, www.nber.org/papers/w8980; 그리고 Michael D. Frakes and Melissa F. Wasserman, "Is the Time Allocated to Review Patent Applications Inducing Examiners to Grant Invalid Patents? Evidence from Microlevel Application Data," *Review of Economics and Statistics* 99, no. 3 (July 2017): 550-563 참고.

3.   Joseph J. Doyle Jr., "Child Protection and Child Outcomes: Measuring the Effects of Foster Care," *American Economic Review* 95, no. 5 (December 2007): 1583-1610.

4.   Andrew I. Schoenholtz, Jaya Ramji-Nogales, and Philip G. Schrag, "Refugee Roulette: Disparities in Asylum Adjudication," *Stanford Law Review* 60, no. 2 (2007).

5.   이 값은 6장에 등장하는 계산을 통해 얻어낸 추정치다. 6장에서는 상호작용 차이가 전체 변량의 23퍼센트를 차지했다. 선고된 형량이 정규분포를 그린다는 가정에서 무작위로 선택된 두 개의 평균 절대차는 1.128표준편차다.

6.   J. E. Martinez, B. Labbree, S. Uddenberg, and A. Todorov, "Meaningful 'noise': Comparative judgments contain stable idiosyncratic contributions" (미간행).

7. J. Kleinberg, H. Lakkaraju, J. Leskovec, J. Ludwig, and S. Mullainathan, "Human Decisions and Machine Predictions," *Quarterly Journal of Economics* 133 (2018): 237-293.

8. 각 판사가 내린 판단을 보여주는 모델은 14만 1,833건 사례의 순위와 보석이 선고될 마지노선을 말해준다. 패턴 잡음은 사례 순위상의 변산성을 나타내지만, 사례 수준 잡음은 판사가 주어진 사건에 대해 보석을 선고하는 마지노선의 변산성을 보여준다.

9. Gregory Stoddard, Jens Ludwig, and Sendhil Mullainathan, 2020년 6월과 7월 본 저자들과 이메일 교환.

10. Phil Rosenzweig, *Left Brain, Right Stuff: How Leaders Make Winning Decisions* (New York: PublicAffairs, 2014).

18장

1. Albert E. Mannes et al., "The Wisdom of Select Crowds," *Journal of Personality and Social Psychology* 107, no. 2 (2014): 276-299; Jason Dana et al., "The Composition of Optimally Wise Crowds," *Decision Analysis* 12, no. 3 (2015): 130-143.

2. Briony D. Pulford, Andrew M. Colmna, Eike K. Buabang, and Eva M. Krockow, "The Persuasive Power of Knowledge: Testing the Confidence Heuristic," *Journal of Experimental Psychology: General* 147, no. 10 (2018): 1431-1444.

3. Nathan R. Kuncel and Sarah A. Hezlett, "Fact and Fiction in Cognitive Ability Testing for Admissions and Hiring Decisions," *Current Directions in Psychological Science* 19, no. 6 (2010): 339-345.

4. Kuncel and Hezlett, "Fact and Fiction."

5. Frank L. Schmidt and John Hunter, "General Mental Ability in the World of Work: Occupational Attainment and Job Performance," *Journal of Personality and Social Psychology* 86, no. 1 (2004): 162.

6. Angela L. Duckworth, David Weir, Eli Tsukayama, and David Kwok, "Who Does Well in Life? Conscientious Adults Excel in Both Objective and Subjective Success," *Frontiers in Psychology* 3 (September 2012). 투지에 관해서는 Angela

L. Duckworth, Christopher Peterson, Michael D. Matthews, and Dennis Kelly, "Grit: Perseverance and Passion for Long-Term Goals," *Journal of Personality and Social Psychology* 92, no. 6 (2007): 1087–1101 참고.

7. Richard E. Nisbett et al., "Intelligence: New Findings and Theoretical Developments," *American Psychologist* 67, no. 2 (2012): 130–159.

8. Schmidt and Hunter, "Occupational Attainment," 162.

9. Kuncel and Hezlett, "Fact and Fiction."

10. 이러한 상관계수는 기준과 범위 제한에서 목격되는 측정 오류의 상관관계를 바로 잡는 메타 분석에서 나온다. 이러한 교정 작업이 일반정신능력의 측정값을 과장하는가에 대해서 일부 연구원들 사이에 논의가 이뤄지고 있다. 하지만 이런 방법론적 논의는 다른 예측 변수에도 적용된다. 전문가들은 (직무 샘플 테스트와 더불어) 대체로 일반정신능력이 직업적 성공 여부를 예측하는 가장 훌륭한 요소라는 데 동의한다(24장 참고). Kuncel and Hezlett, "Fact and Fiction" 참고.

11. Schmidt and Hunter, "Occupational Attainment," 162.

12. David Lubinski, "Exceptional Cognitive Ability: The Phenotype," *Behavior Genetics* 39, no. 4 (2009): 350–358.

13. Jonathan Wai, "Investigating America's Elite: Cognitive Ability, Education, and Sex Differences," *Intelligence* 41, no. 4 (2013): 203–211.

14. Keela S. Thomson and Daniel M. Oppenheimer, "Investigating an Alternate Form of the Cognitive Reflection Test," *Judgment and Decision Making* 11, no. 1 (2016): 99–113.

15. Gordon Pennycook et al., "Everyday Consequences of Analytic Thinking," *Current Directions in Psychological Science* 24, no. 6 (2015): 425–432.

16. Gordon Pennycook and David G. Rand, "Lazy, Not Biased: Susceptibility to Partisan Fake News Is Better Explained by Lack of Reasoning than by Motivated Reasoning," *Cognition* 188 (June 2018): 39–50.

17. Nathaniel Barr et al., "The Brain in Your Pocket: Evidence That Smartphones Are Used to Supplant Thinking," *Computers in Human Behavior* 48 (2015): 473–480.

18. Niraj Patel, S. Glenn Baker, and Laura D. Scherer, "Evaluating the Cognitive

Reflection Test as a Measure of Intuition/Reflection, Numeracy, and Insight Problem Solving, and the Implications for Understanding Real-World Judgments and Beliefs," *Journal of Experimental Psychology: General* 148, no. 12 (2019): 2129-2153.

19. John T. Cacioppo and Richard E. Petty, "The Need for Cognition," *Journal of Personality and Social Psychology* 42, no. 1 (1982): 116-131.

20. Stephen M. Smith and Irwin P. Levin, "Need for Cognition and Choice Framing Effects," *Journal of Behavioral Decision Making* 9, no. 4 (1996): 283-290.

21. Judith E. Rosenbaum and Benjamin K. Johnson, "Who's Afraid of Spoilers? Need for Cognition, Need for Affect, and Narrative Selection and Enjoyment," *Psychology of Popular Media Culture* 5, no. 3 (2016): 273-289.

22. Wandi Bruine De Bruin et al., "Individual Differences in Adult Decision-Making Competence," *Journal of Personality and Social Psychology* 92, no. 5 (2007): 938-956.

23. Heather A. Butler, "Halpern Critical Thinking Assessment Predicts Real-World Outcomes of Critical Thinking," *Applied Cognitive Psychology* 26, no. 5 (2012): 721-729.

24. Uriel Haran, Ilana Ritov, and Barbara Mellers, "The Role of Actively Open-Minded Thinking in Information Acquisition, Accuracy, and Calibration," *Judgment and Decision Making* 8, no. 3 (2013): 188-201.

25. Haran, Ritov, and Mellers, "Role of Actively Open-Minded Thinking."

26. J. Baron, "Why Teach Thinking? An Essay," *Applied Psychology: An International Review* 42 (1993): 191-214; J. Baron, *The Teaching of Thinking: Thinking and Deciding*, 2nd ed. (New York: Cambridge University Press, 1994), 127-148.

19장

1. 이에 대한 훌륭한 리뷰로는 Jack B. Soll et al., "A User's Guide to Debiasing," in *The Wiley Blackwell Handbook of Judgment and Decision Making*, ed. Gideon Keren and George Wu, vol. 2 (New York: John Wiley & Sons, 2015), 684 참고.

2. HM Treasury, *The Green Book: Central Government Guidance on Appraisal and Evaluation* (London: UK Crown, 2018), https://assets.publishing.service.gov.uk/government/uploads/system/uploads/attachment_data/file/685903/The_Green_Book.pdf.

3. Richard H. Thaler and Cass R. Sunstein, *Nudge: Improving Decisions about Health, Wealth, and Happiness* (New Haven, CT: Yale University Press, 2008).

4. Ralph Hertwig and Till Grüne-Yanoff, "Nudging and Boosting: Steering or Empowering Good Decisions," *Perspectives on Psychological Science* 12, no. 6 (2017).

5. Geoffrey T. Fong et al., "The Effects of Statistical Training on Thinking About Everyday Problems," *Cognitive Psychology* 18, no. 3 (1986): 253-292.

6. Willem A. Wagenaar and Gideon B. Keren, "Does the Noise Expert Know? The Reliability of Predictions and Confidence Ratings of Experts," *Intelligent Decision Support in Process Environments* (1986): 87-103.

7. Carey K. Morewedge et al., "Debiasing Decisions: Improved Decision Making with a Single Training Intervention," *Policy Insights from the Behavioral and Brain Sciences* 2, no. 1 (2015): 129-140.

8. Anne-Laure Sellier et al., "Debiasing Training Transfers to Improve Decision Making in the Field," *Psychological Science* 30, no. 9 (2019): 1371-1379.

9. Emily Pronin et al., "The Bias Blind Spot: Perceptions of Bias in Self Versus Others," *Personality and Social Psychology Bulletin* 28, no. 3 (2002): 369-381.

10. Daniel Kahneman, Dan Lovallo, and Olivier Sibony, "Before You Make That Big Decision ...," *Harvard Business Review* 89, no. 6 (June 2011): 50-60.

11. Atul Gawande, *Checklist Manifesto: How to Get Things Right* (New York: Metropolitan Books, 2010).

12. Office of Information and Regulatory Affairs, "Agency Checklist: Regulatory Impact Analysis," 날짜 미상, www.whitehouse.gov/sites/whitehouse.gov/files/omb/inforeg/inforeg/regpol/RIA_Checklist.pdf.

13. 이 점검표는 Daniel Kahneman et al., "Before You Make That Big Decision,"

*Harvard Business Review*에서 일부를 차용한 것이다.

14. Gawande, *Checklist Manifesto* 참고.

20장

1. R. Stacey, "A Report on the Erroneous Fingerprint Individualisation in the Madrid Train Bombing Case," *Journal of Forensic Identification* 54 (2004): 707-718.

2. Michael Specter, "Do Fingerprints Lie?," *The New Yorker*, May 27, 2002. 강조는 추가함.

3. I. E. Dror and R. Rosenthal, "Meta-analytically Quantifying the Reliability and Biasability of Forensic Experts," *Journal of Forensic Science* 53 (2008): 900-903.

4. I. E. Dror, D. Charlton, and A. E. Peron, "Contextual Information Renders Experts Vulnerable to Making Erroneous Identifications," *Forensic Science International* 156 (2006): 74-78.

5. I. E. Dror and D. Charlton, "Why Experts Make Errors," *Journal of Forensic Identification* 56 (2006): 600-616.

6. I. E. Dror and S. A. Cole, "The Vision in 'Blind' Justice: Expert Perception, Judgment, and Visual Cognition in Forensic Pattern Recognition," *Psychonomic Bulletin and Review* 17 (2010): 161-167, 165. 또한 I. E. Dror, "A Hierarchy of Expert Performance (HEP)," *Journal of Applied Research in Memory and Cognition* (2016): 1-6 참고.

7. I. E. Dror et al., "Cognitive Issues in Fingerprint Analysis: Inter- and Intra-Expert Consistency and the Effect of a 'Target' Comparison," *Forensic Science International* 208 (2011): 10-17.

8. B. T. Ulery, R. A. Hicklin, M. A. Roberts, and J. A. Buscaglia, "Changes in Latent Fingerprint Examiners' Markup Between Analysis and Comparison," *Forensic Science International* 247 (2015): 54-61.

9. I. E. Dror and G. Hampikian, "Subjectivity and Bias in Forensic DNA Mixture Interpretation," *Science and Justice* 51 (2011): 204-208.

10. M. J. Saks, D. M. Risinger, R. Rosenthal, and W. C. Thompson, "Context Effects in Forensic Science: A Review and Application of the Science of Science to Crime Laboratory Practice in the United States," *Science Justice Journal of Forensic Science Society* 43 (2003): 77–90.

11. President's Council of Advisors on Science and Technology (PCAST), *Report to the President: Forensic Science in Criminal Courts: Ensuring Scientific Validity of Feature-Comparison Methods* (Washington, DC: Executive Office of the President, PCAST, 2016).

12. Stacey, "Erroneous Fingerprint."

13. Dror and Cole, "Vision in 'Blind' Justice."

14. I. E. Dror, "Biases in Forensic Experts," *Science* 360 (2018): 243.

15. Dror and Charlton, "Why Experts Make Errors."

16. B. T. Ulery, R. A. Hicklin, J. A. Buscaglia, and M. A. Roberts, "Repeatability and Reproducibility of Decisions by Latent Fingerprint Examiners," *PLoS One* 7 (2012).

17. Innocence Project, "Overturning Wrongful Convictions Involving Misapplied Forensics," *Misapplication of Forensic Science* (2018): 1–7, www.innocenceproject.org/causes/misapplication-forensic-science. 또한 S. M. Kassin, I. E. Dror, J. Kukucka, and L. Butt, "The Forensic Confirmation Bias: Problems, Perspectives, and Proposed Solutions," *Journal of Applied Research in Memory and Cognition* 2 (2013): 42–52 참고.

18. PCAST, *Report to the President.*

19. B. T. Ulery, R. A. Hicklin, J. Buscaglia, and M. A. Roberts, "Accuracy and Reliability of Forensic Latent Fingerprint Decisions," *Proceedings of the National Academy of Sciences* 108 (2011): 7733–7738.

20. (PCAST), *Report to the President*, p. 95. 강조는 원문 그대로임.

21. Igor Pacheco, Brian Cerchiai, and Stephanie Stoiloff, "Miami-Dade Research Study for the Reliability of the ACE- Process: Accuracy & Precision in Latent Fingerprint Examinations," final report, Miami-Dade Police Department Forensic Services Bureau, 2014, www.ncjrs.gov/pdffiles1/nij/grants/248534.pdf.

22. B. T. Ulery, R. A. Hicklin, M. A. Roberts, and J. A. Buscaglia, "Factors Associated with Latent Fingerprint Exclusion Determinations," *Forensic Science International* 275 (2017): 65-75.

23. R. N. Haber and I. Haber, "Experimental Results of Fingerprint Comparison Validity and Reliability: A Review and Critical Analysis," *Science & Justice* 54 (2014): 375-389.

24. Dror, "Hierarchy of Expert Performance," 3.

25. M. Leadbetter, letter to the editor, *Fingerprint World* 33 (2007): 231.

26. L. Butt, "The Forensic Confirmation Bias: Problems, Perspectives and Proposed Solutions—Commentary by a Forensic Examiner," *Journal of Applied Research in Memory and Cognition* 2 (2013): 59-60. 강조는 추가함.

27. Stacey, "Erroneous Fingerprint," 713. 강조는 추가함.

28. J. Kukucka, S. M. Kassin, P. A. Zapf, and I. E. Dror, "Cognitive Bias and Blindness: A Global Survey of Forensic Science Examiners," *Journal of Applied Research in Memory and Cognition* 6 (2017).

29. I. E. Dror et al., letter to the editor: "Context Management Toolbox: A Linear Sequential Unmasking (LSU) Approach for Minimizing Cognitive Bias in Forensic Decision Making," *Journal of Forensic Science* 60 (2015): 1111-1112.

21장

1. Jeffrey A. Frankel, "Over-optimism in Forecasts by Official Budget Agencies and Its Implications," working paper 17239, National Bureau of Economic Research, December 2011, www.nber.org/papers/w17239.

2. H. R. Arkes, "Overconfidence in Judgmental Forecasting," in *Principles of Forecasting: A Handbook for Researchers and Practitioners*, ed. Jon Scott Armstrong, vol. 30, International Series in Operations Research & Management Science (Boston: Springer, 2001).

3. Itzhak Ben-David, John Graham, and Campell Harvey, "Managerial Miscalibration," *The Quarterly Journal of Economics* 128, no. 4 (November 2013): 1547-1584.

4. T. R. Stewart, "Improving Reliability of Judgmental Forecasts," in *Principles of Forecasting: A Handbook for Researchers and Practitioners*, ed. Jon Scott Armstrong, vol. 30, International Series in Operations Research & Management Science (Boston: Springer, 2001) (이하 *Principles of Forecasting*), 82.

5. Theodore W. Ruger, Pauline T. Kim, Andrew D. Martin, and Kevin M. Quinn, "The Supreme Court Forecasting Project: Legal and Political Science Approaches to Predicting Supreme Court Decision-Making," *Columbia Law Review* 104 (2004): 1150-1209.

6. Cass Sunstein, "Maximin," *Yale Journal of Regulation* (draft: May 3, 2020), https://papers.ssrn.com/sol3/papers.cfm?abstract_id=3476250.

7. 수많은 사례에 관해서는 Armstrong, *Principles of Forecasting* 참고.

8. Jon Scott Armstrong, "Combining Forecasts," in *Principles of Forecasting*, 417-439.

9. T. R. Stewart, "Improving Reliability of Judgmental Forecasts," in *Principles of Forecasting*, 95.

10. Armstrong, "Combining Forecasts."

11. Albert E. Mannes et al., "The Wisdom of Select Crowds," *Journal of Personality and Social Psychology* 107, no. 2 (2014): 276-299.

12. Justin Wolfers and Eric Zitzewitz, "Prediction Markets," *Journal of Economic Perspectives* 18 (2004): 107-126.

13. Cass R. Sunstein and Reid Hastie, *Wiser: Getting Beyond Groupthink to Make Groups Smarter* (Boston: Harvard Business Review Press, 2014).

14. Gene Rowe and George Wright, "The Delphi Technique as a Forecasting Tool: Issues and Analysis," *International Journal of Forecasting* 15 (1999): 353-375. 또한 Dan Bang and Chris D. Frith, "Making Better Decisions in Groups," *Royal Society Open Science* 4, no. 8 (2017) 참고.

15. R. Hastie, "Review Essay: Experimental Evidence on Group Accuracy," in B. Grofman and G. Guillermo, eds., *Information Pooling and Group Decision Making* (Greenwich, CT: JAI Press, 1986), 129-157.

16. Andrew H. Van De Ven and Andre L. Delbecq, "The Effectiveness of Nominal,

Delphi, and Interacting Group Decision Making Processes," *Academy of Management Journal* 17, no. 4 (2017).

17. *Superforecasting*, 95.

18. *Superforecasting*, 231.

19. *Superforecasting*, 273.

20. Ville A. Satopää, Marat Salikhov, Philip E. Tetlock, and Barb Mellers, "Bias, Information, Noise: The BIN Model of Forecasting," February 19, 2020, 23, https://dx.doi.org/10.2139/ssrn.3540864.

21. Satopää et al., "Bias, Information, Noise," 23.

22. Satopää et al., 22.

23. Satopää et al., 24.

24. Clintin P. Davis-Stober, David V. Budescu, Stephen B. Broomell, and Jason Dana, "The composition of optimally wise crowds," *Decision Analysis* 12, no. 3 (2015): 130-143.

22장

1. Laura Horton et al., "Development and Assessment of Inter- and Intra-Rater Reliability of a Novel Ultrasound Tool for Scoring Tendon and Sheath Disease: A Pilot Study," *Ultrasound* 24, no. 3 (2016): 134, www.ncbi.nlm.nih.gov/pmc/articles/PMC5105362.

2. Laura C. Collins et al., "Diagnostic Agreement in the Evaluation of Image-guided Breast Core Needle Biopsies," *American Journal of Surgical Pathology* 28 (2004): 126, https://journals.lww.com/ajsp/Abstract/2004/01000/Diagnostic_Agreement_in_the_Evaluation_of.15.aspx.

3. Julie L. Fierro et al., "Variability in the Diagnosis and Treatment of Group A Streptococcal Pharyngitis by Primary Care Pediatricians," *Infection Control and Hospital Epidemiology* 35, no. S3 (2014): S79, www.jstor.org/stable/10.1086/677820.

4. Diabetes Tests, Centers for Disease Control and Prevention, https://www.cdc.

gov/diabetes/basics/getting-tested.html (최종 접속 January 15, 2020).

5. Joseph D. Kronz et al., "Mandatory Second Opinion Surgical Pathology at a Large Referral Hospital," *Cancer* 86 (1999): 2426, https://onlinelibrary. wiley.com/doi/full/10.1002/(SICI)1097-0142(19991201)86:11%3C2426::AID-CNCR34%3E3.0.CO;2-3.

6. 대부분의 자료는 온라인에서 찾을 수 있다. 책 한 권 분량의 개요는 Dartmouth Medical School, *The Quality of Medical Care in the United States: A Report on the Medicare Program; the Dartmouth Atlas of Health Care 1999* (American Hospital Publishers, 1999) 참고.

7. 가령 다음을 참고. OECD, *Geographic Variations in Health Care: What Do We Know and What Can Be Done to Improve Health System Performance?* (Paris: OECD Publishing, 2014), 137-169; Michael P. Hurley et al., "Geographic Variation in Surgical Outcomes and Cost Between the United States and Japan," *American Journal of Managed Care* 22 (2016): 600, www.ajmc.com/journals/ issue/2016/2016-vol22-n9/geographic-variation-in-surgical-outcomes-and-cost-between-the-united-states-and-japan; 그리고 John Appleby, Veena Raleigh, Francesca Frosini, Gwyn Bevan, Haiyan Gao, and Tom Lyscom, *Variations in Health Care: The Good, the Bad and the Inexplicable* (London: The King's Fund, 2011), www.kingsfund.org.uk/sites/default/files/Variations-in-health-care-good-bad-inexplicable-report-The-Kings-Fund-April-2011.pdf.

8. David C. Chan Jr. et al., "Selection with Variation in Diagnostic Skill: Evidence from Radiologists," National Bureau of Economic Research, NBER Working Paper No. 26467, November 2019, www.nber.org/papers/w26467.

9. P. J. Robinson, "Radiology's Achilles' Heel: Error and Variation in the Interpretation of the Rontgen Image," *British Journal of Radiology* 70 (1997): 1085, www.ncbi.nlm.nih.gov/pubmed/9536897. 관련 연구로는 Yusuke Tsugawa et al., "Physician Age and Outcomes in Elderly Patients in Hospital in the US: Observational Study," *BMJ* 357 (2017), www.bmj.com/content/357/bmj.j1797가 있다. 이 연구는 의사들이 훈련과 멀어질수록 그 진단 결과도 더 나빠진다는 것을 밝혀냈다. 이로써 우리는 다년간의 실습으로 경험을 쌓는 것과 최근의 증거 및 가이드라인을 잘 아는 것이 상호 보완적임을 알 수 있다. 이 연구는 레지던트 과정을 밟은 뒤 초반 몇 년 새에 있는 의사들에게서 최고의 진단 결과가 나온다는 것을 알려준다.

10. Robinson, "Radiology's Achilles' Heel."

11. 상관계수처럼 카파 통계는 음의 값이 나올 수 있다. 물론 이런 경우는 드물다. 카파 계수는 '약간(κ=0.00~0.20), 적당(κ=0.21~0.40), 보통(κ=0.41~0.60), 상당(κ=0.61~0.80) 그리고 거의 완벽(κ>0.80)'이라는 의미도 지닌다(Ron Wald, Chaim M. Bell, Rosane Nisenbaum, Samuel Perrone, Orfeas Liangos, Andreas Laupacis, and Bertrand L. Jaber, "Interobserver Reliability of Urine Sediment Interpretation," *Clinical Journal of the American Society of Nephrology* 4, no. 3 [March 2009]: 567–571, https://cjasn.asnjournals.org/content/4/3/567).

12. Howard R. Strasberg et al., "Inter-Rater Agreement Among Physicians on the Clinical Significance of Drug-Drug Interactions," *AMIA Annual Symposium Proceedings* (2013): 1325, www.ncbi.nlm.nih.gov/pmc/articles/PMC3900147.

13. Wald et al., "Interobserver Reliability of Urine Sediment Interpretation," https://cjasn.asnjournals.org/content/4/3/567.

14. Juan P. Palazzo et al., "Hyperplastic Ductal and Lobular Lesions and Carcinomas in Situ of the Breast: Reproducibility of Current Diagnostic Criteria Among Community- and Academic-Based Pathologists," *Breast Journal* 4 (2003): 230, www.ncbi.nlm.nih.gov/pubmed/21223441.

15. Rohit K. Jain et al., "Atypical Ductal Hyperplasia: Interobserver and Intraobserver Variability," *Modern Pathology* 24 (2011): 917, www.nature.com/articles/modpathol201166.

16. Alex C. Speciale et al., "Observer Variability in Assessing Lumbar Spinal Stenosis Severity on Magnetic Resonance Imaging and Its Relation to Cross-Sectional Spinal Canal Area," Spine 27 (2002): 1082, www.ncbi.nlm.nih.gov/pubmed/12004176.

17. Centers for Disease Control and Prevention, "Heart Disease Facts," 접속 June 16, 2020, www.cdc.gov/heartdisease/facts.htm.

18. Timothy A. DeRouen et al., "Variability in the Analysis of Coronary Arteriograms," *Circulation* 55 (1977): 324, www.ncbi.nlm.nih.gov/pubmed/832349.

19. Olaf Buchweltz et al., "Interobserver Variability in the Diagnosis of Minimal and Mild Endometriosis," *European Journal of Obstetrics & Gynecology*

and Reproductive Biology 122 (2005): 213, www.ejog.org/article/S0301-2115(05)00059-X/pdf.

20. Jean-Pierre Zellweger et al., "Intra-observer and Overall Agreement in the Radiological Assessment of Tuberculosis," *International Journal of Tuberculosis & Lung Disease* 10 (2006): 1123, www.ncbi.nlm.nih.gov/pubmed/17044205. '상당한' 평가자 간 일치도에 관해서는 Yanina Balabanova et al., "Variability in Interpretation of Chest Radiographs Among Russian Clinicians and Implications for Screening Programmes: Observational Study," *BMJ* 331 (2005): 379, www.bmj.com/content/331/7513/379.short 참고.

21. Shinsaku Sakurada et al., "Inter-Rater Agreement in the Assessment of Abnormal Chest X-ay Findings for Tuberculosis Between Two Asian Countries," *BMC Infectious Diseases* 12, article 31 (2012), https://bmcinfectdis.biomedcentral.com/articles/10.1186/1471-2334-12-31.

22. Evan R. Farmer et al., "Discordance in the Histopathologic Diagnosis of Melanoma and Melanocytic Nevi Between Expert Pathologists," *Human Pathology* 27 (1996): 528, www.ncbi.nlm.nih.gov/pubmed/8666360.

23. Alfred W. Kopf, M. Mintzis, and R. S. Bart, "Diagnostic Accuracy in Malignant Melanoma," *Archives of Dermatology* 111 (1975): 1291, www.ncbi.nlm.nih.gov/pubmed/1190800.

24. Maria Miller and A. Bernard Ackerman, "How Accurate Are Dermatologists in the Diagnosis of Melanoma? Degree of Accuracy and Implications," *Archives of Dermatology* 128 (1992): 559, https://jamanetwork.com/journals/jamadermatology/fullarticle/554024.

25. Craig A. Beam et al., "Variability in the Interpretation of Screening Mammograms by US Radiologists," *Archives of Internal Medicine* 156 (1996): 209, www.ncbi.nlm.nih.gov/pubmed/8546556.

26. P. J. Robinson et al., "Variation Between Experienced Observers in the Interpretation of Accident and Emergency Radiographs," *British Journal of Radiology* 72 (1999): 323, www.birpublications.org/doi/pdf/10.1259/bjr.72.856.10474490.

27. Katherine M. Detre et al., "Observer Agreement in Evaluating Coronary Angiograms," *Circulation* 52 (1975): 979, www.ncbi.nlm.nih.gov/

pubmed/1102142.

28. Horton et al., "Inter- and Intra-Rater Reliability"; 그리고 Megan Banky et al., "Inter- and Intra-Rater Variability of Testing Velocity When Assessing Lower Limb Spasticity," *Journal of Rehabilitation Medicine* 51 (2019), www.medicaljournals.se/jrm/content/abstract/10.2340/16501977-2496.

29. Esther Y. Hsiang et al., "Association of Primary Care Clinic Appointment Time with Clinician Ordering and Patient Completion of Breast and Colorectal Cancer Screening," *JAMA Network Open* 51 (2019), https://jamanetwork.com/journals/jamanetworkopen/fullarticle/2733171.

30. Hengchen Dai et al., "The Impact of Time at Work and Time Off from Work on Rule Compliance: The Case of Hand Hygiene in Health Care," *Journal of Applied Psychology* 100 (2015): 846, www.ncbi.nlm.nih.gov/pubmed/25365728.

31. Ali S. Raja, "The HEART Score Has Substantial Interrater Reliability," *NEJM J Watch*, December 5, 2018, www.jwatch.org/na47998/2018/12/05/heart-score-has-substantial-interrater-reliability (Colin A. Gershon et al., "Inter-rater Reliability of the HEART Score," *Academic Emergency Medicine* 26 [2019]: 552 검토).

32. Jean-Pierre Zellweger et al., "Intra-observer and Overall Agreement in the Radiological Assessment of Tuberculosis," *International Journal of Tuberculosis & Lung Disease* 10 (2006): 1123, www.ncbi.nlm.nih.gov/pubmed/17044205; Ibrahim Abubakar et al., "Diagnostic Accuracy of Digital Chest Radiography for Pulmonary Tuberculosis in a UK Urban Population," *European Respiratory Journal* 35 (2010): 689, https://erj.ersjournals.com/content/35/3/689.short.

33. Michael L. Barnett et al., "Comparative Accuracy of Diagnosis by Collective Intelligence of Multiple Physicians vs Individual Physicians," *JAMA Network Open* 2 (2019): e19009, https://jamanetwork.com/journals/jamanetworkopen/fullarticle/2726709; Kimberly H. Allison et al., "Understanding Diagnostic Variability in Breast Pathology: Lessons Learned from an Expert Consensus Review Panel," *Histopathology* 65 (2014): 240, https://onlinelibrary.wiley.com/doi/abs/10.1111/his.12387.

34. Babak Ehteshami Bejnordi et al., "Diagnostic Assessment of Deep Learning

Algorithms for Detection of Lymph Node Metastases in Women with Breast Cancer," *JAMA* 318 (2017): 2199, https://jamanetwork.com/journals/jama/fullarticle/2665774.

35. Varun Gulshan et al., "Development and Validation of a Deep Learning Algorithm for Detection of Diabetic Retinopathy in Retinal Fundus Photographs," *JAMA* 316 (2016): 2402, https://jamanetwork.com/journals/jama/fullarticle/2588763.

36. Mary Beth Massat, "A Promising Future for AI in Breast Cancer Screening," *Applied Radiology* 47 (2018): 22, www.appliedradiology.com/articles/a-promising-future-for-ai-in-breast-cancer-screening; Alejandro Rodriguez-Ruiz et al., "Stand-Alone Artificial Intelligence for Breast Cancer Detection in Mammography: Comparison with 101 Radiologists," *Journal of the National Cancer Institute* 111 (2019): 916, https://academic.oup.com/jnci/advance-article-abstract/doi/10.1093/jnci/djy222/5307077.

37. L. R. Foster et al., "The Interrater Reliability of Apgar Scores at 1 and 5 Minutes," *Journal of Investigative Medicine* 54, no. 1 (2006): 293, https://jim.bmj.com/content/54/1/S308.4.

38. Apgar Score, Medline Plus, https://medlineplus.gov/ency/article/003402.htm (최종 접속 February 4, 2020).

39. Warren J. McIsaac et al., "Empirical Validation of Guidelines for the Management of Pharyngitis in Children and Adults," *JAMA* 291 (2004): 1587, www.ncbi.nlm.nih.gov/pubmed/15069046.

40. Emilie A. Ooms et al., "Mammography: Interobserver Variability in Breast Density Assessment," *Breast* 16 (2007): 568, www.sciencedirect.com/science/article/abs/pii/S0960977607000793.

41. Frances P. O'Malley et al., "Interobserver Reproducibility in the Diagnosis of Flat Epithelial Atypia of the Breast," *Modern Pathology* 19 (2006): 172, www.nature.com/articles/3800514.

42. Ahmed Aboraya et al., "The Reliability of Psychiatric Diagnosis Revisited," *Psychiatry (Edgmont)* 3 (2006): 41, www.ncbi.nlm.nih.gov/pmc/articles/PMC2990547 참고. 개괄적인 설명은 N. Kreitman, "The Reliability of Psychiatric Diagnosis," *Journal of Mental Science* 107 (1961): 876-886, www.cambridge.

org/core/journals/journal-of-mental-science/article/reliability-of-psychiatric-dia gnosis/92832FFA170F4FF41189428C6A3E6394 참고.

43. Aboraya et al., "Reliability of Psychiatric Diagnosis Revisited," 43.

44. C. H. Ward et al., "The Psychiatric Nomenclature: Reasons for Diagnostic Disagreement," *Archives of General Psychiatry* 7 (1962): 198.

45. Aboraya et al., "Reliability of Psychiatric Diagnosis Revisited."

46. Samuel M. Lieblich, David J. Castle, Christos Pantelis, Malcolm Hopwood, Allan Hunter Young, and Ian P. Everall, "High Heterogeneity and Low Reliability in the Diagnosis of Major Depression Will Impair the Development of New Drugs," *British Journal of Psychiatry Open* 1 (2015): e5-e7, www.ncbi.nlm. nih.gov/pmc/articles/PMC5000492/pdf/bjporcpsych_1_2_e5.pdf.

47. Lieblich et al., "High Heterogeneity."

48. 다음을 참고. Elie Cheniaux et al., "The Diagnoses of Schizophrenia, Schizoaffective Disorder, Bipolar Disorder and Unipolar Depression: Interrater Reliability and Congruence Between DSM-IV and ICD-10," *Psychopathology* 42 (2009): 296-298, 특히 293; 그리고 Michael Chmielewski et al., "Method Matters: Understanding Diagnostic Reliability in DSM-IV and DSM-5," *Journal of Abnormal Psychology* 124 (2015): 764, 768-769.

48. Aboraya et al., "Reliability of Psychiatric Diagnosis Revisited," 47.

50. Aboraya et al., 47.

51. Chmielewski et al., "Method Matters" 참고.

52. 가령 Helena Chmura Kraemer et al., "DSM-5: How Reliable Is Reliable Enough?," *American Journal of Psychiatry* 169 (2012): 13-15 참고.

53. Lieblich et al., "High Heterogeneity."

54. Lieblich et al., "High Heterogeneity," e-5.

55. Lieblich et al., e-5.

56. Lieblich et al., e-6.

57. Aboraya et al., "Reliability of Psychiatric Diagnosis Revisited," 47.

58. Aboraya et al.

59. Aboraya et al.

60. Christopher Worsham and Anupam B. Jena, "The Art of Evidence-Based Medicine," *Harvard Business Review*, January 30, 2019, https://hbr. org/2019/01/the-art-of-evidence-based-medicine에서 몇 가지 귀한 주의 사항을 찾아볼 수 있다.

23장

1. Jena McGregor, "Study Finds That Basically Every Single Person Hates Performance Reviews," *Washington Post*, January 27, 2014.

2. 많은 조직에서 진행하고 있는 디지털 전환이 새로운 가능성을 낳을지도 모른다. 이론적으로 기업들은 이제 모든 조직원에 대한 정보를 실시간으로 대량 수집할 수 있다. 이러한 데이터 덕분에 일부 직위의 경우 전적으로 알고리즘에 기반한 실적 평가가 가능해질지도 모른다. 하지만 이 책에서 우리는 실적 평가 시 판단이라는 사고 과정이 완전히 배제될 수 없는 직위에 주목한다. E. D. Pulakos, R. Mueller-Hanson, and S. Arad, "The Evolution of Performance Management: Searching for Value," *Annual Review of Organizational Psychology and Organizational Behavior* 6 (2018): 249-271 참고.

3. S. E. Scullen, M. K. Mount, and M. Goff, "Understanding the Latent Structure of Job Performance Ratings," *Journal of Applied Psychology* 85 (2000): 956-970.

4. 어떤 연구에서 전체 변량의 10퍼센트를 차지하는 작은 요소는 연구자들이 **평가자의 관점** 내지는 **규모**level 효과라 부르는 것에 해당한다. 여기서 'level'이란 조직의 규모라는 의미이며, 우리가 이 책에서 규정한 '수준 잡음level noise'과는 무관하다. 평가자의 관점은, 동일한 사람을 평가할 때 상사는 자기 동료와 체계적으로 다른 의견을 제시하고, 또 그 동료는 자기 부하직원과 다른 의견을 제시한다는 점을 반영한다. 다면평가의 장점 중 하나는 그 결과에 잡음이 존재하지 않는다고 누구나 주장할 수 있다는 것이다. 조직에서 직위가 다른 사람들이 피평정자의 업무 성과를 평가할 때 서로 다른 요소를 중점적으로 살필 경우, 그들은 피평정자에 대해 체계적으로 다른 판단을 내릴 것이고 그들의 점수는 이를 반영하게 된다.

5. Scullen, Mount, and Goff, "Latent Structure"; C. Viswesvaran, D. S. Ones,

and F. L. Schmidt, "Comparative Analysis of the Reliability of Job Performance Ratings," *Journal of Applied Psychology* 81 (1996): 557-574. G. J. Greguras and C. Robie, "A New Look at Within-Source Interrater Reliability of 360-Degree Feedback Ratings," *Journal of Applied Psychology* 83 (1998): 960-968; G. J. Greguras, C. Robie, D. J. Schleicher, and M. A. Goff, "A Field Study of the Effects of Rating Purpose on the Quality of Multisource Ratings," *Personnel Psychology* 56 (2003): 1-21; C. Viswesvaran, F. L. Schmidt, and D. S. Ones, "Is There a General Factor in Ratings of Job Performance? A Meta-Analytic Framework for Disentangling Substantive and Error Influences," *Journal of Applied Psychology* 90 (2005): 108-131; 그리고 B. Hoffman, C. E. Lance, B. Bynum, and W. A. Gentry, "Rater Source Effects Are Alive and Well After All," *Personnel Psychology* 63 (2010): 119-151.

6. K. R. Murphy, "Explaining the Weak Relationship Between Job Performance and Ratings of Job Performance," *Industrial and Organizational Psychology* 1 (2008): 148-160, 특히 151.

7. 우리는 잡음의 원천을 논의하면서, 특정 직원들 혹은 특정 직원들의 범주에서 체계적으로 나타나는 편향 때문에 사건 잡음이 나타날 수 있다는 가능성을 무시했다. 근무평정의 변산성에 관한 그 어떤 연구도 조직 내부적으로 실시하여 나온 평정 결과와 외부인사들이 편견 없이 피평정자의 '진짜' 업무 성과만을 평가해서 나온 결과를 비교하지 않았다.

8. E. D. Pulakos and R. S. O'Leary, "Why Is Performance Management Broken?," *Industrial and Organizational Psychology* 4 (2011): 146-164; M. M. Harris, "Rater Motivation in the Performance Appraisal Context: A Theoretical Framework," *Journal of Management* 20 (1994): 737-756; 그리고 K. R. Murphy and J. N. Cleveland, *Understanding Performance Appraisal: Social, Organizational, and Goal-Based Perspectives* (Thousand Oaks, CA: Sage, 1995).

9. Greguras et al., "Field Study."

10. P. W. Atkins and R. E. Wood, "Self- Versus Others' Ratings as Predictors of Assessment Center Ratings: Validation Evidence for 360-Degree Feedback Programs," *Personnel Psychology* (2002).

11. Atkins and Wood, "Self- Versus Others' Ratings."

12. Olson and Davis, Peter G. Dominick, "Forced Ranking: Pros, Cons and Practices," in *Performance Management: Putting Research into Action*, ed. James W. Smither and Manuel London (San Francisco: Jossey-Bass, 2009), 411-443 에서 인용.

13. Dominick, "Forced Ranking."

14. Barry R. Nathan and Ralph A. Alexander, "A Comparison of Criteria for Test Validation: A Meta-Analytic Investigation," *Personnel Psychology* 41, no. 3 (1988): 517-535.

15. Adapted from Richard D. Goffin and James M. Olson, "Is It All Relative? Comparative Judgments and the Possible Improvement of Self-Ratings and Ratings of Others," *Perspectives on Psychological Science* 6, no. 1 (2011): 48-60.

16. M. Buckingham and A. Goodall, "Reinventing Performance Management," *Harvard Business Review*, April 1, 2015, 1-16, doi:ISSN: 0017-8012.

17. Corporate Leadership Council, cited in S. Adler et al., "Getting Rid of Performance Ratings: Genius or Folly? A Debate," *Industrial and Organizational Psychology* 9 (2016): 219-252.

18. Pulakos, Mueller-Hanson, and Arad, "Evolution of Performance Management," 250.

19. A. Tavis and P. Cappelli, "The Performance Management Revolution," *Harvard Business Review*, October 2016, 1-17.

20. Frank J. Landy and James L. Farr, "Performance Rating," *Psychological Bulletin* 87, no. 1 (1980): 72-107.

21. D. J. Woehr and A. I. Huffcutt, "Rater Training for Performance Appraisal: A Quantitative Review," *Journal of Occupational and Organizational Psychology* 67 (1994): 189-205; S. G. Roch, D. J. Woehr, V. Mishra, and U. Kieszczynska, "Rater Training Revisited: An Updated Meta-Analytic Review of Frame-of-Reference Training," *Journal of Occupational and Organizational Psychology* 85 (2012): 370-395; 그리고 M. H. Tsai, S. Wee, and B. Koh, "Restructured Frame-of-Reference Training Improves Rating Accuracy," *Journal of Organizational Behavior* (2019): 1-18, doi:10.1002/job.2368.

22. 왼쪽 패널은 Richard Goffin and James M. Olson, "Is It All Relative? Comparative Judgments and the Possible Improvement of Self-Ratings and Ratings of Others," *Perspectives on Psychological Science* 6, no. 1 (2011): 48-60에서 차용한 것이다.

23. Roch et al., "Rater Training Revisited."

24. Ernest O'Boyle and Herman Aguinis, "The Best and the Rest: Revisiting the Norm of Normality of Individual Performance," *Personnel Psychology* 65, no. 1 (2012): 79-119; 그리고 Herman Aguinis and Ernest O'Boyle, "Star Performers in Twenty-First Century Organizations," *Personnel Psychology* 67, no. 2 (2014): 313-350.

24장

1. A. I. Huffcutt and S. S. Culbertson, "Interviews," in S. Zedeck, ed., *APA Handbook of Industrial and Organizational Psychology* (Washington, DC: American Psychological Association, 2010), 185-203.

2. N. R. Kuncel, D. M. Klieger, and D. S. Ones, "In Hiring, Algorithms Beat Instinct," *Harvard Business Review* 92, no. 5 (2014): 32.

3. R. E. Ployhart, N. Schmitt, and N. T. Tippins, "Solving the Supreme Problem: 100 Years of Selection and Recruitment at the *Journal of Applied Psychology*," *Journal of Applied Psychology* 102 (2017): 291-304.

4. M. McDaniel, D. Whetzel, F. L. Schmidt, and S. Maurer, "Meta Analysis of the Validity of Employment Interviews," *Journal of Applied Psychology* 79 (1994): 599-616; A. Huffcutt and W. Arthur, "Hunter and Hunter (1984) Revisited: Interview Validity for Entry-Level Jobs," *Journal of Applied Psychology* 79 (1994): 2; F. L. Schmidt and J. E. Hunter, "The Validity and Utility of Selection Methods in Personnel Psychology: Practical and Theoretical Implications of 85 Years of Research Findings," *Psychology Bulletin* 124 (1998): 262-274; 그리고 F. L. Schmidt and R. D. Zimmerman, "A Counterintuitive Hypothesis About Employment Interview Validity and Some Supporting Evidence," *Journal of Applied Psychology* 89 (2004): 553-561. 연구의 특정 부분이 고려될 때, 특히 기존의 근무평정이 아니라 이런 목적을 위해 구체적으로 고안된 실적 평가 방식을 활용할 경우 타당성이 더 높다는 점에 주목하자.

5. S. Highhouse, "Stubborn Reliance on Intuition and Subjectivity in Employee Selection," *Industrial and Organizational Psychology* 1 (2008): 333–342; D. A. Moore, "How to Improve the Accuracy and Reduce the Cost of Personnel Selection," *California Management Review* 60 (2017): 8–17.

6. L. A. Rivera, "Hiring as Cultural Matching: The Case of Elite Professional Service Firms," *American Sociology Review* 77 (2012): 999–1022.

7. Schmidt and Zimmerman, "Counterintuitive Hypothesis"; Timothy A. Judge, Chad A. Higgins, and Daniel M. Cable, "The Employment Interview: A Review of Recent Research and Recommendations for Future Research," *Human Resource Management Review* 10 (2000): 383–406; 그리고 A. I. Huffcutt, S. S. Culbertson, and W. S. Weyhrauch, "Employment Interview Reliability: New Meta-Analytic Estimates by Structure and Format," *International Journal of Selection and Assessment* 21 (2013): 264–276.

8. M. R. Barrick et al., "Candidate Characteristics Driving Initial Impressions During Rapport Building: Implications for Employment Interview Validity," *Journal of Occupational and Organizational Psychology* 85 (2012): 330–352; M. R. Barrick, B. W. Swider, and G. L. Stewart, "Initial Evaluations in the Interview: Relationships with Subsequent Interviewer Evaluations and Employment Offers," *Journal of Applied Psychology* 95 (2010): 1163.

9. G. L. Stewart, S. L. Dustin, M. R. Barrick, and T. C. Darnold, "Exploring the Handshake in Employment Interviews," *Journal of Applied Psychology* 93 (2008): 1139–1146.

10. T. W. Dougherty, D. B. Turban, and J. C. Callender, "Confirming First Impressions in the Employment Interview: A Field Study of Interviewer Behavior," *Journal of Applied Psychology* 79 (1994): 659–665.

11. J. Dana, R. Dawes, and N. Peterson, "Belief in the Unstructured Interview: The Persistence of an Illusion," *Judgment and Decision Making* 8 (2013): 512–520.

12. Nathan R. Kuncel et al., "Mechanical versus Clinical Data Combination in Selection and Admissions Decisions: A Meta-Analysis," *Journal of Applied Psychology* 98, no. 6 (2013): 1060–1072.

13. Laszlo Bock, interview with Adam Bryant, *The New York Times*, June 19, 2013. 또한 Laszlo Bock, *Work Rules!: Insights from Inside Google That Will Transform How You Live and Lead* (New York: Hachette, 2015) 참고.

14. C. Fernández-Aráoz, "Hiring Without Firing," *Harvard Business Review*, July 1, 1999.

15. 구조화된 면접에 관한 지침은 Michael A. Campion, David K. Palmer, and James E. Campion, "Structuring Employment Interviews to Improve Reliability, Validity and Users' Reactions," *Current Directions in Psychological Science* 7, no. 3 (1998): 77-82 참고.

16. J. Levashina, C. J. Hartwell, F. P. Morgeson, and M. A. Campion, "The Structured Employment Interview: Narrative and Quantitative Review of the Research Literature," *Personnel Psychology* 67 (2014): 241-293.

17. McDaniel et al., "Meta Analysis"; Huffcutt and Arthur, "Hunter and Hunter (1984) Revisited"; Schmidt and Hunter, "Validity and Utility"; 그리고 Schmidt and Zimmerman, "Counterintuitive Hypothesis."

18. Schmidt and Hunter, "Validity and Utility."

19. Kahneman, *Thinking, Fast and Slow*, 229.

20. Kuncel, Klieger, and Ones, "Algorithms Beat Instinct." 또한 Campion, Palmer, and Campion, "Structuring Employment Interviews" 참고.

21. Dana, Dawes, and Peterson, "Belief in the Unstructured Interview."

25장

1. Daniel Kahneman, Dan Lovallo, and Olivier Sibony, "A Structured Approach to Strategic Decisions: Reducing Errors in Judgment Requires a Disciplined Process," *MIT Sloan Management Review* 60 (2019): 67-73.

2. Andrew H. Van De Ven and Andre Delbecq, "The Effectiveness of Nominal, Delphi, and Interacting Group Decision Making Processes," *Academy of Management Journal* 17, no. 4 (1974): 605-621. 또한 21장 참고.

6부

1. Kate Stith and Jose A. Cabranes, *Fear of Judging: Sentencing Guidelines in the Federal Courts* (Chicago: University of Chicago Press, 1998), 177.

26장

1. Albert O. Hirschman, *The Rhetoric of Reaction: Perversity, Futility, Jeopardy* (Cambridge, MA: Belknap Press, 1991).

2. Stith and Cabranes, *Fear of Judging*.

3. 가령 Three Strikes Basics, Stanford Law School, https://law.stanford.edu/stanford-justice-advocacy-project/three-strikes-basics/ 참고.

4. *Woodson v. North Carolina*: 428 U.S. 280 (1976).

5. Cathy O'Neil, *Weapons of Math Destruction: How Big Data Increases Inequality and Threatens Democracy* (New York: Crown, 2016).

6. Will Knight, "Biased Algorithms Are Everywhere, and No One Seems to Care," *MIT Technology Review*, July 12, 2017.

7. Jeff Larson, Surya Mattu, Lauren Kirchner, and Julia Angwin, "How We Analyzed the COMPAS Recidivism Algorithm," *ProPublica*, May 23, 2016, www.propublica.org/article/how-we-analyzed-the-compas-recidivism-algorithm. 이런 사례에서 편향을 주장하는 것은 반박의 여지가 있고, 편향에 관한 다른 정의가 정반대 결론을 도출해낼 수도 있다. 이런 관점이라든지 알고리즘 편향의 더 폭넓은 정의 및 측정에 관해 알고 싶다면 26장의 주석 10번 참고.

8. Aaron Shapiro, "Reform Predictive Policing," *Nature* 541, no. 7638 (2017): 458–460.

9. 이런 우려가 인공지능 기반 모델에서 다시 제기되고 있으나, 인공지능에만 국한된 것은 아니다. 1972년 초에 폴 슬로빅은 직감을 모델화하면 기존의 인지적 편향을 보존하고 강화하게 될 것이며, 심지어 확대하게 될 것이라고 지적했다. Paul Slovic, "Psychological Study of Human Judgment: Implications for Investment Decision Making," *Journal of Finance* 27 (1972): 779.

10. 재범 예측 알고리즘 컴파스(COMPAS)에 관한 논란의 맥락에서 이 논쟁을 소개하는 것으로는 다음을 참고. Larson et al., "COMPAS Recidivism Algorithm";

William Dieterich et al., "COMPAS Risk Scales: Demonstrating Accuracy Equity and Predictive Parity," Northpointe, Inc., July 8, 2016, http://go.volarisgroup. com/rs/430-MBX-989/images/ProPublica_Commentary_Final_070616.pdf; Julia Dressel and Hany Farid, "The Accuracy, Fairness, and Limits of Predicting Recidivism," *Science Advances* 4, no. 1 (2018): 1-6; Sam Corbett-Davies et al., "A Computer Program Used for Bail and Sentencing Decisions Was Labeled Biased Against Blacks. It's Actually Not That Clear," *Washington Post*, October 17, 2016, www.washingtonpost.com/news/monkey-cage/wp/2016/10/17/can-an-algorithm-be-racist-our-analysis-is-more-cautious-than-propublicas; Alexandra Chouldechova, "Fair Prediction with Disparate Impact: A Study of Bias in Recidivism Prediction Instruments," *Big Data* 153 (2017): 5; 그리고 Jon Kleinberg, Sendhil Mullainathan, and Manish Raghavan, "Inherent Trade-Offs in the Fair Determination of Risk Scores," Leibniz International Proceedings in Informatics, January 2017.

27장

1. Tom R. Tyler, *Why People Obey the Law*, 2nd ed. (New Haven, CT: Yale University Press, 2020).

2. *Cleveland Bd. of Educ. v. LaFleur*, 414 U.S. 632 (1974).

3. Laurence H. Tribe, "Structural Due Process," *Harvard Civil Rights-Civil Liberties Law Review* 10, no. 2 (spring 1975): 269.

4. Stith and Cabranes, *Fear of Judging*, 177.

5. 가령 Philip K. Howard, *The Death of Common Sense: How Law Is Suffocating America* (New York: Random House, 1995); 그리고 Philip K. Howard, *Try Common Sense: Replacing the Failed Ideologies of Right and Left* (New York: W. W. Norton & Company, 2019) 참고.

28장

1. Community Standards, www.facebook.com/communitystandards/hate_speech.

2. Andrew Marantz, "Why Facebook Can't Fix Itself," *The New Yorker*, October 12, 2020.

3. 관료주의적 정의에 관해서는 Jerry L. Mashaw, *Bureaucratic Justice* (New Haven, CT: Yale University Press, 1983) 참고.

4. David M. Trubek, "Max Weber on Law and the Rise of Capitalism," *Wisconsin Law Review* 720 (1972): 733, n. 22 (Max Weber, *The Religion of China* [1951], 149 인용).

NOISE

감사의 말

감사할 분들이 많다. 리니아 간디Linnea Gandhi는 우리의 제일의 참모였다. 덕분에 우리는 실질적인 가이드라인과 지원을 제공받고 유기적으로 일하면서 끊임없이 웃을 수 있었다. 간디는 기본적으로 이 프로젝트가 제대로 돌아가게 만드는 살림꾼이었으며, 무엇보다 원고에 대한 귀중한 아이디어를 많이 제안해주었다. 간디가 없었다면 이 책을 마무리하지 못했을 것이다. 댄 로발로Dan Lovallo는 이 책의 씨앗이 된 수많은 문헌들 중 하나를 함께 쓴 저자로서, 이 책이 세상의 빛을 보는 데 큰 역할을 해주었다. 존 브로크먼John Brockman은 모든 단계에서 열정적이고 희망적이었으며 날카롭고도 현명했다. 그에게 감사의 마음을 전한다. 주 편집자인 트레이시 베하르Tracy Behar는 여러모로 이 책이 더 좋은 책이 되도록 이끌어주었다. 아라벨라 파이크Arabella Pike와 이언 스트라우스Ian Straus도 편집과 관련하여 훌륭한 아이디어를 제공했다.

다음 분들에게 특별히 감사드린다. 오렌 바길Oren Bar-Gill, 맥스 베이저먼Max Bazerman, 톰 블레이저Tom Blaser, 데이비드 브데스쿠David Budescu, 제러미 클리프턴Jeremy Clifton, 안셀름 대네커Anselm Dannecker, 베라 델라니Vera Delaney, 이티엘 드로Itiel Dror, 앤절라 더크워스Angela Duckworth, 애니 듀크Annie Duke, 댄 길버트Dan Gilbert, 애덤 그랜트Adam Grant, 애너팜 제나Anupam Jena, 루이스 카플로Louis Kaplow, 게리 클라인Gary Klein, 존 클리네버그Jon Kleinberg, 센딜 멀레이너선Sendhil Mullainathan, 스콧 페이지Scott Page, 에릭 포스너Eric Posner, 루치아 라이슈Lucia Reisch, 매슈 샐거닉Matthew Salganik, 엘다 샤퍼Eldar Shafir, 탈리 샤롯Tali Sharot, 필립 테틀록Philip Tetlock, 리처드 탈러Richard Thaler, 바버라 트버스키Barbara Tversky, 피터 우벨Peter Ubel, 크리스털 왕Crystal Wang, 덩컨 와츠Duncan Watts, 캐럴라인 웹Caroline Webb은 모두 초안을 읽고 자기 생각을 공유해주었으며, 어떤 경우에는 책 원고를 처음부터 끝까지 다 읽는 수고를 마다하지 않았다. 이들의 관대함과 도움에 진심으로 고마움을 느낀다.

위대한 연구가들로부터 조언을 얻을 수 있어 정말 행운이었다. 줄리언 패리스Julian Parris는 여러 통계적 문제를 해결하는 데 도움을 주었다. 머신러닝에 관한 장들은 센딜 멀레이너선, 존 클리네버그, 젠스 루드비히Jens Ludwig, 그레고리 스토다드Gregory Stoddard, 혜 장Hye Chang이 없었다면 완성할 수 없었을 것이다. 판단의 일관성에 대해서는 스콧 하이하우스Scott Highhouse와 앨리슨 브로드풋Alison Broadfoot 외에도 알렉산더 토도로브Alexander Todorov와 그의 프린스턴대학교 동료인 조엘 마르티네즈Joel Martinez, 브랜던 랍브리Brandon Labbree 덕분에 좋은 글을 쓸 수 있었다. 이 위대한 연구진은 고맙게도 자신들의 통찰력을 공유해주었을 뿐만 아니라 친절하게 우리를 위해 자료를 분석해주었다. 물론 이 책에 오해나 오류가 있다면 모두 우리 책임이다. 전문성을 공유해준 라즐로 복Laszlo Bock, 보 카우길Bo Cowgill, 제이슨 데이나Jason Dana, 댄 골드스타인Dan Goldstein, 해럴드 골드스타인Harold Goldstein, 브라이언 호프먼Brian Hoffman, 앨런 크루거Alan Krueger, 마이클 모부신Michael Mauboussin, 에밀리 푸트남호르스타인Emily Putnam-Horstein, 찰스 셔바움Charles Scherbaum, 안로르 셀리에Anne-Laure Sellier, 유이치 쇼다Yuichi Shoda에게 감사하다.

몇 년 동안 쉼 없이 연구에 매진한 수많은 연구원들, 곧 슈레야 바르다와즈Shreya Bhardwaj, 조시 피셔Josie Fisher, 로힛 고얄Rohit Goyal, 니콜 그라벨Nicole Grabel, 앤드루 헤인리치Andrew Heinrich, 메이건 존슨Meghann Johnson, 소피 메타Sophie Mehta, 엘리 나취매니Eli Nachmany, 윌리엄 라이언William Ryan, 에벌린 슈Evelyn Shu, 맷 서머스Matt Summers, 놈 지브크리스펠Noam Ziv-Crispel에게도 감사드린다.

두 대륙에 사는 세 저자가 공동 작업을 한다는 건 아무리 좋은 시기라도 힘든 일이다. 더군다나 2020년은 좋은 시기가 아니었다. '드롭박스'와 '줌'이 없었다면 책을 완성하지 못했을 것이다. 이 위대한 프로그램을 개발해준 분들에게도 감사드린다.

찾아보기

장진영 옮김

경북대학교에서 영어영문학과와 경영학을 복수 전공했으며, 서울외국어대학원대학교 통번역대학원 한영번역과를 졸업했다. 다년간 기업체 번역을 했으며, 현재 번역에이전시 엔터스코리아에서 출판 기획 및 전문 번역가로 활동하고 있다. 주요 역서로는 《아이디어》《더 나은 삶을 위한 경제학》《돈의 탄생 돈의 현재 돈의 미래》《더 클럽》《게임 체인저》《퓨처 스마트》 등이 있다.

안서원 감수

연세대 심리학과를 졸업한 뒤 시카고대학에서 심리학 석·박사학위를 받았다. 연세대 인지과학연구소 전문연구원, 서강대 경영학과 BK21 계약교수, 고려대 심리학과 BK21 연구교수 등을 거쳐 현재 서울과학기술대 경영학과 교수로 재직 중이다. 카너먼과 마찬가지로 인간의 선택과 판단에 관한 심리학적 연구를 통해 경제학적 테마를 연구하고 있으며, 국내 최초로 카너먼과 그의 이론을 소개한 《사이먼&카너먼》(김영사, 2006) 등의 저서가 있다.

노이즈: 생각의 잡음
판단을 조종하는 생각의 함정

1판 1쇄 발행 2022. 4. 29.
1판 6쇄 발행 2022. 7. 11.

지은이 대니얼 카너먼·올리비에 시보니·캐스 선스타인
옮긴이 장진영
감수자 안서원

발행인 고세규
편집 박민수 디자인 윤석진 마케팅 고은미 홍보 이한솔
발행처 김영사
등록 1979년 5월 17일(제406-2003-036호)
주소 경기도 파주시 문발로 197(문발동) 우편번호 10881
전화 마케팅부 031)955-3100, 편집부 031)955-3200 | 팩스 031)955-3111

값은 뒤표지에 있습니다. ISBN 978-89-349-6156-7 03320

홈페이지 www.gimmyoung.com 블로그 blog.naver.com/gybook
인스타그램 instagram.com/gimmyoung 이메일 bestbook@gimmyoung.com

좋은 독자가 좋은 책을 만듭니다.
김영사는 독자 여러분의 의견에 항상 귀 기울이고 있습니다.

"지난 10년간 읽은 책 가운데 가장 중요한 책. 그야말로 걸작."
_앤절라 더크워스, 《그릿》 저자

"이 책의 조언을 실천하면 회사는 수익이 개선되고, 시민은 더 건강해지고,
사법제도는 더 공정해지고, 우리는 더 행복한 삶을 살게 될 것이다."
_조너선 하이트, 《바른 마음》 저자

"최고의 행동과학 저서는 참신한 통찰력, 엄격한 증거, 흡입력 있는 문체 그
리고 실용성을 갖추고 있다. 이 중 두 개 이상을 동시에 갖춘 책을 찾기란
어렵다. 하지만 《노이즈: 생각의 잡음》은 이 네 가지 요소를 모두 갖추고
있다. 그야말로 홈런이다! 이 책은 세계의 위대한 사상가들이 사람들을 평
가하고 결정을 내리고 문제를 해결하는 방법을 재고하도록 도울 것이다."
_애덤 그랜트, 《싱크 어게인》 저자

"《노이즈: 생각의 잡음》의 영향력은 엄청날 것이다. 의사결정의 중대한 문
제인 잡음을 줄이는 쉬운 방법을 알려준다."_로버트 치알디니, 《초전 설득》 저자

"눈치채기 어려웠던 거대한 사회문제에 대한 놀라운 탐구."
_스티븐 레빗, 《괴짜경제학》 공저자

"이 책은 야구 코치부터 중앙은행 총재, 군사령관과 국가 원수에 이르기까
지 인간의 모든 활동 영역에서 인간의 판단에 존재하는 결함에 대해 독특
하고 신선한 통찰력을 제공한다. 심리학의 대단한 성취이자 획기적인 사건
이다."_필립 테틀록, 《슈퍼 예측, 그들은 어떻게 미래를 보았는가》 공저자

"《노이즈: 생각의 잡음》은 《생각에 관한 생각》, 《넛지》와 함께 3부작을 완성
한다. 잡음이 당신의 조직에서 내려지는 결정을 더 파괴하기 전에 이 책을
빨리 읽어보기를 권한다."
_맥스 H. 베이저먼, 《완벽하지 않으나, 더 좋은 결정》 저자